慶祝

柳士鎮先生

八十華誕

問學集

張全真 何亞南 主編

鳳凰出版社

圖書在版編目（ＣＩＰ）數據

慶祝柳士鎮先生八十華誕問學集 ／ 張全真，何亞南
主編. -- 南京 ： 鳳凰出版社，2024.6
　ISBN 978-7-5506-4200-3

　Ⅰ. ①慶… Ⅱ. ①張… ②何… Ⅲ. ①漢語－文集
Ⅳ. ①H1-53

中國國家版本館CIP數據核字(2024)第098586號

書　　　　名	慶祝柳士鎮先生八十華誕問學集
主　　　編	張全真　何亞南
責 任 編 輯	孫　州
裝 幀 設 計	陳貴子
責 任 監 製	程明嬌
出 版 發 行	鳳凰出版社(原江蘇古籍出版社)
	發行部電話025-83223462
出版社地址	江蘇省南京市中央路165號,郵編:210009
照　　　排	南京新洲印刷有限公司
印　　　刷	江蘇鳳凰數碼印務有限公司
	江蘇省南京市栖霞區堯新大道399號,郵編:210038
開　　　本	652毫米×960毫米　1/16
印　　　張	26.25
字　　　數	378千字
版　　　次	2024年6月第1版
印　　　次	2024年6月第1次印刷
標 準 書 號	ISBN 978-7-5506-4200-3
定　　　價	98.00圓

(本書凡印裝錯誤可向承印廠調換,電話:025-57718474)

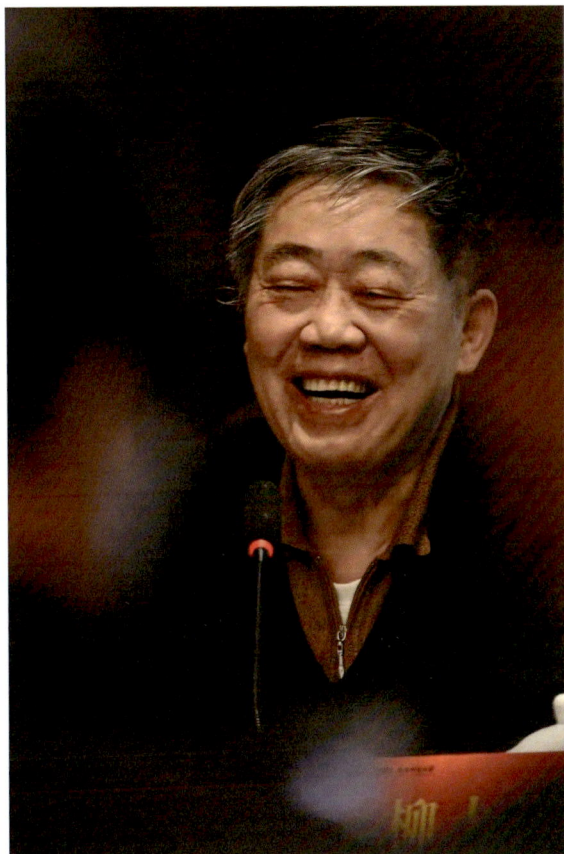

2021 年 11 月 27 日上午，在江蘇省語言學會
第 31 屆學術年會暨換屆大會上講話

柳士镇先生近照，2023 年 6 月，北京

參加全國統編中學語文教材評審會，2023 年 9 月，北京

參加教育部首輪本科教學評估北京大學評估，2007 年 11 月，北京

2004 年 2 月至 2005 年 1 月，受聘擔任韓國外國語大學客座教授

慶祝柳士鎮先生六十華誕，2004 年 7 月，南京古南都飯店

慶祝柳士鎮先生七十華誕，2014 年 7 月，蘇州東山

慶祝柳士鎮先生七十華誕暨中古漢語語法專題研討會，
2014 年 7 月，蘇州東山

上圖　柳士鎮先生部分學術專著與主編著作

下圖　柳士鎮先生部分學術論文發表的刊物

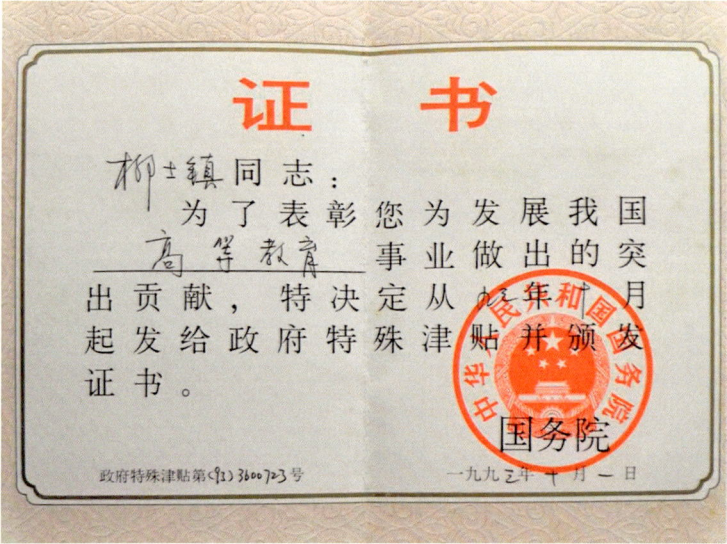

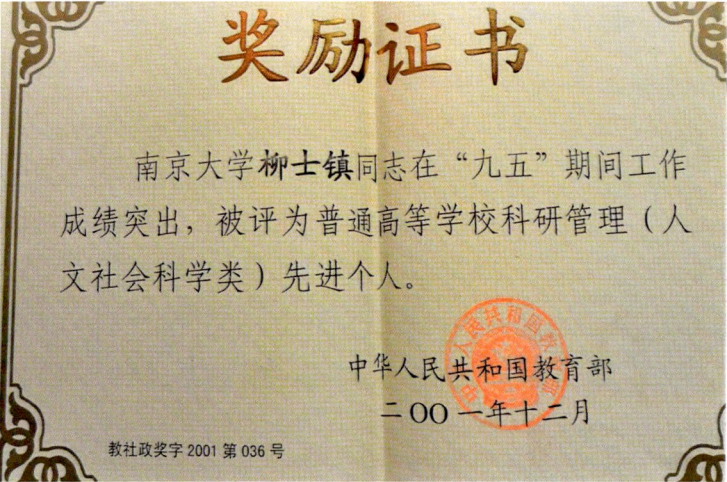

证　书

柳士镇同志：

　　为了表彰您为发展我国 高等教育 事业做出的突出贡献，特决定从 *一九九三* 年 *十* 月起发给政府特殊津贴并颁证书。

政府特殊津贴第(91)3600723号　　　一九九三年十月一日

国务院

奖励证书

　　南京大学 柳士镇 同志在"九五"期间工作成绩突出，被评为普通高等学校科研管理（人文社会科学类）先进个人。

中华人民共和国教育部
二〇〇一年十二月

教社政奖字 2001 第 036 号

柳士鎮先生所獲部分證書

聘 书

　　兹聘请 柳士镇 同志为国家教材委员会语文学科专家委员会委员，聘期五年。

国家教材委员会
2018 年 1 月

聘　　书

　　兹聘任柳士镇同志为1997年国家级普通高等学校教学成果奖评审委员会委员。

中华人民共和国
国家教育委员会
一九九七年四月二十日

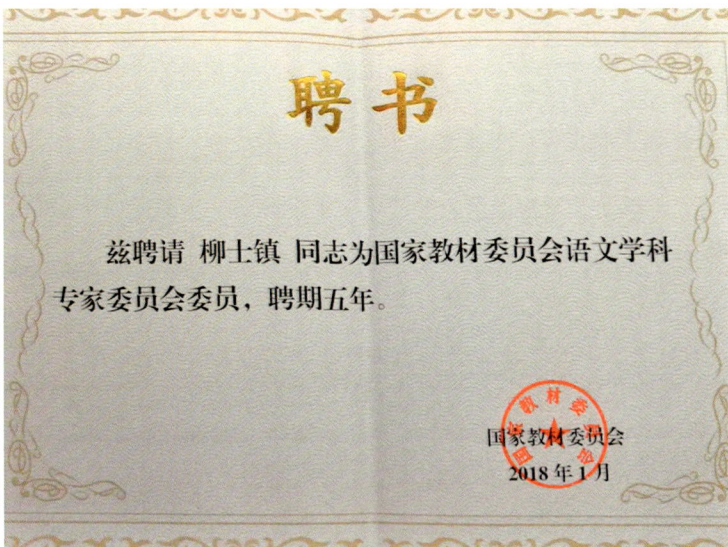

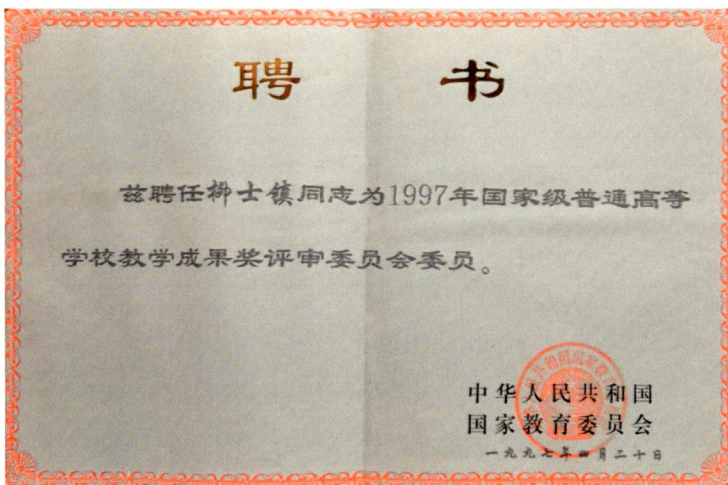

柳士镇先生部分受聘聘书

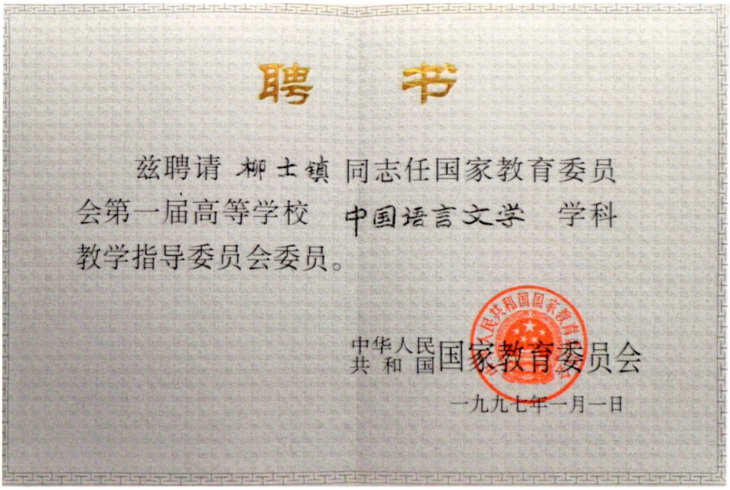

聘　书

兹聘请 柳士镇 同志任国家教育委员
会第一届高等学校 中国语言文学 学科
教学指导委员会委员。

中华人民
共和国 国家教育委员会

一九九七年一月一日

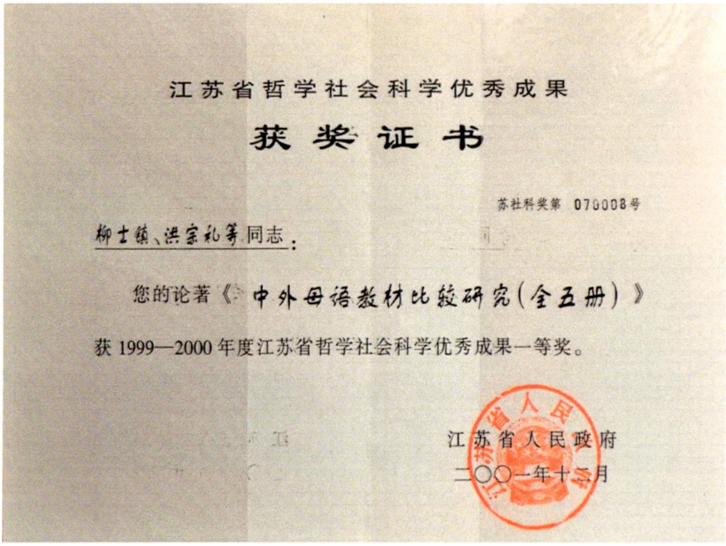

江苏省哲学社会科学优秀成果

获 奖 证 书

苏社科奖第 076008号

柳士镇、洪宗礼等 同志：

您的论著《 中外母语教材比较研究（全五册）》

获 1999—2000 年度江苏省哲学社会科学优秀成果一等奖。

江苏省人民政府

二〇〇一年十二月

上圖　柳士鎮先生部分受聘聘書
下圖　柳士鎮先生所獲部分證書

上圖　柳士鎮先生參加全國高考命題工作 30 周年紀念獎牌，2019 年 5 月
下圖　特設"爲黨育人　爲國選才"終身成就獎唯一獲獎人，2024 年 5 月，北京

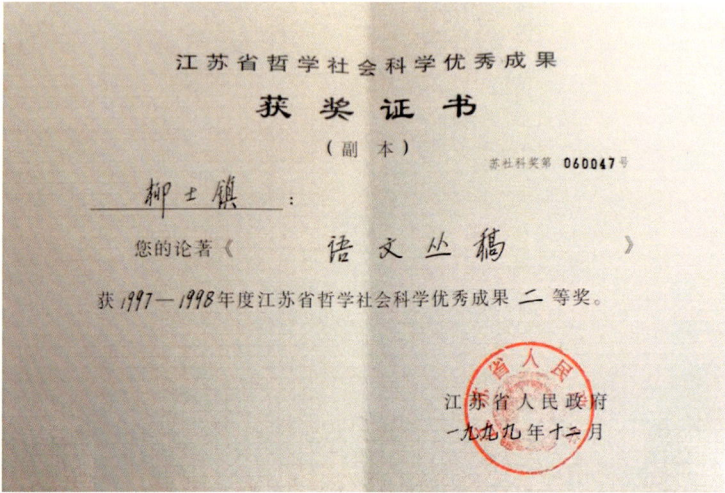

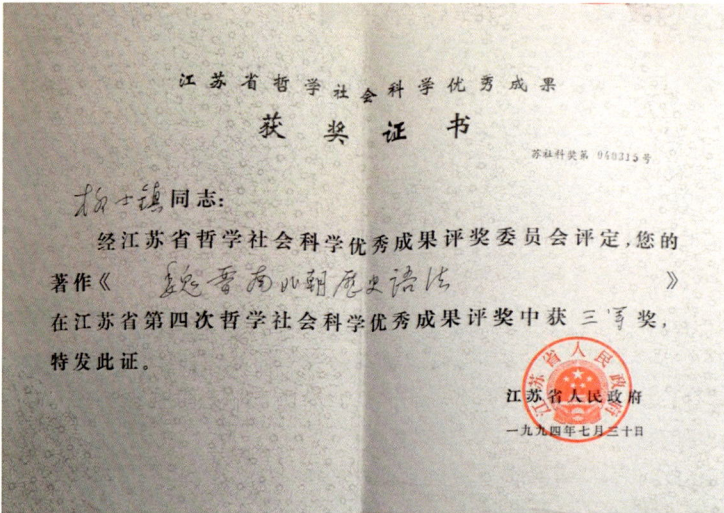

江苏省哲学社会科学优秀成果

获 奖 证 书

（副 本）

苏社科奖第 060047号

柳士镇：

您的论著《 语文丛稿 》

获 1997—1998 年度江苏省哲学社会科学优秀成果 二 等奖。

江苏省人民政府

一九九九年十二月

江苏省哲学社会科学优秀成果

获 奖 证 书

苏社科奖第 940315号

柳士镇同志：

经江苏省哲学社会科学优秀成果评奖委员会评定，您的著作《 魏晋南北朝历史语法 》在江苏省第四次哲学社会科学优秀成果评奖中获 三 等奖，特发此证。

江苏省人民政府

一九九四年七月三十日

柳士鎮先生所獲部分證書

前　言

十年前，衆弟子門生齊聚姑蘇東山，慶祝恩師柳士鎮先生古稀華誕。歡樂而融和的情景猶在眼前，轉眼間我們又迎來先生八十華誕。這十年，先生依然身體健碩，精神矍鑠；這十年，先生依然筆耕不輟，成果惠澤學林；這十年，先生依然心繫國家的語文教育事業，奔波忙碌；這十年，先生依然關愛着弟子門生，鼓勵我們不斷進取、更上層樓。先生以治學爲樂，實爲我們的楷模；先生身體康健，實爲我們的最大幸福！值此歡慶之時，謹呈上我們的衷心祝福：敬祝先生八十華誕快樂！祈願先生身體康健、歡樂永伴、壽比南山！

十年前在姑蘇，全體弟子有個約定：十年後，每位弟子遞交一篇學術論文代表作，結集付梓，慶祝先生八十華誕。去年初，徵稿通知發出後，衆弟子熱烈回應，現在所有稿件均已齊集。

先生真正從南京大學退休始於十多年前，但先生從未停下忙碌的脚步。除了出差，先生每天都要伏案工作數小時。每當我們驚羨於先生的治學狀態時，先生總是回以"好玩"一語。"好玩"一語看似平淡，卻深切反映了先生治學爲樂的學術態度，是治學的最高境界！

從先生退休之時算起，關門弟子離開師門也有十餘年之久，不聞先生教誨久矣！孔子弟子子貢在論及自己先生之學時說："譬之宫墙……夫子之墙數仞，不得其門而入，不見宗室之美，百官之富。得其門者或寡矣。"（《論語·子張》）套用子貢之論，弟子問學於先生乃是終身之業。喜值先生八十華誕，我們衆弟子有幸再次列於門墙，於慶祝之餘，向先生問學請益，聆聽先生教誨，實爲師門盛事！有鑒於此，名集爲《問學集》或正得其宜。

《問學集》分爲三個板塊，分別是"述評""論文"和"軼事"。

"述評"部分收錄了蕭紅、王建軍和崔達送的三篇文章。蕭文在綜述先生漢語史研究成果的基礎上，探討了先生的研究方法和學術貢獻；王文從兩版《魏晉南北朝歷史語法》的比較中，揭示先生學術觀念的發展；崔文則全面綜述了先生在語文教育方面所做的工作和研究，探討了先生的語文教育理念，揭示了先生爲國家語文教育事業作出的貢獻。

"論文"部分是各位弟子遞交的學術論文代表作，是《問學集》的主體部分。先生的弟子遍布大江南北，告別師門後，在各自的研究領域勤奮耕耘，取得了豐富的成果。代表作的展示既是弟子們用熱忱的心慶祝先生八十華誕，也標志着先生之道已漸八方。代表作内容豐富，研究領域各異，不更作分類編次，僅按入學年次順序編排，同屆則以姓氏筆畫爲序。博士生之後編列兩位博士後的論文壓陣。

"軼事"部分是師門軼事集錦。聞道受業已久，但總有那些人和事印在記憶深處。弟子們采擷求學時那些難忘的舊事，它們色彩斑斕，精彩紛呈，最終彙集成一捧鮮艷的花束，敬祝先生八十華誕快樂！

編者

甲辰年正月初九

目　録

軼　事

述

評

柳士鎮先生關於中古漢語語法斷代
研究思想和方法探析

蕭　紅　武漢大學

柳士鎮教授治學成就斐然,先生的學術研究主要歸納爲兩個大的方面,一是中古漢語語法斷代研究,一是語文教育研究,相關研究成果豐贍。其中先生於中古漢語語法研究領域最爲人稱道的是專著《魏晉南北朝歷史語法》(1992 年),入選"改革開放以來三十年南京大學文科有重要影響的學術著作",《大辭海》之《語言學卷(修訂版)》"著作　文件"類條目。2019 年由商務印書館再版,先生作了内容擴充和修訂,蔚然大觀。本人於 1996 年入柳先生門下受教習中古漢語語法,至武漢大學任教後主講"漢語語法史""語言學史"等課程多年,在個人教學和研究中感受愈深。趁着柳先生八十華誕機緣,不揣鄙陋,將個人思考中有關先生在中古漢語語法斷代研究領域的學術成就和理論貢獻陳述如下。

一　中古漢語内部重要階段的確立

20 世紀 50 年代以後,歷時觀念的確立和漢語語法史體系的構建,成爲語法學者們關注的重點,1958 年王力先生出版了《漢語史稿·中册·語法的發展》,是一個重要的里程碑,該書首先以系統的動態研究代替了以往的静態研究。此後專書語法研究和斷代語法研究也加强了,歷時性的專題研究蓬勃興起。通論有王力《漢語語法史》、太田辰夫《中國語歷史文法》《漢語史通考》、向熹《簡明漢語史》、潘允中《漢語語法史概要》、孫錫信《漢語歷史語法要略》,斷代研究如吕叔湘《漢語語法論文集》、蔣紹愚《近代漢語研究概況》、志村良治《中國中世語法史研究》、柳士鎮《魏晉南北朝歷史語法》等。

關於中古漢語階段的確立較晚。高本漢《中國音韻學研究》把漢語史分期爲太古漢語、上古漢語、中古漢語、近古漢語、老官話。王力《漢語史稿》沿用了高本漢關於中古漢語的提法，主張公元 4—12 世紀（南宋前半）爲中古期，12、13 世紀爲過渡階段。太田辰夫《漢語史通考》則主張爲魏晉南北朝。方一新、王雲路教授又提出東漢至魏晉南北朝説。目前比較流行的東漢魏晉南北朝隋説就是以此爲基礎稍加變化而來。

柳士鎮先生提出魏晉南北朝是中古漢語內部重要階段，他指出："魏晉南北朝在我國歷史上是一個紛亂的時代，漢族往邊遠地帶轉移，外族向中原地區推進，加強了各民族之間的融合，促進了文化的傳播與交流，對漢語的發展也產生了巨大的影響。這一時期無論在語音、詞彙乃至語法方面，較之前代都有較爲顯著的變化，因而這個時期應當作爲中古漢語的主體階段。"（《試論中古語法的歷史地位》，《南京大學學報（哲學人文科學社會科學版）》2001 年第 5 期）其專著《魏晉南北朝歷史語法》就是以這一典型階段的代表性文獻爲研究對象，成爲中古漢語研究者必不可少的參考書目。柳先生在《試論中古漢語語法的歷史地位》中還呼應了王力先生《漢語語法史》以語法作爲漢語史分期和漢語發展主要根據的説法。在語言三要素中，詞彙要素變化最快，也最活躍，相比而言，語法、語音則較爲穩定。只有當語法、語音也起了質的變化，產生了許多不同於前代的特徵時，才可以説語言進入了一個新的階段。柳先生以中古時期的語法爲例，指出當時確實產生了許多先秦未見或罕見的語法特徵。如名詞詞綴的發展，動詞時態表示法與動詞的發展，形容詞後綴，概數表達的新形式，量詞的發展，代詞的發展，副詞的後綴，構詞法上單詞的雙音化，詞序的變化，判斷句的發展，疑問句的發展，述補式的發展，被動式等。

柳先生關於魏晉南北朝語法的歷史定位及其特點的分析和總結，對中古漢語斷代語法研究的深入具有重要的意義。柳先生在相關研究中表現出鮮明的歷史語言發展觀，爲中古漢語語法定位，勾勒中古漢語諸多語法現象的時代特點。一般認爲漢語發展各時期包括新舊語法形式的交替、諸多語法形式的萌芽或發展,這些語法形式的萌芽和發展,同時表現在詞法與句法兩方面。漢語語法史研究時要處理的就是發生質變或量變的這些現象,探討這些變化背後的規律。柳先生關注中古漢語語法發展過程中的量變,尤其注重中古漢語發展過程中的質變,處處體現語言史的觀念。柳先生提到他所做的研究是歷史語法,從動態的角度反映魏晉南北朝時期對於先秦兩漢語法的發展,詳論魏晉南北朝漢語詞法與句法的演變特點,爲進一步厘清漢語語法發展的綫索以及確定這些發展變化在語法史上的地位準備必要的基礎。

二　頗具特色的中古漢語語法研究範式

在如何解釋和歸納語言發展變化規律方面,柳先生的研究頗具特色。在南京大學 2023 年末舉辦的漢語史材料和方法研討會上,學者提出當前漢語史研究的三個範式:包括結構主義語言學、生成語言學、社會語言學。竊以爲還要加上傳統語言文字學理論和方法。我們在柳先生的研究中可以看到傳統語言文字學、結構主義語言學和社會語言學交融的多重色彩。其學術思想和方法論既可見到章黄流風,又洋溢着現代氣息。

柳先生的導師洪誠先生曾在《訓詁學》中提道:"語法在古代没有成爲獨立的科學,但是一個訓詁學者不通語法,成績是不會好的。首先不會分析句法,全句的意義不能掌握,詞彙意義就不能定。古代傳注分析句法的地方很多,《公羊傳》《毛詩詁訓傳》都有著名的事例;現行的古代漢語注釋中,同樣也有句法分析,這是解析語言必須做的事,古今訓詁學家有共同的經驗。"洪誠先生重視語法,重視音義關係研究。洪誠先生是黄侃弟子,古文獻功夫扎實,治訓詁,也治語法學,對量詞"個"、第一人稱代詞、繫詞"是"的性質等都有獨到見解,不僅在訓詁研究中提倡句法分析,在語法研究中也發揮訓詁之長,如對虚詞音義的考察、對虚詞在句子中結構關係的考察等等。洪誠先生還提倡古今語法的發展觀,他指出王引之不通上古漢語語法,犯了以後世語法慣例討論上古文獻語句的錯誤,確實中肯。這些特質我們都可以在柳士鎮先生的中古漢語語法研究中看到,可以說柳先生秉持先師的治學之風,延續了洪誠先生的學術理念和實踐經驗,並將之發揚光大。

柳先生的中古漢語語法研究延續語言文字學傳統之處表現爲:

(一)重視考察詞語的意義,重視虛詞辨異研究

如比較選擇連詞"何如"與"孰與"的差異,指出"何如"在用法上與"孰與"大體相同但又略有擴展。再如分析"於時"與"於是"的語義差異,認爲到漢魏之際,"於時"多表示"當時、當其時","於是"多用於從時間的角度表示承接。舉"於是""於時"在《世說新語》中並用的例子,說明南北朝時期二者已不復混用而自成規範。爲論證該觀點,柳先生從上下文關係入手,並引用《世說新語箋疏》等多條材料分析與例句相關的背景知識。又如分析《世說新語》《宋書》《魏書》《齊民要術》等中的副詞"要"已經分別具有"應當""須要"的意義,從而初步具備了助動詞的特徵,爲之後發展出成熟的表示"應當"與"須要"並進而表示"意願"的助動詞用法,準備了必要的基礎。

(二)繼承語言文字研究經世致用的思想

柳先生作爲語文教育大家,他的諸多討論腳踏實地,立足於語文教育,尤其是中學古文教育和經典研習,如他發表的對通假字的看法,對《三國演義》爲代表的古典小説語言性質的看法,講求從實處來,到實處去,提倡經典閱讀,從小培養學生的語言素質和語言能力。

柳先生注重通語研究,在分析差異的基礎上強調語言規範。他提倡語言文化的研究,如考察名詞形態的時候,對魏晉南北朝時期人名小字進行歸納分析,提出"小名""小字"的使用在此期並行不悖,小字、小名之前綴以"阿"字或其後加上"兒"字。還有他對"夫人"稱謂、數詞"五"的文化意蘊的考察等等,均旁徵博引,將語言演變與社會文化背景結合起來進行闡釋。對於這些在語法現象發展過程中文化因素的探討,柳先生指出,漢語語法演變的研究固然首先應以語言發展理論作爲引領與指導,但對於其中漢民族文化影響的發掘也十分重要。中華民族是一個歷史悠久、有着豐富厚重文化積澱的偉大民族,漢語中語言及

其表現形式的演變，包括文字、語音、詞彙甚至語法的演變，常常與文化意蘊有着這樣那樣密不可分的聯繫。

（三）重視第一手材料

漢語語法史研究離不開辨析和整理材料的功夫。對歷史文獻還要注意對其歷史真實性進行鑒定。材料的文體也是語法史研究應當注意的，材料別擇的不同往往會影響結果的不同，有的材料接近口語，有的則不然，如果所根據的材料離口語不近，則判斷難免就會背離實際。洪誠先生就非常注重語料的甄選和利用。他不拘一格利用新材料，如甲金文、出土文獻材料。在與王力先生探討詞頭"阿"的産生時，他舉了大量例子論證"阿"應該先是用在人名前，因爲例證更普遍，"阿誰"雖例子在先，但不一定是先用在疑問代詞前，不符合普遍搭配規律。洪誠先生在很多方面富於創建，如對語料表現出作者個人風格和時代特點的看法，作文言與口語的區分，等等。柳先生在這些方面延續了洪誠先生的研究特質，如以語言特質爲標準爲語料的時代準確定位，討論不同作者和不同文體用語習慣的差異。在對語料的甄選和采用上甚至更爲嚴格。徐復《魏晉南北朝歷史語法》的《序》中認爲鑒別語料的時代性對於研究語法發展至關重要，選擇用例時儘量嚴格按照著作的成書時代確定語料的時代，有些托名於某時期成書的僞作的例子也要排除。對於史書，同時代人編撰的更有價值，如《宋書》《三國志》，而後人編的前史，比如唐以後編的《北史》等，要謹慎對待，一般不作爲南北朝語料，尤其是叙事部分，記言部分可以謹慎采取。徐復先生肯定了柳士鎮先生在語料擇選和立論方面的嚴謹審慎。比如《北史·石曜傳》有一例："曜手持一絹謂武都曰：'此是老石機杼，聊以奉贈。'"此例"老"字用於姓氏前，顯見已是前綴。其實洪誠先生在討論"老"的産生時，曾舉此例。柳先生在《魏晉南北朝歷史語法》頁 105 談到"老"作前綴的發展時，也舉此例，但又特別指出此期尚未見到相同用例，因此"老"字用如前綴，不應説是此期已經形成，而應是此期之後的語法現象。態度比前輩學者更爲審慎，可見一斑。還有對不同文體表現出的内部差異的態度，柳先生也十分謹慎。如他對佛典語料的表態，認爲佛典語料應與同時代的中土文獻做不同對待。在《魏晉南北朝歷史語法》再版時,柳先生參考學術界對漢譯佛經語言特殊性質的研究成果,采用以漢譯佛經例證作爲輔助語料,而以中土文獻例證支撐語法發展時間節點的區別性處理方法,認爲這樣似乎更符合漢民族全民通用語的語法發展脉絡。在典型例句的選取方面柳先生也很是嚴格。柳師素來教導研究生撰寫論文舉例證時務求典型,核實準確,每一個例證絶不白舉,要與之前的説明語一一對應,以便於閲讀者查檢。他自己正是這麽做的,我們閲讀柳先生論著的舉例,每每發現例句選擇精當,排列條理井然,讀之愜意。

除了傳承發揚傳統學術思想和研究方法,柳先生在研究中也非常注重吸收新的語言學理論和方法。表現在:

(一) 語義分析與結構分析相結合

正如何亞南教授評價柳師所著《語文叢稿》所説:"長期以來,語法研究存在重形式結構而輕語義探討的不足。隨着研究的深入,没有語義分析的介入,有些語法問題就很難解釋清楚。……我們不敢説《叢稿》已系統地運用語義分析法介入語法研究,但在書中常常能見到這樣的論述卻是事實。"(《陳年老窖　歷久彌醇》,《書與人》1999 年第 6 期,頁 65)柳先生對虛詞的討論十分精妙,他分析虛詞的組合關係,注意其所在結構的特點。如柳師分析"著"的虛化,指出"著"除了單獨用作謂語動詞之外,此期尚有三種用法:一是可以用於動詞及其賓語後,表示處置意義,其後另有表示處置地點的處所詞語。二是部分虛化用於謂語動詞後充任補語,在表示處置意義的同時兼表依附狀態,其後另有表示依附對象的處所補語。三是進一步虛化附於謂語動詞後,表示動作的持續狀態,其後無須另有表示依附對象的處所補語。觀察十分細緻。柳師接着討論第一類的"著"仍有實在的詞彙意義,虛化過程尚未開始,與動詞一起共同充任全句的連動謂語。這裏柳師敏鋭地指出,由於"著"本身固有的詞彙意義,加之其後另有處所補語,因而它含有從處所角度對其前動詞動作的處置結果加以補充説明的意味。柳師揭示這一特定的條件是"著"後來能夠發展爲謂語動詞補語的根據。接着柳師指出第二類"著"在詞性詞義上相當於介詞"在""到",既可領有處所名詞,又可表示依附狀態。柳師説這是"著"虛化過程中關鍵的一步。第三類"著"詞義進一步虛化,完全棄置了領有處所名詞的職能,而表示動作持續的現在時態,還很容易發展爲表示動作進行的現在時態。不過第三類"著"用例很少,此期處於萌芽狀態。直到唐代以後,一方面用例增多,一方面經常用於表示動態的謂語動詞後,且其後又開始出現謂語動詞賓語,才成爲成熟的現在時態助詞。從這段論證可見,柳先生探究虛詞的發展時,既關注詞義演變,又關注其搭配關係的變化,分析歸納例句的差異,放在語法演變的背景下加以解釋,呈現出整體的發展脉絡。將一種語法現象從萌芽到成長再到成熟的動態過程精妙地描繪出來,讀之如同一幅靈動的圖景徐徐在眼前展開,使讀者知其然且知其所以然。又如講到代詞"其"的發展,指出"其"在上古漢語中已有功能擴展的幾種情況,暗自蘊含了後來到中古漢語裏發展的契機。《魏晉南北朝歷史語法》最後專門有一節討論虛詞的發展與結構擴充化、表達嚴密化的關係,是在類似許多典型案例的細節描寫基礎上做出的宏觀概括,給人整體印象。柳師善於采用靈活多樣的現代語法分析方法來開展具體研究,如運用層次分析法進行古漢語結構分析。定性與定量相結合的方法在其論著中更是普遍運用,明確指出哪些是常見現象、哪些是個別現象、哪些已經衰落、哪些發展成熟、哪些處於萌芽狀態。比較方法在柳先生的研究中用得也十分純熟。如利用語言項目的時代特徵分析文本的真偽,提出漢代出現的五言詩節拍"前二後三"的限制使得魏晉南北朝時期疊音形容詞與其他類詞的組合關係出現了新的變化,等等。可以看出柳先生的研究既有歷時比較,也有共時比較;有語料語體的比較,也有語音、語義、語用的比較,細緻入微,引人入勝。

(二) 注重句法研究,開展複句研究等

句法研究是現代語言學研究的中心。柳先生對魏晉南北朝詞序、判斷句、疑問句、述補式、被動式等都有深入研究。既有系列論文對專書句法專題的靜態描寫,也有專著針對魏晉南北朝時期有所發展變化的句法現象的斷代研究,關注句法現象的質變和量變,尤其是質變的部分,由此勾勒出魏晉南北朝重要句法現象的演變脉絡,啓迪研究者

思考。

　　總之，柳先生將專書研究與斷代研究結合起來，其語法研究成果對中古漢語語法斷代史研究具有十分重要的意義，成爲中古漢語語法研究者案頭必備的重要參考資料。通過總結柳先生的研究範式，我們既可以看到他對中國語言文字學術研究優良傳統的繼承和發揚，也可見到他對新的研究理論和方法的不斷吸納和創新性應用。如今在柳先生的倡議下，一衆學生參與到中古漢語語法研究中來，且取得豐富的成果，爲中古漢語研究的不斷深入作出貢獻。本人忝列其中，幸甚至哉！

參考文獻

洪誠《洪誠文集》，江蘇古籍出版社，2000 年

洪誠《訓詁學》，鳳凰出版社，2019 年

柯仁、葉輝《陳年老窖　歷久彌醇》，《書與人》1999 年第 6 期

柳士鎮《魏晉南北朝歷史語法》，南京大學出版社，1992 年

柳士鎮《語文叢稿》，南京大學出版社，1998 年

柳士鎮《試論中古語法的歷史地位》，《南京大學學報（哲學人文科學社會科學版）》2001 年第 5 期

柳士鎮《魏晉南北朝歷史語法（修訂本）》，商務印書館，2019 年

嚴修《二十世紀的古漢語研究》，書海出版社，2001 年

研精覃思　推陳出新

——柳士鎮先生《魏晉南北朝歷史語法(修訂本)》讀後

王建軍　蘇州大學

　　當今世界，傳媒通達，信息海量，學術繁盛，著作如林。一本小衆的語言學著作，能够在數十年後還被人念念不忘乃至津津樂道，在學術迭代日益加劇的當下，無論如何都稱得上是一件不同凡響的奇事。柳士鎮先生《魏晉南北朝歷史語法》的修訂再版正是發生在新時代中國語言學林的一件可喜可賀的奇迹。説它"奇"，是因爲這本初版於 1992 年的第一部漢語語法斷代史著作從問世之日起，即吸引了語言學人關注的目光，一直飲譽學界、好評如潮，曾獲評"改革開放以來南京大學文科有重要影響的學術著作"(50 部之一)，並被大型綜合辭典《大辭海・語言學卷》列入"著作文件"類條目；説它"可喜可賀"，是因爲這本書匯聚了柳先生二十七載(1992—2019)的專業功力和學術覃思，以精美的裝幀、精緻的版式和精深的内容重新回歸，並且再度在學界唱響，堪稱一次完美的學術雄起。

　　2019 年 7 月 12 日，我從柳師手中接過彌足珍貴的修訂版簽名本，爾來已過數年。其間一直想將原版與新版詳加比對研習、撰成心得，以就教於柳師與學界同道，但終因俗務纏身而延宕至今，心中愧疚之情日盛。日前恰逢慶祝柳師八十華誕論文集組稿，我即有義不容辭之感。於是，再次端坐燈下，將原版與新版《魏晉南北朝歷史語法》徐徐攤開，一一對照、細細研讀起來。

　　首先，必須承認，基於前後銜接的考慮，二書具有很多的一致性。這種一致性主要體現在以下兩大方面：

　　其一，基本構架不變。儘管相隔數十年，柳師依然遵循了原來的寫作路徑,只對原版框架作了微調:一是將中編"魏晉南北朝詞法的發展"中的動詞部分由兩章合爲一章,這樣就使得全書的總章數由二十七章縮爲二十六章;二是適應新時代的排版要求,將全書的注釋由章節附注一律改成頁下注。這種嚴格意義上的修訂不搞大拆大卸、不搞另起爐灶,顯示出柳師對學史的尊重、對學理的堅守,既是一種明智的修訂,更是一種守正的修訂。

其二,治學特色不變。全書體現了柳師一貫的治學風格,這就是徐復先生在原序中高度概括並竭力首肯的四個方面:寫法精要、取材審慎、創獲甚多、例證豐富。所不同的是,修訂版在這四個方面做得更到位、更精緻,幾乎到了無可挑剔的地步。

不過,如果讀者諸君品讀過這兩版並略加對照的話,就會發現二者在體量上的巨大差異:原版30萬字不到,修訂版擴充幾近一倍。這種規模的修訂量顯然已經不是一般意義上的局部修補或挖改,而是一種不折不扣的整體再造了。

除了對原版中的少量訛誤之處——酌加訂正外,修訂版的再造工作重點表現在以下幾方面:

第一,擴充內容。作爲修訂版,內容方面的擴充是必須的,也是首要的。毋庸置疑,修訂版幾乎對原版的所有內容都作了較大幅度的充實。這種內容的充實大致表現爲兩種形式:

一是改寫。所謂改寫,就是立足於原有內容,儘量補充一些新的資料,以強化理據、完善結論。例如,修訂版第一章"書面語和口語"在提及中華民族先民的起源問題時,就引用了賈蘭坡《中國大陸上的遠古居民》一書中的材料;在論及有關人類及其語言起源的議題時,則引用了徐時儀《漢語白話史芻議》一文中的相關表述;又如,修訂版中編"魏晉南北朝詞法的發展"前言部分在論及如何鑒定語料的時代性之餘,着重對語料的利用問題做了長篇而深入的論述,重點闡明了漢譯佛經語料的價值和局限,理性地回應了漢語史學界長期以來的關切與質疑。這種傾注心力的改寫,無疑大幅度提升了原書的學術含金量。

二是重寫。所謂重寫,就是對原版中語焉不詳或觀點模糊的議題重新加以論證,提供新材料或新觀點。例如,在討論中古名量詞的連用現象時，原版僅舉出《世説新語・雅量》注引《謝車騎傳》"牛、馬、驢、騾、駝十萬頭匹"中的"頭匹"作爲例證。因爲是孤例且來源堪疑，實際上未能確證，致使問題成爲懸案。修訂版則增補了《世説新語》《宋書》《南齊書》中"五盌盤""五盞盤"等三條書證，並逐一加以分析，不僅坐實了中古名量詞的連用現象，而且還趁便解釋了以"五"字爲數的文化因素，着實讓人大開眼界。又如，原版第二十五章"述補式"在論及"補語爲及物動詞"時只是籠統提了一下帶"得"字補語的萌生情況，未展開討論；而修訂版第二十四章則對"得"字補語的萌生及其發展歷程做了詳盡的考察，並列舉了中古文獻中的六個用例來加以佐證，從而得出了"得"在中古初步虚化爲結構助詞的結論。這種不憚繁難的重寫使全書的内容變得更加厚重。

第二，引入新見。創見是學術研究的生命力，也是學術研究的原動力。一本學術著作之所以能長盛不衰，關鍵在於創新。2000 年前後的三十年，是中華學術實現轉型的關鍵時期，也是漢語史研究突飛猛進的黄金階段。較之原版，修訂本可謂新見迭出。這些新見主要出自兩個方面：

一是柳師個人的首創。比如，第十一章"人稱代詞"在討論反身代詞"自己"在中古的生成過程時，柳師逐一分析了魏培泉、鄧軍等人的觀點及相關例證，認爲中土文獻中的"自己"大致仍屬於介賓結構，與複合反身代詞無涉。他審慎地指出："若説複合反身代詞'自己'在此期漢譯佛經中已經較爲常用，那是可以成立的；若説在此期中土文獻中也已時時可以見到，那還有待於今後進一步發掘語料以做證明。"[1]又如，第二十三章"疑問句"不僅注意到了選擇連詞"爲是"中"是"的兩種作用：助成語氣和表示斷定，而且做出了明確的界定："當'爲是'後的選擇項是名詞或名詞性詞組時，'是'字側重於斷定……而當其後選擇項是主謂詞組時，'是'字側重於助成連詞'爲'的語氣……"[2]這樣就一舉解決了認知上的糾纏，避免了似是而非情況的發生。類似的情形在修訂版中

---

① 柳士鎮《魏晉南北朝歷史語法（修訂本）》，商務印書館，2019 年，頁 187。
② 同上，頁 445—446。

比比皆是。限於篇幅,此處不再贅舉。

二是學界同道的首創。對漢語語法史尤其是中古語法史研究領域的新作新見,柳師始終及時關注、積極跟進,非但做到瞭然於胸,而且頗能權衡得失,因而在修訂過程中往往能信手拈來、爲我所用。可以説,舉凡與中古漢語語法研究有關的新人新作,修訂版中都有所關注。例如,中編"魏晉南北朝詞法的發展"在提及中古新興的情態助詞"要"、時態助詞"來"、第三人稱代詞"他"時,就分別列舉了朱冠明、龍國富和遇笑容的代表作①。據考察,修訂版中參考的最新成果當是載於《古漢語研究》2017 年第 1 期上的張言軍、唐賢清文《概數助詞"許"的歷時發展及其衰落原因考察》以及《中國語文》2017 年第 6 期上的姜南文《"將無"重考》,刊發時間與修訂的證引時間幾乎同步。

第三,凸顯文化。語言既是文化的產物,又是文化的載體。中古是中華文化融生的關鍵時期,不少語言現象都浸潤着豐富的文化信息。如果只對之進行純粹的語言分析,難免會給人南轅北轍、隔靴搔癢的感覺。柳師熟諳中古文化,因而修訂版中的語言分析往往滲透着文化解釋。

例如,第十一章"人稱代詞"之"尊稱與謙稱"在對"奴""大兄""大弟""卿"的用法加以解説時就着重從禮貌文化的角度切入,不僅讓人茅塞頓開,而且使枯燥乏味的語法内容變得趣味盎然。其中的不少識見常常令人拍案叫絕。例如,文中對"卿""君"所作的解説就給人耳目一新的感覺:"又如'卿'字,本爲官爵名,先秦時期即已用作對人的尊稱。……但是發展到魏晉時期,已經成爲一般性的表示親密的稱呼,主要用來稱呼下於己者或儕輩之間親昵而不拘禮數者。……'君'字的情況也相類似,原爲'君上'之稱,先秦時期已借用爲對人的尊稱……後來發展爲對一般對話人的尊稱。魏晉時期禮尊意味又逐漸弱化,幾乎成爲一般性的對對話人的稱呼。"②這樣就很好地解開了《孔雀東南飛》中焦仲卿稱劉蘭芝爲"卿"而劉蘭芝稱焦仲卿爲"君"的謎底。

---

① 《魏晉南北朝歷史語法(修訂本)》,頁 105。
② 同上,頁 195。

　　第四，增加用例。漢語史研究是典型的語料庫語言學。沒有豐贍充足的語料支撐，任何觀點都是站立不住的。作爲漢語史研究權威張世禄、洪誠先生的高足，加之又時常請益于徐復先生，柳師自然深諳其道。因此，他往往會在論著中引用大量的語言實例來證成自己的觀點。原版已然如此，到了修訂版，這一特色自然愈益彰顯。例如，原版第十二章在討論類及之詞“比”時總共列舉了 9 個例句，而修訂版第十一章則將例句一下增加到了 15 個。如果算上“比例、比類、流比、等比、比流”這類連用現象的話，則總數超出了 20 個。

　　除了大量增加用例，修改版還對個別例句的出處進一步加以明確或規範。例如，關於“片片紅顏落，雙雙淚眼生”一句的出處，原版標注爲庾信《明君辭》，修訂版則改爲庾信《昭君辭應詔》。

　　明眼的讀者也許會發現，無論是原版還是修訂版，書中有關中古漢譯佛經的語料都非常有限，僅對《百喻經》《撰集百緣經》等有少量的采用。這並非柳師熟視無睹，而是他鑒於佛經語言的特殊性而作出的一種理性而睿智的決策。

　　必須指出的是，修訂本中追加的用例除了極少量是轉引他人的二手材料，絕大部分都是柳師親手搜檢而來，其中的艱辛可想而知。

　　第五，改進表述。柳師不僅是著名的語言學家，也是資深的語文教育家，長期的專業歷練使其養成了字斟句酌、惜墨如金的行文風格。在修訂的過程中，柳師特別注重文句的推敲。有些改動表面看似尋常，内中卻大有玄機。

　　例如，原版第一章“書面語和口語”之第一段末尾在談到殷商甲骨文歷史時指出：“這種書面語言史仍然要晚近不知多少倍。”[①]其中的“晚近”泛指“近世”或“從最近幾年到現在的時間段”，通常用作名詞。修訂版將之改爲“遲晚”，使表意更爲貼切。另外，修訂版還將句中的“多少倍”改成“多少年”，又一次化解了讀者的疑問。

　　又如，在介紹中古概數四類表達方式中的第一類時，原版第十五章用“尾數用相鄰的兩個數”來加以描述，而修訂版第十四章則改爲“用相

---

① 《魏晉南北朝歷史語法》，頁 7。

鄰的兩個數作爲尾數"。區區一改,不僅表意更加明朗,而且也與其餘三種方式在表述結構上保持了一致。

與原版相比,修訂版還多了不少人性化的設計。例如,爲了滿足讀者查閱和檢索的需要,修訂版除了在書眉位置注明編次和章次,還專門編制了詳細的詞語索引,詳盡收錄了與本書相關的語法條目,並以内容爲綱,分門別類加以編排,令讀者亟稱其便。

修訂版之所以能取得如此的成功,我覺得除了賡續徐復先生序中所指出的四大優點,還與柳師身上獨具的另外兩個特質密不可分:

其一,思維縝密。縝密的思維是學術研究的要件之一,更是語法學者必備的潛質之一。漢語史研究本身就是披沙揀金的過程,尤其需要去僞存真、去蕪存菁,而要真正做到這些,考慮問題就非得做到細密周全,這樣才能確保萬無一失。應該説,這一點在柳師身上體現得淋漓盡致。在分析例句時,柳師尤其擅長結合語境進行分析,簡直到了洞若觀火的程度。比如,修訂版在討論《三國志·魏書·劉放傳》中的"自疑"時,先後徵引了司馬遷《報任安書》以及《史記·高祖本紀》《後漢書·龐萌傳》《後漢書·吳漢傳》《宋書·魯爽傳》《南齊書·蕭惠基傳》《魏書·爾朱榮傳》等文獻的用例[1],並分別從時代背景、人物處境、心理因素等方面來加以解説,有效詮釋了文意。又如,修訂版在列舉同義複合的程度副詞"最差"用例時,柳師專門在頁下加了一句説明語:"此例'差'義爲'最'爲'甚',與'最'相同。"[2]在列舉同義複合的情態副詞"還複"用例時,同樣加了一句説明語:"此例'還複'表示持續,語義不同於前引《宋書》表示重複的'還複'。"[3]

其二,學品高潔。學術是公器,但也是專利。學術研究離不開相互間的借鑒,但如何借鑒卻大有講究,頗見高下。在這方面,柳師無疑爲學界樹立了標杆。爲了不掠人之美,只要是來歷清楚的觀點和引例,柳師必定在書中加以交代。讀者只要稍加留意,就會發現:遍布全書的頁

---

[1] 《魏晉南北朝歷史語法(修訂本)》,頁 184—186。

[2] 同上,頁 310。

[3] 同上,頁 311。

下注除了少量用來申明個人觀點和補充語料，主要是告知讀者他人觀點和二手語料的來源。例如："本條'能'字及下條'個'字的論述，分別參考了《近代漢語指示代詞》'這麼、那麼'與'這、那'；下文《吳曆》(《三國志》裴松之注引)與《烏棲曲》《張敬兒傳》三例'能'字以及前兩例'個'字，也均采自該書。"①"承彭蘭玉見告，現代漢語湘方言、贛方言中仍然保留着'個'字的指示代詞用法。"②行文之細、交代之明，簡直到了不厭其煩的程度。

特別值得一提的是，柳師在修訂過程中，除了廣徵博引前修時賢的觀點，還時時不忘對門下諸生的獎掖，舐犢之情躍然紙上。在全書添加的注語中，柳師往往不惜筆墨對弟子的相關研究成果大加推介，其中重點提到的有蕭紅、高育花、段業輝、何亞南、王建軍、張延成、劉開驊、陳文傑、程亞恒、張家合等。

也許是出於恪守既定框架的考慮，修訂版沒有對原版內容安排上的個別缺陷進行必要的調整，多少有點令人遺憾。比如，將構詞法納入下編"魏晉南北朝句法的發展"之中似乎就有失偏頗。另外，修訂版中也還存在些許校改未盡之處。例如，第 180 頁所引《古小說鉤沉·笑林》的一則語料中，"夫人鼻高耳口低"似乎應作"夫人鼻高而口低"。

人們常說：強大的生命力源於強大的精神。對一個學者而言，學術精神之所在就是生命張力之所在。柳師儘管已步入長者之列，但依然擁有健旺的學術活力和強盛的學術鬥志。他正如一位雄心勃勃的行舟人，始終在中古漢語的滔滔江河中奮楫前行。

參考文獻

柳士鎮《魏晉南北朝歷史語法》，南京大學出版社，1992 年。
柳士鎮《魏晉南北朝歷史語法(修訂本)》，商務印書館，2019 年。

---

① 《魏晉南北朝歷史語法(修訂本)》，頁 207。
② 同上，頁 208。

柳士鎮先生的語文教育研究

崔達送　安徽師範大學

引　言

　　柳士鎮先生的中古漢語語法研究,在學界享有盛譽。他的漢語語法史專著《魏晉南北朝歷史語法》及諸多相關論文被歷史語法研究者廣爲引用,是漢語史研究的重要參考文獻。此外,先生在語文教育相關研究上也是成果豐碩。這些成果在基礎教育研究領域有很大的學術反響,而在語言學專業研究領域有些學者可能還沒有注意到。由於和中學語文教學研究存在一些工作上的關係,我較多地注意到先生這方面的學術成果。先生此類論文有 40 餘篇,我都已有幸拜讀。這些文章發表的時間跨度近 40 年,不過絕大多數爲 2000 年以後的成果,僅 2020年以來的就有 20 餘篇。拜讀之後,受教良深,欽佩莫名。今將研讀心得斗膽成文,以就教於方家。儘管自知駑鈍,小文未必能很好地反映先生相關方面的卓識洞見,但如能引起學界的注意,使得語言理論研究專家們也來關注語文應用研究,中小學教學第一綫的教師及語文教育研究者們也更加重視語言理論的應用,我想本文的目的就達到了。以下擬從四個方面談談對柳先生語文教育研究的感想。

一　語言學和語文教育

　　柳先生的多篇論文運用古代漢語語言學理論解決了一些中學語文教學的疑難問題,對中學語文教學乃至大學古代漢語教學極有幫助。

先生在中學語文教學方面的論文有三類,第一類是某類詞或某結構在教學中易引起爭議,先生通過辨析,提出具體有效的解決方案;第二類是擇要介紹古代漢語理論知識,爲中學文言文教學提供有益參考,也可以爲大學古代漢語教學提供借鑒;第三類文章兩篇,討論了古漢語的語言事實在教材編寫和教學上如何處理,較好地體現了先生的語文教育思想。

先看第一類。柳先生此類論文七篇,都是語言學與文言文教學結合的經典之作。今略舉三例。首先,關於"鳴之"。部編人教版語文八年級下册收入韓愈雜文《馬説》,文句"策之不以其道,食之不能盡其材,鳴之而不能通其意"中的"鳴之","之"的性質如何、"鳴之"該怎麽理解,中語界有不同意見。《韓愈〈馬説〉"鳴之"解》認爲,"鳴之"與前文"策之""食之"結構一樣,都是動賓關係,"鳴"是不及物動詞用爲使動,"之"指代千里馬。"鳴之"就是使千里馬嘶鳴之意,只不過"鳴之"的主語與"策之""食之"的主語明顯不同,既不是人,也不能明確補出,應是"外在的刺激"與"内在的不適"等抽象因素。文章從語言學的角度,對"之"的用法進行了梳理,對"鳴"使動用法的用例進行了詳盡調查,從語篇角度、修辭角度進行了補充論證,很好地解決了"鳴之"這個疑難問題。其次,關於"既然已"。柳宗元的《種樹郭橐駝傳》收入高中語文教材,教學界對其中"既然已"一語的討論比較多。"既然已"出現的語境是:"凡植木之性,其本欲舒,其培欲平,其土欲故,其築欲密。既然已,勿動勿慮,去不復顧。其蒔也若子,其置也若棄,則其天者全而其性得矣。"常見選本的注解是"已經這樣做了"。有人認爲這種解釋不符合語言規律,"然"應該是謂語,而"已"是語氣詞"矣"。《〈種樹郭橐駝傳〉中"既然已"的構形與釋義》認爲,注解者和批評者的意見都有可商之處。先生從漢語史的視角出發,搜集大量中古漢語相關用例,得出明確結論:"既＋謂語動詞＋已"早就是漢譯佛經中的常見句式,柳宗元又與佛學思想、佛學人士有着密切聯繫,而且"'已'則是'矣'"的訓釋方法,忽略"已"字的成因而悖於語言發展事實,那麽在"既……已"中插入"然"字的"既然已",正應視爲仿用漢譯佛經的構形方式;"既然已"表示過去時態,作爲分句而體現"這樣了之後"的時間意義。再次,關於"蟹六跪而二螯"。

"蟹六跪而二螯"出自語文課本中的名篇《荀子·勸學》,先生的論文《簡析"蟹六跪而二螯"之"而"字》集中解析了"蟹六跪而二螯"中的"而"字,以豐富的實例說明了"而"連接的前後項之間的句法語義關係。除"蟹六跪而二螯",還有《史記·高祖本紀》的"高祖爲人,隆準而龍顔",柳宗元《捕蛇者説》的"永州之野産異蛇,黑質而白章",有些研究者把這些用例中的"而"連接的前後兩項視爲並列關係。先生認爲"而"字在這類結構中主要表示承接關係中的一種順承關係。"高祖爲人,隆準而龍顔",先描述高祖的鼻子,然後描述他的額頭,由"隆準"而及"龍顔",二者之間雖無主次之分,但内含一種邏輯順序,屬於順承關係;倘若互相對調,語意的側重點就會發生變化。"永州之野産異蛇,黑質而白章",先描述蛇的底色,然後描述它的花紋,由"黑質"而及"白章",其間雖無主次之分,但仍内含一種邏輯順序,同樣屬於順承關係;倘若互相對調,就可能干擾人們認識事物的習慣思維。"蟹六跪而二螯"中的"跪"與"螯"雖然都是蟹的肢體,功用卻不同。"跪"主要用於移動、逃生,"螯"則既可覓食又可在遇敵時防守或進攻,很明顯,後者於蟹的重要性顯然大大强於前者。故而作者在表述時是先"跪"而後"螯",二者之間詞義上有輕重之分,邏輯上屬於遞進關係。這一系列辨析可謂洞燭幽微,心細如髮。文末提到現代漢語常見的"由(從、自)……而……"格式,如"由東而西,由南而北""由夏朝而商朝,由商朝而周朝""從講師而副教授、而正教授""自縣而市,自市而省",表示的是"由東至於西,由南至於北""由夏朝至於商朝、由商朝至於周朝""從講師至於副教授、至於正教授""自縣至於市,自市至於省","而"前後的名詞性成分,語義上要求在一個有序的序列中,這是卓見。這種精細的辨析,對中學文言教學的文本細讀極有指導意義。另外還有《簡析"仰觀宇宙之大"中的"之"字》爲"宇宙之大"類結構中的"之"給出了全新的解釋;《談"齊軍善射者"的結構》對"A+B者"類結構進行詳細辨析、論證,糾正了一些錯誤的認識;《使動用法的雙賓語結構》以"無生民心"類結構爲例,明確了古漢語語法研究要尊重語法事實的研究思想;《古代漢語中的偏義複詞》用例典型,解釋簡明,辨析細緻,大可爲古漢語教學與中學文言文教學之一助。

再看第二類。先生對提高中學師生的古漢語素養非常重視,發表了多篇古漢語理論輔導文章。這些文章不是枯燥的介紹，更不是相關語言知識的簡單重複，基本上都是以中學語文教學爲切口，自然、系統、深入淺出地講述古代漢語語言知識，挖掘其應用功能，助益語文教學。這裏略舉兩例。一是關於異體字。《古籍中的異體字》從魯迅的小說《孔乙己》中孔乙己自詡知道"回"字有四種寫法説起，分析漢字中的異體字現象，介紹異體字的特點，分析異體字產生的原因，介紹異體字的構成方式。文章兼具普及性與學術性。二是關於修辭手段"代稱"。代稱，中學師生並不太熟悉，閱讀古代典籍卻繞不開。《古書中的代稱》從代稱的定義以及與比喻的比較入手，先介紹代稱的一些常見方式，然後着重介紹其中比較特殊的割裂式代稱，並根據所稱代内容在意義上的不同，將割裂式代稱分爲三種：截取片語或句子中的一部分稱代被割去的另一部分的意義、截取片語或句子的一部分稱代整個片語或句子的意義、截取片語或句子的一部分稱代同原義既有聯繫又有發展變化的意義。割裂式代稱作爲古漢語中的一種修辭方法，它的構成具有很大的隨意性，使得古代漢語中出現了許多生造的詞語，從而晦澀難懂，嚴重損害了漢語詞彙的完整性，以致常常產生誤解。割裂式的代稱大約產生於東漢之後，是漢末魏晉南北朝期間文人追求綺麗文風、崇尚雕琢修飾的產物，這種不健康的傾向歷來受到有識之士批評。割裂式的代稱出於文人的生吞活剝，是文風上形式主義的產物，這就注定它終究會被歷史淘汰。文章要言不煩，視野開闊，探討深入，發人深省。其他如《古今漢語中的聲調變化》《古代的反切注音法》《古今詞義的演變》皆簡明扼要，精巧耐讀。

　　第三類是關於教材編寫方面的探討文章，涉及中學文言文和大學"古代漢語"教材。先生在執教南京大學之前，曾在中學任教七八年。豐富的"雙師"經歷，使得先生對於教材的編寫有着獨特的思考。在這方面，先生撰寫了《古代漢語教學與教材瑣談》《統編語文教科書古詩文中的字形問題——字形注釋詞語"同"字的使用》兩篇文章。這兩篇文章看似相關度不高，其實不然。究其核心，討論的都是中學語文教學與大學學科教學的有機銜接問題。先生的學術研究領域是漢語史，所以談銜接問題自然就從中學語文教學的文言文閱讀説起。先生的第二篇文章就是從注釋語"同"字使用這個點,説明中學文言文的一般閱讀與大學古文的專業閱讀之間存在很大區別:一般閱讀只求讀懂古文,專業閱讀則在讀懂的基礎上還有專業要求,爲後續專業研究打基礎。所以二者的要求高低不同,教材的編寫自然也該適合各自的要求。嚴格區別古今字和通假字兩個概念具有專業性,與中學文言文一般閱讀的要求不相匹配,目前統編語文教材已經落實了先生多年前的倡議。先生的第一篇文章則從面上討論了大學"古代漢語"課程的教學和教材編寫都要做好與中學文言文的衔接,以提高教學效率。如前所述,由於學術研究領域的制約,先生只談了中學文言文閱讀與大學"古代漢語"課程之間的衔接問題。推廣開去看,同樣的問題也存在於其他學科,如現代文學、古代文學等等。如果大家都來關注這一問題,形成合力,那麼中學語文教材和大學中文專業各科教材的面貌都有可能煥然一新!

二　語言規範化和語文教育

語文教學中教師所教,學生所學,都是古今規範的漢語文本,語言規範和語文教育密不可分。先生討論語言規範的論文可分爲兩類,一類是對教育部、國家語委發布的漢語規範化文件中和權威性的語言規範工具書中的相關問題進行商榷,另一類是對語言規範化個案發表見解。

第一類。《第一批異形詞整理表》是教育部和國家語委於 2001 年發布、2002 年試行的語言規範化文件,先生的反應敏感積極,於 2002 年即發表《〈第一批異形詞整理表〉讀後》,對該表提出四方面的意見和建議。第一,歸入非推薦詞形的處理辦法較爲籠統、不夠細緻,且應當用"指導性"或"引導性"一詞替代"推薦性"。第二,"3.1 異形詞"一節,應在對異形詞作過界定之後增加"本規範中指多音節的詞和短語"一句以作説明。第三,文字的表述更應嚴謹、周到、穩妥,如用"已有簡化形體的繁體字"取代"已簡化的繁體字";該表並非在對語音的演變史作考察,因而殊無區分上古、中古的必要,籠統地提"古代"反倒顯得自然合理;推薦詞形後應該明確:是用連接號中的半字綫還是用占兩個字位置的破折號。第四,在原則的解釋上應補充一個例證並稍作説明。這些具體而微、極有針對性的建議對國家語言文字相關規範文件的制定與修訂當然大有裨益。先生對新版《現代漢語詞典(第6版)》審讀後,撰寫《新版〈現代漢語詞典〉求瑕》,指出了幾個可以進一步完善的問題。如:"被"的新用法是否一出現就要收錄、"東牀"一詞的徵引、"忌辰"在現代語言實際中的語用特徵、"難兄難弟"所引異文、"農曆"的釋文表述不夠嚴密及表述風格與《現代漢語詞典》行文不相協調、"是"中將"是……還是……"割裂開分別定性爲動詞和連詞的問題、"首發"的釋文放大了"球類比賽"的外延、"外援"的釋文表述偏離了問題的要害、"锺(鍾)"的繁簡字形等,先生都發表了精到的見解。

第二類。該類討論的個案有三。第一,因偏離事實致誤。先生的《偏離事實而致誤的病句》一文指出了一種有意思的病句。2005年9月24日全國某知名晚報副刊登出《老校長蘇步青》一文,懷念著名數學家、教育家蘇步青先生在數學教育上的不朽業績,特別是他擔任復旦大學校長期間的卓越貢獻。作者寫道:"有幸的是,蘇步青當校長的幾年,正好是我在復旦大學讀書的幾年,也正是'文革'後恢復高考後的前兩届。"很明顯,原文裏的"有幸"者明確指向蘇步青,實際上作者的本意應該是自己在復旦讀書有幸遇上了蘇步青先生任校長。句子表面上沒有語法、語義、邏輯問題,但與作者要表達的意思不符,是病句,應當規範。這的確是一種隱性的語言偏誤。國際中文教學中,漢語二語者此類偏誤時常出現,可以理解。但在我們漢語爲母語者,出現這樣的錯誤就不應該了。第二,文白夾雜。先生的《謹慎使用文言詞語》説,"文白夾雜"歷來被看作語言表達的弊病之一。使用文言詞語應當謹慎、恰當,能用白話表達的就不用文言。這也不是主張不加分別地一概反對使用文言詞語。在一定語境中,爲了適應表達需要,也可以適當地使用有生命力的文言詞語。最後,文章指出,應當先練好用白話文寫作的基本功,能規範、連貫、得體地將自己的意思用白話表達出來,是一種很不容易學好的本領。這個意思,我早年在南大問學先生時就有深刻體會。先生教導我們,學習中有什麼困難、科研上有什麼想法,要寫成文字給他。因此每到此時,我就寫電子郵件向先生請教。大多時候,我的行文都是文白夾雜,有時候還掉掉書袋。可先生每次的回覆都是最清通的白話,語言簡潔明白,無一字可增損。讀多了先生的書文、郵件,我的表達即有所改善。第三,古代文獻也有規範問題。先生在《〈世說新語〉中異構同指之稱謂:王夫人、謝夫人——兼談禮敬稱謂詞"夫人"的歷時使用》中強調,"姓氏＋夫人"稱謂形式應以指稱明確爲前提,這是強調"指別性"的語言規範思想。他以《世說新語》中的"王夫人""謝夫人"異構同指現象爲觀察對象,對"姓氏＋夫人"這種稱謂形式進行了歷時考察:魏晉南北朝期間,最爲簡潔而又具有明確指別性的稱謂方式還應該是"娘家姓氏＋夫人";以"娘家姓氏＋夫人"爲核心的稱謂方式由於指別性強而不易引起混淆,從而一直沿用下來,歷經唐宋,直至明清;明清時期開始,"夫家姓氏＋夫人"的方式逐漸增多,但由於我國傳統的聚族而居的生存形式長期未能突破,故而"娘家姓氏＋夫人"格式的使用仍然不少。而《世說新語》中出現了兩種形式同指一人的現象,"娘家姓氏＋夫人"形式固屬常態,異構形式"夫家姓氏＋夫人"又可表明所適家族並彰顯夫人地位。至於兩種形式出現的原因,前者與古人聚族而居密切相關,後者與男尊女卑、嫡尊庶卑有一定聯繫。而在一個相對封閉的言語環境中,如何選用"夫人"的不同稱謂,彼此協調而又有章可循固然重要,但具有指別性而不致引起誤會才是最根本的原則。此一番考察議論實在精審。

三　語言的文化因素和語文教育

教育部《普通高中語文課程標準》(2017 年版 2020 年修訂)強調,語文教學擔負着"傳承中華文化"的功能,"通過學習運用祖國語言文字,體會中華文化的博大精深、源遠流長,體會中華文化的核心思想理念和人文精神,增強文化自信,理解、認同、熱愛中華文化,繼承、弘揚中華優秀傳統文化和革命文化"。該《標準》中,"中華文化經典研習"學習任務群劃定 2 學分計 36 學時,可見國家教育決策部門對文化教育的重視程度。先生多年來特別關注語文教學中的語言與文化問題,重視提取語言背後蘊含的中華傳統文化因素。胡明揚《對外漢語教學中的文化因素》指出了六種最有可能影響語言學習和使用的文化因素，即特定的自然地理環境、特定的物質生活條件、特定的社會和經濟制度、特定的精神文化生活、特定的風俗習慣和社會心態、特定的認識方式。梅立崇《試談陳述性文化知識和程序性文化知識》認爲陳述性文化知識包括語言中反映的一個民族的獨特的價值觀念、是非標準、社會風俗、心理狀態、思維方式、審美情趣，認爲這些是語言中的文化因素。目前比較一致的看法是，一個民族特定的自然環境、社會制度、經濟制度、生存方式、交際規範、價值觀念、思維方式、社會風俗、情感取向、審美取向等，都屬於影響語言輸入與輸出的較爲常見的文化因素。柳先生發表一組論文，或直接論述文化因素，或關注心理狀態、價值觀念、社會制度、生存方式等因素，更重視交際規範因素中的稱謂語研究。他關注的稱謂語主要是社會角色稱謂，包括親屬稱謂、社會稱謂等。該類文章以討論稱謂語者爲最多，内容也最豐富。總的來説，該大類文章都可爲廣大師生提供大語文教學的廣闊文化背景，於教學的啓發作用自不待言。

首先，關於文化因素。《語文教學中的傳統文化因素》一文提到，傳統文化的範圍很廣，而中小學生在校期間，必須學習的是傳統文化中體現立德樹人的種種美德，以及課文中涉及的相關内容。我們可以從傳統文化中繼承古人的理想信念、價值取向、精神追求、育人方式，能夠將友善、互助、明理、自强、謙讓、包容、誠信、節儉的傳統美德融入學生頭腦。而課文中涉及的中華優秀傳統文化，大都具體可感而易於掌握。例如，先秦散文、唐宋詩詞與明清小説中的姓名、稱謂、飲食、習俗、科舉、職官，以及大多數文言詩文中都會出現的歷史、地理知識。這是基於課本内容的文化因素提取。

其次，關於心理狀態、價值觀念、社會制度等因素。《"下浮"與"左遷"》討論了古代文獻常見的"左遷"與現今常見的"下浮"兩個詞語的成詞和語用價值。"左遷"出現之始當是出於修辭上委婉的需要，這就是詞語使用者心理狀態的表現。文章將一個現代詞語與傳承詞語巧妙地放在一起討論，從語言學的角度闡釋了詞語背後蘊含的文化心理。《加深古代文化修養，提升閲讀文言詩文的軟實力》指出，中學生要加深古代文化修養，要有透過字面領會其中深厚的文化内涵的軟實力。有一類關於古人思想觀念和處事方式常常與後世有異的問題，如《左傳·成公二年》鞌之戰中躲避的觀念、《新唐書·陽城傳》日常生活中躲避的觀念等。《宗法制度與親屬稱謂》指出，在宗法制度下親屬稱謂內部分得很細，因而在稱謂上呈現出種種複雜情況。從這些親屬稱謂中可以看出一個特點：在父族、母族、妻族三方面的親屬之中，以父族爲重點。這是封建宗法制度中以男子爲中心、嫡尊庶卑的觀念在親屬稱謂上的體現。這些繁雜的禮制多是儒家爲統治階級正名而提出的一種理想，或許只是限於統治階級的部分貴族圈內。縱然是與人人相關的親屬稱謂，民間也大大簡化，只須區分與自己交往較密的身邊親屬即可。文章對宗法制度與親屬稱謂進行了深入的分析，視野開闊，材料豐富，對中學生理解古代文本大有幫助。《傳統文化修養與文言詩文閱讀》強調要注意古人的思維方式，《電腦時代，毋忘識字書寫基本功》提醒我們要重視識記、書寫漢字，體會中華民族書法美學的魅力。

再次，關於交際規範中的稱謂語。人們的言語交際是否順利，稱謂的選擇往往起到關鍵作用。先生這一系列文章對各類稱謂語的內涵解釋、使用規範、歷時演變進行研究，有理論價值和應用價值。《禮尊稱謂詞"君""卿"使用雜談——從成語"卿卿我我"説起》一文，對"君""卿"兩個禮敬稱謂詞進行了詳盡的考察，認爲二詞的禮敬意味在漢語史上呈減弱趨勢，而它們減弱的速度並不平衡，"卿"比"君"迅速。該文考慮到"君""卿"二詞使用的對象、語境以及語用效果多種因素，爲我們展現了它們使用的動態性。在《〈顔氏家訓·風操〉"當避名字"臆解》中，先生説，顔之推對前人的名、字與小名多有批評。有的切中要害，如"翁歸""翁寵"，命名時確實考慮不周；有的將名與小名混爲一談，如"蟻虱"之與"犬子、狗子、驢駒、豚子"，未能注意各自的產生背景與特點；有的認爲字面不夠吉利，如"孟少孤、許思妣"，忽視二人取字時紀念父母的心意。先生總結説，令人產生不同認識的主要原因在於評價標準的不同：顔之推遵循儒家規範，站在士族階層立場，批評有悖於自己觀念的命名取字現象；以現今標準看，這些批評意見，不少依然具有借鑒意義，有的則顯得不切實際，需要我們分析對待。先生 2024 年新作《"表字"稱謂適用範圍的演變》，對表字稱謂適用範圍進行了歷時考察，論述岳飛自稱"鵬舉"是完全有可能的。他說:"電影《滿江紅》中,編劇讓岳飛'自稱"鵬舉"',也只是不符合表字使用的早期規範,而從事理上看,在表字適用範圍變化後的南宋時期,雖無法判定是否確有其事,卻是完全可能出現的。"其他如《古人的姓氏與名字》《漫談古人的小字》《是稱"家弟",還是稱"舍弟"?》《諡號、廟號、尊號與年號》《談談封建社會的避諱》等文章,材料豐富,有精細描寫,有歷時考察,或娓娓道來,或議論縱橫,令人目不暇接。這些精彩的文章都是語文教育的重要參考文獻。

四　高考語文考查技術與語文教育

高考語文卷是對考生語文綜合水平的考查,更是對試卷命題人命制水平的檢驗。劉海峰、苑津山《文化傳統與中國式考試現代化》認爲,現代高考應將中華優秀傳統文化反映在考試内容中,通過創設更加豐富生動的試題情境,落實考試育人理念。當然,在語文能力考查上重要的一條就是選好古代詩文素材,進行科學設題,實現考查目標。教育部教育考試院《强化思維考查　注重語文實踐　落實立德樹人根本任務——2023年高考語文全國卷試題評析》,評價2023年全國甲卷能"引導考生傳承中華文化基因,守正而不守舊、尊古而不復古",即是對其選材特別注重傳承中華優秀傳統文化的肯定。先生是高考語文水平測量的理論家、實踐家,他對文言文閱讀題的素材選擇及試題命制技術進行了多方位研討,剖析深入,勝議紛紜。

首先,看柳先生素材選擇方面的論述。《淺易文言文界說》對中學語文教學中的"淺易文言文"概念思考深入,對什麽是淺易文言文、判斷文言文是否淺易應當根據哪些標準這兩個重要問題發表了看法。他指出,第一,淺易文言文應當是文言文中的一個部分,要與古白話區分。第二,"淺易"的標準要具體到高中畢業生文言文閱讀中的要求,應從文章運用的詞語、文章出現的語法結構、文章的體裁、文章内容涉及的範圍、文章的整體風格這五條標準來判斷一部或一篇文言文作品是否淺易。此外,這種判斷並不以作品的時代先後爲主要標志,而應當以作品的語言表達形式與具體思想内容作爲根據;判斷一部或一篇文言文作品是否淺易，要從整體面貌上來進行判別。該文篇幅雖然不長，數十年來在各類語文考試的文言文素材的選擇上成了大家共同遵守的規範。我們還可以說，本來有"淺易文言文""淺近文言文"兩種不同的說法，由於此文的發表，"淺易文言文"這個概念也就確定下來了。

其次，看柳先生對試題命制技術方面的高見。要知道，即便是分省命制的試卷，也都是遴選各學科教授名師精心命制、試測審卷、反復打磨才能投放考場實測的。柳先生對21世紀初數年多個省份的語文高考已發布的文言文閱讀試題進行了認真審閱，發現存在不同程度的問題。先生或宏觀指導，或具體糾錯，均是老吏斷案，切中要害。當然也有文章對現代文語料打磨的優秀案例予以表揚。以下試舉兩例。

第一，關於詞義的認定。《高考文言實詞考查中的詞義認定問題》一文，對2007年多省高考文言文閱讀試題進行審讀，發現了文言詞語的解釋、注釋、翻譯以及考查目標詞的選擇等方面都出現了不同程度的硬傷，並且精細辨析、繁稱博引、指點迷津，令人折服。如對被解釋詞語詞義的認定不够準確方面，"乃令重黎舉夔於草莽之中而進之"的"進"被誤釋爲"進用"，應爲"推薦"；"良久既霽，公於塵垢中得之"的"霽"被誤釋爲"明朗"，應爲"放晴"等。如注釋文言詞語，"呰窳"被誤注爲"疏懶"，當爲"貧弱"；"比歲蠲，比歲免"的"蠲"被誤注爲"减少"，當爲"减免"。如翻譯題給出參考答案時，"過與戎别"誤譯爲"路過時與王戎告别"，"過"應該譯爲"拜訪"；"身雖瘁臞，猶未有益"誤譯爲"自己即使憔悴、消瘦，還是没有益處"，"瘁"當譯爲"勞累"；"不能復念爾民也"，"念"被誤譯爲"考慮"，應該譯爲"哀憐、憐憫"，如此等等。再如選擇考查的目標詞，考查"死不還踵"的"踵"，給出的選項有"脚後跟（還踵，指後退）"，其實"還踵"早已成詞，意思是轉身、後退，這裏再考查其語素義，屬於選詞不當；考查"始於容隱，成於蒙蔽"的"容"，給出選項"包庇"，其實"容隱"早已成詞，再考查"容"字的語素義，顯然不妥。先生諄諄告誠："詞義的認定是高考文言文閱讀試題命制的核心問題，它直接關係到具體試題的科學性與整個試卷的品質。我們的命題工作者只要不斷提高自己的文言文修養，以嚴肅認真的敬業精神對待這一工作，就一定能最大限度地避免科學性錯誤，儘快提高命題水平，爲更好地替國家選拔人才作出貢獻。"第二,關於解釋語的選擇。《高考文言實詞考查中解釋語的選擇》對五個省份高考語文卷文言文實詞考查選擇題解釋語選擇的錯誤進行指正。如"起視之,皆爛漫睡地上矣"的"爛漫"被誤釋爲"坦率自然的樣子",應爲"熟睡的樣子";"徒行見公曰"的"徒"被誤釋爲"步行",應爲"徒步"。如此等等,限於篇幅,例多不舉。還有《高考文言文閱讀文意綜述題命制的充分條件問題》《高考文言文閱讀材料的文化背景問題》《注意體會古人的處事觀念》都是命題工作及文言教學時極爲重要的參考文獻。另外《"的"字的位置》對現代文閱讀素材入題打磨的正面案例予以褒揚,頗可參考。

餘　論

本文從以上四個方面對柳先生關於語文教育的研究成果進行了簡要的介紹,也談了自己的一些學習感想。其實先生對中學語文教學中的閱讀教學也很關注。《〈中學生閱讀能力解説與訓練〉序》《〈高中生如何閱讀一部長篇小説——以《紅樓夢》爲例〉序》對一線教師的閱讀教學研究成果予以肯定和鼓勵,對中學生文言文閱讀和現代文閱讀的關係進行了恰當的分析,對整本書閱讀提出了中肯的教學指導意見。《中學生同學應該如何閱讀〈世説新語〉?》對學生如何閱讀《世説新語》進行了悉心指導,這當然也是教師進行《世説新語》整本書閱讀教學的重要參考文獻。《略論〈三國演義〉的語言面貌(删節版)》對《三國演義》內部語體差異的論述非常精彩,是閱讀《三國演義》進行語言品析的極好教材。

拜讀先生的論文時,我常常沉浸其中,卻不能自拔至高處進行評點。這裏所寫的只是自己的讀書筆記。除了前文那些評論的話,我這裏還想補充説幾句。第一,先生的每篇論文都做到了言必有據,論證有力,邏輯嚴密。第二,先生的語言幾臻化境,他用語精准,節奏舒緩,自然流轉,令人回味無窮。第三,先生優雅寬厚,品德高尚,常常映現於著作的字裏行間,先生語言寬緩平和,絕無極甚之詞;商榷指誤,大多用語委婉,即便是明確糾錯,也是點到爲止,讓人欣然接受。近聞先生這一批論文即將結集出版,名曰《柳士鎮語文教育論集》。先生論文既多,又發表於各類期刊,搜尋殊爲不易,能匯成文集面世,洵爲學林之大幸也。

參考文獻

胡明揚《對外漢語教學中的文化因素》,《語言教學與研究》1993 年第 3 期。

教育部教育考試院《强化思維考查　注重語文實踐　落實立德樹人根本任務——2023 年高考語文全國卷試題評析》,《中國考試》2023 年第 7 期。

劉海峰、苑津山《文化傳統與中國式考試現代化》,《中國考試》2023 年第 1 期。

柳士鎮《"表字"稱謂適用範圍的演變》,《古典文學知識》2024 年第 3 期。

柳士鎮《"的"字的位置》,《中學語文教學參考》2005 年第 10 期。

柳士鎮《"下浮"與"左遷"》,《南京師範大學文學院學報》2005 年第 4 期。

柳士鎮《〈第一批異形詞整理表〉讀後》,《中州學刊》2002 年第 2 期。

柳士鎮《〈高中生如何閱讀一部長篇小説——以《紅樓夢》爲例〉序》,南京出版社,2020 年。

柳士鎮《〈中學生閱讀能力解説與訓練〉序》,江蘇教育出版社,1995 年。

柳士鎮《〈種樹郭橐駝傳〉中"既然已"的構形與釋義》,《七彩語文·教師論壇》2022 年第 11 期。

柳士鎮《〈世説新語〉中異構同指之稱謂:王夫人、謝夫人——兼談禮敬稱謂詞"夫人"的歷時使用》,《南京師範大學文學院學報》2023 年第 3 期。

柳士鎮《〈顏氏家訓·風操〉"當避名字"臆解》,《浙江師範大學學報》2023 年第 3 期。

柳士鎮《漫談古人的小字》,《七彩語文·教師論壇》2022 年第 6 期。

柳士鎮《電腦時代,毋忘識字書寫基本功》,《小學語文》2022 年第 4 期。

柳士鎮《談"齊軍善射者"的結構》,《語文叢稿》,南京大學出版社,1998 年。

柳士鎮《談談封建社會的避諱》,《七彩語文·中學語文論壇》2018 年第 2 期。

柳士鎮《統編語文教科書古詩文中的字形問題:字形注釋術語"同"字的使用》,《小學語文》2022 年第 3 期。

柳士鎮《禮尊稱謂詞"君""卿"使用雜談——從成語"卿卿我我"説起》,《南京師範大學文學院學報》2022 年第 3 期。

柳士鎮《略論〈三國演義〉的語言面貌（删節版）》，《南京大學學報》2003 年第 6 期。

柳士鎮《高考文言實詞考查中的詞義認定問題》，《學語文》2008 年第 4 期。

柳士鎮《高考文言實詞考查中解釋語的選擇》，《滁州學院學報》2006 年第 5 期。

柳士鎮《高考文言文閱讀材料的文化背景問題》，《文教資料》2007 年第 4 期。

柳士鎮《高考文言文閱讀文意綜述題命制的充分條件問題》，《學語文》2007 年第 6 期。

柳士鎮《古代的反切注音法》，《七彩語文·中學語文論壇》2020 年第 6 期。

柳士鎮《古代漢語教學與教材瑣談》，《中國大學教學》2003 年第 6 期。

柳士鎮《古代漢語中的偏義複詞》，《電大教學》1984 年第 1 期。

柳士鎮《古籍中的異體字》，《七彩語文·中學語文論壇》2020 年第 5 期。

柳士鎮《古今漢語中的聲調變化》，《七彩語文·教師論壇》2021 年第 2 期。

柳士鎮《古今詞義的演變》，《七彩語文·教師論壇》2021 年第 4 期。

柳士鎮《古書中的代稱》，《七彩語文·中學語文論壇》2020 年第 4 期。

柳士鎮《古人的姓氏與名字》，《七彩語文·中學語文論壇》2017 年第 2 期。

柳士鎮《韓愈〈馬説〉“鳴之”解》，《中小學教材教學》2022 年第 11 期。

柳士鎮《加深古代文化修養，提升閱讀文言詩文的軟實力》，《七彩語文·中學語文論壇》2016 年第 2 期。

柳士鎮《淺易文言文界説》，《高考能力要點及樣題》，教育科學出版社，1993 年。

柳士鎮《簡析“蟹六跪而二螯”之“而”字》，《語文建設》2021 年第 6 期。

柳士鎮《簡析“仰觀宇宙之大”中的“之”字》，《七彩語文·教師論壇》2021 年第 12 期。

柳士鎮《謹慎使用文言詞語》，《現代寫作報》1994 年 1 月 10 日。

柳士鎮《新版〈現代漢語詞典〉求瑕》，《南京師範大學文學院學報》2013 年第 2 期。

柳士鎮《注意體會古人的處事觀念》，《文教資料》2005 年第 26 期。

柳士鎮《傳統文化修養與文言詩文閱讀》，《小學語文》2021 年第 1—2 期合刊。

柳士鎮《中學生同學應該如何閱讀〈世說新語〉?》,《課程·教材·教法》
　　2023 年第 3 期。

柳士鎮《使動用法的雙賓語結構》,《鎮江師專學報》1985 年第 4 期。

柳士鎮《是稱"家弟",還是稱"舍弟"?》,《七彩語文·教師論壇》2022 年第
　　8 期。

柳士鎮《諡號、廟號、尊號與年號》,《七彩語文·中學語文論壇》2018 年第
　　3 期。

柳士鎮《宗法制度與親屬稱謂》,《七彩語文·中學語文論壇》2018 年第
　　1 期。

柳士鎮《語文教學中的傳統文化因素》,《小學語文》2021 年 1—2 期合刊卷
　　首語。

柳士鎮《偏離事實而致誤的病句》,《語文建設》2023 年第 5 期。

梅立崇《試談陳述性文化知識和程式性文化知識》,《漢語學習》1994 第
　　1 期。

中華人民共和國教育部《普通高中語文課程標準》(2017 年版 2020 年修
　　訂),人民教育出版社,2020 年。

論

文

或然類語氣副詞 "X 許" 的語法化與詞彙化

高育花　北京外國語大學

引　言

揣測類副詞是語氣副詞中的一個次類,是説話人根據客觀存在或主觀認定的事實,進行推理得出或真或假的結論,是説話人出於不同的主觀認識和交際目的附加在命題上的主觀信息①。現代漢語中,表示揣測的副詞較多,"X 必"類副詞有"想必、勢必、未必"等,"X 許"類有"也許、或許、興許"等。"X 必"表示説話人對命題的真實性持一種確定的態度,"X 許"表示説話人對命題的真實性不能確認,因此又稱之爲"或然"類語氣副詞。

關於或然類語氣副詞,以往的研究主要集中在兩個方面:一是從共時的角度,對其語義、句法位置及語用情況進行對比分析,重在揭示其語義屬性及語用篇章功能;二是從歷時角度出發,探究其來源。關於或然類語氣副詞的來源問題,學界看法不一。李明(2008)指出:或然類語氣副詞"許"的用法可能是從其助動詞的否定形式類推而來,但期間的變化軌迹很難弄清楚;羅耀華、李向農(2015)認爲:"許"的揣測用法很可能源於兩漢時期"許"用在"數+量+名"結構之間或之後,表示約略估計數的用法。如果僅從詞義演變的基礎來看,由數量上的估測,通過隱喻,用於表達對事物、性質等的估測,没有問題。但從句法位置的角

---

①　高育花《揣測類語氣副詞"X 必"的詞彙化與主觀化》,《北方論叢》2013 年第 6 期,頁 78。

度來看,表約略的助詞"許"位於數詞之後,而語氣副詞"許"則多位於謂詞性結構前,二者句法位置差別甚大。漢語實詞虛化,語義基礎固然重要,但語法位置更爲關鍵。另外,從世界語言的語法化路徑看,動詞、助動詞語法化爲副詞,符合語言演變的普遍規律;但從助詞語法化爲副詞,則很少見到①。那麼語氣副詞"許"究竟從何用法演化而來? 如果確實是從助動詞演變而來,其演變軌迹又是怎樣? 或然類雙音節語氣副詞"也許、或許、興許"的語法化與詞彙化過程是否一致? 出現時間和使用範圍有無差別? 這些學界都鮮有論及。

本文擬從歷時和共時兩個方面,對語氣副詞"許""也許、或許、興許"的演化過程進行詳細的描寫和分析,以期深入討論上述問題。

一 語氣副詞"許"的語法化

"許"原本是一般動詞,義爲"應允、許可"。呂叔湘(1990:250)指出:"表示一件事情的'或然性',多數借用表能力或許可的詞,如'會''能'(反詰句),這些原是動詞;'許'字原來也是動詞,但'或許''也許'已用如普通限制詞,可以和'會'字用在一句之內。"而之所以會出現這種情況,正如沈家煊(2006)所言:是因爲動詞"允許"的概念結構和表或然的"也許/或許"的概念結構具有相似性,都是"克服阻力"。允許——某人采取某種行動的阻力被克服;也許/或許——説話人作出某種結論的阻力被克服。"允許"的克服阻力比較具體,而"或許"的克服阻力則比較抽象,所以可以用"允許"來對"或許"進行隱喻。

概念結構的相似性,使得"許"具有了從一般動詞虛化爲語氣副詞的語義基礎。但使得一個詞語發生語法化的因素是多樣的,此外還有句法位置,語境影響、使用頻率等。下面我們將對其語法化路徑深入探討。

---

① BYBEE J, PERKINS R, PAGLIUCA W. *The Evolution of Grammar: Tense, Aspect, and Modality in the Languages of the World*, 1994, pp.177-180.

"許"作爲"應允、許可"義的動詞,上古漢語中就已出現,如下例(1),句式結構多爲"許+NP"。例如:

(1) 爾之許我,我其以璧與珪歸,俟爾命;爾不許我,我乃屏璧與珪。(《尚書·金縢》)

(2) 悝後因中常侍王甫求復國,許謝錢五千萬。(《後漢書·千乘貞王伉傳》)

在這些例句中,"許"都是句子的核心動詞,不可能發生虛化。

直至唐代,"許+VP"開始出現,"許"從"應允"義動詞演化爲表示情理上許可或客觀上可能的助動詞。例如:

(3) 一家驚異,愧謝王生,生乃更留藥而去。或許再來,竟不復至。(唐高彥休《唐闕史》)

"再來"的施事者是"王生",而"或許再來"的言者主語是"一家",整個句子的意思是"一家人認爲王生也許會再來","或"表示推測,"許"表示客觀上可能,"或"修飾"許+VP","或許"爲跨層結構。

宋代"不+許+VP"句出現。例如:

(4) 右臣近蒙聖恩,召對便殿,面賜差使,仍奉德音,不許辭避。(北宋蘇轍《欒城集》卷三五)

"不許辭避"的句子主語與言者主語一致,整句話只能理解爲"右臣不能够托辭退避","許"仍爲表示客觀上可能的助動詞。

明末,"許+VP"中的"許"開始有虛化爲表或然語氣副詞的傾向。例如:

(5) 秩滿當擢台諫,會當先帝之季,政在内寺,群小蜂起附之,懸顯爵以購人,爲剪除異己者,海内功利鮮耻之士,靡然從風矣。或許有所彈射,不則頌功德、祝釐,取給事中、御史如寄耳。公獨泊然無所營,僅授兵部職方司主事。(明陳子龍《安雅堂稿》卷一四)

例(5)中所説事情均爲已然事件,所以,句中的"許"只能是表示客觀上可能的助動詞或表或然的語氣副詞;"或"則既可理解爲不定代詞,也可理解成表或然的語氣副詞。

但是直至清代,"許+VP"的用法都很少見。例如:

(6) 就請老弟你到屋裏瞧瞧,管保你這一瞧,就抵得個福星高

照,這倆小子將來就<u>許</u>有點出息兒!(清文康《兒女英雄傳》第三十九回)

例(6)中言者主語與句子主語並不一致,"許"既可分析爲表客觀上可能的助動詞,也可分析爲管控整個命題的語氣副詞。

通過研究語料我們發現:"許"作爲應允義動詞時,其句法格式大都是"許+NP+VP";當出現在"許+VP"句中時,"許"開始向助動詞演化,語義上主要是表示説話人(言者主語)對語句內容的態度(認爲客觀上可能),與語氣副詞已經非常接近。而言者主語經常空位,使得"許+VP"中的"許"擁有成爲高層謂語的條件;後接 VP,又使其語義可以進一步虛化,句義重新分析成爲可能。即,語氣副詞"許"的語法化路徑是:一般動詞>助動詞>語氣副詞。

清代,助動詞"許"真正語法化爲語氣副詞[1],多出現在句首。但直至現代漢語,單音節語氣副詞"許"的使用一直較少(多爲"許+是+句子")。例如:

(7)你去尋尋,還許有他二爺小時家穿的褲子合布衫子,尋件給他換上。(清西周生《醒世姻緣傳》第五十七回)

(8)你去應酬親戚要緊,多一半還不是外人,許是你小姨子來了。(清郭小亭《濟公全傳》第三十三回)

(9)他們不知道幹麼要上火綫,許是這個大帥跟那個大帥鬧了點什麼彆扭。(張天翼《蜜蜂·仇恨》)

二 "也許""或許""興許"的語法化與詞彙化

語氣副詞"也許/或許/興許"雖然都表示對情況的不定性揣測,並且具有共同的語素"許",但三個語氣副詞的萌芽時間、形成過程並不相同。下面我們分別就"也許""或許""興許"的語法化和詞彙化過程進行

---

[1] 一些辭書認爲"許"在中古漢語中就可用作語氣副詞,表示或然,例如:"江中白布帆,烏布禮中帷。撢如石上鼓,許是儂歡歸。"(《樂府詩集·清商曲辭三·懊儂歌二》)。我們認爲此中"許"理解爲指示代詞"這/那"更適合。

考察。

(一)"也許"的語法化與詞彙化

"也",中古漢語中就可用作副詞,表示類同。近代漢語中,副詞"也"從表類同進一步虛化爲表委婉語氣。例如:

(10)這也是康節説恁地。若錯時,也是康節錯了。(南宋朱熹《朱子語類》卷二)

在我們所檢閱語料中,副詞"也"與"許"在綫性序列上相連出現始於《全金詩》中,句法格式爲"也+許+NP+VP"。例如:

(11)白玉堂深夜色寒,玉兒和月倚蓬山。高情不似章臺柳,也許餘人取次攀。(元段克己《梅花十咏》)

"許"爲一般動詞,表示允許、許可,帶小句賓語"NP+VP";"也"表委婉語氣,修飾其後的謂語小句"許+NP+VP"。"也許"是跨層結構。

元代,"也+許+VP"用例出現。例如:

(12)更誰道、狂時不得狂。羨東方臣朔,從容帝所,西真阿母,喚作兒郎。一笑人間,三游海上,畢竟仙家日月長。相隨去,想蟠桃熟後,也許偷嘗。(元白樸《天籟集·沁園春》)

"也"依然爲表委婉的語氣副詞,修飾"許+VP",但其中"許"已不再是表示一般的許可,而是表示説話人(言者主語)認爲施事者可以實施某種行爲,是一種情理上的許可或客觀上的可能,語義控制範圍不再僅僅是其後的動詞,而是整個命題,"許"演化爲助動詞,不過"也許"仍是跨層結構。

明清時期,這兩種格式仍偶或可見,"也許"基本還屬於跨層結構。例如:

(13)金蓮道:"許你爹駡他罷了,原來也許你駡他?"(明蘭陵笑笑生《金瓶梅》第二十一回)

(14)〔末〕癡生,這兩人便是你的冤業。你還思想他則甚。〔生〕那少年與我爲生死之交,女子也許嫁我。(明徐陽輝《有情癡》)

例(13)"許"爲表許可義的實義動詞。例(14)"女子也許嫁我"言者主語和句子主語("女子")並不一致,句子有兩解的可能:一是言者認爲施事者("女子")"能够嫁我","許"爲情理上許可或客觀上可能的道義類助動詞;一是言者對整個事件真實性的一種推測("女子可能嫁我"),"許"爲認識類助動詞。當"許"爲認識類助動詞時,和語氣副詞已經非常接近。但整個句子表達的是言者主語"生"對"少年"與"女子"各自的評價,而非對整個事件的評價,所以"也許"還不具備成爲高層謂語的條件,即此例"也許"還不是語氣副詞,而依然是一個跨層結構。

晚清時,"也許"除了位於一般動詞謂語前外,還可以出現在系動詞"是"前或句子最前面。句法位置的自由、轄域的擴展以及出現在帶主語的完整小句之首,都標志著"也許"不再是跨層結構,而是凝固虛化爲表或然的語氣副詞了。例如:

（15）這幾首詩也許是在那上頭,然而誰有這些閒工夫,爲了他再去把《隨園詩話》念一遍呢。（清吳趼人《二十年目睹之怪現狀》第二十五回）

（16）也許事有凑巧,正遇到他真的忙。（清末民初曾樸《孽海花》第三十回）

在語氣副詞"也許"的形成過程中,"也"表示委婉語氣,這種用法從表示類同用法虛化而來,是説話人用表示類同意義的語言形式來表達婉轉的貶抑語氣,主要表達説話人的主觀態度和評價,是一種認識世界的類同;"許"先用作動詞,隨着其後成分的變化,動詞義弱化,"許"演化爲説話人認爲施事者可以實施某種行爲或對事件真實性推測的助動詞,也是一種説話人指向的用法。但從句法層面看,結構層次應該是［也＋（許＋VP）］。由於受到漢語雙音節化和右向音步規律的影響,加上二者都包含有説話人對事件的主觀態度,語義相容,因此在語句的理解過程中,人們更傾向於將二者結合一起,"也"與"許"的邊界變得模糊,"也許"成爲一個標準的韻律詞（但此時的"許"有可能還是助動詞）。隨着"也許＋VP"使用頻率的不斷增加,"也許"隨之詞化爲一個標準的語氣副詞,二者分界徹底消失,至清代,完全凝固爲表或然的雙音節語氣副詞。也就是説,在語氣副詞"也許"的形成過程中,在詞的層面依然伴隨有語法化。

(二)"或許"的語法化與詞彙化

"或"在上古漢語中主要用作不定代詞,代人或事物;也可用作語氣副詞,表示或然。例如:

（17）君人者,將昭德塞違,以臨照百官;猶懼或失之,故昭令德以示子孫。（《左傳·桓公二年》）

"或"用作語氣副詞,表或然。

在我們所檢閱預料中,"或""許"在綫性序列上相連出現的最早用例是在中古漢語中,句法格式爲"或＋許＋NP＋VP"。例如:

（18）菁華領袖,備在其中。性頗尚仁,每宏解網,重囚將死,或許伉儷自看,城樓夜寒,必緋袍之賜。（南朝梁蕭繹《金樓子》卷四）

"或"爲無定代詞,表示"有的",複指前面的"菁華領袖",作句子主語;"許"爲一般動詞,爲"准許、許可"義。"或""許"是兩個單音節詞,分屬於不同的句法層面。宋代語料中,"或＋許＋VP"開始出現。例如:

（19）苟能哀廢痼,其可惜針砭。風舲或許邀,湖綠方瀲瀲。（北宋歐陽修《答原父》）

"風舲"爲無生命之物,是從句子賓語移位上來的話題,言者主語才是句子真正的主語,是説話人認爲"風舲"或許可以邀。句中"或"表或然的語氣,"許"爲表示客觀上可能的助動詞。

（20）推恕心以多道,不盡人於一端。進退必原其本心,功過或許以相補。（北宋沈括《長興集》卷四）

"或"既可能是不定代詞,指代其由賓語移位上來的話題"功過"的一部分,也可理解爲表或然的語氣副詞;"許"是表示情理上許可或客觀上可能的助動詞,整個句子相應地也就有了兩種理解:一是在説話人看來,有些功過可以互相補救;二是説話人認爲功過或許都可以互相補救。但無論何種理解,"或許"依然都是跨層結構。

明代末期,有些"或＋許＋VP"中的"許"開始有虛化爲表或然語氣副詞的傾向,如例（5）。但從宋代直到清中期,"或＋許＋VP"在語料中都很少出現。清晚期,"或＋許"基本上只出現在"NP＋或＋許＋VP"中,"或""許"都不再可能有兩可理解。我們前面關於"許"的語法化研

究表明,這一時期"許"的語氣副詞用法已經開始出現,所以"NP＋或＋許＋VP"中的"或許"也就成爲真正的語氣副詞。例如:

(21) 性全也覺喜歡,道是兒子<u>或許</u>長進了些。(清陳森《品花寶鑒》第二回)

(22) 好在這姑娘也往德國,說在德國<u>或許</u>有一兩個月耽擱,隨後至俄。(清末民初曾樸《孽海花》第九回)

在語氣副詞"或許"的形成過程中,"或＋許＋VP"中的"或"已經有了表或然語氣的用法①,"許"也已轉化爲表達情理上許可或客觀上可能的助動詞,"或""許"在語義上都包含有說話人對事件的主觀認識,二者語義相容。但"或許"的生成應該沒有凝固過程,而是綫上生成的,即它們一開始結合就是副詞,兩者詞義的虛化都是在語素層面上實現的,在詞的層面上沒有發生語法化。

爲什麽"或"與"也"均爲語氣副詞,但二者與"許"結合成詞的路徑卻不相同?我們認爲可能與"或＋許＋VP"中"或"的多義性有關。在"或＋許＋VP"中,"或"最先且經常出現的是代詞用法,在句中作主語,"或""許"分立清楚;當"或＋許＋VP"中的"或""許"都語法化爲語氣副詞之後,受到雙音化以及詞法規則的影響,二者才同義複合爲雙音節語氣副詞"或許"。

(三)"興許"的語法化與詞彙化

《說文解字》對"興"字的解釋是:"起也,從舁從同,同力也。"動詞,本義爲興起、起來。只有主觀世界的允許,客觀事物才能興起;而客觀事物的興起,通過回溯推理,我們可以推斷應該是因爲主觀世界的許可。即,"興"是通過轉喻機制,完成了從"興起"義到"准許、允許"義的演變。"興"的這一語義,唐代開始出現,均出現在"興＋VP"格式中(且以否定形式更爲常見),"興"爲表示主觀情理上許可或主觀上認爲可能的助動詞。例如:

---

① 羅耀華、李向農《揣測副詞"或許"的語法化和詞彙化》,《古漢語研究》2015 年第 3 期。

（23）後主將誅斛律明月，鳳固執不從。祖珽因有讒言，既誅明月，數日後主不**興**語，後尋復舊。仍封舊國昌黎郡王，又加特進。（唐李延壽《北史·列傳八十·恩幸》）

（24）野性慣疏閑，晨趨**興**暮還。（唐權德輿《省中春晚忽憶江南舊居雜言》）①

（25）又舞師之職曰：小祭祀，不**興**舞。說者曰：宮中七祀，則無舞。（南宋李燾《續資治通鑑長編》卷一三七）

（26）愚意宋承五代後，五代之君率一二傳即易，宋到真宗時，亦先朝鼎革之會，天下豪傑未必不**興**覬覦。（明陳於陛《意見》）

（27）張太太道："今兒個可不**興**吃飯哪。"姑娘道："怎麼索性連飯也不叫吃了呢？那麼還吃餑餑。"（清文康《兒女英雄傳》第二十七回）

"興""許"作爲助動詞，都表示説話者主觀上認爲可能，是一種推測，二者語義完全相容。因此，當二者在綫性序列上相連出現時，人們更傾向於將二者結合一起，加上此時"也許""或許"均已完成語法化與詞彙化，所以"興許"便類推而成表或然的語氣副詞。例如：

（28）從人説："遠倒不遠，一百多里地。大概也就在這一半日回來，湊巧今天**興許**回來。"（清石玉昆《小五義》第一一五回）

（29）您瞧他净長骨頭不長肉，臉色蠟黃，腦袋只長腦勺，像個大蠶豆，**興許**這孩子有病。（清常傑淼《雍正劍俠圖》）

（30）**興許**她會再來，把被子拿走。（周立波《暴風驟雨》第二部十九）

現代一些方言中，"興許"也可省略爲"興"，表示或然語氣。例如：

（31）他**興**來**興**不來，咱們就別等他了。②

---

① 此例，一些辭書認爲是表或然的語氣副詞。根據我們對同時期及稍後的語料考察，認爲將此例中"興"理解爲表示情理上的許可更合適。

② 此例引自李榮主編的《現代漢語方言詞典》。在我們所檢閱的語料中，"興許"出現之前，並沒有見到"興""作興"單用表示或然語氣的用例，但我們不能據此就認爲語氣副詞"興許"形成於語氣副詞"興"之前。而之所以沒有檢閱到，可能還是因爲"興"的方言色彩更濃，故而很少甚至沒有出現在傳統文獻中。

語義演變與之相同的還有"作興"。"作",動詞,本義也是興起、起來。唐代並列式雙音節動詞"作興"出現。例如:

(32) 天寶之後,徭成作興。(唐元稹《才識兼茂明於體用策》)

同樣,通過轉喻這種語義演變機制,表示説話者認爲情理上可能或許可的助動詞"作興",清末也開始出現,但只出現在與否定副詞"不"相連使用的句子中。例如:

(33) 至於問我如何認得他,蘇州來的洪大人,清江來的陸大人,每吃酒都有他在座,慢慢的我就認得了他。怎麼沒有交情我就不作興認得他的?(清李寶嘉《官場現形記》第三十二回)

民國以後,"作興"進一步語法化爲表或然的語氣副詞,但比較少見。例如:

(34) 這餘杭種,作興是慢一點的。(茅盾《春蠶》)

語言中如果同一範疇的幾個詞語或結構有着共同的語義基礎、句法位置,那麼當其中一個發生變化,另一個也就有可能隨之發生途徑、過程、結果基本相同的變化與演化。"興許"和"也許""或許",既有共同的構詞語素、共同的語義基礎,又都用在 VP 前,所以當"也許""或許"完成語法化與詞彙化後,"興許"受其影響,也詞彙化爲表或然的語氣副詞。當然,"興""許"本身都具有的允許義,也是類推作用能夠實現的關鍵因素。李明(2008)研究指出:表或然的語氣副詞"容""許"都是從其否定形式"不容""不許"類推而來的。我們前面關於"許"的語法化研究也表明,雖然語氣副詞"許"的形成不僅僅是從"不許"類推而來,但"不許"卻是其語法化過程中非常重要的一環。另外,"興""作興"表示准許、允許的用法基本上只出現在否定句中,之後也都出現了表或然語氣的用法,也在一定程度上支撐、印證了李文的觀點。晚清時期,"也/或/興許+是"開始出現,整個句子評價的意味更濃,語氣副詞"也許""或許""興許"的用法也更加成熟。例如:

(35) 這幾首詩也許是在那上頭,然而誰有這些閒工夫,爲了他再去把《隨園詩話》念一遍呢。(清吳趼人《二十年目睹之怪現狀》第二十五回)

(36) 這已去了一年多,或許是死了。(清貪夢道人《再續彭公

案》第三十五回)

（37）第二天一找，他死在門後邊，臉都黑了。興許是妖氣給撲的，如今誰也不敢上後頭去了。（清貪夢道人《彭公案》）

三 總結與餘論

（一）總結

語氣副詞"也許""或許""興許"均表或然語氣，"許"作爲三者共同的語素，本身亦可表示或然語氣。作爲語氣副詞，"許""或許"明代萌芽，清代正式出現；"也許""興許"晚清才開始使用。在單音節語氣副詞"許"的形成過程中，表示允許義的動詞"許"在"許＋VP"中先轉化爲助動詞，表示情理上許可或客觀上可能，然後通過重新分析，語法化爲語氣副詞。與之相類，動詞"作興"通過轉喻機制，首先完成了從興起義到准許、允許義的演變，之後同"許"一樣，通過隱喻機制，語法化爲表或然的語氣副詞。實際上，"允許＞或許"這一語義演變模式，在漢語中，除了"許""興""作興"，還有其他的語言事實支撐，如"容""准"等①。

雙音節副詞"也許"是表示委婉用法的"也"與表示情理上許可或客觀上可能的助動詞"許"先組合爲一個標準韻律詞，然後在詞的層面進一步完成虛化，通過重新分析，最終詞化爲雙音節語氣副詞的。"或許"是在"或""許"都已經語法化爲語氣副詞後，在綫複合而成的雙音節語氣副詞。"興許"是在"也許""或許"類推作用下複合爲語氣副詞。從現有語料看，"興"雖然也可以用作表示主觀情理上許可或主觀上認爲可能的助動詞，但其並未先演化爲語氣副詞，而是與"許"複合爲雙音節語氣副詞，後又省略爲單音節語氣副詞"興"。

在三組雙音節副詞語法化和詞彙化過程中，隱喻成爲其中最主要的機制。構成語素"許""興"均有一個從表示某人采取某種行動的阻力

---

① 李明《漢語助動詞的歷時演變研究》，商務印書館，2016 年，頁 63—65、147—148。

被克服,到説話人作出某種結論的阻力被克服的演變過程,但又有些許差别:"許"由説話人指向情態發展爲認識情態,而"興"則是由施事指向情態發展爲認識指向情態。

(二) 餘論

關於語法化和詞彙化的關係,學界爭議頗多。爭議的焦點是輸出端是詞彙性的還是語法性的。BRINTON L J & TRAUGOTT E C(2013:159—162)指出:詞彙化輸出的都是一個詞彙性的實義項,這個實義項是儲存在詞庫裏的,必須是説話人學習而得的。也就是説,只有最後形成的單位是詞彙性的實義項,才是詞彙化;如果最後形成的單位是語法性/功能性的,就不是詞彙化,而是語法化。在 LEH-MANN C 看來,當内部結構變得不再相關……詞彙化就已經發生,即便組成這單位的形式通常被認爲是語法範疇的成員(介詞、代詞)①。而漢語學界通常把從大於詞的形式演變爲詞的過程都稱爲"詞彙化",不管最後形成的是語法性的還是詞彙性的。蔣紹愚先生(2015:88)認爲這種看法是有道理的,因爲"持這種看法,有利於從總體上考察漢語詞彙(包括實詞和虚詞)的形成方式和形成過程,否則就會把很大一部分虚詞排除在外。而且,漢語虚詞的成詞有幾種情況,有的很難用'語法化'來解釋,有的可以從詞彙化和語法化兩個角度進行研究。"

從上文的歷史考察中可以看出,語氣副詞"也許"從跨層結構而來,其形成既是一個凝固過程,也是新生複音詞虚化程度加深的過程;"或許""興許"都是在線生成的並列式雙音節詞。因此,如果不考慮輸出端是否是詞彙性的問題,"或許"的形成過程就只是詞彙化問題,而"也許""興許"的形成過程則既有詞彙化問題,也有語法化問題。我們贊成蔣紹愚先生的觀點,即在研究複合詞的形成過程中,應該從語法化和詞彙化兩個角度去探索。

---

① BRINTON L J, TRAUGOTT E C. *Lexicalization and Language Change*, *Cambridge University Press*. 羅耀華等譯,商務印書館,2013 年,頁 110。

參考文獻

高育花《揣測類語氣副詞"X必"的詞彙化與主觀化》,《北方論叢》2013 年
　　第 6 期,頁 78—83。

蔣紹愚《漢語歷史詞彙學概要》,商務印書館,2015 年,頁 88。

李明《從"容""許""保"等動詞看一類情態詞的形成》,《中國語文》2008 年
　　第 3 期,頁 228—238。

李明《漢語助動詞的歷時演變研究》,商務印書館,2016 年,頁 63—65、
　　147—148。

羅耀華、李向農《揣測副詞"或許"的語法化和詞彙化》,《古漢語研究》2015
　　第 3 期,頁 15—22。

呂叔湘《漢語語法分析問題》,商務印書館,1990 年,頁 250。

沈家煊《"糅合"和"截搭"》,《世界漢語教學》2006 年第 4 期,頁 5—12。

BYBEE J, PERKINS R, PAGLIUCA W. *The Evolution of Grammar:*
　　Tense, Aspect, and Modality in the Languages of the World, The
　　University of Chicago Press, 1994, pp. 177-180.

BRINTON L J, TRAUGOTT E C. *Lexicalization and Language*
　　Change, Cambridge University Press. 羅耀華等譯,商務印書館,2013
　　年,頁 110。

〔本文原載於《浙江師範大學學報(社會科學版)》2019 年第 5 期〕

略論北魏漢譯佛經句法的文體特徵①

蕭　紅　武漢大學

關於佛經文體的形成，朱慶之、俞理明等都進行了深入的探討，認爲中古佛經四字格的形成既與佛經文體有關，亦與中土文學的風尚適合。對佛經文體的語法特點，學界亦早就開展了深入持續的研究。近年來隨着語體語法的興起，馮勝利、施春宏等討論了語體與文體的名稱及内涵差異，將語體與文體進行了區分，認爲語體各要素構成了文體。學者們在此基礎上對語體語法的各種具體表現也進行了探索，豐富了語體語法研究成果。盧烈紅（2016）結合禪宗語録材料對語體語法的具體表現進行了研究。王繼紅等（2013）以佛經經部和律部文獻複句爲例，對佛經文體内部語法差異開始了更細緻的研究。

我們在研究北魏漢語語法的時候發現，北魏漢語語法存在内部差異，其中既有地域差異，又有文體差異。由於佛經材料主要取自經部，没有更細緻地區分佛經内部文體差異，僅就漢譯佛經經部文獻的若干句法項目，歸納其與同時期中土文獻不同的表現。

一　構詞法

我們對北魏多部文獻中複音詞的構成情況歸納爲下表1。

---

① 本文曾發表於《浙江師範大學學報（社會科學版）》2019年第2期。

表 1

	語音構詞	語法構詞							合計
		聯合式	偏正式	支配式	表述式	補充式	附加式	重疊式	
洛陽伽藍記	78 4%	772 39%	775 40%	200 10%	53 3%	44 2%	35 2%	\	1957
水經注	53 3%	697 44%	615 39%	103 7%	17 1%	42 3%	23 1%	22 1%	1572
齊民要術	43 1%	746 25%	1782 60%	226 8%	58 2%	37 1%	62 2%	28 0.9%	2982
雜寶藏經	28 2%	695 54%	415 32%	47 4%	12 0.9%	25 2%	39 3%	22 2%	1283
老君音誦誡經	1 0.2%	320 60%	144 27%	50 9%	2 0.4%	9 2%	2 0.4%	1 0.2%	529
賢愚經	634 14%	2073 47%	1448 33%	115 3%	24 0.5%	23 0.5%	64 1.5%	1 0.02%	4382

我們發現北魏語料複音詞構成方式存在數量差異：合成詞在複音詞中占絕對優勢，其數量遠遠超過了語音構詞的數量。這種不平衡性早在先秦時期就出現了，《論語》《孟子》中合成詞的數量均達到了 80% 以上。

合成詞內部句法構詞相比形態構詞占絕對優勢，而北魏時期形態構詞又有了新的發展，如中古漢語新生的"阿、複、自、忽"等詞綴。

句法構詞內部同樣具有不平衡性。《洛陽伽藍記》與《水經注》中聯合式和偏正式的數量相當，《齊民要術》中偏正式的數量遠高於聯合式，《雜寶藏經》《老君音誦誡經》《賢愚經》中聯合式的數量高於偏正式。可見，在北魏漢語中，聯合式和偏正式爲主要的構詞方式，在以上語料中，支配式、表述式、補充式的數量均位於聯合式與偏正式之後，基本呈現依次遞減的態勢。

北魏佛經如《賢愚經》《雜寶藏經》等有一批比較活躍的構詞語素。以這些活躍的詞素爲中心，形成了一批與佛教和道教相關的詞語。佛教有關的活躍構詞語素有"佛、僧、法、禪、金、寶、土、師、人（取代'者'）、主、客、夫"。與道教相關的活躍構詞語素有"聖、真、仙、神、法、符、金、玉"等。其中"真"與"仙"爲北魏道教文獻中最活躍的構詞語素,不僅有大量的作爲正語素的用例,也有少量的作爲偏語素的用例,還有直接以這兩個語素合成爲詞的用例。"金""寶""玉"不是專門的宗教辭彙,用來修飾佛道法器、神靈以及服食類事物,以表示對這些事物的尊敬和虔誠之心。

北魏時期的語音構詞方式主要爲非重叠式單純詞、重叠時候單純詞和音譯詞三類。在北魏三書中,數量最多的是非雙聲叠韻類連綿詞,其次是叠韻類連綿詞,再次是雙聲連綿詞。非雙聲叠韻類連綿詞在《水經注》《洛陽伽藍記》中所占全部單純詞的比例分別爲 27.78%、31.71%。叠韻類連綿詞在《水經注》《齊民要術》《洛陽伽藍記》三書中占全部單純詞的比例分別爲 22.22%、26.98%、29.27%。而在佛經語料中,語音構詞法上由翻譯佛經而產生的音譯詞的數量要大大多於其他兩種類型。這既是時代特徵也是文體特徵,如袈裟、涅槃、舍利、伽藍、比丘、羅漢、菩薩、夜叉、菩提、天竺、羅刹、目連、梵志、沙彌、沙門、金剛、分衛、須彌等。

二　判斷句

北魏漢語判斷句存在的文體差異,主要表現在宗教文獻尤其是佛經與中土文獻的差異上。

(一)北魏漢語在語法史上處於中古漢語後期,正是"是"字判斷句迅速發展,並在判斷句系統中取得優勢地位的承前啓後的重要階段。從下表 2 可見,北魏各文獻中繼承上古漢語典型的判斷句"NP＋NP＋也"形式仍然最爲常見,但是"是"字判斷句的使用頻率也很高。尤其是在佛經語料中,"是"字判斷句的頻率甚至超過了"NP＋NP＋也"形式。即"是"字判斷句在佛經語料中的使用頻率更高,尤其是"S＋N＋是"形式(N 是專有名詞),如:爾時母者今摩耶是。(《賢愚經·梵天請法六事品》)

表2 北魏各文獻判斷句分類及數據

	無係詞句				係詞句		否定判斷句	
	NP＋NP	NP＋Adv＋NP	NP＋NP＋也	NP＋者＋NP	NP＋是＋NP	NP＋爲＋NP	"非"字否定性判斷句	"不是"否定性判斷句
老君音誦誡經	1	1	1	0	11	1	1	0
洛陽伽藍記	41	14	81	3	63	25	16	1
齊民要術	60	24	52	4	38	93	14	0
水經注	137	107	1414	0	164	233	81	0
賢愚經	4	1	31	4	424	19	9	0
雜寶藏經	24	1	33	11	151	26	41	0
北魏詩歌	8	1	1(句末爲"兮")	0	6	12	8	0
全後魏文	143	18	61	6	36	102	31	0

（二）佛經文獻中判斷句結構疊架、語義冗餘現象比較突出，尤其是説明前項性狀的判斷句，後項多爲"第一/最＋形容詞"，如"第一富貴"（《賢愚經·須達起精舍品》）、"最爲上首"（《雜寶藏經·蓮花夫人緣》）、"甚爲稀有"（《雜寶藏經·大力士化曠野群賊緣》）等。

（三）帶句末語氣詞的判斷句在佛經語料中較少見。

（四）並列的判斷句的表序方式頗具特色。

佛經語料中，"者"常後附於表示列舉、分類的數詞後，充當判斷句的前項，與中土文獻中"名詞＋數詞＋（也）"充當判斷句後項的表現不同①，

---

① 如"始與項羽俱受命懷王，曰先入定關中者王之，項羽負約，王我於蜀漢，罪一。項羽矯殺卿子冠軍而自尊，罪二。項羽已救趙，當還報，而擅劫諸侯兵入關，罪三。懷王約入秦無暴掠，項羽燒秦宮室，掘始皇帝塚，私收其財物，罪四。又彊殺秦降王子嬰，罪五。詐阬秦子弟新安二十萬，王其將，罪六。項羽皆王諸將善地，而徙逐故主，令臣下爭叛逆，罪七。項羽出逐義帝彭城，自都之，奪韓王地，并王梁楚，多自予，罪八。項羽使人陰弒義帝江南，罪九。夫爲人臣而弒其主，殺已降，爲政不平，主約不信，天下所不容，大逆無道，罪十也。"（《史記·高祖本紀》）

其後項由動詞性結構充當,中土文獻中前項是動詞性結構。如:

(1)一者,耽荒女色,不務貞正;二者,嗜酒醉亂,不恤國事;三者,貪著棋博,不修禮教;四者,游獵殺生,都無慈心;五者,好出惡言,初無善語;六者,賦役謫罰,倍加常則;七者,不以義理,劫奪民財。(《雜寶藏經·拘尸彌國輔相夫婦噁心於佛佛即化導得須陀洹緣》)

據張延成(2009)①,古漢語表序法有四種,第一種單用數目字形式,如"一曰……,二曰……""數詞+也""其+數詞"等,上古漢語已有,中古漢語延續其用法,近代漢語明顯增多;第二種是數目字前加"第"。漢代"第"表詞綴用法成熟,中古時期可見"名詞+第一""名詞+第二""第+數詞"做謂語排序。唐以後"第+數詞"用在並列小句起首表示列舉的情況增多,句法功能相當於主語,如"第二是有形者……,第三是有相者"。(《廬山遠公話》)

可見,北魏佛經常見的"數+者"充當判斷句前項,用於並列小句是在上古漢語已有的用法即單用數目字形式表序法基礎上的發展。同時期《周氏冥通記》中,也可見到"者"後附於表示列舉、分類的數詞後的例子:

(2)一者,初夏至日晝眠,内外怪責,不得不說;二者,斷不食脯肉,亦被怪,不得不說;三者,與師共辭請雨,真旨令改朱用墨,此不得不說;四者,師得停召,真旨令告知,此不得不說。(卷一)

北魏佛經中已有"第+數詞"用在並列小句起首表示列舉的情況,句法功能相當於主語。比張延成(2009)所說的唐代出現,時代提前。如:

(3)時月氏國有王名栴檀罽尼吒,與三智人以爲親友──第一名馬鳴菩薩,第二大臣字摩吒羅,第三良醫字遮羅迦。如此三人,王所親善,待遇隆厚。進止左右。(《雜寶藏經·月氏國王與三智臣作善親友緣》)

只是佛經中這種用例沒有"數+者"充當前項多見,且例子中三個並列句中,"第一名馬鳴菩薩"不是判斷句,"第二大臣字摩吒羅","第三良醫

---

① 張延成《中古漢語表序法》,《長江學術》2009年第4期。

字遮羅迦"是判斷句,句中都有動詞"名""字",可以清楚地看到與上古漢語以來單用數目字表序法"數詞＋曰"的聯繫①。

北魏墓志中有"第＋數詞"列舉的例子,但很少見。如:

　　(4)夫人河東柳氏,諱敬憐,生七子。……長子彪,字道亮,州主簿、治中。第二子曄,字道夏,本郡功曹、州撫軍府記室參軍、州別駕。第三子融,字道昶。第四子熙,字道升。第五子兖,字道泰。第六子㬎,字道颺。第七子龠,字道諧。(《韋或墓志》)

同時期《周氏冥通記》中也已出現"第＋數詞"用在並列小句起首表示列舉的情況,句法功能相當於主語。且書中這種表達方式的用例比《雜寶藏經》中更多見,如:

　　(5)第一易遷領學仙妃趙夫人……第二易遷左嬪王夫人……第三易遷右嬪劉夫人……第四易遷都司學陶夫人……第五易遷受學李飛華……。(卷四)

　　(6)上者嵩高真人馮先生,第二即蕭閑仙卿張君,第三即中嶽仙人洪先生,第四乃保命府丞樂道士,第五則我華陽之天司農玉童。(卷二)

《周氏冥通記》前一例中,後項直接是"職官名＋人名"構成的名詞性結構,人名和序數詞充當的前項,或者説後項表身份的名詞修飾語之間不用出現動詞"名"仲介,判斷句面貌更明顯。後一例子中,"上者"是方位名詞加上"者"表示排序的方法,也是繼承自上古漢語的一種表序方式,這裏與"第二"等"第＋數詞"表序混合使用,既表示了二者功能上的一致性,也説明了中古漢語時期並列小句排序表達方法的靈活多變。

綜上所述,我們可以認爲北魏時期宗教文獻中並列的判斷句的表

---

①　此期佛經中亦有上古以來單用數目字表序的例子,如:佛説有七種施。……一名眼施。……是名第一果報。二和顏悦色施。……是名第二果報。三名言辭施。……是名第三果報。四名身施。……是名第四果報。五名心施。……是名第五果報。六名牀座施。……是名第六果報。七名房舍施。……是名第七果報。是名七施。雖不損財物。獲大果報。(《雜寶藏經·七種施因緣》)

序方式發展較快,如前項由"數＋者"充當,後項擴展爲動詞性結構充當;"第＋數詞"用在並列小句起首表示列舉的情況,句法功能相當於主語。不僅是並列的判斷句的表達方式方面出現的較新的現象,也是古漢語表序法的一次發展,表現出一定的文體特色。

(五)"(主語＋者)＋謂語""爲"字判斷句在注釋性篇章中多見,如《齊民要術》《周氏冥通記》中"主語＋(者)＋謂語""爲"字判斷句的用例多用於解釋説明的篇章。這一條不是宗教文獻的特點,而是説明文體的特點。

三　連動句

連動句方面,與宗教關係密切的文獻的連動句中雙音節新詞多見,加之四字格的影響,此期文獻中可見到雙音節音步、三音節超音步獨立使用的現象,亦可見到四音節字串構成"2＋2"格式,五音節字串爲"2＋3"格式,六音節字串爲"2＋4、1＋5、4＋2、3＋3",七音節字串爲"4(2＋2)＋3"格式。

我們在歸納北魏漢語連動句的形式和語義類型時,發現存在一些文體差異。特別是宗教文獻的特點比較明顯。

(一)韻律特點

《賢愚經》的連動句中形容詞修飾連動句動詞較之其他類型文獻更多見;兩個動詞結構之間用"以""而以""以用"聯結的情況也更突出,"而"所在句子本來就富於韻律感,"而""以""用"並用則語義重遷,湊足音節;還有句末常見的單用的"取"也没有很實的意義,因爲經常是光杆動詞,不帶賓語,似乎是用來補足音節;多個同義動詞連用,疊牀架屋;雙音節新詞語衆多,還有大量的宗教儀式術語的使用,導致某些特別的動賓搭配出現在連動句中,如"行水""下食",等等。這些狀況的出現與此期佛經常見的四字格以及辭彙雙音化趨勢密切相關。

《洛陽伽藍記》連動句的韻律表現爲:音節對稱,雙音節動詞亦比較多見。《洛陽伽藍記》雖係中土文獻，但可能由於内容與佛教關係甚大，深受佛經韻律格式的影響。

以《老君音誦誡經》爲代表的北魏道書中，既有保留自上古漢語的傳統韻律特點，如"而"所在的句子富於韻律；亦可見此期四字格和雙音化影響，但不如佛經文獻中那般刻意整齊劃一。書中的三音節短語連用，如 3＋3 格式，可能是道書的特性。

（二）連動句的動詞類型

從動詞類型上來看，宗教文獻亦表現出其文體特點。《老君音誦誡經》和《女鬼青律》都是北魏時期道書，由於篇幅所限，其連動句總數不及佛經《賢愚經》。不過還是可以看出，無論是佛經或是道書，在這些宗教文獻的連動句中，人事動詞和引語動詞的使用較之非宗教文獻中更爲活躍，運動動詞和支配動詞的表現倒是與非宗教文獻中一致，亦十分常見。

另，佛經連動句動詞後出現的"取"較之中土文獻更多見，句末單獨使用的"取"不大合乎漢語表達，疑似生硬翻譯導致，但是可能促進了"取"的虛化。如：

　　（7）説是偈已，即自書取。（《賢愚經·梵天請法六事品》）

　　（8）汝今割我股裏肉取。（《賢愚經·摩訶斯那優婆夷品》）

　　（9）並拔此白象牙取。（《雜寶藏經·六牙白象緣》）

此期中土文獻的連動句多見"取＋V"，少見"V＋取"。還有"V＋與"，"與"多出現在句末，且後面不帶賓語，這種表達在同時期中土文獻中亦比較少見。

（三）連動句與其他句式的搭配

《齊民要術》最突出的是連動式與"使、令"的搭配情況非常多見。《賢愚經》等雖偶然有與《齊民要術》相似的"V＋令＋V/Adj"結構，但遠不及《齊民要術》常見。同時期南朝的道書《周氏冥通記》，在説明性語篇中亦有動詞結構與"令"字引導句結合的現象，但也少見。這種搭配現象當在説明性語篇中多見。這種表達當被後來的動補結構代替，即 V 使 V(或 Adj)句法手段的表達被 VV 或 V＋Adj 語義手段取代，是句法精簡的結果①。

趙長才(2002)指出，出現在兩個謂詞性成分之間的致使詞是六朝以來致使詞的一種新用法②。古屋昭弘(2005)也對這種強化組合式有詳盡的討論，説該式多發現於農書、醫書文獻，且在漢語語法史上綿延不絶③。牛順心(2007)發現，在佛經翻譯的影響下，漢語中曾經存在多樣化的分析型致使結構：強化使令式(如"教授一切令離三途")、強化致動式(如"使衆生普令聞之")和強化組合式(如"熬鼊種令黄")，其中強化致動式只出現於佛經中，是語言接觸的產物，強化使令式和強化組合式在中土文獻中已有，但是受到佛經翻譯的影響而有較高的使用頻率④。我們基本同意牛順心(2007)的説法，認爲《齊民要術》中這種強化組合式並非語言接觸的產物。另，從北魏時期語料來看，該式在説明文體語篇如《齊民要術》《周氏冥通記》等相關部分中出現的頻率，明顯高於佛經文獻，該式的高頻使用更可能與文體需要有關，而非語

---

① 《齊民要術》中同時有 V＋使/令＋Adj、動補結構 V＋Adj 或 Adj＋V 多種表達形式。如"以杷急抨之使净"，同篇亦有"急手抨净即漉出"。"去鱗，净洗"，亦有"用時更洗净"，"揩洗刮削令極净"。有"擤使熟"，亦有"熟擤"。"使/令"＋Adj 有某種強調前面動詞表示的動作的目的的意味。開始我們懷疑書中大量出現這種表達方式是因爲它能表達更豐富的意義，如"令極净"等，後來發現並不一定，因爲有時候書中也出現不帶"使/令"，V 後直接帶程度補語的例子，即 V＋極＋Adj。不過《齊民要術》中高頻出現的這種表達方式確實適應於説明文中，可以表達更精確的語義，如"令微熟""令半熟"，至於像"令皮肉分離""勿令/無令……"之類表達的靈活性更非動補結構 V＋Adj 或 Adj＋V 形式所能達到。但是後兩種表達形式也有其簡潔經濟的優點，全書中詞語"净洗"的出現頻率很高，即爲佐證。在不十分強調語義精確性的場合，後兩種表達形式是有表達經濟簡便的優越性的。還有一個原因，我們認爲可能與語音節奏有關，用"使/令"湊足四字格，但這不是主要原因。

② 趙長才《結構助詞"得"的來源與"V 得 C"述補結構的形成》，《中國語文》2002年第 2 期。

③ 古屋昭弘《〈齊民要術〉中所見的使成式 Vt＋令＋Vi》，朱慶之編《中古漢語研究(二)》，商務印書館，2005 年。

④ 牛順心《動詞上致使標記的產生及其對分析型致使結構的影響》，《語言科學》2007 年第 3 期。

言接觸的巨大影響，古屋昭弘（2005）的有趣發現正佐證了該式的文體特徵。

（四）連接詞語以及同義動詞連用的狀況

佛經文獻的連動句中形容詞修飾連動句動詞或兩個動詞結構之間用“以”“而以”“以用”聯結的情況比其他文獻多見。具體而言，“而”強調前後動作，“以”強調目的或結果，語義有差別。

佛經中多個同義動詞連用的情況多見，疊牀架屋，這一方面是此期以佛經爲代表的四字格語音節奏使然；另一方面是動詞連用可能使得語義的表達更爲豐富充足，動作描寫細緻化、顆粒化，顯示出語言表達精細化的發展。

總之，從文體特徵來説，北魏漢語連動句存在一些内部差異。其中，佛經“而以”聯結句多，人事動詞和引語動詞的使用比較活躍，雙音節新生動詞多見。中土文獻則因爲内容題材的緣故而有個體差異，《齊民要術》是農書，多有説明性文字，與使令句組合以表達動作結果的現象豐富，單音節動詞多見。《洛陽伽藍記》則受到佛教新造詞語影響，雙音節動詞多見，“之”複指前一動詞現象多見，似爲復古傾向。道教文獻《老君音誦誡經》中道教雙音節新詞多見，“之”複指少見。《周氏冥通記》運動動詞充當連動句動詞多見，顯示出歷史延續性，“之”複指較少見，V 後組合“取、去”等現象較少，較少用“而”字聯結。

四　比擬句

（一）北魏文獻的比喻標記存在文體差異

我們將北魏、南朝梁、北齊、隋、唐各時期代表性文獻中比擬句的比喻標記列爲下表 3。

表3 北魏至唐文獻中比擬句的比喻標記

	單標（獨用）	複標（疊用）	複標（同用）	無標
賢愚經	如、敵、及、似、勝、類、適、若、過、於、越、異、劇、比、絕、猶、像、最	如……比，以……方，與……等，勝於，勝……倍，勝……，倍、劇、劇於、劇如，倍益，倍……殊異，劇……殊異，無與共等，與共等/比/踰/等，不與……同，甚於，最為殊特，等無異，比於，無過於，倍勝於，過倍於，如……無異，適……無異，過……適逾，倍……相可，與……猶如，……如……喻於……，視……猶如……，猶如……，觀……如……	過逾，挺特，譬如，超絕、勝、殊勝、猶、殊倍、喻如、殊特少雙、出逾、出過、殊倍、喻若、適倍、殊勝第一、蓋世無能及、非凡世之稀有、殊特世之少雙、一類無異、最為第一、……等無有差別，	2
雜寶藏經	比、極、過、如、至、似、最、減、殊、甚、於、倍、第一、一種	以……比，倍於，十倍勝……，以……無異，與……乖違，與……相稱，與……無異，如……，百千萬倍，百千萬倍多於，於……，過於，逾於，以……方……，如……，比，不減於，至……無二，無過於，如……比於，倍勝於，勝於，殊勝於，幾於，猶如，劇於，異於，出於，等同於，無過於，如……，……等無有，猶如……等無有如，於……無有如，於……無有差別，差別……等無異，……者	如似，殊勝，最第一、至勝、倍加、最勝、無上第一、殊異、最為第一、似如、甚為稀有、極為稀有、上首、益加、等無有異、最上頭者、最下、殊別不同、非……比，殊特、殊異、稀有無與等、超絕	
銀色女經	如、於、異		殊勝、最上勝妙、殊妙最上無比	
洛陽伽藍記	如、比、似、同、若、勝、出、比、減、及、勝、冠、過、猶、傾、極、方、匹、格、敵、擬	逾於，譬猶，共……連，與……等於，與……，共……，與……，比……，等於……，與……齊，與……，乖……，佯於，孤上，騰……獨高，比於，冠於，匹於，與……相似，與……擬似，比……相比，如……，比……均，與……齊等於，與……無異	如似，最為第一	3

續表

	單標（獨用）	複標（疊用）	複標（同用）	無標
水經注	同、似、極、盡、如、若、至、異、尤、猶、逾、宛、殊、狀、類、近、最、像、蕳、差、於、抗、借、過、比、仿、佛、倫、遁、絕、秀、齊、疑、准、冠、乖、喻、上、催、方、別、等、方、匹	與……同、逾於……、同、象……狀、不與……、與……相符、與……顯出、異於……、近於……、與……莫殊、類……形、於……、與……不別、與……遠、有……形、類……、作……形、以……比於……	猶若、類似、超出、猶如、特甚、似若	
齊民要術	如、倍、勝、極、似、最、彌、至、於、類、第一、特、異、同、若、尤、殊、作、次、過、譜、及、小、大、番、甚、越、超、贏、勝、亢、亞、反、擬、冗、方	較……於、与……同、似較、上……下、極……上、次……下、與……不殊、如……形、異於……、等……、与……不同、逾……倍、共……等、如……狀、勝於、異於……、倍……比、與……不如、與……殊、與……例、等……與……一體、與……無殊異、與……相似、非……、倍……於……殊於、以擬……、以為同	似較、尤甚、象似、比如、更益、彌良、倍勝、似如、懸絕、最良、彌勝、絕倫、最勝、更勝、彌佳、最佳、欲似、齊等與……同、超然、齊等與……獨異	
老君音誦誡經	如、比、同、至、等	比……同、如……共同、以……為比、與……共同、與……同等、上……中……下	喻如、如似、按如、等同、最上	
百喻經	如、等、似、喻、極、校、猶、若、過、譬、得	與……喻於、如……等無、與……異、勝於、與……不異、與……無異	如似、譬如、猶如、最勝、逾越、喻如、等無異、等無差別	

續表

	單標（獨用）	複標（疊用）	複標（同用）	無標
高僧傳	似、如、若、甚、至、異、尤、逸、殊、倍、卓、特、抗、比、由、逾、敵、比、聯、稱、別、極、絕、於	卓出於……、侔乎……、莫適於……、有逾於……、逾之於……、與……無異、倍異於……、方……為匹、譬如……、猶……殊異、於……有違、無以匹、與較之、不與……同、與……異、以相准、與……比、比……齊、與……同、與……異同、以……匹、以……比、與……擬相謝疣、非……比	稀有、備極、絕倫、非常、著出、倫匹、莫二、似若、雷同、若似、有似、猶似、如似、如、未有、有、譬如、譬猶、如如、相如、若如、鮮有倫匹、似若、相參、無比、無異、同異、小異、不速、不同、殊如、無上、形如、狀若、何如、非……相似、卓爾異……、差異、異常	
周氏冥通記	同、如、極、尤、勝、似、異、比、最、絕	如……似、以比於……、与……何如	奇特、猶如、似如、若似、如似	
顏氏家訓	同、如、若、於、擬、猶、異、差、及、過、似、敵、勝、方、較、尤	與……相准、異於……、同、如……、比、差於、比於、於……、中……下、高於……、如……類、與……乖、與……殊別、與……不同	絕倫、一等、比較、尌量、譬若、冠絕、比量、計較、譬猶	
游仙窟	如、若、似、異、絕、疑、覺、太、特、勝、奇、偏、同		一種、無儔、少匹、兩般、無雙、無、如、無比、比方、無可比方、不能備盡、欲似、非常	
祖堂集	如、若、似、比、不、及、更、於、平	與……同/齊/等、與……一般、如……相似、如……、似、太似、似於……	恰如、如似、譬如	

　　與其他文體比，佛經文獻中複標（同用）的情形比較多見。

　　其中，"譬如"在佛經中常見，且引導較複雜的長句或多個句子，甚至語篇，即"譬＋如/喻/若/猶＋y"（y 爲長單句，或複句，甚至語篇）。上古漢語"譬、譬如"常用於句首，表示打比方。曹亞北（2017）認爲上古漢語打比方説理的"譬"不同於一般比擬動詞，到中古詩歌中才發展出與其他比擬動詞一樣的用法，即"譬"用於主體和喻體之間，並形成"譬如、譬若"等並列組合①。我們調查的北魏文獻中，沿襲上古漢語的"譬"打比方的用法廣泛存在，且在《賢愚經》《雜寶藏經》中都比較多見，這可能與佛經好打比方以説理的做法有關。如：

　　　　（10）譬如一葦不能獨燃，合捉一把，燃不可滅。（《賢愚經·波婆離品第五十》）

　　　　（11）譬如阿羅漢，戀慕於妙法。（《雜寶藏經·帝釋問事緣》）

"於"一般不能與"如"等比較動詞共現，但佛經中偶見"譬如"後接"於"例：

　　　　（12）夫身口者，譬如於窖，栴檀亦燒，糞穢亦燒。（《雜寶藏經·迦栴延爲惡生王解八夢緣》）

　　不過，"譬"居於主體和喻體之間的新興用法在所調查的北魏文獻中都極其少見。

　　又，佛經文獻中與"於/于"叠用的複標也較多見。中古漢語"於"字結構的表現比較複雜，在形比句中一般須帶"於"，在比動句中可以不帶"於"。石毓智、李訥（1998）認爲介詞"於"的缺失是形比句發展的一個歷史過程②。在魏晉南北朝時期，介詞"於"仍是形比句中不可缺少的必要成分，因爲它的直接失落會使形比句與一般的使動句很難區别，從而造成歧義，這也可能是其在形比句中消失較晚的原因之一。但也有迹象表明，魏晉以後形比句中"於"的地位就已經鬆動，不再是必須的語法標記了。"於"的衰落應該與此期新興介詞"與"字句以及動詞"比"字句的迅速發展有關，且"於"的衰落進程在比動句中可能更早。北魏文

---

① 　曹亞北《中古詩歌比擬動詞研究》，武漢大學碩士論文，2017 年。
② 　李訥、石毓智《漢語比較句嬗變的動因》，《世界漢語教學》1998 年第 3 期。

獻中比動句中"於"可帶可不帶,帶"於"的比動句可以表示異同關係,也可以表示差異,"比"字句的語義類型也很豐富。據馬希《〈祖堂集〉比較句研究》發現①,在近代漢語文獻《祖堂集》中,"於"字句已有半數以上的結論項表示異同關係。據胡斌彬(2009),現代漢語中"於"字句在表示不及、絕對比較、數量增減等方面具有獨特功能,與"比"字句存在語義互補性,"比"字句基本不表示異同關係②。這説明,中古漢語裏"於"字句尚處於衰落和分化的開端,情形很不明朗。而據姜南(2011,第27頁)③,佛經中由於對譯賓格標記的需要大量使用"於"。這可能使得佛經比較句中"於"字句十分發達,一定程度上延滯了"於"字句的衰落。

還有,漢譯佛經中複標並用結構的使用更爲普遍。複標疊用,有x+動詞+於+y,x+形容詞+於+y,x+副詞+於+y,如:

(13) 家業於是,豐富具足,過逾於前,合居數倍。(《賢愚經·富那奇緣品第二十九》)

(14) 賢者答言:"更有羸瘦甚劇於汝。"(《賢愚經·海神難問船人品第五》)

(15) 遭值聖尊,勝於此士。(《賢愚經·婆世躓品第五十九》)

(16) 王女所以不來會者,必當端正異於常人。(《雜寶藏經·波斯匿王醜女賴提緣》)

(17) 以一掬水多於大海。(《雜寶藏經·棄老國緣》)

(18) 設積身骨,高於須彌。(賢愚經·快目王眼施緣品第二十七)

(19) 蒲萄實偉於棗。(《洛陽伽藍記·卷四》)

(20) 其父憐愛,特於諸子。(《賢愚經·蘇曼女十子品第五十八》)

(21) 敬愛慈惻,倍加於前。(《賢愚經·善事太子入海品第三十七》)

---

① 馬希《〈祖堂集〉比較句研究》,黑龍江大學碩士學位論文,2011年。
② 胡斌彬《"於"字比較句和"比"字句的差別》,《湖南文理學院學報(社會科學版)》2009年第6期。
③ 姜南《基於梵漢對勘的〈法華經〉語法研究》,商務印書館,2011年。

（二）比較結構方面表現出文體差異

1. 極比句

北魏佛經文獻中用來表示極比的比較結構的豐富性超過平比、差比、泛比的結構。

北魏文獻中表示極比的主要是動詞"冠、傾"，比較動詞的否定形式，副詞"最、極、至、尤、盡、太、絕"，介詞"於"等組成的結構。

（1）副詞性結構：x＋副詞＋w。如：

（22）吾乃往昔，於此衆中，最尊最妙。（《賢愚經·摩訶令奴緣品第四十八》）

（23）塔極高峻。（《賢愚經·無惱指鬘品第四十五》）

（24）聰明博大，於種類中，多聞第一。（《賢愚經·迦毗梨百頭品第四十四》）

（2）x＋動詞＋z（z表示包括比較項x、y在内的所有同類，下同）。如：

（25）見其端正，才姿挺邈，過逾人表。（《賢愚經·無惱指鬘品第四十五》）

（26）身體殊異，超絕餘人。（《賢愚經·貧女難陀品第二十》）

（27）勇冠三軍。（《洛陽伽藍記·卷四》）

（3）動詞結構的否定形式，如：

（28）其德甚大，難有般比。（《賢愚經·大施抒海品第三十五》）

（29）端政殊妙，世間稀有。（《賢愚經·善事太子入海品第三十七》）

（30）歎說如來，於此衆中，無有儔類。（《賢愚經·摩訶令奴緣品第四十八》）

（31）所學技術，無能及者。（賢愚經·須達起精舍品第四十一）

（32）天上人中，實無有比。（《賢愚經·善事太子入海品第三十七》）

（33）初生一子，端正無比。（《賢愚經·婆世躓品第五十九》）

（34）見此王女端正無雙。（《雜寶藏經·波斯匿王醜女賴提緣》）

(35) 勝果報故,一切諸天無有及者。(《雜寶藏經·八天次第問法緣》)

(36) 得無等威德,生三十三天。(《雜寶藏經·女人以香塗佛足生天緣》)

這其中又有明顯的文體分布差異,佛經文獻中多有並用比較結構表達極比的現象,用比較結構的否定式表達極比的例子也超過其他文體文獻,而用比較復古的"冠、傾"等動詞表示極比只在《洛陽伽藍記》中多見,同時期其他文獻很少見到。事實上,那些繼承自上古漢語的比較詞語或比較結構如"冠/傾"等在佛經中較少見到。

"否定詞語+動詞"表示極比,多須引進比較範圍,即包括比較專案在內的一個較大的類別,以顯示該專案在同類中的極端存在。佛經中亦多見。

動詞"逾""劇""過於"等後接倍數詞語,或"勝"前接倍數詞語,也是佛經比較結構中常見的誇張表達形式。如:

(37) 諸子見佛,姿好形貌,逾前所聞數千萬倍。(《賢愚經·蘇曼女十子品第五十八》)

(38) 如此之人,劇汝饑苦百千萬倍。(《雜寶藏經·棄老國緣》)

(39) 容貌身光及其眷屬,十倍勝前。(《雜寶藏經·八天次第問法緣》)

多個程度副詞修飾比較動詞的現象在佛經中更多見。

北朝佛經中數量詞組修飾比較動詞的現象突出,如"十倍勝"等,這些都顯示出宗教文獻恢宏誇張的文體特徵。

2. 差比句

在差比句中,北魏佛經和農書中都有用"數詞+倍"片語與比較詞語疊用的比較結構,但倍數片語的前後位置不一。《雜寶藏經》用倍數片語作狀語,7例;倍數片語作補語,5例;單用"倍"全部居前作狀語,6例。《賢愚經》沒有倍數片語作狀語的情形,倍數片語作補語,10例;單用"倍"居前作狀語,11例;居後作補語,3例。《齊民要術》中常用倍數片語作補語,9例;用倍數片語作狀語,僅1例。同書中單用"倍"則前

後不一,居前作狀語更常見,14 例;居後,僅 3 例。各文獻中倍數片語表示比較的例句如:

(40) 用功蓋不足言,利益動能百倍。(《齊民要術·收種第二》)

(41) 但根細科小,不同六月種者,便十倍失矣。(《齊民要術·種胡荽第二十四》)

(42) 凡三搗三煮,添和純汁者,其省四倍,又彌明净。(《齊民要術·雜説第三十》)

(43) 堅實耐久,逾炭十倍。(《齊民要術·雜説第三十》)

(44) 其省功十倍也。(《齊民要術·雜説第三十》)

(45) 於柴十倍。(《齊民要術·種榆、白楊第四十六》)

(46) 旱、風、蟲之災,比之穀田,勞逸萬倍。(《齊民要術·種榆、白楊第四十六》)

(47) 家業於是豐富具足,過逾於前合居數倍。(《賢愚經·富那奇緣品第二十九》)

(48) 相好威容儼然炳著,過逾護彌所説萬倍。(《賢愚經·須達起精舍品第四十一》)

(49) 賢者答曰:乃有勝汝百千萬倍。(《賢愚經·海神難問船人品第五》)

(50) 一掬之水,百千萬倍多於大海。(《雜寶藏經·棄老國緣》)

(51) 以此方之,劇汝困苦百千萬倍。(《雜寶藏經·棄老國緣》)

(52) 容貌身光及其眷屬,十倍勝前。(《雜寶藏經·八天次第問法緣》)

(53) 況能信心須臾聽法,復勝於彼百千萬倍。(《雜寶藏經·大愛道施佛金縷織成衣並穿珠師緣》)

(三) 語序

梵漢對勘的佛經文本中,由於語序的不同,表示等同意義的動詞通常位於比較對象後,而漢語的語序表示等同意義的動詞通常位於比較對象前,佛經中大量用"與……等"可能是一種語序上的協調。

（四）比喻方式

佛經文獻的比喻句還集中出現了一種較爲後起的比喻方式，即對用作喻體的 B 項的性狀進行較詳細的說明，而省略對本體 A 項性狀的說明。如：

（54）譬如大海，江河百流，悉投其中。此人罪報，亦複如是。（《賢愚經·出家功德尸利苾提品第二十二》）

（55）王當如橋，濟渡萬民。（《雜寶藏經·拘尸彌國輔相夫婦噁心於佛佛即化導得須陀洹緣》）

（56）王當如秤，親疏皆平。（同上）

（57）王當如道，不違聖蹤。（同上）

（58）王者如日，普照世間。（同上）

（59）王者如月，與物清凉。（同上）

（60）王如父母，恩育慈矜。（同上）

（61）王者如天，覆蓋一切。（同上）

（62）王者如地，載養萬物。（同上）

（63）王者如火，爲諸萬民燒除惡患。（同上）

其他文獻中多見的仍是詳細說明本體性狀的方式，似乎可以算作此期比喻句的文體差異。

綜上所述，我們以三種句法現象爲例初步歸納出北魏漢譯佛經叙事文體句法的一些文體特徵，也關注了北魏農書等說明文體的部分句法特點。當前漢語史研究進一步向縱深發展，學界在探討古代漢語内部差異時越來越注意到文體的巨大影響，這是十分可喜的發展態勢。以語體爲中心的語法研究具有重大理論意義。古代漢語有豐富的典籍文獻，文體學研究亦流傳深遠，語法研究角度的多元化和精細化將有助於我們構建更爲科學立體的斷代語法史及通史。

參考文獻

朱慶之《佛典與中古漢語辭彙研究》，臺灣文津出版社，1992 年。

俞理明《佛經文獻語言》，巴蜀書社，1993 年。

王繼紅、黄淵紅、牟燁梓《中古漢譯佛經複句的文體差異》,《人文叢刊》,
　　2013 年。

盧烈紅《語體語法：從"在"字句的語體特徵説開去》,《長江學術》2016 年第
　　4 期。

馮勝利、施春宏《論語體語法的基本原理、單位層級和語體系統》,《世界漢
　　語教學》2018 年第 3 期。

〔本文原載於《浙江師範大學學報(社會科學版)》2019 年第 2 期〕

《世説新語》疑問句分析

段業輝　南京師範大學

多年來,國内外學者對《世説新語》(以下簡稱《世説》)這部中國傳統的志人小説名著做了多方面的研究,取得了不少成績,如詞語考釋、語法現象分析、在語言學方面的價值認定等,但對於具有很高的語法和語用研究價值的疑問句這一問題卻尚未給予足夠的重視。本文在分析、借鑒時賢研究成果的基礎上,擬對《世説》中的疑問句作窮盡式的探討。

一　疑問句的類型

《世説》共有疑問句 504 句①。從疑問句内部分類的角度看,《世説》已具備了現代漢語中所有的疑問句類型。舉例如下:

(一) 特指疑問句

(1) 足下家君太丘,有何功德而荷天下重名?（德行）

(2) 公曰:"欲何齊邪?"(言語)

(3) 張憑何以作母誄,而不作父誄?（文學）

(4) 然士有百行,君有幾?（賢媛）

(5) 孫皓燒鋸截一賀頭,是誰?（紕漏）

---

① 由於讀者對《世説新語》原文中語氣的把握有一定的出入,因而對疑問句數量的認定不完全一致。本文統計的依據是余嘉錫《世説新語箋疏(修訂本)》,上海古籍出版社,1993 年。

（二）反詰疑問句

（6）敗義以求生，豈荀巨伯所行邪？（德行）

（7）今腹心喪羊孚，爪牙失索元，而匆匆作此詆突，詎允天心？（傷逝）

（8）殷笑："乃可得盡，何必相同？"（文學）

（9）遠之尤恐罹禍，況可親之乎？（識鑒）

（10）我若不爲此，卿輩亦那得坐談？（排調）

（三）正反疑問句

（11）君能屈志百里不？（言語）

（12）聞孟從事佳，今在此不？（識鑒）

（13）時人……轉頭問左右小吏曰："去未?"（忿狷）

（四）是非疑問句

（14）今日戲樂乎？（言語）

（15）銅山西崩，靈鐘東應，便是《易》邪？（文學）

（16）流可枕，石可漱乎？（排調）

（五）揣度疑問句

（17）今復以鼠損人，無乃不可乎？（德行）

（18）不見一黄須人騎馬度此邪？（假譎）

（19）安石將無傷？（任誕）

（六）選擇疑問句

（20）老、莊與聖教同異？（文學）

（21）不知桓公德衰，爲復後生可畏？（排調）

（22）此爲茶，爲茗？（紕漏）

疑問句分布的整體情況，見下表1。

表 1 《世說新語》疑問句統計總表

	特指	反詰	正反	是非	揣度	選擇	總計
德行第一	5	9	1	2	1		18
言語第二	49	13	3	6	3		74
政事第三	4	7				1	12
文學第四	21	11	8	4	1	1	46
方正第五	23	13	6	3			45
雅量第六	8	4	1				13
識鑒第七	5	5	1	3	1		15
賞譽第八	10	3	5				18
品藻第九	57	5		4	1		67
規箴第十	9	6	1	2			18
捷悟第十一		1					1
夙惠第十二	4	1					6
豪爽第十三	1	1					2
容止第十四	2	1					3
自新第十五		1		1			2
企羨第十六		1					1
傷逝第十七	1	2	1				4
棲逸第十八	1	1			1		3
賢媛第十九	10	7	3	3		1	24
術解第二十	1	1	1				3
巧藝二十一							0
寵禮二十二	3	1	1				5
任誕二十三	12	5	2	1	2		22
簡傲二十四	5	3	1				9
排調二十五	26	12	2	3		1	44
輕詆二十六	9	5	3	3			20

續表

	特指	反詰	正反	是非	揣度	選擇	總計
假譎二十七	3	1			1		5
黜免二十八	2	1					3
儉嗇二十九	2						2
汰侈第三十							0
忿狷三十一		2	1				3
讒險三十二	1	1					2
尤悔三十三		1	2				3
紕漏三十四	2		1			1	4
惑溺三十五	1	1	1				3
仇隙三十六	2	1	1				4
小計	279	125	49	35	11	5	504

　　根據例句和表1,我們不難發現,疑問句在《世説》中的分布有兩個不平衡。其一,疑問句在各門中出現的數量不平衡:"言語門"最多,74見;"品藻門"次之,67見;除"巧藝門"和"汰侈門"沒有疑問句,"捷悟門"和"企羨門"兩門最少,每門中僅1見。出現這種不平衡的原因固然與各門文字的長短有關,但更主要的是記敘的內容不同。換言之,所敘的內容決定疑問句出現的頻率。其二,各類疑問句的分布不均衡:特指疑問句最多,共279見,約占疑問句總數的55.2%;反詰疑問句次之,共125見,約占疑問句總數的24.7%;選擇疑問句最少,僅5見,約占疑問句總數的0.9%。上述不平衡體現了魏晉南北朝時期清士們的語言風格(具體分析見本文第三節)。

二　疑問詞與疑問語氣的對應關係

　　疑問詞主要指疑問代詞、疑問副詞、表疑問的數詞"幾"、疑問語氣詞等。各疑問詞在《世説》中的出現頻率有極大的差別,見下表2。

表 2 《世説新語》疑問詞出現頻率表①

類屬	代詞					數詞	副詞		語氣詞			
例詞	何	那	誰	孰	焉	幾	豈	詎	邪	乎	哉	也
數量	310	14	11	5	3	7	17	5	63	24	3	1

詹秀惠先生在《〈世説新語〉語法探究》一書中論述了疑問代詞的句法功能,張振德、宋子然主編的《〈世説新語〉語言研究》也分析了這類詞的用法。兩書在這方面的論述都比較充分,我們不再贅言。這裏要討論以下幾個問題:

(一) 疑問代詞與疑問語氣的對應

一般説來,疑問代詞與特指疑問語氣和反詰疑問語氣是相對應的,很少有例外情況。請看下列例句:

(23) 君與僕有何親?(言語)

(24) 卿何以不謹於文憲?(言語)

(25) 既無文殊,誰能見賞?(文學)

(26) 吾與足下孰愈?(品藻)

(27) 我不看此,卿等何以得存?(政事)

(28) 中郎衿抱未虛,復那得獨有?(輕詆)

(29) 未知生,焉知死?(簡傲)

例(23)、(24)、(25)、(26)中的"何、何以、誰、孰"都用於特指問句中,與特指疑問語氣對應;例(27)、(28)、(29)中的"何以、那得、焉"均用於反義疑問句中,與反詰疑問語氣對應。就總體情況論,"何"類詞可與特指、反詰兩種疑問語氣對應,但以與特指對應爲主;"那"類詞以與反詰語氣對應爲主。表疑問的數詞"幾"在《世説》的疑問句中出現 7 次,均與特指疑問語氣相對應。例如:

(30) 卿一宗在朝有幾人?(規箴)

---

① 本表所列的疑問代詞"何",既指單音的"何",又兼指複音的"何以""何如""何所""何必""云何"等;指示代詞"那",既指單音的"那",又兼指複音的"那得"。

（31）官有幾馬？（簡傲）

（二）疑問副詞與疑問語氣的對應

表疑問的語氣副詞"豈""詎"在疑問句中的出現頻率並不高，分別爲 17 次和 5 次，但都與反詰疑問語氣對應。例如：

（32）駑牛一日行百里，所致豈一人哉？（品藻）

（33）運自有廢興，豈必諸人之過？（輕詆）

（34）丞相笑曰："詎得爾？"（排調）

（35）汝詎復足與老兄計？（忿狷）

值得討論的是出現在句末的"不"和"未"。就"不"的詞性來看，似乎有爭議：詹秀惠先生指出，"'不'字是使用最久的否定限制詞……"[1]；張振德、宋子然等指出，"'不'，上古是一個否定副詞，這一用法延續至今。《世説新語》中'不'有一種上古所没有的用法，好放在句末作疑問語氣詞"[2]。

"不"出現在句末，我們在上古的史料中尚未發現用例，這是中古，特別是魏晉南北朝時期的一種新興語法現象。如果將"不"看成句末語氣詞，簡單倒是簡單，可它屬於哪一類呢？《馬氏文通》把漢語的助字（句末語氣詞）分爲傳信和傳疑兩類，傳信的主要有"也""矣"等，傳疑的主要有"乎""邪""與""哉"等。不論傳信，還是傳疑，語氣詞本身都没有詞彙意義、不充當句子成分，只是在句末幫助全句表示陳述、疑問、祈使等語氣。從這一點看，語氣詞的使用並不是句法問題，而是語用問題。可《世説》中所有出現在句末的"不"與上述的語氣詞不同，它們都有非常明顯的詞彙意義，也有句法問題。據此，我們認爲，黎錦熙和高名凱兩位先生分别在《新著國語文法》和《漢語語法論》中提出的副詞觀點及詹秀惠先生的分析更符合《世説》中的語言事實。下面我們就來舉例進一步分析這類"不"的性質及整個句法結構。

（36）冀罪止於身，二兒可得全不？（言語）

---

① 見詹秀惠《〈世説新語〉語法探究》，臺灣學生書局，1974 年，頁 443—445。

② 見張振德、宋子然主編《〈世説新語〉語言研究》，巴蜀書社，1995 年，頁 352。

（37）眼往屬萬物形，萬形來入眼不？（文學）

（38）聖人有情不？（同上）

（39）汝叔落賊，汝知不？（豪爽）

上舉各例的"……不"，從深層的表意結構看，分別爲"可得全不可得全""入眼不入眼""有情没有情""知道不知道"。如果從現代漢語的角度切入，上述深層結構都是典型的"X 不 X"正反問格式，但從表層的語法結構看，所有的這類句子都只出現前項"X"和副詞"不"，無後項"X"。這並不能否定這類句子的正反問資格，我們似乎可以認爲，中古漢語的"……X 不"是一種新生的正反問句型，其特點是否定副詞"不"後面有一個語法空位，而漢語在發展過程中填補了這個空位，使之成爲"X 不 X"格式，這也正是中古漢語與現代漢語的差别之一。另外，即便在現代漢語的某些方言的口語裏，仍然有"X 不"這種正反問格式，如北京話和東北話常把"來不來""去不去"這類疑問格式説成"來不""去不"，這亦補充説明了中古的"……X 不"是正反問句。

否定副詞"未"出現在句末共 3 見，如：

（40）卿家癡叔死未？（賞譽）

（41）可以交未？（方正）

因這種用法的"未"，其句法功能同出現在句末的"不"完全一樣，表意功能也大致相同，可以看成一類，所以不再論述。

從上述分析中我們可以得出兩個結論：第一，出現在句末的否定副詞"不"均與正反疑問語氣對應；第二，《世説》及同期典籍中的"X 不"這種格式是現代漢語"X 不 X"正反問格式的源頭。

（三）疑問語氣詞與疑問語氣的對應

《世説》的疑問句中有疑問語氣詞的共 91 個，占疑問句總數的18％。由此可以看出，這部著作的疑問語氣主要是由疑問代詞和表疑問語氣的副詞來反映的。儘管如此，疑問語氣詞的作用還是非常明顯的，分析疑問語氣詞同疑問語氣的對應關係也是很有必要的。

就總體而言，"邪"和"乎"兩個疑問語氣詞的出現頻率低，分別爲3 次和 1 次。從與疑問語氣的對應關係上看，"哉""也"兩個詞比較簡

單,均與反詰疑問語氣對應,没有例外。例如:

（42）寧可不安己而移於他人哉?（德行）

（43）禮豈爲我輩設也?（任誕）

"邪"和"乎"兩個詞同疑問語氣的對應關係卻非常複雜,除了不與正反和選擇兩種疑問語氣對應,幾乎可以同其他任何疑問語氣對應。請看下列例句:

（44）聖人莫肯致言,而老子申之無已,何邪?（文學）

（45）帝豈復憶汝乳時恩邪?（規箴）

（46）何有高明之君而刑忠臣孝子者乎?（言語）

（47）阿奴欲放去邪?（德行）

（48）默而識之乎?（文學）

（49）汝故當不辦作袁彥道邪?（任誕）

（50）得無諸君是其苗裔乎?（言語）

上舉例（44）中的"邪"與特指疑問語氣對應,例（45）的"邪"、例（46）的"乎"與反詰疑問語氣對應,例（47）的"邪"、例（48）的"乎"與是非疑問語氣對應,例（49）的"邪"、例（50）的"乎"與揣度疑問語氣對應。我們可以用下表反映這兩個詞與疑問語氣的對應關係。

表 3 "邪""乎"與疑問語氣的對應關係

	特指	反詰	是非	揣度
邪	15	24	21	3
乎	0	12	8	4

表 3 説明:"邪"主要是同反詰、是非、特指三種疑問語氣對應;"乎"主要同反詰、是非兩種疑問語氣對應,絶對不與特指疑問語氣對應。

三 疑問的層級性及疑問句的語用價值

劉義慶在《世説》中所志的大都是達官顯要、清士高僧們清談玄理相互駁難、品評人物闡發己見的事,而這些内容的表達效果恰恰以疑問句爲最佳,所以,該書中的疑問句出現頻率就比同期的其他著作高出許多。但各類疑問的表疑功能是不同的,具有很強的層級性,下面我們就來分析這個問題。

(一)疑問的層級性

語法研究表明,疑問句可分爲真性疑問和假性疑問兩大類,每一類都有自己獨特的語用功能。《世説》的真性疑問有是非、選擇、正反、揣度和特指五類,共 379 句,占疑問句總數的 75.2％;假性疑問句有反詰一類,共 125 句,占疑問句總數的 24.8％。從這一組數字來看,似乎魏晉南北朝時期的人善於使用有疑而問的句子來提出問題,其實,這是個表像,裏面藴含着深刻的語用問題。

雖然是非、選擇、正反、揣度和特指五類疑問句都是有疑而問的真性疑問句,但所含的疑問度不同,在《世説》裏的出現情況就不一樣:疑問度越高,使用頻率越低。下表 4 就是從這方面給《世説》中的真性疑問句作的分類。

表 4　疑問層級表

級別	一級	二級			三級
類型	是非	選擇	正反	揣度	特指
數量	35	5	49	11	279

一級疑問句是沒有給定回答範圍、必須根據實際情況做出肯定或否定回答的句子,其疑問度最高,但在《世説》中數量最少。二級疑問句給定了回答範圍,答話人可以在給定的範圍內做出適當的抉擇,其疑問度顯然低於一級,但《世説》中的數量卻高於一級。本級中的揣度疑問句,從言語交際的角度看,説話人已對所提問的內容有了主觀的意向,只是想請聽話人來證實罷了,所以我們也把它們歸到二級疑問句裏面。三級疑問句不但給定了回答的範圍,而且要求回答者就特指的問題來回答,其疑問度最低,但在《世説》中的出現頻率最高,占了真性疑問句的絶大部分。

（二）疑問句的語用功能

一般説來，語言運用中的真性疑問句要遠遠高於假性疑問句，《世説》中的疑問句運用符合這條規律，只是相差的比例不那麼大，如該書中的假性疑問句——反詰問句雖然沒有真性疑問句多，但與同期其他著作相比，比例還是非常高的。聯繫《世説》的作者極願使用疑問度最低的真性疑問句——特指問句這一現象來考慮，我們似乎可以説，利用疑問形式來表達肯定或疑問度很低的内容是《世説》語言的一大特色。

爲什麼會出現上述情況呢？這既與魏晉風流有關，又與疑問句的語用功能有關。衆所周知，魏晉南北朝時期的清士們（包括士大夫）個性極強、自視甚高，往往崇尚行爲自由、言語脱俗，在與别人交談時大都以一種居高臨下的姿態出現，這就導致了出自這些人之口的話語的語氣都比較硬。且不説整個"簡傲門"記叙的内容幾乎都充分地體現了這一特點，光看吳人陸玩視北人王導爲"傖父"、不屑與之聯姻就足以説明問題（方正）。但從另一方面看，清士們在以玄理文筆、奇言盛氣來表現他們出身高貴、才華橫溢的同時，又大都以修養深自居，怕自己的話説得太直露遭人非議或犯忌，如陸機因犯諱被盧志所讒，遭殺身之禍（"方正門""尤悔"），所以使用那些既不使自己失禮，又能較好地表達自己意思的語句就成了他們的最佳選擇。這也正是在語用上表面"軟"而實際"硬"的假性疑問句和疑問度低的真性疑問句備受清士們青睞的原因。我們以"文學門"第 18 則爲例來分析這個問題。

> （51）阮宣子有令聞，太尉王夷甫見而問曰："老莊與聖教同異？"對曰："將無同？"太尉善其言，辟之爲掾。世謂"三語掾"。衛玠嘲之，曰："一言可辟，何假於三？"宣子曰："苟是天下人望，亦可無言而辟，復何假一？"遂相與爲友。

此則共有四個疑問句：第一句是太尉王夷甫向阮修發問，因王、阮二人的社會地位相差甚遠，所以王夷甫用不着過多地考慮語用問題，直接用給定回答範圍的二級疑問句——正反問句提問；第二句是阮修的答詞，因其地位較低，同高官講話時不得不考慮措辭問題，所以使用了語用價值很高的既可以表示自己的見解，又可以徵求對方意見的揣度疑問句;第三句是衛玠嘲弄此事的話語,他完全可以用"一言可辟,無須三言"之類的肯定句表達相同的意思,但這樣一來,反詰疑問句表達的那種清高自傲的氣勢就沒有了;第四句是阮修針對衛玠的"一言"做的還擊,充分體現了阮修的機智、善辯,也不乏言語交際的氣勢。一則七十餘字的記叙,其交際效果之佳,確實得力於疑問句的運用。

在結束本文之前,我們還想就《世説》的語體略述淺見。迄今爲止,不少學者都對《世説》的語體作過論述,柳士鎮先生就曾指出:"《世説》的語言對於詞彙、語法的發展比較敏感,它雖然保留了許多文言成分,不能算作純粹的口語材料,但仍然比較接近口語。"①通過對《世説》的疑問句作全面的分析,在與同期的其他著作,如史書和志怪小説的疑問句比較後(史書和志怪小説中的疑問句出現頻率沒有《世説》高,反詰問句和三級疑問句更沒有《世説》多),我們認爲柳先生的論斷是非常準確的。在此基礎上,我們還想補充一句:《世説》的語言是介乎書面語和口語之間的具有達官顯要們的口語色彩的語言,其語用研究價值很高,尚待進一步挖掘。

參考文獻

《王力文集》第 11 卷,山東教育出版社,1990 年。

柳士鎮《魏晉南北朝歷史語法》,南京大學出版社,1992 年。

吳金華《世説新語考釋》,安徽教育出版社,1994 年。

張撝之《世説新語譯注》,上海古籍出版社,1996 年。

向熹《簡明漢語史》,高等教育出版社,1993 年。

王能憲《世説新語研究》,江蘇古籍出版社,1992 年。

(本文原載於《南京師範大學學報》1998 年第 3 期)

---

① 見柳士鎮《〈世説新語〉〈晉書〉異文語言比較研究》,《中州學刊》1988 年第 6 期。

朝鮮文獻中明初白話聖旨語言研究

張全真　南京大學

　　零星散落在史書中的明初白話聖旨與其他語料相比，年代確定、人物確定、口語性强，是研究明初白話語言的好材料。本文主要研究《高麗史》、《李朝實錄》（太祖、定宗、太宗三朝實錄）、《吏文》三種朝鮮文獻中保留的洪武至永樂年間的白話聖旨的語言①②，並與《劉仲璟遇恩錄》《皇明詔令》《高皇帝御制文》等進行對比。

　　三種朝鮮文獻中，白話聖旨以洪武年間爲最多，26篇，1萬餘字，篇幅也較長。永樂次之，21篇，3000字左右，篇數不少，但篇幅不太長。《吏文》中的白話聖旨多爲節選的引文，有些部分與《高麗史》《實錄》中相關內容重複。我們將收集整理到的三種朝鮮文獻中白話聖旨分布情況和本文引用到的其他三種文獻中白話聖旨的情況粗略統計，列表如下。

表1　幾種文獻中白話聖旨收錄情況③：

專案	洪武		建文		永樂		合計	
	篇數	字數約	篇數	字數約	篇數	字數約	篇數	字數約
《高麗史》	8	8500	—	—	—	—	8	8500
《李朝實錄》	8	2000	2	200	15	2500	25	4700

---

① 　《高麗史》，亞細亞文化社，1972年，1990年。《李朝實錄》，首爾大奎章閣藏本。《朝鮮〈李朝實錄〉中的中國史料》，吳晗編，中華書局，1980年。《訓讀吏文》，國書刊行會，前間恭作，1974年。《遇恩錄》《皇明詔令》《高皇帝御制文集》，參《近代漢語語法資料彙編》（元代明代卷），劉堅、蔣紹愚主編，商務印書館，1995年。

② 　《高麗史》因編寫於李氏朝鮮，故統稱爲朝鮮文獻。

③ 　數字根據本人電腦錄入後統計，可能有脫漏。涉及新加標點符號等，字數以百爲單位，不是精確統計，只作參考。

續表

專案	洪武		建文		永樂		合計	
	篇數	字數約	篇數	字數約	篇數	字數約	篇數	字數約
《吏文》①	10	1300	0	0	6	500	16	1800
《皇明詔令》	4	7800	—	—	—	—	4	7800
《遇恩錄》	1	3000	—	—	—	—	1	3000
《御制文集》	1	300	—	—	—	—	1	300
合計	32	22900	2	200	21	3000	55	26100

　　本文首先概述了三種文獻中保留的明洪武至永樂年間的白話聖旨情況,然後試着探討白話聖旨產生的原因及不同語體特點形成的原因。並結合文獻特點的探討,對文獻中的人稱代詞"俺"、助詞"的"、句末"有"、介詞"吃""把"及其相關句式進行描寫分析。

一　麗末鮮初白話聖旨的演變簡况

　　明代的聖旨,主要是文言聖旨,明政府給高麗朝的第一份公文聖旨也是文言②。但從文獻記錄的角度看,麗末鮮初與明朝的外交文獻中很長一段時間文言聖旨與白話聖旨並行。這些聖旨或是皇帝的旨令或是皇帝接見高麗、朝鮮使臣時的言語記錄,内部反映出的語言特點不太統一。

　　简單説來,明代初年朝廷與高麗、朝鮮交流的聖旨經歷了:

　　　　①文言聖旨→②文言聖旨十白話聖旨→③文言聖旨爲主

的過程。據《高麗史》記錄,可以推斷出白話聖旨源於高麗與元朝交往的傳統。據《高麗史》記載,元朝給高麗朝廷的外交文書多采用白話聖

---

① 　《吏文》語料中也有宣德、成化等年間的白話聖旨,字句較少,本文未列入研究範圍。

② 　第一篇文言聖旨爲恭愍王十八年春三月壬辰(見《高麗史》上 823a)。

旨①。明初，白話聖旨繼續使用。從史籍中的記載分析，這些白話聖旨存在的原因主要有二：一是明初爲打消高麗的疑慮，派遣前元舊使出使高麗，這些使臣到高麗或朝鮮出使時，沿用前元傳統，準備兩份文檔，一份是公文形式的文言聖旨，一份是轉達皇帝口諭的白話聖旨②。二是探聽意向的高麗朝鮮使者到明出使，回國後習慣把文言聖旨及皇帝接見時的談話記錄全部記錄在案。高麗朝鮮使臣記錄明帝話語的原因在於，出使中國的時候，他們最重要的任務就是探聽大明皇帝的意向。所以除了領受皇帝的手詔，還要記錄皇帝説的話，復命時將記錄的白話聖旨及受領的文言聖旨一起交給朝廷。由於高麗及朝鮮初期對元和明雙重關係的複雜性，朝廷中一直有親元派和親明派。對明始終有戒心和猜疑甚至抵觸，而文言聖旨中多是冠冕堂皇的外交辭令，所以從某種意義上麗末鮮初國王們往往對使臣記錄的皇帝的話語比文言的手詔更爲重視。不過談話記錄類型的聖旨，由誰記錄、怎麼記錄，決定了這些文獻的語言特點，這也是本文討論的重點之一。

（一）具有漢兒言語特點的白話聖旨

根據我們的研究，朝鮮文獻中保留的明初白話聖旨並不一定反映當時皇帝或者明初統治者的口語。《高麗史》中有些聖旨帶有某些漢兒言語特點，時間爲高麗與明朝交流初期，例如：

> （洪武五年九月）壬戌，張子溫、吳季南還，帝賜王藥材，親諭子溫等曰：

---

① 關於元代白話聖旨的語言，歷史界的學者如宮紀子等認爲，元代白話聖旨中的漢兒言語的語言多是譯官根據蒙古語翻譯的，有很多硬譯漢語的特點。不過無論是元朝廷直接用漢兒言語寫成，還是高麗翻譯機構把蒙語翻譯成符合當時北方口語特點及高麗人閱讀習慣的漢兒言語，記錄在史册的語言，應該是元末具有一定的溝通基礎、在中國北方比較通行的漢語口語形式。《高麗史》中記錄的此類聖旨不多，參見《高麗史》上 458b—459b 及《高麗史》上459b—460b。

② “著恁四夷知道的上頭，差這里的人呵不的當，所以原朝行來的火者，他鄉中有親戚爺娘到那里呵，我這里的勾當甚麼不説？爲那般上頭，差幾介火者去了來。”（《高麗史》下 929d）

前年恁國家爲耽羅牧子的事,進將表文來呵,我尋思這耽羅的牧子係元朝達達人,本是牧養爲業,別不會做莊家有。又兼積年生長耽羅樂土過活的人有,更這廝每從前殺了恁國家差去的尹宰相麼道。(《高麗史》上 848d①)

這種聖旨的語言,出現"有""麼道"等特點與《遇恩録》等記録的朱元璋的語言特點顯然不符。大概是用漢兒言語轉寫而成,跟舊本《老乞大》中反映出的語言特點很像。雖然這段話是由朝鮮使臣自己翻譯還是由明政府譯官加工製作,還不太清楚。②但其中明顯地反映了漢兒言語的特點,不能作爲我們研究明初聖旨中白話特點的憑據。明初通行的白話與漢兒言語的差距之大在《實録》等文獻中多有反映。雖然漢兒言語體的聖旨只是高麗與明交往初期的個别現象,但反映出了早期習慣用蒙式漢語的高麗及朝鮮官員們與明交往時存在一定的困難。朱元璋對高麗使節偰長壽抱怨説:"先番幾箇通事小廝每來,那裏説的明白。你却是故家子孫,不比别箇來的宰相每。你的言語我知道,我的言語你知道,以此説與你。你把我這意思對管事宰相每説大檗。"(《高麗史》下939a)即使是以前高麗的舊臣,曾經是前元翰林的使臣言語也不能與大明皇帝直接溝通:朝鮮太祖五年,發生"言語不敬"官司後,前元及高麗舊臣李穡主動請求出使,"太祖遂以穡爲賀正使""以殿下爲書狀官"隨行。"天子素聞穡名,引見。從容語曰:'汝事元朝爲翰林,應解漢語。'穡遽以漢語對曰:'親朝天子。'未曉其志,問曰:'説甚麼?'禮部官傳奏之。穡久不入朝,語頗艱澀。天子笑曰:'汝之漢語正似納哈出。'"③

① 《高麗史》中的頁碼,爲區别篇章,只標所在篇的起始頁碼。
② 因爲在其他明代文獻中也有洪武年間給西北外族用漢兒言語寫成的聖旨,如《高皇帝御制文集·諭西番東畢里等詔》:奉天承運的皇帝教説與西番地面裏應有的土官每知道者:俺將一切强歹的人都拿了,俺大位子裏坐地有。爲這般上頭,諸處裏人都來我行拜見了,俺與了賞賜名分,教他依舊本地裏面快活去了。似這般呵,已自十年了。止有西番罕東、畢里、巴一撒,他每這火人爲甚麼不將差發來?……俺便教你每快活者,不着軍馬往你地面裏來,你西番每知道者!(洪武十年六月二十四日)
③ 納哈出,北元太尉,明亡後繼續與高麗交好。後降明,封海西侯。(洪武十年六月二十四日)

（《太祖》卷九 7b）這件事在尹根壽（1537—1616）《月汀集》中也有記載①。由此推斷，明初高麗、朝鮮朝廷使用的是元代通行的漢語，這種漢語與明初的語言有很大的差距。

所以交往初期，將明初通行的白話翻譯成具有漢兒言語特點的文書也就不足爲奇，研究中應該對這些文獻中反映出的語言特點和其他文獻區别對待。其實質是轉寫的白話聖旨。

（二）應高麗朝要求而特製的明初通語體白話聖旨

瞭解到高麗要求的朱元璋爲了更好溝通，允許高麗和朝鮮使者帶回由朝廷記録的白話聖旨，並指出聖旨是他親自做的。

> 今番開去的詔書呵，不曾著秀才每做，都我親自做來的。到那里看，不曾移改恁風俗，自依恁那里行。（《高麗史》下 929d）

又，使臣帶回的是由明一方記録整理的聖旨：

> 長壽奏："大剛的聖意，臣不敢忘了，只怕仔細的話記不全，這箇都是教道將去的聖旨，臣一發領一道録旨去。"聖旨："我的言語，這里册兒上都寫著有。"（《高麗史》下 939a）

在《高麗史》和《吏文》中同時收録的比較早期的"子弟入學書"的聖旨。據《高麗史》載，第一次帶回時使節路上遇難，是由後來的使節回到中書省，重新抄録帶回的②。又據《遇恩録》記載，朱元璋對大臣們是否忠實記録自己的語言非常在意，這可能也是洪武朝多白話聖旨的原因吧③。

---

① 牧隱麗末以首相自請赴京。以欲見高皇帝，將有所爲。恐太祖致疑，以太宗自望書狀官而帶行。洪武皇帝以牧隱元朝翰林，見之而欲語，牧隱以扶護本國事爲言。皇帝謬若不解，聽者而曰：汝之漢語正似納哈出。（《韓國文集叢刊》47 册《月汀集·别集》卷四 373 上）

② 夢周去年四月，同師範到京師，受中書省諮文二道。一爲平蜀及子弟入學書，一爲雅樂鐘磬事。八月還至海中許山，遭風，船敗，師範溺死。遂失諮文。夢周復如京師告中書省，鐘磬諮文省官以草本遺失不許，只抄寫平蜀及子弟入學回咨以來。（《高麗史》上 852d）

③ （洪武二十四年）二十八日欽奉聖旨："著記事，有不是我口裏説的説話，他每胡添上時，爾便來説。傳旨宣唤人。"（《遇恩録》）這段話是朱元璋對劉仲璟説的。

(三) 外交公文官司及聖旨漸趨文言化

朝鮮建國初期(太祖二年)設司譯院,漢、蒙語教育並重。特別加强了漢語文言、吏文及口語的教學。李朝太祖三年(1394)甲戌十一月,受朱元璋稱賞的高麗舊臣司譯院提調偰長壽上書,提出:"我國家世事中國,語言文字不可不習,是以殿下肇國之初,特設本院,置禄官及教官教授生徒,俾習中國言語音訓、文字體式,上以盡事大之誠,下以期易俗之效。"並提出了教授設置、學生選拔、漢語學習及考核("習業考試")及賞罰制度。得到親明派的太祖李成桂的批准。(《太祖實録》卷六 17a—17b)

朝鮮國給明朝的公文(吏文)中文言成分逐漸增强。隨着交流的加深,明朝也將朝鮮與其他邊鄰區別對待。太祖五年發生的"言語不敬"官司,即由於《高麗史》編修者之一的鄭道傳在奏請印信誥命的文書中引用商紂王事典不當引起,從 1396 年 4 月起至 1397 年 4 月一年的時間,明廷要求交出並處罰撰文者。後來朝鮮要求告知一些避諱的習慣:"小邦人言語字音與中國不同,又不知朝廷文字題式及回避字樣,致此差謬,下情慚懼,何可勝言?"(1397 年 4 月,《太祖實録》卷十二 12b);明廷也不斷告知高麗行文細節"我這裏寫文書,但是天字都題起頭寫"(《太祖實録》卷十二 11a)及避諱的注意事項,可以看出明對朝鮮的要求漸高。

言語官司引來朝鮮對漢語、吏文等學習的更加重視。隨着通婚及溝通的增進,白話聖旨逐漸減少。建文朝及朝鮮定宗時間短,保留不多。永樂朝繼續用白話聖旨形式,但從量上看,遠不如洪武朝多。永樂後期到宣德、正統年間,白話形式的聖旨逐漸減少,有時只是簡單一句話,有時夾雜了大量文言。明初時表現出的明對高麗朝鮮行文遷就的潮流在短時間內即被朝鮮王朝自願學習漢語吏文、行文習慣逐漸靠近所代替。這種變化使得朝鮮文獻中保留的白話聖旨逐漸減少,世宗實録中已數量不多,《吏文》中保留了一些。其他文獻中永樂後的明代白話聖旨也比較少見。

二 白話聖旨語言特點研究

明初的口語表現出去漢兒言語的傾向。白話聖旨雖然並不是百分之百反映當時皇帝或者明初統治者的口語,但無論是采用前面提到漢兒言語體或明初的通語口語體,落實到書面上,都是當時可以溝通的比較通用的官話變體。本部分主要討論明初白話聖旨語言中反映出的受漢兒言語影響的語言現象及其自身一些語法、辭彙特點。

(一) 俺

《吏文》《遇恩録》《皇明詔令》中的明初白話聖旨第一人稱代詞都用"我",沒有"俺"。《高皇帝御制文·諭西番東畢里等詔》用近似硬譯體的漢兒言語寫成,所以其中只有 1 例"我",其餘都是"俺"和 1 例"俺每"。在《高麗史》《太祖實録》中出現少量"俺"。

《高麗史》聖旨中使用"俺"的例子如下:

(1) 有一小節事,姓周的女孩兒,從元朝尋將他來。問呵,他説姓朱,俺容不得他。問他父呵,却説姓周,我如今留了他也。(《高麗史》上 852d)

(2) 恁那里進來的表上説道,俺每子子孫孫世世稱臣來。(《高麗史》上 852d)

(3) 歲貢呵,預前一發搓辦將來時節,恁路上艱難,俺這里收呵也不便當。(《高麗史》下 929d)

(4) 如今俺這里也拿些箇布匹絹子段子等物往那耽羅地面買馬呵,恁那里休禁者。(《高麗史》下 934a)

(5) 你後頭只管來纏我,便道既要聽我的約束,比似俺中原地面各有歲貢,因此教每年進一千馬,金銀布匹却不便如約了。(《高麗史》下 939a)

(6) 長壽奏:"……俺也一時都戴,臣合無從京師戴去?"聖旨:"你到遼陽,從那里便戴將去。"(《高麗史》下 939a)

還有 1 例,出現在《李朝實録》中:

(7)（太祖五年，1396，丙子六月）丁酉朝廷使臣尚寶司丞牛

牛、宦者王禮、宋孛羅、楊貼木兒至……先傳宣諭聖旨：恁那里來的

火者，俺這内圍裏到處行走，都看來，俺這裏去的到那王的内圍裏

到處行走看一看，明日好做親家。（《太祖實録》卷九 9a—9b）

上述例中（2）是朝鮮國王自稱，（6）是高麗使節偰長壽的自稱，（7）

並非正式聖旨，使臣出使朝鮮，可能是通事們的翻譯，也可能是口傳聖

旨者的語言。其餘（1）（3）（4）（5）都是朱元璋談話中出現，且都出自早

期高麗使臣出使明帶回的聖旨。其中（3）條前面還指出：“今番開去的

詔書呵，不曾著秀才每做，都我親自做來的。到那裏看不曾移改恁風

俗，自依恁那裏行。”（見前）如果不是朝鮮使臣做記録時的改寫，那麽可

能是朱元璋遷就朝鮮使臣的稱法。在明代初期，皇帝自稱時，口語中以

“我”爲主是可以肯定的。不過一段時間内在一定的人群中可能存在

“我”“俺”並用的現象。當時定遼衛投誠明朝的高家奴在寫給朝鮮國王

的文書中就“俺”“我”並用。如：

(8) 俺這裏與兩個守方面的官人商量了，且交他每回去，即自

總兵官靖海侯、余都督、李平章三個大官人到牛家莊下岸。（《高麗

史》下 870a）

(9) 我想著前元時分與王普顏貼木兒共同策應殺沙劉二、破

頭潘，那其間王京官人每多信從我來。（《高麗史》下 870a）

這一點在《吏文》中也有同樣的反映①。

“俺每”在《高麗史》中出現 1 例，朝鮮國王的自稱。其他文獻中没

有出現。

（二）句末“有”

以漢兒言語體寫的《高皇帝御制文·諭西番東畢里等詔》有 2 例。

(10) 俺將一切强歹的人都拿了，俺大位子裏坐地有。（《諭西

番東畢里等詔》）

(11) 那的是十分好勾當，你每做了者，那的便是修那再生的

---

① 參見拙作《〈吏文〉中的人稱代詞系統》。

福有。(《諭西番罕畢裏等詔》)

《高麗史》中的句末"有"主要集中在 4 篇文獻中。

1. 洪武五年,張子溫帶回的接見記録(《高麗史》上 848d),共 9 例。

(12) 我尋思這耽羅的牧子系元朝達達人,本是牧養爲業,別不會做莊家有。(《高麗史》上 848d)

(13) 又兼積年生長耽羅樂土過活的人有,更這廝每從前殺了恁國家差去的尹宰相麽道。(《高麗史》上 848d)

(14) 所以不准來,今番這廝每又怎的如此作亂有。(《高麗史》上 848d)

(15) 我如今國王根底與將書去有,恁到那裏國王根底備細説者。(《高麗史》上 848d)

(16) 我這裏戒飭沿海守禦官,見獲到前賊船一十三隻有。(《高麗史》上 848d)

(17) 若耽羅牧子每與此等賊徒相合一處呵,剿捕的較難有。(《高麗史》上 848d)

(18) 又聽得女直每在恁地面東北,他每自古豪傑,不是分守①的人有。(《高麗史》上 848d)

(19) 高麗是海外之國,自來與中國相通,不失事大之禮,守分的好有。(《高麗史》上 848d)

(20) 昔日好謊的君王,如隋煬帝者,欲廣土地,枉興兵革,教後世笑壞他。我心裏最嫌有。(《高麗史》上 848d)

2. 洪武六年,姜仁裕帶回的接見記録,共 2 例:

(21) 比人身上有一個小瘡,不看窺呵,到大難醫治有。(《高麗史》上 852d)

(22) 今後不要海裏來,我如今静海有。(《高麗史》上 852d)

3. 洪武十八年十二月,姜淮伯等帶回的接見記録②

(23) 事至誠呵甚麽裏顯至誠? 以物顯至誠有。事不得人,何

———————————

① "分守"似當作"守分"。

② 此篇中朱元璋稱"親做聖旨"。

能事鬼神？（《高麗史》下 929d）

4. 洪武二十年七月，偰長壽帶回的記錄

（24）大抵人呵容易欺，神天難欺有。（《高麗史》下 939a）

（25）我的言語，這裏冊兒上都寫著有。（《高麗史》下 939a）

《皇明詔令》中"有"雖在句末，但有實在意義。是語序受到句末"有"影響的結果。

（26）軍中有那不測的禍，暗暗地吃虧的多，難説的也好生有。（《諭武臣恤軍敕》）

（27）神天看著，若不回心轉意呵，這等不足道的，凶禍遲疾好歹有。（《諭武臣恤軍敕》）

《吏文》中 1 例，也見於《高麗史》。

（28）欽檢到洪武五年七月二十五日早朝，奉天門陪臣張子溫欽奉宣諭聖旨節該：我聽得女直每在恁地面東北，他每自古豪傑，不是守分的人有。恁去國王根底説著，用心提防者。欽此。（《吏文》32①）

《李朝實錄》的聖旨中句末"有"没有出現。

值得我們思考的是，洪武十八年（1385）十二月安翊等帶回的聖旨，雖此條聖旨中，稱皇帝親自做，不曾更改，但也有"有"字的出現。（《高麗史》下 929d）。明初藍玉黨人案審理中，《逆臣錄》供狀中也有大量句末"有"的使用。又據洪武十九年（1386）五月受朱元璋賞識的偰長壽帶回的聖旨中也有個別的"有"的用法，比及《吏文》中永樂朝也還存在句末"有"使用的記錄。我們推測，大約明初漢語中漢兒言語的影響還是存在的。由此可見，句末"有"作爲比較明顯的漢兒言語特徵雖很快被淘汰了，但在一定時期内還在使用。

（三）的

據《高麗史》，"根底"也寫作"根的"。可以看出，"的"的發音大約如今天中原官話中的[ti]。聖旨中"的"的使用情況爲：

---

① 《吏文》中的數字"32"爲前間《訓讀吏文》中標寫的條目。

1. 動詞＋的＋結果補語/其他成分

這種"的"和"得"通用。與"的"搭配的只有"説的""聽的""將的"等少數幾種,但"得"則有"説得""聽得""射得""聚得""殺得""害得""逼凌得""保得""查得"等多種帶結果補語的搭配。"得"似乎是更規範的用法,《吏文》等典範公文中用"得"不用"的"。《高麗史》帶有漢兒言語特點的早期高麗使臣帶回的聖旨中,"的"的用法比較集中。

(29) 我聽的你那里放著一箇破破陋陋城子,你且海東囤糧,多勞民力,不見民有益。(《高麗史》上 852d)

(30) 我聽的倭賊二三百里田地入侵不理論,放著破破的城子不修理成城池,疑惑我則麼?(《高麗史》上 852d)

(31) 省家回的文書要説的明白。(《高麗史》上 852d)

(32) 先番幾個通事小厮每來,那裏説的明白。(《高麗史》下 939a)

(33) 你回到家裏,這個緣故備細説的知道。(《太宗實錄》卷二十八 35a)

(34) 濟州馬匹今日將來,明日將來,閙了一年,則將的四個馬來了。(《高麗史》上 852d)

(35) 胡人趕的遠去了呵,五年征不得呵,十年征恁。(《高麗史》上 852d)

(36) 我聽得女直每在恁地面東北,他每自古豪傑,不是守分的人有。(《吏文》32)

(37) 先來的四個秀才裏頭,權進看的老實,放回去。(《太祖實錄》卷十一 5a—5b)

(38) 俺聽得説,你每釋迦佛根前、和尚每根前好生多與布施麼道。(《諭西番罕畢裏等詔》)

(39) 我聽得古人説,吃人飲食,當死人的患難,我如今不能做父親的孝子,只做得國家的忠臣。(《諭武臣恤軍敕》)

(40) 恁省家文書上好生説得子細了。(《高麗史》上 846d)

2. 動態動詞＋的＋處所賓語＋趨向補語

(41) 洪尚載進年表來呵,又正月裏來的上頭,不得無罪,貶的

雲南去了來,來歲貢如約的上頭,病死的死了,有的都著回去了來。(《高麗史》下929d)

(42) 又大元也趕的迤北去了,我如今胡人也不曾遠去,我那裏顧(雇)的恁那。(《高麗史》上852d)

太田(1958)認爲恐怕是和"在"同義的"dai"(寫作:待、呆)和"到"因輕聲而音變,就寫成了"的"。雖然其中"的"有"到"的意思,但是從表結果的意義"得"引申出此類用法似乎很自然。如"趕的遠了"和"趕的迤北去了"都是一種結果。所以,這種"的"是不是跟"到"或"在"有關係很難説,很可能就是表結果的"得"的一種自然引申用法。

3. "的"的成詞結構

"的"充當詞尾的用法爲表可能"使的",表狀態"坐的/地",表結果"説的",都已成詞。

(43) 你那般小見識怎生使的?(《高麗史》上852d)

(44) 欽奉:該猛哥帖木怎麽不送將來,你回去國王説的,便送他來。(《太宗實錄》卷十一1a—1b)

(45) 鉏麑五更去到他家,只見趙宣子齊整穿了朝服要出朝去,看天色尚早,端坐的堂上,十分恭順。(《戒諭管軍官敕》)

(四)吃(喫)

"吃"表被動是元明時期常見的現象。(太田,1958)

《高麗史》《李朝實錄》中均未出現"吃"表被動的形式。只有《吏文》永樂朝聖旨中出現1例。例如:

(46) 坌高麗,坌高麗,喫他手裏著道兒了。恁殺得正好。料著你那裏十個人敵他一個,也殺的乾淨了。這已後,還這般無禮呵,不要饒了。(《吏文》32)

(47) 這起反臣都吃我廢了,墳墓發掘了。(《遇恩錄》)

(48) 那胡家吃我殺得光光的了。(《遇恩錄》)

(49) 安從進見軍官來的猛,料然不濟事,自家把火燒死了,妻子都喫殺了。(《皇明詔令·戒諭管軍官敕》)

(50) 他手下將是白奉進,便發軍反,喫指揮使盧順拿住,送到

京城裏斬了。(《皇明詔令‧戒諭管軍官敕》)

據白話聖旨中出現的情況,"吃"和"被"似乎有書面語和口語的區別。在大臣記錄皇帝原話,如《遇恩錄》中,出現 13 例"吃",而沒有出現"被"。而在以口語寫成教育軍官們的聖旨中,有 12 例"被",只有 2 例"喫"。同是白話,又反映出書面白話形式(文書中用)與口頭白話形式(談話記錄)的不同。白話聖旨中反映出口語中"吃"更爲常用。

(五) 把

白話聖旨中"把"的用例比較豐富。與現代漢語相比,用法上有相同的地方,也有很多不同。不同之處主要表現在除了處置的用法,還有表"材料、工具"的用法(太田 1958)。不過對比之後可以發現,同是表處置的用法,聖旨中"把"在句式及搭配關係上,也跟現代漢語有所區別。

1. 表"材料、工具"、憑藉對象的"把"有"拿"的意思。

(51) 靈公暴虐無道,趙宣子每把正直的言語諫他,靈公心裏好生不喜,叫鉏麑暗地裏刺殺趙宣子。(《戒諭管軍官敕》)

(52) 唐琦是宋時守禦的軍,那時李鄴把紹興城子降了金家,金家着大將芭八守了紹興。(《戒諭管軍官敕》)

(53) 後來便恃着他這些功勢,不肯守着國家的法度,被長史李玄道把大法度整治他,因此上要反到達達地面裏去,訖那種田的百姓認得是他,拿將來殺了。(《戒諭管軍官敕》)

(54) 他只把秀才的理來斷,到強如他那等鄱陽湖裏到處厮殺。[①](《遇恩錄》)

2. 表處置:把＋受事＋VP＋C

在表處置式中,這種用法的用例最多,跟現代漢語中用法基本相同。有 21 例(《吏文》與《高麗史》中重複 1 例,共 20 例),例如:

(55) 我這裏調遼東軍馬去,你那裏也調軍馬來,把這厮每兩下裏殺得乾净了。搶去的東西盡數還您。(《吏文》32)

(56) 特的把帽子高掛在樹上,屍首掉在樹下,故意怕毒藥顯

---

① 用知識分子的道理來作出判斷的意思。

出。(《高麗史》上 852d)

(57) 我如今把恁放在船上,不教下岸來,恁心裏如何?(《高麗史》上 852d)

(58) 只想他是你士人,我這裏匙大碗小都知道,交仔細説與你,不想把一個火者殺了。後頭王又弑了。(《高麗史》下 939a)

(59) 你把我這意思對管事宰相每説大概。(《高麗史》下 939a)

(60) 如今百户、千户、指揮把軍害得荒,逃了一個,便似那没長進的懶莊家典了田賣了田一般。(《諭武臣恤軍敕》)

(61) 其麁權等又不知他家有幾何,只莽勒揩要錢物,因此將監禁兩月,把生理都誤了。(《諭武臣恤軍敕》)

(62) 尉遲敬德走馬大喊,把單雄信殺下馬,將唐太宗救出,後來封爲鄂國公。(《戒諭管軍官敕》)

(63) 似這等好生害軍,不把軍每當數。(《戒諭管軍官敕》)

(64) 如今著你叔侄兩個都回家去走一遭,把你老子祭一祭,祖公都祭一祭便來。(《遇恩録》)

不過在處置式中,以下三種搭配的句式與現代漢語中不同:

[1] 表處置、省略受事。把+VP+C

(65) 不知是軍自己的威風、氣力,一個個把做仇人看了。(《諭武臣恤軍敕》)

(66) 指揮、千户、百户、衛所、鎮撫,不知軍自是己的威風、氣力,卻把來逼凌得逃了,要錢賣了。(《諭武臣恤軍敕》)

(67) 大凡做官的人,身已把與國家了,俸禄將來奉養父母。(《戒諭管軍官敕》)

(68) 朝廷著高崇文去剿捕,把活活的拿了,木櫃裏櫃到京城裏來,連他家小房族及他的黨乾净都殺了。(《戒諭管軍官敕》)

[2] 表處置:把+賓語+自動詞+補語

當動詞是不及物動詞(自動詞)時,現代漢語中一般不用"把"。

(69) 恐怕因走去的小人兒有些不是處,把從前的孝順都不見了。(《太宗實録》卷三 15a)

(70) 他都不這等尋思，只是胡做，把自家壞了。(《皇明詔令•戒喻武臣敕》)

[3] 表處置：把＋兼語＋VP＋C

(71) 如今把爾襲了老子爵。(《遇恩録》)

這種結構下，因爲"爾"充當兼語，使得"把"的意義類似"讓"了。現代漢語中"把"表處置，後面的受事對象只能充當賓語，如"把他殺了"。而此處，實施者爲皇帝，受事者爲"爾"，同時"爾"又是襲爵的施事，這種情況下，現在普通話中一般不用"把"而用"讓"。

三　小結

朝鮮文獻中的明初白話聖旨語言比較複雜。特別是《高麗史》中的白話聖旨多少帶有漢兒言語的色彩。其中洪武五年(1372)九月張子温等帶回七月面見朱元璋時的聖旨記録，完全以漢兒言語寫成(《高麗史》上 848d)。其他文獻中有的帶些漢兒言語色彩，如：洪武六年(1373)七月使臣帶回的姜仁裕等洪武五年十二月面見朱元璋時的記録(《高麗史》上 852d)，"兀的""阿的""了也"等用法在此條出現。

去漢兒言語化使得某些受蒙古語影響的語言現象首先被抛棄，如"麼道""者"不用，"有"用例極少。一些北方漢語中的用法也未被明初官話口語接受，如"俺""了也"等在聖旨中用例極少。但"呵""上""這的""一般"等帶有漢兒言語色彩的用法仍大量使用。除此之外，聖旨語言也反映了表被動的"吃"在明初口語通行，表處置的"把"在明初功能跟現代漢語中略有不同的特點。

我們將六種白話聖旨中的一些語言現象對比，列爲下表 2：

表 2　幾種聖旨中詞彙、語法對比

專案	高麗史	實録	吏文	皇明	遇恩録	高皇御
俺	＋	＋	－	－	－	－
我	＋	＋	＋	＋	＋	＋
恁	＋	＋	＋	＋	＋	＋

續表

專案	高麗史	實録	吏文	皇明	遇恩録	高皇御
你	+	+	+	+	+	+
每①	+	+	+	+	+	+
這/那的	+	+	+	+	+	+
這/那等(的)	+	+	+	+	+	－
這/那般	+	+	+	+	+	+
阿的②	+	－	－	－	－	－
兀的③	+	－	－	－	－	－
這歇④	－	－	－	－	+	－
把	+	+	+	+	+	+
將	+	+	+	+	－	+
吃(喫)	－	－	+	+	+	－
被	+	+	+	+	－	－
和	+	+	+	+	+	－
交	+	+	+	+	－	－
教	+	+	+	+	+	+
叫	+	+	+	+	－	－
着/著(動詞)	+	+	+	+	+	+
V歸	－	+⑤	－	－	－	－
V給	－	+⑥	－	－	－	－
V與	+	+	+	+	－⑦	+

① 各聖旨限於體例,没有"我每",有"恁每""你每""他每"。《高麗史》中元代聖旨有"你們""你每"並用,明初聖旨中無"們"的書寫形式。

② 1例。使臣帶回的洪武六年聖旨。

③ 1例。

④ "這裏"的意思。今中原官話中"歇"讀[hɛ]。

⑤ 1例。"著他漢兒話省得宰相來,我這裏説歸他"(《太祖實録》卷十一 5a—5b)。

⑥ 1例。"本國王賞給四箇銀子"(《太祖实录》卷八 1a—1b)。

⑦ 《遇恩録》中只有"與他説",没有"説與他"的句式。

續表

專案	高麗史	實録	吏文	皇明	遇恩録	高皇御
……一般	＋	＋	＋	＋①	＋	－
了也②	＋	＋	－	－	－	－
V了O也	＋	＋				
句末"也"	＋	＋	＋	＋	－	－
時態"來"③	＋	＋				
V着/著O	＋	＋	＋	＋	＋	－
上	＋	＋	＋	＋	＋	＋
上頭	＋	＋	－	－	－	＋
行	－	＋	＋			
NP根底VP	＋	＋	＋			
NP裏VP	＋	＋	＋	＋	＋	＋
呵	＋	＋	＋	＋	＋	＋
麼道	＋	－	－	－	－	＋

參考文獻

蔣紹愚《近代漢語研究概况》,北京大學出版社,2005年。

吕叔湘《漢語語法論文集(增訂本)》,商務印書館,1984年。

太田辰夫《中國語歷史文法》(1958),蔣紹愚、許昌華譯,北京大學出版社,
　　2003年。

太田辰夫《漢語史通考》(1988年),江藍生、白維國譯,重慶出版社,
　　1991年。

香阪順一《白話語彙研究》,江藍生、白維國譯,中華書局,1997年。

---

① 《皇明詔令》中有"和……一般""比……一般""似……一般"3種形式。
② 《高麗史》中元白話聖旨中有"了也",明聖旨中的用法只見於同一篇中2例"我
　　問得明白了也""海上乾净了也"(上852d)。《李朝實録》中1例"都封了也"有
　　强調結果的意味。
③ "教他舊城裏閑住來"(《高麗史》)、"都看來"(《李朝實録》)2例。

張全真《古本〈老乞大〉與諺解本〈老乞大〉〈朴通事〉語法比較研究》,《對外
　　漢語教學與研究》第 1 輯,南京大學出版社,2003 年 4 月。

張全真《〈吏文〉中的人稱代詞系統》,《言語文化研究》第 25 卷第 1 號,松山
　　大學,2005 年 9 月。

周法高《中國古代語法・稱代編》,中華書局,1990 年。

祖生利《元代直譯體文獻中的"麼道"》,《民族語文》2004 年第 2 期。

祖生利《元代直譯體文獻中的原因後置詞"上/上頭"》,《語言研究》2004 年
　　第 1 期。

竹越孝《〈象院題語〉の語彙と語法》,《中國語研究》第 48 號,白帝社,
　　2006 年。

〔原刊於(日)《言語文化研究》2007 年第 26 卷 2 號。(日)《中國關
係論説資料 49 號》2009 年(文學、語學卷)全文轉載〕

漢語處置式探源

何亞南　南京師範大學

引　言

　　自從王力 1944 年在《中國語法理論》中提出"處置式"這個術語以後,長久以來"把/將"字句一直是漢語史和現代漢語語法研究的熱點。但時至今日,人們對於處置式的來源問題依然沒有形成統一的認識。對這個問題還應作深入的研究。

　　有關處置式的來源,目前主要有三種不同的觀點:一是認爲起源於連動句式(下稱"連動式"説)。持這種觀點的有王力、祝敏徹、貝羅貝(A. Peyraube)等,他們都認爲處置式的産生,是漢語發展過程中逐漸産生的一種新的語法現象,而不是舊有句式的詞彙替換。二是認爲起源於介詞"以"字結構(下稱"以"字結構説)。持這一説的主要有P. A. Bennett 和陳初生。三是認爲一部分來源於"以"字結構,一部分起源於"連動式"(下稱折中説)。持這一説的主要有太田辰夫、梅祖麟、吳福祥等,其中梅祖麟明確提出了折中説。

　　三説對處置式的界定有所不同。"以"字結構説和折中説認定的處置式的外延要大得多。根據對處置式外延認定的不同,處置式可分爲廣義的和狹義的兩種。句式爲"P＋O＋(X)＋V＋(Y)"(P:將/把,X:動詞的前加成分,Y:動詞的後加成分)是狹義處置式。句式爲"P＋O_1＋V＋O_2"($O_1 \neq O_2$)的是廣義處置式,這類處置式就是梅祖麟文中的甲型句,即處置(給)、處置(作)、處置(到)三類[①]。吳福祥

[①]　梅祖麟《唐處置式的來源》,《中國語文》1990 年第 3 期,頁 191—206。

説："廣義處置式中的動詞，動作性都不太强，而且動詞後面帶有賓語，限制了補語特別是結果補語的進入，所以這類處置式的處置性較弱"①。

比較而言，連動式説也許更爲可信。王力和祝敏徹的觀點早已爲學術界所熟知，貝羅貝則在贊同連動式的同時又提出了一個假設。他説：B. K. T'sou 提出過在"醉把茱萸仔細看"裏動$_2$"看"後面重建"茱萸"這個名詞，即"醉把茱萸仔細看茱萸"，認爲前者即由後者變化而來。貝羅貝認爲，"這個假設在我看來是完全合理的。爲了進一步肯定它，我們可以提出有代詞'之'在動$_2$後面的一些例子。這個'之'的功能代替了動$_1$後面的賓$_1$"②。貝羅貝所舉文例大多是成熟的處置式，而且時代較晚，還不足以證明他的假設。本文則試圖使用較早的文獻材料進一步證明他的觀點，並提出我們的一些不同的看法。

一　處置式求源

(一) 處置式産生的語義基礎

決定處置式性質的關鍵因素是介詞，我們認爲表處置的介詞有兩種必備的語義特徵。一是動感語義特徵。處置句中的動詞與一般句式中的没有什麽差別，由於介詞"將/把"具有把受事介紹給行爲動作進行處置的功用，才使得句子成爲處置式。這"介紹給"含有明顯的移位性。處置介詞的這種語義特徵源自"將"的"率領"義。二是處置介詞對介紹對象的能控制性語義特徵。要實現把受事對象介紹給行爲動作進行處置，從邏輯上説，介詞首先必須能够把握住對象，然後才能實現"介紹給"這種施爲。這種語義特徵由"將/把"原先的動詞義"握持"虚化而來。

"將"表示"率領"義在先秦漢語中就已十分常見。由於這種詞義的

① 吳福祥《敦煌變文語法研究》，岳麓書社，1996 年，頁 425。
② 貝羅貝《早期"把"字句的幾個問題》，《語文研究》1989 年第 1 期，頁 6、7。

"將"字後經常跟移位動詞,所以後來它本身也就附帶上了移動的意味。"把"作爲動詞,意義較爲單純,大多僅表"握持"義。與"將"相比,它不能引發人們移位的聯想。因此,當"將"獲得"握持"義並進入合適的句式,它就比"把"更容易語法化爲處置介詞。這也許是最初的處置式大多爲"將"字句的原因。

1. "將"的"率領"義的移位聯想

表示"率領"義的"將"能觸發人們移位的聯想,例如:

(1) 楚子使道朔將巴客以聘於鄧。(《左傳·桓公九年》)

(2) 居數月,其馬將胡駿馬而歸。(《淮南子·人間訓》)

在這樣的連動句中,"將"字後的動詞"聘""歸"都含有移位義,使得"將"能觸發人們移位的聯想。"把"的情況則有所不同。例如:

(3) 禹親把天之瑞令以征有苗。(《墨子·非攻下》)

(4) 相待甚厚,臨別把臂言誓。(《後漢書·呂布傳》)

例中的"把"表示靜止的"握持"義,與移位無關,不會觸發人們這方面的聯想。

2. "將"的"握持"義的獲得

"將"字的"握持"義在上古漢語中就已初露端倪。例如:

(5) 樂只君子,福履將之。(《詩經·周南·樛木》)

鄭玄箋説:"將,猶扶助也。"到了中古,這種詞義的"將"可與"扶"構成同義複詞。例如:

(6) 行數里,昕卒頭眩墮車,人扶將還,載歸家,中宿死。(《三國志·魏書·華佗傳》)

"扶將"就是扶持義。魏晉時,"將"還與"劫""略"義相近,其含"握持"義較"扶將"更明顯。例如:

(7) 其嫁娶皆先私通,略將女去,或半歲百日,然後遣媒人送馬牛羊以爲聘娶之禮。(《三國志·魏書·烏丸鮮卑東夷傳》注引《魏書》)

(8) 或勸備劫將琮及荆州吏士徑南到江陵。(《三國志·蜀書·先主傳》注引《漢魏春秋》)

"略將""劫將"都是劫持義。另外此期"將"還有"拘捕(押)"義(例見下文），這更是值得注意的一種詞義。

"將"真正表示"握持"義的文例，東漢時期即已見到。例如：

（9）楚熊渠子出，見寢石，以爲伏虎。將弓射之，矢没其衛。
（《論衡·儒增》）

上舉文例説明，至遲在三國時期，"將"進入處置式的語義條件已相當成熟。

（二）處置式産生的句式基礎

只有語義條件，而不具備句式條件，處置式仍不能産生。處置式産生以前句式條件的具備主要經歷了兩個階段：第一是含"將/把"字連動式的普遍使用，第二是連動二賓語的相同。

1. "將"字連動句的普遍使用

"將"字連動式出現的時代很早，先秦漢語中已見其例：

（10）鄭伯將王自圉門入。（《左傳·莊公二十一年》）

吉仕梅又舉出《睡虎地秦墓竹簡》的一條文例：

（11）今鋈丙足，令吏徒將傳及恒書一封詣令史。（《睡虎地秦墓竹簡·封診式·遷子》）[①]

這類用例到東漢已開始多起來，《論衡》就有 4 例，除上舉例（9）外，其他 3 例是：

（12）師尚父爲周司馬，將師伐紂。（《是應》）

（13）其後數月，越地有降者，匈奴名王亦將數千人來降，竟如終軍言。（《指瑞》）

（14）有仙人數人將我上天，離月數里而止。（《道虛》）

值得一提的是，例（9）"將弓射之"，進一步發展就成了工具語"將/把"字句。魏晉時期連動式"將"字句已大量運用，是一種常見的句式。例如：

（15）可先城未敗，將妻子出。（《三國志·魏書·臧洪傳》）

（16）又自將兵燒南北宮及宗廟、府庫、民家，城内掃地殄盡

---

① 吉仕梅《睡虎地秦墓竹簡語料的利用與漢語詞彙語法之研究》，《漢語史研究集刊》，巴蜀書社，1998 年，頁 129。

（《三國志·魏書·董卓傳》注引《續漢書》）

　　（17）布刺姦張弘，懼於後累，夜將登三弟出就登。（《三國志·魏書·呂布傳》注引《先賢行狀》）

這類連動式與"將"字的語法化尚隔一層，這一方面是由於"將"的意思大多仍爲"帶領""携帶"等，與"握持"義還不相近；另一方面更重要的是後續的動詞都不能支配"將"的賓語。但不管怎麼説，這類連動式爲"將"字句向處置式發展奠定了第一步句式基礎。

2. "將"字處置式產生的樞紐句式

　　有了以上語義和句式方面的鋪墊，下面這樣的句式也就自然地出現了：

　　（18）帝時與御史大夫郗慮坐，后被髮徒跣過，執帝手曰："不能復相活邪？"帝曰："我亦不自知命在何時也。"帝謂慮曰："郗公，天下寧有是邪！"遂將后殺之，完及宗族死者數百人。（《三國志·魏書·武帝紀》注引《曹瞞傳》）

　　（19）太祖始有丁夫人，又劉夫人生子脩及清河長公主。劉早終，丁養子脩。子脩亡於穰，丁常言："將我兒殺之，都不復念！"遂哭泣無節。（《三國志·魏書·后妃傳》注引《魏略》）

《魏略》的作者魚豢是漢末三國時期人。《曹瞞傳》的作者是三國吳人。總的來説，上舉兩例"將"還都是動詞，但從詞義來説，例（18）的動詞性稍強。這例"將"表示"押走"義，與一般的不含强制性的"率領、帶領"義很不相同。强制性義素的加入，使得"將"的詞義與"握持"義更爲接近。在這例"將"字中，我們見到了"握持"義與移位義的真正融合，處置式的產生也就只欠"將"字詞義的虛化了。與例（18）相比，例（19）的"將"字則已經開始虛化。建安二年（197）春，曹昂隨父征張繡而遇害。裴注引《世語》説："昂不能騎，進馬於公，公故免，而昂遇害。"因此，曹昂雖不是父親曹操所殺，但也不是與曹操沒有關係。正是因爲這個原因，丁夫人才有例（19）的怨言：帶走了我的兒子並殺了他。"將"雖仍有實義，但已經虛化，它與純粹的處置介詞只有一步之遥。

　　上舉兩例"將"雖然還算不上是真正的處置介詞，但卻可以作爲反映處置式產生過程的重要證據，有利於我們看清"將"字虛化的軌迹。

從這兩條文例推測,處置式在三國時期產生的語義和句式條件都已成熟。刁晏斌舉出了目前看來是時代最早的處置式用例:

(20) 於彼法中有一比丘,常行勸化,一萬歲中,將諸比丘處處供養。(支謙譯《撰集百緣經·須菩提惡性緣》)①

此例的動詞"供養"之後可重建賓語"之",重建以後的句式與例(18)、(19)毫無不同。另外,例中動詞之後還沒有後代處置句那樣的後加成分,反映出早期處置式的句式特點,也可以讓我們尋找到它們脫胎於類似例(18)、(19)那樣句式的痕迹。

從後代的處置句來看,典型的句式是:$P+O+(X)+V+(Y)$,但是,"$P+O_1+(X)+V+O_2$"($O_1=O_2$)這樣的句式也不是不能見到。例如:

(21) 船者乃將此蟾以油熬之。(陸勛《志怪》)

(22) 上來說喻要君知,還把身心細識之。(《敦煌變文·維摩詰經講經文》)②

(23) 遂從僧言,將胎埋之。(《祖堂集·元寐禪師》)

(24) 把這個婦人恰待要勒死他。(《元曲選·貨郎旦》)③

(25) 少時軍馬至,將恪全家縛於市曹斬之。(《三國志演義》第一百零八回)

用"之"稱代O_1作句中的O_2是常見形式,但當"的"字結構產生後,形式又稍有變化,而實質未變。例如:

(26) 我把那弟子孩兒鼻子都打塌了他的。(《元曲選·伍員吹簫》)

(27) 把嘴撕爛了他的。(《石頭記》四十四回)④

(28) 把皮不凍破了你的。(同上,五十一回)

這樣的句式在現代口語中仍偶或能聽到,但句中的"把/將"都已是處置

---

① 吳福祥《敦煌變文語法研究》,岳麓書社,1996 年,頁 442。例(21)同。

② 劉子瑜《唐五代時期的處置式》,《語言研究》1995 年第 2 期,頁 136。例(23)同。

③ 張美蘭《近代漢語"將/把"字處置句式研究》,1999 年南京大學博士學位論文。例(26)同。

④ 蔣紹愚《"把"字句論略》,《中國語文》1997 年第 4 期,頁 300。例(28)同。

介詞,而不是動詞。因此,我們承認處置式的産生過程中確實有過貝羅貝所說的共時變化:主＋動₁"把"(將)＋賓₁＋動₂＋賓₂ —→ 主＋動₁"把"(將)＋賓＋動₂,但"將/把"的虛化並非一定要在後一種句式中完成。

(三) 處置句式形成的原因

這裏所説的"處置句式"是指典型句式,即"P＋O＋(X)V＋(Y)"式。早期處置式中的動詞大多是不帶前、後加成分的"光杆動詞",這是不用賓₂留下的痕迹。當連動式二動詞帶同一個賓語時,從修辭的角度説,像貝羅貝重建的"醉把茱萸仔細看茱萸"的句子,在漢語中實際上是不會存在的,即使以"之"等來代替賓₂,仍會給人以重複感。因此,人們在行文時經常會不用兩個賓語中的一個。這樣,就有兩種不同的選擇:不用賓₁或不用賓₂。後來發展起來的"將/把"字處置式選擇了後一種。這是爲什麽? 有無必然性? 要回答上面的提問,可先看下舉文例:

(29) 又收苗母舞陽君殺之。(《三國志·魏書·董卓傳》注引《英雄記》)

(30) 紹亦立收漢殺之。(《三國志·魏書·袁紹傳》注引《英雄記》)

(31) 岐大怒,將吏民收淵等皆杖殺之。(《三國志·魏書·袁渙傳》注引《魏書》)

從句意方面説,上舉 3 例與例(18)沒有多少差别,句式則完全相同,但"收"字並沒有像"將"一樣發展成爲表處置的介詞。從文獻語言材料來看,這是有原因的。請再看下列文例:

(32) 將軍董衡、部曲將董超等欲降,德皆收斬之。(《三國志·魏書·龐德傳》)

(33) 時曹洪宗室親貴,有賓客在界,數犯法,寵收治之。(《三國志·魏書·滿寵傳》)

(34) 至二十四年秋,公以脩前後漏泄言教,交關諸侯,乃收殺之。(《三國志·魏書·陳思王植傳》注引《典略》)

（35）故將王允被害，莫敢近者，戢棄官收斂之。（《三國志·蜀書·先主傳》注引《典略》）

可見，"收"字連動式采用的省略方式與"將"字連動式不同，它省略了賓$_1$而不是賓$_2$。類似情形的還有"執"字連動式。例如：

（36）楚人執陳行人干徵師殺之。（《左傳·昭公八年》）

（37）堅臥與相見，無何卒然而起，按劍罵咨，遂執斬之。（《三國志·吳志·孫破虜傳》注引《吳歷》）

這樣的省略形式注定了它們不可能發展出處置式來。究其原因恐怕主要是由於"收""執"的動詞性太強，並且在語義上與動$_2$始終處於並列的地位。這種語義關係使得人們在遇到兩動詞帶相同的賓語時，大多采取共用的表述方法，結果我們在形式上就見到了似乎是省略賓$_1$的句子。

與"收""執"連動式相比，"將"字一開始就不與動$_2$處在並列的位置上，這在先秦漢語就已如此，上舉例（10）—（17）可證。隨着時間的推移、用例的增加，這種傾向越來越明顯。在這些句子中，"將"是次要動詞，後續的動$_2$才是真正的謂語動詞，"將"字動賓結構實際上可以看作動$_2$的狀語。由於"將"和動$_2$屬於不同層面的語法單位，就決定了"將"與在句中充當主要謂語動詞的"收""執"表現出不同的使用特點：在"將"和動$_2$帶相同賓語時，如果只須出現一個，那麼，"將"字連動句就不可能像"收""執"連動句那樣采取共用的表述手法，形成探下省的句子形式，而只能采取通常的承上省，以使行文更爲簡潔。這樣，早期的處置式也就出現了。

通過兩式的比較，我們可以看到原本形式相同的句子，由於各自語義關係不同，在此後的發展中分道揚鑣了。從這裏，我們不僅能更爲清楚地瞭解到處置式產生的內在原因，而且能透過"收""執"等連動式，從側面證明處置式產生以前，確實經歷過"動$_1$（將）＋賓$_1$＋動$_2$＋賓$_2$"（賓$_1$＝賓$_2$）這個階段。

（四）廣義處置式的來源

有關廣義處置式的來源，通行的觀點是"以"字結構説。梅祖麟對此作了最爲詳盡的論述,但此説尚可商討。我們認爲廣義的處置式也是由"將/把"句自身發展出來的,而不是由"將/把"對"以"字的詞彙替換而産生的。吉仕梅所舉的文例説明,廣義處置式的原始句式在秦代已經出現①:

> (38) 可(何)謂"臧人"?"臧人"者,甲把其衣錢匿藏乙室,即告亡,欲令乙爲盜之,而實弗盜之,謂殹。(《睡虎地秦墓竹簡·法律答問》)

> (39) 今鋈丙足,令吏徒將傳及恒書一封詣令史。(《睡虎地秦墓竹簡·封診式·遷子》)

> (40) 牛生馬,桃生李;如論者之言,天神入牛腹中爲馬,把李實提桃間乎?(《論衡·自然》)

而梅祖麟所舉的類似句意的最早"以"字句用例出自褚少孫之手,這就使得廣義處置式起源於"以"字結構的觀點難以自圓其説。

根據梅祖麟的歸納,廣義的處置式有處置(到)、處置(作)、處置(給)三類。從現有的語料看,"將/把"字廣義處置式的産生和發展是不平衡的,原始句式的出現首先是從處置(到)開始的。除了吉仕梅所舉兩條文例,時代較早的文例還有:

> (41) 今將輔送獄,直符史詣閣下,從太守受其事。(《漢書·王尊傳》)②

> (42) 后被髮徒跣行泣過訣曰:"不能復相活邪?"帝曰:"我亦不知命在何時!"顧謂慮曰:"郗公,天下寧有是邪?"遂將后下暴室,以幽崩。(《後漢書·皇后紀下》)

在這類文例中,動₂後都帶處所賓語。從邏輯關係看,"將/把"的賓語也是動₂支配的對象。換言之,"將輔送獄"可轉換爲"送輔(於)獄","將后下暴室"可轉換爲"下后(於)暴室",轉換了的句子實際上是個雙賓語句。這種句法特點,處置(作)、處置(給)也具備。正是因爲這個原因,梅祖麟才把三種句式合爲一個大類的稱爲"雙賓語句"(即甲型句)。

---

① 吉仕梅《睡虎地秦墓竹簡語料的利用與漢語詞彙語法之研究》,頁 129、130。
② 馬貝加《近代漢語介詞》,2000 年南京大學訪問學者學術報告。

吉仕梅所舉文例和上舉例(41)、(42)中的"把""將"還都是動詞,它們雖然已經具備了語法化的語義和句式條件,但還不是真正的廣義處置式。目前能見到的時代最早的廣義處置式之例是由刁晏斌舉出的:

(43) 急將是梵志釋逐出我國界去。(支謙譯《佛説義足經·異學角飛經》)①

(44) 忽見將二百錢置妻前。(《古小説鈎沉·幽明録》)

處置(給)和處置(作)的用例較處置(到)晚些,但在魏晉南北朝的文獻中也已見到:

(45) 時遠方民將一大牛,肥盛有力,賣與此城中人。(竺法護譯《生經·佛説負爲牛者經》)

(46) 悉將降人分配諸將,衆遂數十萬。(《後漢書·光武帝紀上》)

上舉兩例是處置(給)之例,例(45)的"將"與"賣與"之間由於有其他成分隔開,"將"字仍可理解爲動詞,例(46)則已是處置介詞了。

(47) 將縑來比素,新人不如故。(《古詩源·上山采蘼蕪》)

這例可視爲處置(作)的用例,在隋代以前十分少見。廣義處置式到隋代用例開始多起來,標志着這種句式此時已經完全成熟。

由以上的討論,大致可以得出以下五個結論:第一,"將/把"字廣義處置式的産生是自身發展演變的結果。第二,"將/把"字廣義處置式的原始句型秦代已可見到。第三,"將/把"字廣義處置式首先産生的是處置(到),然後推廣到處置(給)、處置(作),表現出發展的不平衡性,但在隋代以後它們都已發展成熟。第四,"將/把"字廣義處置式的産生沒有經歷過"V_1(將/把)＋O_1＋V_2＋O_2＋O_3"($O_1＝O_2$)句式階段,這與狹義處置式的發展不同。主要原因恐怕是V_2已經跟了一個賓語,再加入一個重複賓語的話,句子會變得十分繁複。第五,大多數廣義處置式特別是處置(到)、處置(給)都有提賓功能,這與狹義處置式相同。

---

① 吳福祥《敦煌變文語法研究》,岳麓書社,1996年,頁440、441。例(44)、(45)(47)同。

二　“以”字處置式質疑

主張“將/把”字處置式來源或部分來源於“以”字句的學者,大多只注意兩者的共性,而這種共性又是建立在對古漢語“以”字的今譯基礎上的,對於兩者的差異性則重視不够。在這種情況下,原本涇渭分明的兩種句式之間的界限變得模糊了,我們對“以”字有處置用法的觀點持懷疑態度,認爲它與“將/把”有本質的不同。

(一)“以”字有别於“將/把”的特點

1.“以”和“將/把”虛化爲介詞的語義來源不同

“以”作爲動詞,常見義有“用”和“認爲”。虛化爲介詞以後,沿動詞義“用”發展來的用以表行爲動作的憑藉,這種憑藉既可以是具體的,也可以是抽象的。就具體語句而言,這類“以”可以隨文對譯成現代漢語的“用”“拿”“把”“率領”“按照”,甚至“因爲”,但這是對譯,只是語義的近似,“以”表憑藉的性質並未因此而有所改變。我們不能因爲“以”可以今譯爲“把”,就把它定性爲表處置的介詞,卻對它的本質屬性熟視無睹。假如那樣的話,用於引進行爲主動者的介詞“于(於)”因能對譯爲“被”而就可視爲表被動了,王力也就用不着特意申明修改自己的觀點①。緊扣“以”字的本質特點來審視實際用例,我們的認識就會有所改變。例如:

  (48)復以弟子一人投河中。(褚少孫補《史記·滑稽列傳》)

  (49)高漸離乃以鉛置築中,復進得近,舉築朴秦皇帝,不中。(《史記·刺客列傳》)

這是梅祖麟所舉“以”用爲處置(到)的兩個典型文例,兩個“以”都可以對譯爲“把”,似乎處置意味的確很濃。但我們以“用”來對譯又有何不可呢?譯成“用”則兩句的處置意味頓失,而這恰恰是反映介詞“以”表示行爲動作憑藉的本質的。

---

① 　王力《漢語語法史》,商務印書館,1989 年,頁 273。

還有一類"以"與"爲"字配合使用。例如：

    （50）吾必以仲子爲巨擘焉。（《孟子·滕文公上》）

    （51）王中郎以圍棋是坐隱，支公以圍棋爲手談。（《世説新語·巧藝》）

梅祖麟把上舉"以"字視爲處置（作）的典型用例，這也很值得商討。假如此説可以成立的話，那麽，"認賊作父"可理解爲"把賊當作父親"，豈不也是處置式了？我們認爲古漢語中這類"以"大多並未虛化，"認爲"之義仍很明顯。何樂士將此類句子視爲兼語式："'以……爲'這是兼語式的一種固定格式，'以'爲動$_1$，'爲'爲動$_2$。表示'把……視爲（當作）……'，主要表示主觀上以爲如何。"[1]論者並没有因爲這類句子可譯爲把字句而將它們視爲處置式，可謂深得其要。這種句式中，"以"字的賓語常可省略。例如：

    （52）玉人以爲寶也。（《左傳·襄公十五年》）

    （53）晉人歸孔達于衛，以爲衛之良也。（《左傳·文公四年》）

如果承認"將/把"是對"以"的替换，那就難以解釋爲什麽不經常出現"將（把）爲"的省略形式。由此也足見兩者的不同。

2. "以"字有別於"將/把"的用法

"以"字有的用法是"將/把"所不具備的，主要表現在：

首先，"以"字介賓結構可位於動詞前，也可置於動詞後，"將/把"卻只出現在動詞前。如"以地分給農民"也可説成"分給農民以地"[2]，但卻没有"分給農民把地"的説法。這説明"以"的功能並不是表處置，故在句中的位置較自由。陳初生説："'將'字、'把'字的職能更加專一，它們不能和介紹的受動者一塊移到動詞的後面做補語，這是漢語處置式越來越精密的結果。"[3]果真如此的話，"以"字句没有理由不"越來越精密"而仍停留在"粗糙"的水準層次上。

其次，"以"字後的賓語常可省略，這也是"將/把"句很少見的。除

---

①   何樂士《兩漢漢語研究·〈史記〉語法特點研究》，山東教育出版社，1985年，頁62。

②   陳初生《早期處置式略論》，《中國語文》1983年第3期，頁202。

③   同上，頁203。

了上舉例(52)、(53),又如:

> (54)明日,子路行,以告。子曰:"隱者也。"使子路反見之。

(《論語·微子》)

例中"以告"是"以之告"的省略,意爲"把昨天的事告訴孔子"。從對譯的角度看,這無疑是處置式了,但這種句式在"將/把"字句中是難得見到的。

(二)"將/把"有別於"以"的特點

"將/把"是由"握持"義直接虛化爲介詞的,成爲介詞以後,原來動詞義的意味仍很濃。所以,它們所表示的處置義是"以"所不具備的。來源的不同,也使得"將/把"字句在句子形式方面表現出與"以"字句不同的特點。如前所述,"將/把"處置式由"V_1(將/把)+O_1+V_2+O_2"($O_1=O_2$)句式演化而來,在"將/把"成爲真正的介詞以後,它的原始句型仍綿延不絕,歷代可見(例見前)。這種句式"以"字句卻從未見過。

綜上所述,"以"字句從來也沒有發展出處置式過,"將/把"字句成爲處置式是從自身句式發展出來的新生語法現象。至於爲什麼隋唐以後會出現"將/把"增而"以"減的趨勢,原因也並非是"在廣義處置式裹,'以''將'之間的詞彙興替"所致①。我們認爲這種情況的出現,並不是簡單的詞彙興替問題,而是新興句式對舊有近意句式的替代,是處置式發展成熟以後,表意領域和使用面不斷拓展的結果。概括地説,是處置式的表達領域覆蓋了"以"字句的部分表達領域。由於兩種句式從結構到表意都有近似性,也由於新型處置式旺盛的生命力,以至於隋唐以後原本可以用"以"字句的場合,人們更樂於使用處置式,從而形成了"以"字句的衰减之勢。例如:

> (55)以水漿給與眾僧。(支曜譯《成具光明定意經》)

如果把例中的"以"替換成"將/把",在句子形式方面並沒有什麼變化,在語義方面則稍有變化。"以"字介賓結構表示的是行爲動作的憑藉,

---

① 吳福祥《敦煌變文語法研究》,岳麓書社,1996年,頁440。

是靜態狀語；"將/把"字介賓結構表示的是處置，屬動態狀語。但從整個句意來看，結果都表示眾僧得到了水。在這方面兩種句子表現出了相似性。正是由於句意的相似性，使得人們在實際的口語中既可選擇"以"字句，也可以選擇處置式。但句意的相近，並不能掩蓋兩者在語法方面的本質不同，更不能把隋唐以後處置式的全面成熟看成是對並不屬於同種句式的"以"字式的承繼。由此看來，王力在《漢語語法史》中仍沒有把"以"字句列入處置式中討論①，不是疏忽，而是審慎的處理。

（本文原載於《南京師大學報》2001 年第 5 期，人大複印資料《語言文字學》2002 年第 3 期全文轉載。本次行文字句略有改動。）

---

① 王力《漢語語法史》，商務印書館，1989 年，頁 266—271。

語氣詞"去來"及相關的祈使句

王建軍　杨茗越　蘇州大學

語氣詞"去來"作爲漢語史上的一個特定組合,經歷了一個相對漫長的詞彙化和語法化進程。在這個進程中,"去來"不僅自身的性質發生了蜕變,其整體的語用效能也有所遷移。"去來"自始至終與祈使句相伴而行,二者之間呈現出一種較爲明顯的共變關係。

一 "去來"的生成基礎

語氣詞"去來"是一個二元組合,"去"和"來"均爲語氣詞。就其源頭而言,"去"和"來"都是趨向動詞,後來才逐漸虚化爲語氣詞,但二者虚化的進程不一。

語氣詞"來"誕生在先,先秦文獻中即有相關用例。例如:

(1) 盍歸乎來!(《孟子·離婁上》)

(2) 雖然,若必有以也,嘗以語我來!(《莊子·人間世》)

(3) 歌曰:"長鋏歸來乎! 食無魚。"(《戰國策·齊策》)

魏晉南北朝之際,語氣詞"來"由於具有現實的口語基礎,使用率明顯增加,擴張性日益增强,是當時最爲通行的句末語氣詞之一。例如:

(4) 謂文曰:"授手來。"(晉干寶《搜神記·高山君》)

(5) 呼賣珠童曰:"視汝珠來!"(吴康僧會譯《六度集經》卷四)

(6) 食糧乏盡若爲活? 救我來,救我來!(北宋郭茂倩《樂府詩集·隔谷歌》)

(7) 汝止有一手,那得遍笛,我爲汝吹來!(魯迅《古小説鉤沉·幽明録》)

(8) 我董卓也，從我抱來。（晉陳壽《三國志·魏書·董卓傳》注引《英雄記》）

從上古到中古再到近代，語氣詞"來"一直綿延不絕，不僅生命力特別持久，而且表現異常活躍。在整個沿用期間，"來"的語用功能有所變遷：唐五代之前專表祈使語氣，唐五代以後則兼表多種語氣。對於"來"在唐五代和宋元之際的蛻變軌迹，孫錫信（1992：247）曾進行了跟蹤研究，指出："用於陳述句中表示陳述語氣的'來'在晚唐五代時已見運用。……到宋元時期，語末的'來'運用已相當普遍，可用於陳述句和疑問句。"①例如：

(9) 老賊，吃虎膽來，敢偷我物？（唐張鷟《朝野僉載》卷六）

(10) 佛身尊貴因何得？根本曾行孝順來。（張涌泉等《敦煌變文校注·二十四孝押座文》）

(11) 師問園頭："作什摩來？"對曰："栽菜來。"（南唐静筠二禪師《祖堂集》卷四）

(12) 卿不宣而至，有何事來？（元無名氏《宣和遺事》前集）

(13) 如今奶媽馮氏欺負子童來。（元無名氏《武王伐紂平話》卷上）

(14) 是我問你要休書來，不幹你事。（元無名氏《朱太守風雪漁樵記》二折）

(15) 今誰教你行陣來？（元無名氏《薛仁貴征遼事略》）

曹廣順（1995）曾將此類"來"定性爲"事態助詞"，並確認其爲初唐前後的新生現象②。不過，若從句法分布和基本性能着眼，此類"來"與祈使語氣詞"來"之間有頗多相通之處，當可視同一脉。

必須指出，"來"儘管頻添了表陳述和疑問語氣的功能，但在近代的文獻中，"來"的祈使語氣功能依舊居於强勢地位，相關的用例也最爲常見。例如：

(16)（單于）報左右曰："急守（手）趁賊來，大家疲乏。"（張涌

---

① 孫錫信《漢語歷史語法要略》，復旦大學出版社，1992年，頁247。
② 曹廣順《近代漢語助詞》，語文出版社，1995年，頁98、107。

泉等《敦煌變文校注·李陵變文》)

　　(17) 合掌階前領取偈,明日聞鐘早聽來。(張涌泉等《敦煌變文校注·解座文二首》)

　　(18) 菩薩子,吃飯來!(南唐靜筠二禪師《祖堂集》卷十五)

　　(19) 汝試道一句來,吾要記汝。(南唐靜筠二禪師《祖堂集》卷十九)

　　(20) 法燈代云:"還我鎖匙來。"(宋普濟《五燈會元》卷六)

　　(21) 這冷的你拿去,爐裏熱著來。(明無名氏《老乞大諺解》卷上)

　　(22) 今日功罪已明,老夫須回聖人的話來。(明臧懋循《薛仁貴榮歸故里》一折)

　　(23) 你且細細説來,待我尋他報仇。(明吳承恩《西游記》第2回)

　　(24) 端的甚麽買賣,你説來。(明蘭陵笑笑生《金瓶梅》第78回)

　　(25) 端福兒,快來瞧你爹來,你爹爹回來了!(清李綠園《歧路燈》第11回)

　　從明代開始,"來"在白話文獻中已呈現出衰減的趨勢。清代往後,隨着同類新興語氣詞如"著""吧"等的廣爲流行,"來"逐漸從口語中退出。值得注意的是,語氣詞"來"的衰落是全方位的,除了常見的祈使用法,還包括所謂"事態助詞"的用法。這也從另一側面證實,所謂的"事態助詞"其實就是一種語氣詞。

　　和"來"相比,"去"的語氣詞化進程明顯滯後。大約中古時期,"去"頻繁與"來"合用於祈使句中,由此獲得了虛化的契機。例如:

　　(26) 大弟,共詣耆闍崛山上有所論説去來。(舊題東漢康孟詳譯《興起行經》卷上)

　　(27) 共至迦葉佛去來!(舊題東漢康孟詳譯《興起行經》卷下)

　　(28) 歸去來兮,田園將蕪,胡不歸?(晉陶潛《歸去來兮辭》)

　　(29) 曠野中有病比丘,共迎去來。(晉佛陀跋陀羅共法顯譯《摩訶僧祇律》)

（30）至阿脂羅河上洗浴去來。（後秦弗若多羅譯《十誦律》）

董志翹和蔡鏡浩（1994:329）兩位指出：“‘去來’是魏晉南北朝的習語，用於祈使句末尾，其中的‘去’爲趨向動詞，‘來’仍爲表示祈使語氣的語氣助詞。”①顯然，此期“去來”中的“去”和“來”並不處在同一層次，彼此尚構不成一個穩定的語符列。不過，正是在“來”的長期“感染”和同化之下，“去”逐漸語氣詞化。考之文獻，語氣詞“去”的相關用例早見於唐宋，禪宗語録中尤其習見。例如：

（31）領吾言了便須行，更莫推辭問疾去。（張涌泉等《敦煌變文校注·維摩詰經講經文（四）》）

（32）獄主莫嗔，更問一回去。（張涌泉等《敦煌變文校注·大目乾連冥間救母變文》）

（33）不可教後人斷絶去也。（南唐静筠二禪師《祖堂集》卷四）

（34）與摩則學人不禮拜去也。（南唐静筠二禪師《祖堂集》卷二）

（35）有錢不買藥吃，盡作土饅頭去。（南唐沈汾《續仙傳》）

（36）雪晴順有踏青時，不成也待明年去？（宋劉辰翁《踏莎行》）

（37）我若説似汝，汝已後罵我去。（宋普濟《五燈會元》卷九）

儘管同爲語氣詞，“去”的運用明顯不如“來”那麼普遍，有時常要與其他語氣詞（如“也”）連用，這一點在近代後期文獻中顯得尤爲突出。例如：

（38）如今俺省得底勾當，不説呵，怕後頭道俺不是去也。（《元典章·台綱二》）

（39）風雨無情，庭院三更夜，明日落紅多去也。（元劉時中《清江引》曲）

（40）兄長不必多叙，且押這厮去上界見玉帝，請旨發落去也。（明吴承恩《西游記》第6回）

---

① 董志翹、蔡鏡浩《中古虛詞語法例釋》，吉林教育出版社，1994年，頁329。

（41）這吹臺三月三大會，叫孩子跑跑去。（清李綠園《歧路燈》第 3 回）

（42）閻相公你就去辦這件事去。（清李綠園《歧路燈》第 12 回）

（43）雨笠煙蓑歸去也，與人無愛亦無嗔。（蘇曼殊《寄調箏人》）

可以説，在表達語氣方面，"去"與"來"並無二致。此類"去"同樣被曹廣順（1995）視爲"事態助詞"①。應該説，"去"的最終語氣詞化爲語氣詞"去來"的生成奠定了必要的語法基礎。

二　"去來"的語法化過程

如前所述，從中古直到近代，"去來"都是一個高頻組合。而高頻率恰恰是語法化的前提條件。Hopper & Traugott（2001：19）就指出：一個語言形式在某種環境下出現的頻率越大，那麼它語法化的程度可能也就越高，而使用頻率的提高往往表明一個句法格式的形成②。

關於"去來"的語法化過程，孫錫信（1999：147）作過如下的描述："這種表示語氣的'去來'運用較晚，大約在宋元時，估計是前一種'去來'即趨向動詞'去'＋事態助詞'來'的發展，即趨向動詞'去'仍保留原意，而'來'表示'曾經'事態的意義弱化以致消失，僅存留其肯定、強調的語氣。"③孫氏的描述屬於一種梗概性的推測，多少有點語焉不詳。從歷史語料看，"去來"的語法化進程大致可分爲三個階段，而這三個階段正好對應於其一體化進程中的三個梯度。就此而言，"去來"的語法化與詞彙化是兩種同向且同步的演進行爲。

第一，"去來"的接觸階段。該階段屬於"去來"語法化的初始階段。此時的"來"是語氣詞，而"去"則是一個分明的趨向動詞，二者之間只是一種尋常的語境接觸關係。在具體的語句中，"去"都呈現出一個顯著的語義特徵：自身表位移或與位移動詞同現。中古文獻的所有"去來"

---

① 曹廣順《近代漢語助詞》，頁 98、107。

② 石毓智《漢語語法化的歷程》，北京大學出版社，2001 年，頁 19。

③ 孫錫信《近代漢語語氣詞》，語文出版社，1999 年，頁 147。

莫不如此,前引各例可爲一證。另外,近代的早期用例也大多屬此。例如:

(44) 去來今何道,卑賤生所鍾。(南朝宋鮑照《代陳思王白馬篇》)

(45) 蕩子守邊戍,佳人莫相從。去來年月多,苦愁改形容。(唐孟郊《古意》)

(46) 歸去來,閻浮提世界不堪停。(《敦煌變文校注·大目乾連冥間救母變文》)

(47) 師問僧:"何處去來?"對云:"添香去來。"(南唐靜筠二禪師《祖堂集》卷五)

(48) 師問雲居:"什摩處去來?"對曰:"踏山去來。"(南唐靜筠二禪師《祖堂集》卷六)

(49) 對云:"適來只聞鼓聲動,歸吃飯去來。"(宋道元《景德傳燈錄》卷六)

(50) 師云:"闍梨未生時,老僧去來。"(宋道元《景德傳燈錄》卷七)

(51) 婆婆,他每去了,嗒也家去來!(元無名氏《元刊雜劇三十種·相國寺公孫汗衫記》)

(52) 哥哥,你更待那裏去來?(元無名氏《元刊雜劇三十種·諸葛亮博望燒屯》)

(53) 請三位即便去來。(元施耐庵《水滸傳》第14回)

第二,"去來"的粘合階段。該階段屬於"去來"語法化的奠基階段。此時的"去"已不含什麼位移義,也無須與位移動詞捆綁,但仍保留明顯的趨向特徵,這種特徵足以讓"去"在必要的時候回歸爲趨向動詞。由於長期同現,"去"與"來"之間的依存性顯著增强,彼此已很難拆分。宋元所見的大部分用例都屬此列。例如:

(54) 求范機宜去來。(宋徐夢莘《三朝北盟會編》卷六一)

(55) 你看佛殿上沒人燒香呵,和小姐閒散心耍一回去來。(元王實甫《西廂記》一本楔子)

(56) 天色晚也,安排著香桌,咱花園裏燒香去來。(元王實甫

《西厢記》一本三折）

（57）你引我看去來。（明無名氏《老乞大諺解》卷上）

（58）定僧你來，咱河裏浪蕩去來。（明無名氏《朴通事諺解》卷中）

（59）秀才哥，咱們打魚兒去來。（明無名氏《朴通事諺解》卷下）

（60）這七月十五日是諸佛解夏之日，慶壽寺裏爲諸亡靈做盂蘭盆齋，我也隨喜去來。（明無名氏《朴通事諺解》卷下）

（61）我兩個部前買文書去來。（明無名氏《朴通事諺解》卷下）

（62）梅山六弟道："且休讚歎，叫戰去來。"（明吳承恩《西游記》第6回）

（63）悟空，我與你救唐僧去來。（明吳承恩《西游記》第49回）

第三，"去來"的融合階段。該階段也是"去來"語法化的終結階段。此時的"去"本身已蜕變爲語氣詞，在句中基本體現不出趨向意義，當然更不能還原爲趨向動詞。由於"去""來"在性能上完全覆蓋，雙方已徹底凝固成爲一個複合式的語氣詞。此類"去來"多見於明代。例如：

（64）我待送你去官司裏去來，恐辱没俺家譜。（元王實甫《西厢記》二折）

（65）咱們往順城門官店裏下去來。（明無名氏《老乞大諺解》卷上）

（66）且房子裏坐的去來，一霎兒馬吃了這和草飲水去。（明無名氏《老乞大諺解》卷上）

（67）天亮了，辭了主人家去來。（明無名氏《老乞大諺解》卷上）

（68）吃了酒也，會了酒錢去來。（明無名氏《老乞大諺解》卷上）

（69）咱也柱著柱杖，沿山沿峪隨喜那景致去來。（明無名氏《朴通事諺解》卷中）

（70）呆子，莫嚷，莫嚷！我們且回去見師父去來。（明吳承恩《西游記》第22回）

（71）八戒，你只在此保守師父，再莫與他厮鬥，等老孫往南海走走去來。（明吳承恩《西游記》第22回）

語法化的階段不同，"去來"傳遞出的語氣也有參差：屬於前一階段的"去來"可以兼表祈使、陳述、疑問語氣，而處於後兩個階段的"去來"則往往單表祈使語氣。

無論處於語法化的哪一階段，整個"去來"組合中在語氣方面起主導作用的始終是"來"而非"去"。還有一點必須指出，處於不同語法化階段的"去來"實際上並不互相排斥，它們有時會在同一種文獻中共存，顯示了語言的歷史層次性和現實相容性。例如：

（72）去來去來，老夫人睡了也。（元王實甫《西廂記·楔子》）

（73）夫人著俺和姐姐佛殿上閑耍一回去來。（元王實甫《西廂記·楔子》）

（74）紅娘，俺去佛殿上耍去來。（元王實甫《西廂記》一折）

（75）滿心歡喜道："汝等在此頑耍，待我去來。"（明吳承恩《西游記》第3回）

（76）既如此，你們休怕，且自頑耍，等我尋他去來。（明吳承恩《西游記》第2回）

（77）适才玉帝調遣我等往花果山收降妖猴，同去去來。（明吳承恩《西游記》第6回）

（78）汝等在此穩坐法堂，休得亂了禪位，待我煉魔救駕去來。（明吳承恩《西游記》第7回）

（79）你二人且休煩惱，我今已擒捉仇賊，且去發落去來。（明吳承恩《西游記》附錄）

清代往後，隨着語氣詞"來"的消亡，"去來"也歸於沉寂，其相關職能則被同類的新興語氣詞如"罷（吧）"等所取代。據統計，《醒世姻緣傳》僅存個別用例，而《歧路燈》《紅樓夢》《兒女英雄傳》中均未見一例。

三 “去來”祈使句的語用嬗變

歷史語料顯示，“去來”似乎一開始就與祈使句相伴而生，是一個專職祈使語氣詞。“去來”的這一功能顯然承自“來”，因爲“來”在早期也專用於祈使句。前例有證，無須贅舉。近代往後，二者的情況稍有不同：“來”逐漸衍生出表陳述、疑問等語氣的功能，而“去來”則基本維持原有祈使功能不變。“去來”長期恪守語氣不變的狀態，這在漢語語氣詞系統中實屬罕見。

“去來”句儘管是純粹的祈使句，但祈使的功能卻屢有變遷。從早期用例看，“去來”句的祈使用途頗爲廣泛，可以表示命令、請求、建議等多種意義。由於當時的“去來”尚未融合，全句的祈使語氣實際仍由“來”擔當。因此，中古的“去來”句與“來”字句在祈使功能上幾乎如出一轍。試比較：

（80）謂文曰：“授手來。”（晉干寶《搜神記·高山君》）（表命令）

（81）大弟，共詣耆闍崛山上有所論説去來。（舊題東漢康孟詳《興起行經》卷上）（表命令）

（82）食糧乏盡若爲活？救我來，救我來！（北宋郭茂倩《樂府詩集·隔谷歌》）（表請求）

（83）歸去來兮，田園將蕪胡不歸？（晉陶潛《歸去來兮辭》）（表請求）

（84）汝止有一手，那得遍笛，我爲汝吹來！（魯迅《古小説鈎沉·幽明録》）（表建議）

（85）時十七群比丘相謂言：“至阿脂羅河上洗浴去來！”（表建議）

進入近代以後，隨着“去來”的日趨泛化，“去來”句的祈使功能出現了多極化傾向：一表建議，二表請求，三表命令，四表意願。先依次列舉前三種用例（各四例）如下：

（86）孩兒，俺和你同見朱買臣去來。（元無名氏《朱太守風雪

漁樵記》四折）

（87）婆婆，前面引著，喒吃齋去來。（元無名氏《元刊雜劇三十種·相國寺公孫汗衫記》）

（88）你看佛殿上没人燒香呵，和小姐散心耍一回去來。（元王實甫《西廂記·楔子》）

（89）姐姐，咱燒香去來。（元王實甫《西廂記》三折）

（90）你引我看去來。（明無名氏《老乞大諺解》卷上）

（91）請哥這茶房裏吃些茶去來。（明無名氏《朴通事諺解》卷下）

（92）我變化個兒去來。（明吳承恩《西游記》第78回）

（93）師父，你請略坐坐，等我剿除去來。（明吳承恩《西游記》第86回）

（94）師一日打椎曰："妙喜世界百雜碎，拓缽向湖南城裏吃粥飯去來。"（宋普濟《五燈會元》卷十五）

（95）劉十，我做得通判過否？扯了衣裳，吃酒去來！（宋王銍《默記》卷下）

（96）小校！拿著這漢，咱見楚王去來！（元無名氏《元刊雜劇三十種·漢高皇濯足氣英布》）

（97）道童，準備去來，這裏卻有四十年天子！（元無名氏《元刊雜劇三十種·諸葛亮博望燒屯》）

與上述三類祈使句不同，意願句則表達説話者的一種個人願望，基本不具什麼强制性。表意願的"去來"句出現較晚，大致屬於元明的產物。例如：

（98）我的兒子，你怎麼認做你丈夫？我和你告官司去來。（元無名氏《元刊雜劇三十種·岳孔目借鐵拐李還魂》）

（99）姐姐休鬧，比及你對夫人説呵，我將這簡帖兒去夫人行出首去來。（元王實甫《西廂記》二折）

（100）唐御弟，那裏走！我和你耍風月去來。（明吳承恩《西游記》第54回）

（101）這和尚負了我心，我且向普陀崖告訴觀音菩薩去來。

（明吳承恩《西游記》第 57 回）

（102）這潑猴如此慵懶，我告菩薩去來。（明吳承恩《西游記》第 57 回）

從數量上看，宋元時期的"去來"句偏重於表命令，元代尤甚。據考察，《元刊雜劇三十種》中表祈使的"去來"句幾乎都是命令句。

不過，命令句作爲"去來"强勢句的時間並不持久，明代即呈鋭減之勢，清代則基本絕迹。考察發現，《水滸傳》《金瓶梅》《老乞大諺解》和《朴通事諺解》中的"去來"句雖爲數不少，但未見一例表命令。而《西游記》中雖有 26 例命令句，但和 78 例的總量相比仍屬少數。例如：

（103）既如此，尋他去來，不可延誤。（明吳承恩《西游記》第 5 回）

（104）既秉了迦持，不必叙煩，早與作法船去來。（明吳承恩《西游記》第 22 回）

（105）決莫饒他，趕去來！（明吳承恩《西游記》第 25 回）

（106）且歎他做甚？快幹我們的買賣去來！（明吳承恩《西游記》第 38 回）

（107）即命木叉："使降妖杵，把刀柄兒打打去來。"（明吳承恩《西游記》第 42 回）

語言現象之間往往具有此消彼長的互動關係。在"去來"命令句萎縮的同時，表建議的"去來"句卻得以流行，並很快成爲一種主流句。可以肯定的是，在明清語料中出現的"去來"句絕大多數都是建議句。例如：

（108）留一個看房子，別個的牽馬去來。（明無名氏《老乞大諺解》卷上）

（109）咱一個日頭隨喜去來。（明無名氏《朴通事諺解》卷上）

（110）咱們食店裏吃些飯去來。（明無名氏《朴通事諺解》卷下）

（111）午門外前好飯店，那裏吃去來。（明無名氏《朴通事諺解》卷下）

（112）横豎想只在此山，我們尋尋去來。（明吳承恩《西游記》

第 20 回）

（113）且莫叙闊。我們叫喚那廝去來。（明吳承恩《西游記》第 22 回）

（114）内有一長蛇精説道："哥哥,等我去來。"（明馮夢龍《警世通言·旌陽宫鐵樹鎮妖》）

（115）二官兒,他們説得是。你放了手,咱們往那裏去來。（清西周生《醒世姻緣傳》第 21 回）

上述"去來"句語氣平和,内中藴涵着明顯的協商或徵詢口氣,命令性已蕩然無存。

在"去來"句的語用功能發生嬗變的同時,全句的語義模式也隨之有所調整:明代之前,句中的受使者基本限於聽話一方;明代之後,句子的受使者多爲説話者或包括説話者在内的一方。例如:

（116）咱們教場裏射箭去來。（明無名氏《朴通事諺解》卷上）

（117）咱兑付些盤纏,南海普陀落伽山裏,參見觀音菩薩真像去來。（明無名氏《朴通事諺解》卷中）

（118）我和你入朝見駕去來。（明吳承恩《西游記》第 12 回）

（119）那壁厢樹木森森,想必是人家莊院,我們趕早投宿去來。（明吳承恩《西游記》第 14 回）

（120）管教不誤了你。你引我到你家門首去來。（明吳承恩《西游記》第 18 回）

總之,祈使語力日趨弱化是"去來"句在近代語用嬗變的基本走勢。而祈使語力的持續弱化以及語氣詞"去來"的被取代,最終導致"去來"句從通語中退出。

結　語

綜上,作爲一個由"去""來"構成的二元組合,語氣詞"去來"起初處於鬆散狀態,二者屬於非同質成分。後來由於長期高頻使用,"去""來"之間的融合度不斷加深,最終導致二者性能的趨同。性能的趨同既是詞彙化的基礎,又是語法化的産物。因此,詞彙化和語法化往往相伴而生,互爲因果。

在該語氣組合中,“來”始終居於强勢地位,因而主導了該組合的性能。鑒於“來”一直以祈使語氣爲主,“去來”也就承繼了這一基本性能。“去來”句作爲中古以及近代曾經較爲通行的祈使句,逐步經歷了一個祈使語力由强而弱的衰變過程,並最終於近代後期退出了漢語的祈使句序列。

參考文獻

曹廣順《近代漢語助詞》,語文出版社,1995 年。

董志翹、蔡鏡浩《中古虛詞語法例釋》,吉林教育出版社,1994 年。

孫錫信《漢語歷史語法要略》,復旦大學出版社,1992 年。

孫錫信《近代漢語語氣詞》,語文出版社,1999 年。

石毓智《漢語語法化的歷程》,北京大學出版社,2001 年。

張美蘭《〈祖堂集〉語法研究》,商務印書館,2003 年。

酈道元地景書寫中的中華民族共同體意識

張延成　肖　恬　武漢大學

引　言

　　《水經注》是北魏時期酈道元所著的地理學名作,原書共四十卷。其内容雖以水道記錄爲綱,但酈道元廣徵博引前人志傳和散文游記,對河流周圍許多名峰古道、樓臺觀宇、祠堂碑林以及相關名物源流、風俗傳説等都多有記叙考述和傾情描繪。因此,《水經注》爲後世地理學、語言學、歷史學、金石學、民俗學等學科研究提供了珍貴資料,是多方位探尋古代地理人文事實和意識的寶貴資源。

　　《水經注》成書於北魏,這是古代中國"地理大交流"的時代,也是一個民族大融合的時代。在北魏多次爲官的酈道元便充分利用北魏一統北方的廣闊空間,懷抱滿腔愛國熱情,憑藉自身敏鋭的洞察力,借鑒前人史料,運用精妙得體的語言,爲後輩描繪了一幅古代中華民族相互交流、學習和融合的壯麗地景圖[①]。

　　人文地理學家卡羅・邵爾(1925:19—54)認爲,"地景"是人文地理多樣性的表象,人類通過動態變遷的地景延續自身文化,表述自身形象[②]。從文化地理學看,"地景"描繪不僅是指向傳統自然地理學的客觀地貌,更是一種藴含豐富的文化想象和情感投射,是一個民族文化和

---

①　陳橋驛《酈道元評傳》,南京大學出版社,1994年,頁1—18。

②　Sauer Carl O. ,"*The Morphology of Landscape*", University of California Publications in Geography (1925), pp. 19-54.

精神特質的外在表露①。近年來的地景研究主要集中在視覺美學、自然與人文地理學、生態學和文化地景規劃幾個方面。本文以"地景書寫"爲工作概念,立足客觀自然地貌的描寫,追溯其内含的人文精神力量,以聚焦酈道元作爲自然和人文地理學家、文史學家的獨到叙事。

勞倫斯・C. 史密斯(2022:62)在《河流是部文明史》中曾强調河流對於一個民族和國家形成的重要價值,"河流所產生的凝聚力,遠遠超過了它所帶來的分裂、破壞的力量"。② 而生活在一千五百多年前的酈道元同樣意識到河流强大的凝聚作用。他從政的北魏雖是鮮卑人的政權,但卻對中原傳統文化十分嚮往:推行"大一統"思想、重禮尚文,改换"元姓"、積極處理民族矛盾等舉措都展現出這個少數民族政權的廣闊胸襟③。因此,在北魏爲官數年的酈道元,自然受到當時開放包容的社會風氣影響,將農耕-游牧二元經濟結構的國家共同體意識,亦即形成中的中華民族共同體意識有機地融入到地景描繪之中。

《水經注》不僅是一幅優美壯麗的自然山水圖,更是一幅各民族交流融合、繁榮發展的和諧人文畫,其中所蘊含的中華民族共同體意識在當今更焕發新時代的光彩。在 2014 年 5 月 28 日第二次中央新疆工作座談會上,習近平總書記首次提出"中華民族共同體意識"這一概念④。在黨的二十大報告上,習總書記再次强調了"鑄牢中華民族共同體意識"對於改進民族工作和促進民族團結進步事業發展的重要性⑤。中華民族共同體的形成與中國古代民族融合的進程、"大一統"思想的發展、"多元一體"民族關係格局的演變密切相關,它們分別爲中華民族共

① 黄文珊《論文化地景——全球化潮流中的地景研究趨勢》,《中國園林》2003 年第 8 期,頁 27—31。
② 勞倫斯・C. 史密斯《河流是部文明史》,中信出版集團,2022 年,頁 62。
③ 王磊《中國古代民族關係的特點與中華民族共同體生成研究》,《現代商貿工業》2022 年第 43 卷第 22 期,頁 19—20。
④ 習近平《要在各族群衆中牢固樹立正確的祖國觀、民族觀》,《人民日報》2014 年 5 月 29 日第 1 版。
⑤ 習近平《高舉中國特色社會主義偉大旗幟 爲全面建設社會主義現代化國家而團結奮鬥——在中國共產黨第二十次全國代表大會上的報告》,《光明日報》2022 年 10 月 26 日第 5 版。

同體的產生提供了現實基礎、思想動力和結構格局①。中華民族共同體意識是中華各族人民在共同的社會生活實踐基礎上形成的理性與感性相統一的社會意識②。它是凝聚各族人民團結協作、共同進步的強大精神動力。考索這種動力的歷史形成有重大的現實意義。

綜上，我們將分別從文化、價值、精神、情感和生態五個維度來重點解讀酈道元地景書寫中的中華民族共同體意識。文中所引《水經注》原文均來自陳橋驛先生的《水經注校證》③。

一　文化共同體意識

中華各民族之間的文化交流、互鑒既促進了中華文化的傳播，又讓各族人民對中華文化產生強烈的認同感和自信心。"文化認同"對於中華民族共同體意識的形成和加強民族團結有重要意義，"加強中華民族大團結，長遠和根本的是增強文化認同，建設各民族共有的精神家園，積極培養中華民族共同體意識"④。

"中華民族文化共同體"是指中華各民族對共存於民族記憶裏的文化、理念和習俗保持尊重、認同和自信。這個共同體平等地接受不同民族文化的差異，在文化認同的基礎上，又承認文化的多樣性，各民族之間進行積極交流和分享⑤。它是中華民族共同體的核心，是中華民族共同體意識形成的基礎和前提，也是聯結中華民族共同體各組成部分的堅實橋梁。

縱覽《水經注》各卷，不少地景描繪和記述中包蘊"中華民族文化共同體"的意識。它體現了中華文化和而不同、求同存異的內在本質。各

---

① 《中國古代民族關係的特點與中華民族共同體生成研究》，頁 20。

② 董慧、王曉珍《中華民族共同體意識的基本內涵、現實挑戰及鑄牢路徑》，《中南民族大學學報（人文社會科學版）》2021 年第 41 卷第 4 期，頁 21—30。

③ 陳橋驛《水經注校證》，中華書局，2013 年。

④ 宋煦冬《中央民族工作會議暨國務院第六次全國民族團結進步表彰大會在京舉行》，《人民日報》2014 年 9 月 30 日第 1 版。

⑤ 黃瑩《文化共同體視域下客家體育文化研究》，湖北民族大學，2022 年。

族人民在這個共同體中相互交流、學習,促使中華文化整體朝着更符合民族利益和時代和平發展要求的方向前進。

(一) 文化交流、學習借鑒

人口遷徙是古代中華各民族進行文化交流的途徑之一。魏晉南北朝是中國古代國家分裂和民族融合交替進行的時期,此時社會動蕩,戰爭頻仍,與之相伴便是綿綿不斷的人口遷徙。永嘉之亂後,北民南遷、北魏政權漢化後南人北遷、四方少數民族內遷中原都是這一時期人口遷徙的主要形式。《水經注》裏記載的許多人口遷徙活動,都間接促進了不同民族文化之間的交流。一是境外民族遷入中原內地的,如《水經·大遼水注》中記載了倭地人(今日本人)遷徙至中原境內的軌跡,"東流逕倭城北,蓋倭地人徙之。"① 二是中原民族遷出境外自立的,如《水經·浿水注》中有燕人衛滿"自浿水西至朝鮮"②,率百姓東走出塞,入朝鮮建都稱王之事。還有境內發生的民族之間的遷徙,如《水經·伊水注》叙述了秦、晉二國"遷陸渾之戎于伊川"③。在此過程中,一些少數民族主動親近和學習中華文化,如《水經·青衣水注》中少數民族青衣羌王子"心慕漢制,上求內附"④。當然,也有漢民族向少數民族學習的,如《水經·河水(三)注》中記述了邯鄲朝廷命令將軍、大夫的嫡子和駐防邊境的官吏"皆貉服"⑤的事例,《水經·沂水注》中引用孔子"天子失官,學在四夷"⑥之言。可見,不同民族文化在人口遷徙過程中碰撞、交融,各族人民在尊重本民族文化的同時,又深入理解和尊重其他民族文化,在交流中理解、在理解中欣賞,進而逐步建立起對中華民族文化的整體認同。

---

① 《水經注校證》,頁 336。
② 《水經注校證》,頁 337。
③ 《水經注校證》,頁 359。
④ 《水經注校證》,頁 786。
⑤ 《水經注校證》,頁 73。
⑥ 《水經注校證》,頁 581。

(二) 文化尊重、開放包容

酈道元面對不同宗教、多語地名、地域土風、南北分治有相容並包的尊重態度。

酈道元在《水經·河水注》幾卷中引用了諸多佛教詞語,如"浮圖""舍利""精舍""清净""由巡"等,還精細描述了不少佛寺、佛塔和佛像,如《水經·㶟水注》中描述如渾水右岸的"三層浮圖",這些佛塔"裝制麗質,亦盡美善"①。佛教在北魏受到統治者推崇和百姓歡迎,酈道元叙述時雖以漢民族文化爲本位,但對佛迹佛語多所不避,這一方面展現出中華民族的遼闊胸懷,另一方面也反映出酈道元對外來文化的尊重和包容。

《水經注》裏還出現了不少非漢語地名,酈道元常用"北俗謂之"引出,如"可石孤城""比郍州城""太拔回水""盧達從薄""乞伏袁池"等。這些地名多是音譯而來,有的或存在音變訛誤,酈道元雖直言道出,但也注重保留少數民族的語言特徵,不曾主觀臆改。書中大量非漢語地名的出現充分展現了酈道元對各民族文化的包容和對中華文化多樣性的尊重。

同樣,酈道元在描繪其他民族地區的風土人情時,並不盲目自大,而是以欣賞、尊重的態度對其作出客觀評價。如《水經·潛水注》中所述的渝水兩岸古賨國地區的民俗,"其人勇健好歌儛,高祖愛習之,今巴渝儛是也"②。再如《水經·温水注》中提及了夷族地區的建築風格和生活風俗,"飛觀鴟尾,迎風拂雲,緣山瞰水,騫翥嵬崿"③。

此外,酈道元在地景書寫中引用了不少南朝年號和南朝文獻。出現的南朝年號如"元嘉""景平""泰始""永明"等;引用的南朝地記如宋郭緣生《述征記》、宋雷次宗《豫章記》、宋王韶之《始興記》等④。這些南朝文化印記在酈道元地景書寫中或隱或現,側面體現出作爲漢族士人

---

① 《水經注校證》,頁 301。
② 《水經注校證》,頁 660。
③ 《水經注校證》,頁 802。
④ 鮑遠航《〈水經注〉文獻學文學研究》,首都師範大學,2004 年。

的酈道元對南朝文化的欣賞。南朝與北朝雖在政治上各行其道,但酈道元卻勇於跳出政治的條框,從整個中華民族文化相容共通的角度來接納南朝文化,足以見其對中華民族文化共同體内涵的深刻領悟。

(三)文化尋根、認同傳統

祭祀祝禱自古就是備受中華民族推崇的文化習俗,重祖尚宗更是中華民族的傳統觀念。《水經注》裏提到的祠廟雖較多反映漢民族重祭的傳統,但也有不少體現了其他民族的祭祀習俗,如《水經·沔水(一)注》中提到諸葛亮的德行可爲天下典範,不僅受到漢民族的認同和推崇,其他少數民族也紛紛通過祭祀來表達對他的尊敬和喜愛①。還有《水經·温水注》中提到"鬱人掌裸器,凡祭醱賓客之裸事,和鬱鬯以實樽彝"②,這裏叙述了鬱人(今廣西一帶少數民族)也同中原漢民族一樣存有酒祭、祈神降福的傳統。

重農善耕也是古代中華民族農耕文化的體現。雖仕於游牧民族政權,但酈道元卻十分重視中原農耕文化傳統。在描繪水道時,他樂道中華民族樂耕善種之事,稱許身處險惡之境,人們也依舊不忘農耕之本,如《水經·江水(一)注》叙述的南鄉峽(今重慶奉節)一帶"頹埠四毁,荆棘成林",縱然環境惡劣如此,附近百姓依然"多墾其中"③。漢民族重農愛桑的風化也默默影響着西南少數民族地區,如《水經·温水注》中記述了太守任延"始教耕犁,俗化交土,風行象林",他教授交州百姓耕犁之技,進而改變了當地人民的耕作風俗,致使"火耨耕藝,法與華同"④。可見,重宗尚祭、重農善耕等傳統習俗自古就穩定紮根於中華各族人民記憶深處,在日常生活實踐中得以强化,最終形成中華民族恒久的文化習俗認同。

此外,在酈道元的地景描摹中不少地名都是"夷""戎""胡""虜""狄"等稱呼與"安、平、綏、操、禦"等含"鎮壓安撫"義的語素合成而來,

① 《水經注校證》,頁617。
② 《水經注校證》,頁794。
③ 《水經注校證》,頁744。
④ 《水經注校證》,頁803。

如"安夷城""操虜""綏戎城""威戎""禦夷鎮""鎮戎""平夷戍"等,這一定程度也是中華民族文化認同的體現。酈道元雖爲中原人,但對此戎狄類地名卻不避而言多,這也從側面反映了他的大中華共同體認同意識。

二　價值共同體意識

價值是一定歷史條件下主體對客觀世界的需求程度,具有主觀性、歷史性和相對性①。共同價值是一個民族在受到一定外界環境影響(戰争、災難)下形成的符合本民族利益的共同價值原則體系②。它不僅體現了各民族的價值追求,還關係着全人類的公共利益,與全人類共同價值的實現息息相關。而"中華民族價值共同體"是中華民族在一定歷史時期內以符合本民族人民共同利益的價值體系爲基礎形成的共同體。這個共同體既追求整體價值觀的統一性,又充分尊重和認同內部各民族價值觀的多樣性。

《水經注》中不少地景叙述都反映了古代中華民族的價值取向,它們統一起來便形成了中華民族價值共同體意識。這是中華民族自我覺醒、自我反思的產物,體現了其對國家和社會穩定發展的責任擔當。它不僅是指導各族人民從事物質生產活動和精神活動的標準,也是中華民族共同體內部衡量公平正義的"尺規"。

(一) 天人感應,四裔向睦

《水經注》記載不少周邊少數民族向中原朝貢的史實,這是上古以來中華朝貢體系的延續,反映了民族之間的情感物質交流以及軍政保護與互助的功能。如《水經·河水(四)注》記載的"犬戎胡觴天子于雷首之阿",向其"獻良馬四六"③,這是犬戎爲求中原政權保護之舉;再如

①　青宣《争做有理想、敢擔當、能吃苦、肯奮鬥的新時代好青年》,《中國青年報》2022年10月18日第4版。

②　林丹《人類命運共同體理念的世界歷史意識與共同價值話語》,《文化軟實力》2022年第7卷第3期,頁19—24。

③　《水經注校證》,頁101。

《水經・溫水注》中提到九夷地區少數民族向中原進貢"白雉、象牙,重九譯而來"①。相應地,中原王庭也會給予他們一定的賞賜或授印安撫,希望與各族之間和平相處。國家統一、四方安定——這是酈道元深度愛國主義情懷的希冀,更是中華民族最根本的價值追求。

酈道元許多地景故事都敘述了君主或官員的德行教化影響政治穩定的"天人感應"現象。人們常將自然界的靈異現象與執政者個人的德行相勾連。如《水經・河水(二)注》中叙述索勘治水時引用官員王尊和王霸因自身高尚節操和品行致使"河堤不溢""呼沱不流",終而發出"水德神明,古今一也"②的感歎。再如《水經・洧水注》記載了漢縣令卓茂"舉善而教,口無惡言",從而出現"教化大行,道不拾遺,蝗不入境"③的現象。誠然,崇尚儒學的酈道元是不信鬼神且"敬而遠之"的。他敘述這些故事不過是爲强調其在"治出於二"境界下對"内聖"的追求,也體現了中華各族人民對社會穩定、生活幸福等共同民族價值觀的自覺維護。

此外,《水經注》中許多含"順""安""睦""統"等語素的地名也是這種追求天下一體、萬民安康的價值觀的直觀展現,如"安順""統萬""順睦""統睦""平順"等。還有一些統括型合稱將天下河流或四方地域有機聯繫成一體,如"九州""九河""九江""四瀆""三秦"等,實則也是受到"大一統"觀念的影響。

(二) 仁愛天下,安民禮賢

酈道元地景書寫中描繪了不少追功頌德的石碑,這一方面是深厚君民或官民關係的體現,另一方面也是以人爲本的仁愛價值觀的深度映照。如《水經・江水(二)注》中記述了東漢王子香"有惠政",後在旅途中不幸身亡,受到百姓"追美甘棠",爲其"立廟設祠,刻石銘德"④。再有《水經・淮水注》中叙及漢縣令劉陶"政化大行,道不拾遺",他辭官

---

① 《水經注校證》,頁799。
② 《水經注校證》,頁35。
③ 《水經注校證》,頁497。
④ 《水經注校證》,頁762。

後民間百姓還傳有"悒然不樂,思我劉君。何時復來? 安此下民"①的童謠來表達對他的懷念。此外,地方官員安民重民、禮賢下士的事迹在一些石碑中也有相應記載,如《水經・渭水(三)注》裏待人平等、積極舉賢的漢大司農鄭當時②、《水經・渠沙水注》中求賢養士、深受百姓愛戴的淮陽城人王君③、《水經・陰溝水注》中舉賢納士的陳國人許續④和《水經・洧水注》中"舉善而教,口無惡言"的縣令卓茂⑤等。這些石碑所記都反映出中華民族仁愛天下、安民禮賢的共同價值觀。

(三)團結互助、休戚與共

《水經注》既以水爲綱,自然有不少治水抗洪場景的描繪。如《水經・河水(五)注》記述了東漢王景和王吴團結數萬民衆"鑿山開澗,防遏衝要,疏決壅積",共同治理黄河、汴渠的決壞,終使黄河兩岸"無復滲漏之患"⑥。再如《水經・鮑丘水注》中所記的晉人劉弘繼承先人築堰之功,帶領將士和百姓共同築堤修堰抵禦洪水⑦,類似還有西門豹治水、李冰築堰、鄭國修渠等許多治水故事。在民族危難之際,中華人民更是團結一心,休戚與共,如《水經・沔水(三)注》提及光和末年的動亂時,記述了一鄉百姓"保險守節"⑧、相互扶助的感人事迹。這些故事都充分展現了中華民族爲維護共同利益而團結互助、共克困難的價值觀。

(四)允公求正、睦友尚和

實現公平正義、促進和平發展是中華民族共同的價值追求。酈道元地景書寫中引用了不少典籍文獻來論證中華民族崇尚公正、追求和

---

① 《水經注校證》,頁 675。
② 《水經注校證》,頁 439。
③ 《水經注校證》,頁 514。
④ 《水經注校證》,頁 528。
⑤ 《水經注校證》,頁 497。
⑥ 《水經注校證》,頁 125。
⑦ 《水經注校證》,頁 326。
⑧ 《水經注校證》,頁 656。

平的價值觀,如《水經·河水(二)注》引用黃義仲《十三州記》,借"弦"來明執法公正不曲之理:"弦以貞直,言下體之居,鄰民之位,不輕其誓,施繩用法,不曲如弦。"①書中還多次提及西漢君主對受降的匈奴王、將進行賜地封侯,從而友好相處、各自和平發展的事例。可見,不論是漢民族還是其他少數民族,奉行公正、和平共處一直都是中華民族共同價值觀的重要内涵。

三　精神共同體意識

中華文化的創造性發展離不開對中華民族精神内涵的深刻領悟,"推動中華優秀傳統文化創造性轉化、創新性發展,更要揭示藴含其中的中華民族的文化精神、文化胸懷和文化自信,爲新時代堅持和發展中國特色社會主義提供精神支撑。"②因此,"中華民族精神共同體"即是以實際的地緣和血緣共同體爲土壤,滋長出來的中華人民心靈生活的共同體③。它是中華民族價值取向、思維方式、道德原則和民族氣節的生動映照。它是中華民族共同體的靈魂支撑和精神紐帶,是一種更爲抽象和深層的共同體形態。它與中華民族價值共同體各有側重,相通相輔,精神共同體側重長久性和穩定性;價值共同體則强調時代性和現實性④。

酈道元在描繪完每一段地景之後總會以相應典故補充,這些故事强化《水經注》自然山水背後藴藏的人文精神的形象表達,又深刻體現出酈道元的"中華民族精神共同體"意識。

(一) 不畏艱險、勇敢鬥争

酈道元在其地景書寫中介紹了許多渠堰堤壩和險道惡路的修建開

---

① 《水經注校證》,頁41。
② 習近平《在敦煌研究院座談時的講話》,《求是》2020年2月1日第3期。
③ 張龍海《"美國族裔文學中的文化共同體思想研究"專題導語》,《閩南師範大學學報(哲學社會科學版)》2021年第35卷第3期,頁53—55。
④ 吕明洋、陸傑榮《偉大抗疫精神的哲學價值意藴探賾》,《黨政幹部學刊》2022年第3期。

闕,它們或行蓄水溉田之利,或行來往通行之便,它們不僅是古代中華民族高超技藝和集體智慧的凝結,更是各族人民在困難前無所畏懼、敢於鬥爭並善於鬥爭的民族精神的真實體現。如《水經·河水(一)注》中提及懸度境內"崖岸險絕,其山惟石,壁立千仞,臨之目眩,欲進則投足無所",儘管道路艱險,當時人們依舊"騎步相持,組橋相引""引繩而度",更有人在此險境之中"山居,佃於石壁間,累石爲室"①,足見其面對困難的勇敢堅韌。再如《水經·鮑丘水注》劉弘治水故事中,劉弘帶領手下將士和眾多百姓不畏"洪水暴出,毀損四分之三,剩北岸七十餘丈"的危險,堅持"起長岸,立石渠,修主遏,治水門"②,勇於並巧於同洪水"猛獸"鬥争,最終戰勝了洪水。

(二)愛國奉獻、忠義勇敢

愛國主義精神自古就是中華民族精神的核心,也是中華民族共同體意識的本質所在。《水經注》敘寫了不少忠心報國、維護國家統一的愛國之舉,如《水經·河水(二)注》中敘述了漢護羌校尉段熲在燒當羌③侵犯邊境之時,奮勇迎擊,誓要保衛國家領土與安全,"追出塞,至積石山,斬首而還"④。《水經·濁漳水注》中記載了三國時期王叔治在君主面臨危難之際,不顧舊制安守,英勇護君救駕的事迹⑤。再如《水經·沔水(三)注》中提及安吉縣一鄉百姓在光和末年動亂之時堅持"保險守節"⑥,堅守民族家園,平亂之後受到了漢王朝嘉獎的故事。可見,酈道元地景之下的中華民族愛國主義精神,牢固植根於中華民族共同的民族記憶中,不因時局動蕩、地域分化而消散,反而在一場場維護民族尊嚴的戰火硝煙中愈發強大。

---

① 《水經注校證》,頁 4。
② 《水經注校證》,頁 326。
③ 燒當羌爲當時八個羌族部落之一支。
④ 《水經注校證》,頁 39。
⑤ 《水經注校證》,頁 247。
⑥ 《水經注校證》,頁 656。

（三）尊師重孝、崇禮尚儀

尊師重孝、崇禮尚儀是中華民族精神共同體中最穩定的組成部分。古代中華民族，上至君王下至百姓，無一不將其作爲治理國家、安定家庭的規訓守則，世代延續①。酈道元地景書寫下的許多石碑紀頌了前人尊師重孝的事迹，如《水經·洛水注》記述了潘岳因受孫秀陷害致全家被害，其門生"感覆醢以增慟，乃樹碑以記事"②。《水經·沔水（二）注》有一孝子墓，記録了河南秦氏在父母亡故後"負土成墳，常泣血墓側"③的感人故事。此外，酈道元還尊崇儒家思想，書中多次引述儒家經典，論及孔子及其門生事迹，這些都足見其對"禮"的敬重和"孝"的推崇。

四　情感共同體意識

在心理學上，情感被認爲是人與生俱來的一種預知力量，它是人們在進行話語交流時本能地觸發情感神經産生的系列情緒反應④。情感先於話語和語言而存在，但又時刻牽引着人與人之間的交流。情感認同是一個群體對其周圍生活環境或事物産生的相同或相近的情感或理解，從而在精神溝通上達到高度一致⑤。中華民族情感認同的形成離不開中華文化的滋養。因此，中華民族情感共同體是中華各族人民在相互交流的過程中，對中華文化和中華民族精神産生高度的情感認同，對本民族産生强烈的情感依歸。它是凝聚各族人民團結統一的紐帶，

---

① 劉海芳《厚植尊師重道文化的道德根基》，《人民論壇》2019 年第 19 期，頁 140—141。
② 《水經注校證》，頁 356。
③ 《水經注校證》，頁 638。
④ 楊昆、尉兆梁《身份研究視角由現代轉向後現代》，《中國社會科學報》2022 年 9 月 8 日第 5 版。
⑤ 關健英《夷夏之辨與中華民族共同體意識的形成》，《船山學刊》2016 年第 1 期，頁 43—48。

“各民族之所以團結融合，多元之所以聚爲一體，源自各民族文化上的兼收並蓄、經濟上的相互依存、情感上的相互親近，源自中華民族追求團結統一的内生動力”①。

酈道元的地景書寫不僅蘊含了深厚的民族文化和高昂的民族精神，更突出了高度的民族自信心和自豪感。

（一）“和合”的民族情結

中華文化的多樣性與豐富的民族文化交流途徑密不可分，如遷徙、戰争、貿易、通婚、設官等都在酈道元廣闊的地景書寫中有相關描述。戰争可視爲人類交往的行爲之一，《水經注》裏各族在戰後進行會盟議和的場景不在少數，如《水經·鮑丘水注》中記載的無終（山戎）國通過“納虎豹之皮”，以實現“請和諸戎”②的目的；《水經·江水（一）注》記叙了巴子國“使韓服告楚，請與鄧好”③的典故。各族之間的文化交流儘管緊密，但最終都在“和合”的民族情結的牽引下聯爲一體，進一步促進中華民族共同體多元一體格局的形成。

（二）家國情懷

在相互交往和學習的過程中，各族人民對共同創造的中華民族文化產生强烈認同，對中華民族精神、民族氣節具有高度的自信心和自豪感，逐漸融入到“中華民族大家庭”中。如《水經·滱水注》記載了在國難之時，齊桓公派管仲“攘戎狄，築城以固之”，誓死捍衛民族家園的完整④；《水經·㶟水注》還引用了昔日秦國爲維護國家安全，“築城於武州塞内以備胡”⑤的典故。可以説，這種對自身民族文化高度自信、對國家統一、民族團結高度認同的情感是中華民族家國情懷的深度概括。

---

① 習近平《國家中長期經濟社會發展戰略若干重大問題》，《求是》2020 年 11 月 1 日第 21 期。
② 《水經注校證》，頁 329。
③ 《水經注校證》，頁 740。
④ 《水經注校證》，頁 275。
⑤ 《水經注校證》，頁 298。

(三) 守土意識、變夷爲夏

酈道元尚儒,在"夷夏之辨"的歷史問題上他同樣認同儒家"變夷爲夏"的思想。在他的地景書寫中引用了許多中原王朝在少數民族地區傳播中原習俗、推行教化的事例,如《水經·瓠子河注》中記述了堯帝曾"北教八狄"[1],試圖對少數民族進行教化;《水經·溫水注》中敘述了交州地區在中原官員的教化下逐漸改變了地方耕作習俗,最終"火耨耕藝,法與華同"[2]。此類典故的背後,一方面映射出古代人民傳統的愛國情感和守土意識;另一方面強調了中華各族人民在文化交流過程中不斷融合,不斷增進民族情感認同,在"分"與"合"的矛盾平衡中逐漸形成了中華民族共同體意識[3]。

五 生態共同體意識

中華民族實現偉大復興的道路既是物質文明充分發展的道路,又是與生態文明和諧共生的道路。作爲人類社會文明發展的新形態,良好的生態文明對於保護人類健康和地球生態系統平衡、促進人類命運共同體構建具有長遠意義,"要深化對人與自然生命共同體的規律性認識,全面加快生態文明建設。生態文明這個旗幟必須高揚"[4]。

中華民族生態共同體是中華各族人民在總結過往生活實踐經驗的基礎上,形成的對人與自然相處模式的綜合體。它既體現了各族人民尊重自然、保護自然的生態自覺,又表達了順應自然、渴望與自然和諧相處的美好心願[5]。

---

[1] 《水經注校證》,頁 549。
[2] 《水經注校證》,頁 803。
[3] 《夷夏之辨與中華民族共同體意識的形成》,頁 44。
[4] 習近平《國家中長期經濟社會發展戰略若干重大問題》,《求是》2020 年 11 月 1 日第 21 期。
[5] 周艷《中國當代藝術的自然生態意識研究(1990 年至今)》,魯迅美術學院,2022 年。

從集體層面看,生態共同體是各族人民團結協作、謀求共同發展的積極展現;從個人層面看,它又是各民族成員對人與自然關係的深度思考和社會責任的主動擔當。因此,生態共同體最直接、最生動地體現了中華民族共同體意識的反作用。

酈道元在寫景叙事中,將"中華民族生態共同體"意識自然融入於一景一情之中,細細一品,便覺深意無窮。

(一) 尊重自然,保護生態

從古至今,中華民族對自然環境常葆一顆敬畏之心。人們既善於開發和利用自然資源,讓自然爲其所用,又尊重自然、順應自然,注重維護生態平衡。如在《水經‧河水(一)注》中就提及每逢"桃花水至",則"禁民勿復引河"[1],這體現了當時人民對水資源的保護;《水經‧江水(一)注》中記述了鄧芝在征伐中射中黑猿,見黑猿自己拔箭,不由發出"傷物之生,吾其死矣"[2]的感歎,這是其愛護動物的仁心生發。

(二) 善用資源,和諧共生

酈道元在地景中描繪了衆多各族人民"灌溉""開渠""鑿山""釀酒""捕魚""煮鹽""利用溫泉治病"的場景。正如他在書中所言,"水德含和,變通在我"[3],這些活動不但體現了古代中華民族獨特的養生智慧,更表明善用和珍惜自然資源、追求人與自然和諧共生的生態意識古已有之。

(三) 熱愛自然,享自然之樂

同時,酈道元還不忘將熱愛自然、享受自然、願同自然融爲一體的情感有機融入地景描繪中,如看到愚公曾居的山谷,他不禁感歎:"何其深沉幽翳,可以托業怡生如此也。余時逐此,爲之躊躇,爲之屢眷

---

① 《水經注校證》,頁 2。
② 《水經注校證》,頁 741。
③ 《水經注校證》,頁 290。

矣。"①回憶少時在東州欣賞到的自然風光,他又感慨:"桂筍尋波,輕林委浪,琴歌既洽,歡情亦暢,是焉棲寄,寔可憑衿。"②這不僅是酈道元個人自然意趣的生動體現,更是中華民族整體自然之愛的深層表露。此外,酈道元地景書寫下的地名,不少是以動植物或自然現象命名的,靈動生趣,如"靈鷲山""鳳林""甘棗溝""蓮芍縣""石魚山""雞翹洪"等,這些地名都生動描摹了人與自然共生之境。

六　地景書寫中的中華民族共同體意識的新時代意義

其一,爲新時代鑄牢中華民族共同體意識提供了歷史經驗借鑒。魏晉南北朝是民族大融合時期,是中華民族農耕-游牧二元結構形成的過渡階段。酈道元地景書寫下的中華民族是一個團結互助、相互關愛、追求國家統一、民族安定的利益共同體,其在文化、價值、精神、情感和生態保護方面形成了高度統一的共同體意識——中華民族共同體意識。酈道元地景書寫中的共同體意識研究有助於認識中華民族共同體意識形成過程的歷史細節,爲進一步建構和完善當代共同體理論提供了寶貴資源。它是新時代我黨推進民族團結工作和發展民族事業的可靠歷史根基,促進了中華民族歷史血脉的延續和中華民族文化基因的傳承發展③。

其二,爲新時代構建中華民族共有的精神家園凝聚共識、積聚力量。語言是一個民族的精神家園,它是民族文化的載體,同時也是民族價值觀、民族精神、民族情懷和民族身份認同的生動體現。酈道元的地景書寫展現了各民族多彩的語言特徵,一方面,它們是中華民族記憶的最真實、最感性的留存,爲新時代語言研究和文化建設提供語料支援;另一方面,它們又是中華民族文化認同的匯聚體,爲新時代鑄牢中華民

---

① 《水經注校證》,頁 555。
② 《水經注校證》,頁 592。
③ 彭豐文《中華民族共同體意識的歷史文化根基》,《前綫》2022 年第 10 期,頁 45—48。

族共同體意識和建設中華民族共有的精神家園提供了強大的力量支撐①。

七 結語

　　魏晉南北朝時期民族衝突與融合交錯進行，雖然政治情勢波瀾起伏，但民族之間經濟、文化和價值觀等交流卻在不斷深入。酈道元《水經注》則立足於民族融合的時代特徵，將中華民族共同體意識自然融入地景書寫的方方面面。這種中華民族共同體意識以中華文化爲根基、以共同價值觀爲標準、以民族精神爲橋梁、以家國情懷爲紐帶、以實現人與自然和諧相處爲願景。它凝聚了各族人民對共有的民族文化、價值觀、精神觀、情感觀和生態觀的認同，與民族交流融合的過程相生相伴並不斷强化，是酈道元愛國主義情懷的深情袒露。在壯麗的地景描繪中，酈道元生動闡述了中華民族相互尊重、開放包容的文化觀；團結互助、和平發展的價值觀；不畏艱難、愛國奉獻的精神觀；和合一體、熱愛家國的情感觀以及尊重自然、保護環境的生態觀。酈道元地景書寫深刻揭示了中華民族共同體意識的豐富內涵，充分展現了中華民族海納百川的寬廣胸襟，爲新時代維護國家統一、維繫民族團結和推動民族事業蓬勃發展提供寶貴歷史經驗和堅實精神支撐，具有重要的歷史價值和現實意義。因此，我們必須堅持鑄牢中華民族共同體意識，才能維繫好中華民族血脉，建設好中華民族共有的家園。

---

① 李建軍、張玉亮、李宗赫《以語言的内聚性構築中華民族共有精神家園》，《海南大學學報（人文社會科學版）》2022 年第 41 卷第 2 期，頁 89—96。

中古漢語介賓短語"於/在＋處所"句法位置的變化

吴　波　浙江師範大學

介賓短語的句法位置一直是漢語語法史討論的熱門話題。中古漢語裏,介賓短語的句法位置跟上古相比有了很大變化,我們這裏主要討論介賓短語"於/在＋處所"在動詞前後的變化情況。

一　"於＋處所"①

先秦漢語中"於"用來引介處所時,"於＋處所"絶大多數都放在謂語動詞之後,只有極少數放在謂語動詞之前;[1]65 到了中古,這種情況有了很大變化。我們選擇此期的六種語料進行窮盡式調查,調查結果如下表所示②。

表 1

著作名　於L位置	VP＋於L		合計	於L＋VP			合計	"於L＋VP"所占比例
	V＋於L	V＋O＋於L		於L＋V＋O	於L＋V＋C	於L＋V		
抱朴子内篇	96	56	152	19	1	1	21	12.14％
搜神記	99	34	133	36	1	9	46	25.70％

---

① 在我們考察的六部著作裏,"於"的使用遠比"于"多。此期"於""于"用法雖有不同,但我們這裏主要討論"於/于＋處所賓語"在句中的位置變化情況,至於它們用法上的區别可以忽略不計。爲了方便論述,我們統稱"於"。

② L表示處所,"V＋O"表示動詞帶賓語,"V＋C"表示動詞帶補語。

續表

於L位置 著作名	VP＋於L		合計	於L＋VP			合計	"於L＋VP" 所占比例
	V＋於L	V＋O＋於L		於L＋V＋O	於L＋V＋C	於L＋V		
世説新語	30	14	44	27	3	14	44	50％
百喻經	29	1	30	25		9	34	53.13％
齊民要術	17	55	72	67	4	21	92	56.10％
洛陽伽藍記	49	34	83	7		1	8	8.791％

　　從表中數據可以看到,除《洛陽伽藍記》外①,"於L"前置於謂語的比例在逐步上升。

　　如果"於L"位於動詞前(即"於L＋VP"),"V"後帶賓語的情況占絶大多數;如果"於L"位於動詞後(即"VP＋於L"),"V"後不帶賓語的情況占多數。石毓智、李訥認爲"介詞短語的前移與動補結構的發展密切相關"[2]290,從我們考察的情況來看,與V後帶賓語與否關係也很密切。

　　"於L"之所以從動詞後移到動詞前,學界普遍認爲跟語言符號組合原則的變化有關。謝信一認爲語言符號的組合可以根據兩種原則。他説:"可以把感知或概念上促成的規則稱爲臨摹原則(iconic principles),把以邏輯-數學爲基礎的規則稱爲抽象原則(abstract principles)。""在前者,成分的組合和排比比較密切地反映現實世界的情景,而後者則否。"[3]29用抽象原則組織句子,一般要靠形式標志。蔣紹愚先生(1999)把先秦漢語中的介詞"於"看成一種形式標志。他指出:儘管漢語(特别是先秦漢語)缺乏形態,但介詞"於"是一個很明顯的標記。先秦漢語中"V＋(O)＋於＋L"的形式中,"於＋L"統統放在動詞後面,這是因爲有了"於"這個標記的緣故。但到西漢,發生了一個變化:這種形式中的"於"可以不要,就成了"V＋(O)＋L"。"於"標記的消失,就

---

① 《洛陽伽藍記》中由"於"組成的介賓短語在句中的位置情況繼承了上古漢語的詞序(參蕭紅博士論文《〈洛陽伽藍記〉句法研究》)。正如同任何規律都有例外一樣,我們認爲《洛陽伽藍記》所表現的是總趨勢下的例外情況。

動搖了"於十L"一律置於動詞後的"抽象原則"。"抽象原則"動搖後，"臨摹原則"就代之而起。[4]266-267

我們不打算對兩種原則作過多評價，而是着眼於中古漢語介賓短語的實際情況，從語言本身來尋找變化的原因。

1. 於 L＋V(＋O＋/C)

從調查文獻中所有"於 L＋V(＋O)"的用例來看，該格式主要有以下特點：

(1) V 後可帶複雜賓語(如主謂結構等)。例如：

獵者於終南山中，見一人無衣服，身生黑毛。(《抱朴子內篇·仙藥》)

有人於長安東霸城見(訓)與一老公共摩娑銅人。(《搜神記》卷一)

世子嘉賓出行，於道上聞信至，急取牘，寸寸毀裂，便回。(《世說新語·捷悟》)

餅用圓鐵範……於平板上，令壯士熱踏之。(《齊民要術·造神麴并酒》)

(2) 謂語本身很複雜(如連動式、帶補語等)。例如：

昔汝南有人於田中設繩罥以捕麞而得者，其主未覺。(《抱朴子內篇·道意》)

取丹砂水曾清水各一分，雄黃水二分，於鎋中加微火上令沸，數攪之。(《抱朴子內篇·黃白》)

於城湍墮水死，屍喪不得。(《搜神記》卷十一)

泰即於夢中叩頭祈請。(《搜神記》卷十)

乃於陳留大澤中殺所乘馬，捐棄官幘，詐逢劫者。(《搜神記》卷十七)

栗初熟，出殼，即於屋裏埋著濕土中。(《齊民要術·種栗》)

裂若屈曲者，還須於正紙上逐屈曲形勢裂取而補之。(《齊民要術·雜說》)

把取麴汁，於甕中搦黍令破。(《齊民要術·笨麴并酒》)

良久水盡，餾極熟軟，便於席上攤之使冷。(《齊民要術·造神

麴并酒》)

(3)"於"後可帶複雜賓語。例如:

> 桃熟時,於牆南陽中暖處,深寬爲坑。(《齊民要術·種桃李》)
> 欲作快弓材者,於山石之間北陰中種之。(《齊民要術·種桑柘》)
> 葉黃,鋒出,則辮,於屋下風凉之處桁之。(《齊民要術·種蒜》)
> 於北向戶大屋中作之第一。(《齊民要術·笨麴并酒》)

2. V(＋O)＋於 L

不管"V"後是否帶賓語,"於 L"後置都有以下特點:

(1)"於"後一般不帶複雜賓語,但在表示終到處所時,不管賓語短還是長,一律要放在"VP"後面。"V"後帶賓語的如:

> 投金於山,捐玉於谷。(《抱朴子内篇·黄白》)
> 再三送野肉於門内。(《搜神記》卷二十)
> 漢武徙南嶽之祭於廬江灊縣霍山之上,無水。(《搜神記》卷十三)
> 昔武王伐紂,遷頑民於洛邑,得無諸君是其苗裔乎?(《世説新語·言語》)

"V"後不帶賓語的如:

> 《抱朴子内篇》:入於深山之中/入於室/返於世/以金人金魚投於東流水中
>
> 《搜神記》:放於餘不溪中/投於灶下/棄於山中/送於山中/留於官中
>
> 《齊民要術》:擲於池中/移植於廳齋之前/歸於蒿里/墜於樹下/傾於酒甕中

可以看出"L"多是"名詞＋方位詞"(如草上、筐中、根下等),三音節以上的詞極少。

(2)謂語本身很簡單,多由單音節動詞充當,"V"前無其他修飾語。例如:

> 《抱朴子内篇》:刻於泰山/修於山林/積於衡巷/集於樹上/浮於水/行於世/蟄於山谷間
>
> 《搜神記》:養虎於山/殺楊太后於金墉城/觀手迹於華嶽上/得沙石於肉中/生於/卒於/死於/埋於/居於/見於/聞於/鬥於

《世説新語》：耕於/戰於/采於/隱於/游於

（3）動詞後基本不帶複雜賓語。

比較"於 L＋V（＋O/C）"與"V（＋O）＋於 L"兩種格式，不難發現除語義條件的限制外，它們對"於"的賓語"L"、動詞賓語"O"以及整個句子謂語的要求正好相反。總的説來，"V（＋O）＋於 L"式只能在"L""O"和謂語動詞"V"都較爲簡單的情況下才能使用，一旦動詞後需要帶複雜賓語（如主謂結構作賓語）或補語，或者"於"後需要帶複雜賓語，甚至句子需要複雜謂語時，便不再采用"V（＋O）＋於 L"的格式；而"於 L＋V（＋O/C）"結構只在介賓短語表示終到處時不能使用，"V（＋O）＋於 L"結構所受的限制對它來講均不存在。正因爲"於 L＋V（＋O/C）"式除語義的制約外再無其他阻礙，中古時期隨着句子表義的複雜化，"於 L"前移已成趨勢。

二　"在十處所"

郭錫良先生曾指出介詞"在"是到漢代才産生的，《史記》中只有十幾例。[5]137"在"虛化爲介詞後，中古時期在引介處所方面成了"於"的主要替代者。我們仍以此期六部典籍的窮盡式調查爲基礎來分析。

表 2

著作名 在L位置	VP＋在 L		合計	在 L＋VP			合計	"在 L＋VP"所占比例
	V＋在 L	V＋O＋在 L		在 L＋V＋O	在 L＋V＋C	在 L＋V		
抱朴子内篇	3		3				0	0
搜神記	9	3	12	5	1	8	14	53.85％
世説新語	6	4	10	22		46	68	87.18％
百喻經	4	1	5	3		8	11	68.75％
齊民要術	4	1	5	1		1	2	28.57％
洛陽伽藍記	9	5	14	12			12	46.15％

從表中可以看出，中古時期，尤其是在口語性很強的著作裏（如《世

説新語》《百喻經》等),"在 L"放在謂語動詞前表現出了強大的優勢。

1. 在 L+V(+O/C)

(1) "V"本身是複雜謂語(含被動式等)。例如:

玄時事形已濟,在平乘上笳鼓並作,直高咏。(《世説新語·豪爽》)

蘇峻時,孔群在横塘爲匡術所逼。(《世説新語·方正》)

在步道上引手而取,勿聽浪人蹋瓜蔓。(《齊民要術·種瓜》)

在我國内,制抑洗净。(《百喻經·出家凡夫貪利養喻》)

遂在路殺獅子而返。(《洛陽伽藍記·城南》)

王與夫人及諸王子悉在上燒香散花。(《洛陽伽藍記·城北》)

(2) 除了"在+L"外,"V"前還有其他狀語修飾。例如:

君速歸,在狐㷌處拊心啼哭,令家人驚怪,大小畢出。(《搜神記》卷三)

在外車上與人説己注傳意。(《世説新語·文學》)

在剡爲戴公起宅,甚精美。(《世説新語·棲逸》)

唯有一郎,在牀上坦腹卧,如不聞。(《世説新語·雅量》)

便在二婦中間,正身仰卧。(《百喻經·爲二婦故喪其兩目喻》)

童子在虛空中向王説偈。(《洛陽伽藍記·城北》)

在城南杏樹下向王伏罪。(《洛陽伽藍記·城北》)

(3) "V"後賓語較長,或帶補語。例如:

蛇在皮中動摇良久。(《搜神記》卷三)

任讓在帝前戮侍中鍾雅、右衛將軍劉超。(《世説新語·政事》)

燥則上在廚積置以苫之。(《齊民要術·蔓菁》)

以上特徵都是"V(+O)在 L"所不具備的。一旦"在+L"放在動詞後,"V(+O)+在 L"格式往往表現出以下特點。

2. V(+O)+在 L

(1) "V"前一般没有其他修飾語。例如:

謀曰:"用舊義在江東,恐不辦得食。"(《世説新語·假譎》)

法師今日如著弊絮在荆棘中,觸地掛閡。(《世説新語·排調》)

顧長康畫謝幼輿在岩石裏。(《世説新語・巧藝》)

時樹上人至天明已,見此群賊死在樹下。(《百喻經・五百歡喜丸喻》)

周築令堅如石,安在甕底。(《齊民要術・法酒》)

故令蔓生在茇上,瓜懸在下。(《齊民要術・種瓜》)

内有孔丘像,顏淵問仁、子路問政在側。(《洛陽伽藍記・城内》)

帝亦觀戲在樓,恒令二人對爲角戲。(《洛陽伽藍記・城北》)

誰知河間,瞻之在前。(《洛陽伽藍記・城西》)

(2) 動作多有方向性,如"落、來、移、擲、投"等;"在 L"表示動作的終到處,只能放在動詞後。例如:

持一把豆,誤落一豆在地,便舍手中豆,欲覓其一。(《百喻經・獼猴把豆喻》)

今將異國沙門來在城南杏樹下。(《洛陽伽藍記・城北》)

太后以鐘聲遠聞,移在宫内。(《洛陽伽藍記・城東》)

吴人浮水自雲工,妓兒擲繩在虚空。(《洛陽伽藍記・城南》)

或有人慕其高義,投刺在門。(《洛陽伽藍記・城東》)

整個句子也可以是無主語的"有"字存現句。例如:

其吐火,先有藥在器中。(《搜神記》卷二)

開被而信,有水在上被之下,下被之上。(《搜神記》卷五)

有幹葉在地,足得火燃。(《齊民要術・種穀楮》)

夜中有柱自來在樓上。(《洛陽伽藍記・序》)

上面的分析説明:中古漢語裏 VP 所帶的句法成分(賓語、補語、VP 前的其他修飾語)是決定"在 L"位置的最主要因素,其次是語義作用的影響。在現代漢語"V(+O)+在 L"的格式裏,V 基本上都是單音節詞。中古與之不同,V 可以是雙音節詞。例如:

其猜疑在胸,皆自其命。(《抱朴子内篇・對俗》)

王綏在都,既憂戚在貌,居處飲食,每事有降。(《世説新語・德行》)

顛倒在懷,妄取欲樂,不觀無常,犯於重禁。(《百喻經・二鴿喻》)

现代漢語中影響"在 L"位置的因素首先是 VP 的音節數,其次是 VP 所帶的句法成分,最後是語義作用。[6]48 雖然中古時期漢語詞彙複音化的傾向很明顯,但大多正處於形成過程中,還不穩定,帶介賓短語的句子裏謂語動詞是以單音節爲主,所以 VP 的音節數還不足以影響"在 L"的位置。

蔣紹愚先生認爲:"從漢代到魏晉南北朝,新興的介詞如'在、從、到'等逐漸發展,代替了原來的介詞'於'。因爲這些新興的介詞是從動詞虛化而來的,而它們在先秦漢語中作動詞時本是根據'時間順序原則'或放句子前,或放句子後,虛化成介詞以後,它們依然保持原來的位置不變。"[4]267 這種觀點用來解釋表示動態語義的"VP＋在 L"基本沒問題,但是如果"VP＋在 L"表示的是靜態語義,就會存在用時間順序原則解釋不通的情況。例如:

> 劉伶恒縱酒放達,或脫衣裸形在屋中,人見譏之。(《世說新語·任誕》)

若按照時間順序原則,該句應爲"在屋中脫衣裸形";爲了使"脫衣裸形"與前四字格"縱酒放達"平行,"在屋中"後置。

> 城北半據在水中,左右夾溪深長。(《水經注·丹水》)

由於動詞"據"前已經帶有名詞狀語"半",地點狀語"在水中"只能後置。

> 械成,使置門壁下,堅閉門在內,有馬騎麾蓋來扣門者,慎勿應。(《搜神記》卷七)

按時間順序原則,應爲"在內堅閉門";這樣一來,動詞"閉"前就出現兩個修飾語:地點狀語"在內"和形容詞狀語"堅"。爲了使句子兩頭勻稱,"在內"便移到了動詞後。

> 濡須口有大船,船覆在水中,水小時,便出見。(《搜神記》卷十六)

按時間順序原則當作"船在水中覆";但因爲後面緊接着述說"水小"的情況,前置反使距離遠了,後置顯得順勢。

可見,除了時間順序原則外,語言內部自身的調節作用也對介賓短語的位置有一定影響,這涉及言語表達美的問題。漢民族在各個方面都講求和諧美,在語言應用上也不例外,介賓短語在漢語語法發展過程中的位置變化即是其中一例。在語言應用時句子内的各個組成部分有能力根據相互制約的關係而自動調節,以求構成一個協調、和諧的統一體。[8]15

　　綜上所述,"於十處所賓語"在動詞前後的位置受到處所賓語、謂語動詞及其賓語等條件的制約,一旦這些成分比較複雜,"於十處所賓語"便不能再後置於謂語動詞;中古隨着句子表義的精密化,"於十處所賓語"的句法位置就呈現出前移的趨勢。中古漢語裏謂語動詞所帶賓語、補語及狀語的複雜與否是決定"在十處所賓語"位置的最主要因素,其次是語義作用的影響,謂語動詞的音節數此期還不足以左右"在十處所賓語"的位置。另外,語言内部的自身調節也會對介賓短語的位置産生一定的作用。

參考文獻

何樂士《〈左傳〉〈史記〉介賓短語位置的比較》,《語言研究》1985 年第 1 期。

蕭紅《〈洛陽伽藍記〉句法研究》,南京大學中文系 1999 年博士論文。

石毓智、李訥《漢語語法化的歷程——形態句法發展的動因和機制》,北京大學出版社,2001 年。

謝信一《漢語中的時間與意象》,葉蜚聲譯,《國外語言學》1991 年第 4 期。

蔣紹愚《"抽象原則"和"臨摹原則"在漢語語法史中的體現》,載《漢語詞彙語法史論文集》,商務印書館,2000 年。

郭錫良《介詞"于"的起源和發展》,《中國語文》1997 年第 2 期。

張赬《論決定"在 L十VP"或"VP十在 L"的因素》,《語言教學與研究》1997 年第 2 期。

戴浩一《時間順序和漢語的語序》,黄河譯,《國外語言學》1988 年第 1 期。

魯國堯《〈孟子〉"以羊易之""易之以羊"兩種結構類型的對比研究》,載《魯國堯自選集》,河南教育出版社,1994 年。

（原載於《南京師範大學學報(社會科學版)》2004 年第 4 期）

對索緒爾任意性原則的修正

黎　平　貴州大學

一　提出修正案

語言符號系統中，有三大子系統。其中兩個是獨立性的：能指系統、所指系統；另一個是依附性的：規則系統。

語符系統與它的三個子系統並不簡單地是合集與子集的關係。符號系統的内部元素（具體的符號）是由能指系統的内部元素和所指系統的内部元素相互配對生成的[①]，而它們之間如何配對是有規則的。這些規則本身也自成系統，我們稱之爲規則系統。

整個符號系統，就像衣服上扣起來的一排紐扣。一排"紐扣"是一個子系統，一排"扣眼"又是一個子系統。這兩個子系統通過"紐扣"與"扣眼"的連接而交織在一起，組成一個大系統。而兩個子系統的"交匯點"，則是這個大系統中的内部元素。這裏，紐扣和扣眼的連接並不是無序的，這裏有一系列的規則，這些規則也構成一個系統。也就是說，

---

① 艾柯（1990：55）認爲索緒爾關於"符號"的定義還只是一種假設。他認爲：

這一假設必然引起一些結果：（a）符號不是一種物質實體，物質實體至多是表達性相關因素的具體表現形態；（b）符號不是一種固定的符號學實體，而毋寧是獨立因素（來自兩種不同平面的不同系統，並在編碼關係的基礎上匯到一起）的交匯點。

其中第二點和本文此處意思差不多。索緒爾的"符號"是他新建的一個術語，上述兩種結果就是他建立這個術語所想表達的思想。傳統的"符號"在他的術語體系中，變成了"能指"這個術語。

這三個子系統與語符系統之間的關係是生成與被生成的關係。即整個語符系統是它的兩個獨立性的子系統（能指系統、所指系統）在規則系統的控制下生成的。

整個語符系統內部各種要素之間存在着各種關係。其中，能指與所指之間的關係問題備受關注。這個關係的屬性，索緒爾（1980:102）將之上升爲語符系統的基本原則——"任意性原則"，即"能指和所指的聯繫是任意的"。

既然是原則，就不能就事論事，而要求有基礎性、普適性（或叫泛時空性）。基礎性決定它只能用歸納的方式進行抽象，而不能由其他的命題推導出來。可是，普適性又決定它們不可能用完全歸納法得出，只能在抽樣歸納的基礎上加以類推得出。因此，原則一類，大都是在現有觀察視野中直觀經驗的抽象（或總結）。這里就存在着一定的局限性。同時，這種局限性是無法通過演繹法來克服的。因爲，和公理一樣，原則也是一個理論體系中最基礎的部分，在這個理論體系內部沒有一個基點可以用來對它進行演繹證明。

因此，隨着人們觀察視野的不斷擴大，原則就有可能要加以修正（或精確其內涵，或調整其適用範圍）。

對待任意性原則，國內外學術界有三種傾向。一是有一部分人想徹底否定這一原則；二是大部分人都是固守這一原則；三是有人看到前兩者似都有可取之處，於是認爲在任意性原則之外還有一個非任意性原則，這兩者都是存在於語言系統中。以上分歧根源於人們在看待語言現象中的"理據性""象似性"和"任意性"時存在着看似自相矛盾的情況。傾向一認爲，"任意性"只是"理據性""象似性"變得不可考證時的假象，不可考證並不等於不存在，因此真正的"任意性"是不存在的。傾向二認爲，真正可以考證的"理據性""象似性"太少，不能據此推定大量存在的"任意性"原本也是"理據性""象似性"，只是現在不可考證。傾向三則是認爲，"理據性""象似性"再少也不能忽視它的存在。同時，大量"任意性"的表象中肯定也有"真象"，也就是説，"理據性""象似性"和"任意性"都是存在的，都不應該被忽視。

以上三種傾向，都存在着一定的局限性。傾向一是通過否定"任意性"來克服自相矛盾的問題,但這種做法無法徹底證明,只是一種推測、猜想而已;傾向二是通過忽略"理據性""象似性"來克服自相矛盾的問題,但科學上數量統計不能代替邏輯證明,否則數學上的猜想早就不成其爲猜想了。傾向三干脆就采取"凡是存在的都是合理的"的態度,用所謂的"辯證法"去解決自相矛盾的問題。

前二者,彼此都只盯住了對方的局限性,而不能克服自己的局限性;後一個,雖然看到了前二者的長處,卻對其中的問題視而不見。

我們認爲:任意性原則整體上是正確的,但有必要加以修正。我們的修正方案如下。

"任意性原則"應該改稱"規約任意性原則",這個原則具體内容如下。

"規約任意性"是關係之屬性;如果維繫某一關係的聯繫只是外部聯繫、不是内部聯繫,那麽這一關係就是"規約任意性"的;語言系統中,具備"規約任意性"屬性的關係有三組:能指系統與語音能力①間的關係、所指系統與觀察視野間的關係、能指和所指間的關係②。

"規約任意性"是語言系統中各種關係之根本屬性;這一屬性對於語言研究領域的明確、語言研究成果的價值判定等方面具有決定性的指導作用。

以上我們對"任意性原則"的修正有兩個方面。一是精確其内涵,二是擴展其適用範圍。我們把"任意性"擴展爲"規約任意性"(也可以說是將"任意性"和"規約性"統一起來),是力圖使這一原則更加精確;把規約任意性的適用範圍由"能指—所指"關係延伸到"能指系統—語音能力"關係、"所指系統—觀察視野"關係這兩個方面,是力圖使這一原則更加周延。下面我們將對這兩個方面的修正進行闡釋。因爲這些原則在語言學中是公理性的,所以無法對之進行嚴密演繹性論證。我們對之的闡釋只能是簡單歸納性的説明。

---

① 這裏指人的發音器官理論上所能發出的所有聲音。
② 其中語音能力與觀察視野在語言系統之外。語言系統是一個開放的系統,語音能力與觀察視野是這個系統的兩個外部接口,但不屬語言系統。

二　闡釋修正案

(一)"規約任意性"的內涵

要闡釋一個概念的內涵,必須選擇一些較爲接近常識的概念作爲起始概念。我們選擇的是"聯繫"的兩個下位概念:內部聯繫、外部聯繫。

1. "聯繫"有兩類:內部聯繫、外部聯繫

世間萬事萬物都不是孤立地存在着,它們都存在於各種各樣的關係之中。事物之間之所以能構成各種關係,是因爲它們之間存在着各種各樣的聯繫(或者説是紐帶)。沒有聯繫,就構不成關係。這些聯繫,有的根源於事物內部,有的則是來自事物外部。據此,我們可以將聯繫分爲兩類:一類是內部聯繫,一類是外部聯繫。很明顯,這兩種聯繫性質迥異。這裏不需要抽象的分析,我們只以"血緣"和"姻緣"的區別爲例就能簡略説明之。我們知道:父子、母女、兄弟、姐妹等等血親關係,是因爲血緣這一內部聯繫的存在;夫妻、郎舅、叔嫂、妯娌等等非血親關係,是因爲"姻緣"這一外部聯繫的存在。內部聯繫的存在取決於內在因素,因而內部聯繫具有必然性、穩固性;外部聯繫的存在取決於外在因素,因而外部聯繫具有偶然性、可變性。例如:"兄弟"關係(當然,這里的"兄弟"是指親兄弟,不包括"結拜兄弟"),因爲其有內在必然性,所以具備穩固性等屬性;"夫妻"關係,因爲其沒有內在必然性,所以具備可變性等屬性。

2. 辨析"規約性"和"任意性"

辨析"規約性"和"任意性"就是分析"能指—所指"關係。分析語言系統中的各種關係時,一定要區分內部聯繫、外部聯繫,並以它們爲起始概念。分析"能指—所指"關係也不例外。在語言符號系統中,産生"能指—所指"關係的聯繫,就是類似於"姻緣"的那種外部聯繫,而不是那種"血緣"般的內部聯繫。這種狀況,對語言符號來説是與生俱來的。

一方面,從形成語言符號的角度來看,把"語音形象"和"概念"組成

"能指—所指"關係①的決定因素,是整個言語社團的集體認知習慣。這相對於"語音形象"和"概念"自身而言,無疑是外在因素。另一方面,語言符號的功用,決定了它必須講求經濟性、實用性。這樣,任何有內在聯繫的一組"關係元"都不便於構成"能指—所指"關係。它們必須是與"所指"毫無內部聯繫的東西,才能作爲"能指"被自由地運用。即使構成"能指—所指"關係的"關係元"有內部聯繫,這種聯繫在"能指—所指"關係中也不起決定作用。

爲免于枝蔓,本文只用類比的方式簡略説明之。例如:在電影中,"演員—角色"關係,就是一種"能指—所指"關係。

一方面,把"演員"和"角色"組成"能指—所指"關係的決定因素,是導演的意圖。這相對于"演員"和"角色"自身而言,無疑是外部聯繫。雖然,導演在選擇演員時,要考慮演員和角色間的形似乃至神似。但這種"形似乃至神似"也不是由内部聯繫決定的,它不同于雙胞胎間的"形似乃至神似"。

另一方面,雙胞胎間的"形似乃至神似"是内在的,不受導演的意圖制約,而由其内在基因説了算。但是,不可能有哪位導演會用雙胞胎中的一位去演另一位。這説明,任何有内部聯繫的一組"關係元"都不便於構成"能指—所指"關係。

維繫"能指"和"所指"之間關係的,只是外部聯繫,不是任何内部聯繫。這一表述包含兩個角度,一是針對外部聯繫而言的"存在",二是針對内部聯繫而言的"不存在"。孤立地看這兩個角度,它們都無新意。前者就是所謂的"規約性"(也叫"約定性"或"社會約定性"),古代的荀子在其《正名篇》中就意識到了這一特性;後者就是索緒爾所説"任意性(arbitraire)"的實質。索緒爾(1980:104)解釋"任意性"時説:"我們的意思是説,它是不可論證的,即對現實中跟它沒有任何自然聯繫的所指來説是任意的。"他所説的"沒有任何自然聯繫",實質上就是我們所説

---

① 這一過程中就包含了蔣紹愚(2000:146)提出的"第二次分類",但這一過程比"第二分類"範圍要廣,我們對這一過程的瞭解還很膚淺。

的没有内部聯繫①。

但是,學界目前還没有自覺地意識到:"規約性"是針對外部聯繫而言的,"任意性"是針對内部聯繫而言的。人們或者將這二者完全等同起來,或者將這二者看成是密切相關的兩種屬性。這兩類觀點都不能正視這二者間的區別與聯繫,也就不能精確地理解"規約性"和"任意性"。學界關於索緒爾"任意性原則"的分歧與爭執,根源就在這里。

因此,我們在界定"任意性"和"規約性"時,分別以内部聯繫、外部聯繫作爲起始概念。我們的界定如下:

規約性,指某一關係内部各關係元之間存在着外部聯繫;任意性,指某一關係内部各關係元之間不存在任何内部聯繫。

3. 統一"規約性"和"任意性"

前面,我們將有關表述分爲兩個角度,一是爲了便於概念的辨析,同時也是爲了和學界傳統的"規約性"和"任意性"等概念銜接起來(儘管傳統上這些概念的内涵不够精確且帶有直覺性)。但是,我們必須清醒地意識到:這兩個角度並不是相互孤立的。對於"能指—所指"關係而言,"規約性"和"任意性"相輔相成的;它們共同構成這一關係的屬性的兩個方面。下面我們分別從内涵和定義這兩個方面闡釋這個問題。

一方面,我們可以從内涵上來分析這個問題。

從前文的一系列分析看,對於"能指—所指"關係而言,存在内部聯繫和不存在外部聯繫是一個問題的兩個方面,"任意性"和"規約性"是相輔相成的。

一是,内部聯繫的存在有時會阻斷(至少也會限制)可能産生"能指—所指"關係的外部聯繫(比如,導演不可能用雙胞胎 A 去演雙胞胎 B,根本原因就是雙胞胎間的血緣聯繫)。换言之,很大程度上,不存在内部聯繫是施加外部聯繫的條件。正因爲"語音形象"和"概念"之間不存在任何内部聯繫(任意性),所以整個言語社團才有可能不受任何限

---

① 張紹傑(2005:4)在分析索緒爾的"任意性"原則時就曾説:"在索緒爾看來,用什麽能指表示什麽所指,不存在邏輯上的原因。所以,語言符號是任意的,指的是能指和所指之間没有内在的聯繫。"

制地從外部把它們規約成的"能指—所指"關係。如果人們刻意去尋求與"概念"有內在聯繫的東西去充當"能指","能指"系統根本無法形成。即使有這種可能,能指系統也會龐大到讓人腦無法承受。

徑言之,"任意性"是"規約性"的條件。

二是,"能指—所指"關係不歡迎內部聯繫(這就好比,婚姻機關不會給有血緣關係的人辦證)。有時"能指—所指"關係會伴隨着內部聯繫,即使出現這種情況,這時起決定作用的是外部聯繫而不是內部聯繫。比如郎舅關係:

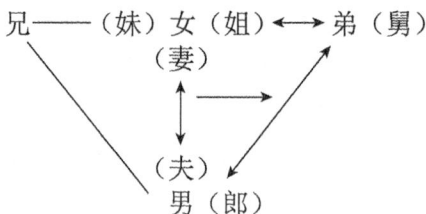

```
兄——(妹)女（姐）←——→ 弟（舅）
        （妻）
          ↑    ——→
          ↓ ↗
        （夫）
         男（郎）
```

這里,郎舅關係＝夫妻關係＋兄妹(姐弟)關係。這個等式中,兄妹關係是常量,郎舅關係和夫妻關係是兩個變量。也就是説,郎舅關係中雖然伴有兄妹關係中的"血緣",但這一"血緣"對郎舅關係沒有決定作用;而是夫妻關係中的"姻緣"決定着郎舅關係仍然是姻親關係。在郎舅關係中,"姻緣"壓制血緣。

又例如:"**河**—*河流*①"這對"能指—所指"關係,從漢語詞彙史的角度看,它和"**河**—*黃河*②"有淵源關係。如下圖所示:

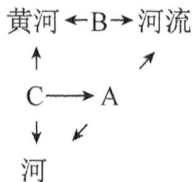

```
黃河 ←B→ 河流
 ↑      ↗
 C ——→ A
 ↓    ↙
  河
```

---

① "**河**—*河流*",這裏是做元語言來使用。加粗的 **河** 用來指"河"這個詞的"能指",斜體的 *河流* 用來指"河"這個詞的"所指"。本文統一采用這種體例。

② 舉這個例子是受南京大學李開先生的啓發。李先生在一次課堂上談到學界用因聲求義來否定任意性原則的事時,沉了一會兒,説了兩個字——"詞源"。我的理解是,李先生認爲因聲求義實際反映的是詞源問題,跟音義關係無涉。

用公式表示是：A(**河**—**河流**)＝B(*黃河*←→*河流*)＋C(**河**—**黃河**)。其中，B 中的"*黃河*"和"*河流*"這兩個概念是有内部聯繫的。這一聯繫，在等式中是固定不變的，是常量，在等式中不起決定作用。C 中的"**河**"和"**黃河**"是只有外部聯繫的。A 和 C 在等式中是變量。C 的性質決定 A 的性質。傳統"聲訓"用這些有淵源關係的詞來證明"語音"和"語義"之間有内在聯繫，其實這是一種誤解。内在聯繫只存在於"語義"與"語義"之間。

綜上，"規約性"排斥"非任意性"，親近"任意性"。"規約性"和"任意性"相輔相成。

另一方面，我們可以從"定義"的角度來分析這個問題。

"規約性"講的是"是什麽"的問題，"任意性"講的是"不是什麽"的問題。具體説，"規約性"意在説明語言系統中"能指—所指"關係之類的横向關係是社會現象，"任意性"意在説明這類關係不是自然現象。決定着"能指"和"所指"關係的是外部聯繫，這種聯繫既不來自自然界，也不來自人類個體，而是來自具體的社會群體，它是社會性的，不是自然性的。

因而從表達上講，"規約性"和"任意性"是從内、外兩個角度共同界定了"能指—所指"關係的屬性。它們不僅是相輔相成的，本質上它們就是一種屬性，是針對一種屬性的兩種不同角度的表述。

4. 小結

我們闡釋規約任意性的思路是：1. 明確"聯繫"的兩個下位概念；2. 以這兩個下位概念爲起始概念來分析"能指—所指"關係；3. 據此辨析"規約性"和"任意性"、並分析二者的對立統一。既然"規約性"和"任意性"是"能指—所指"關係之屬性中的不可分割的兩面，我們完全有理由再將這種屬性統稱爲"規約任意性"。綜上，我們對"規約任意性"的内涵作如下界定：

規約任意性是一種關係之屬性。如果維繫某一關係的聯繫只是外部聯繫(規約性)、不是内部聯繫(任意性)，那麽這一關係就是"規約任意性"的。

（二）"規約任意性"適用範圍的擴展

索緒爾把語言系統當成了一個純封閉系統。他在闡述任意性原則時，没有把語言符號系統放到整個認知系統中考察，没有把語言系統内部因素和外部因素聯繫起來。如果把視野擴大，我們就可以發現"規約任意性"不僅是存在於能指與所指之間的。能指系統的形成和所指系統的形成，這兩者都存在着規約任意性。因此，我們把規約任意性的適用範圍由"能指—所指"延伸到"能指系統—語音能力""所指系統—觀察視野"這兩個方面。因此，我們的修正案也可以分爲三條表述。這三條分别是：

原則Ⅰ：能指系統與語音能力的關係是規約任意性的。

原則Ⅱ：所指系統與觀察視野的關係是規約任意性的。

原則Ⅲ：能指和所指的關係是規約任意性的。

這樣，我們的修正案就比索緒爾的"任意性原則"多了兩條：原則Ⅰ、原則Ⅱ。這兩條合在一起就是：構成語言符號的能指和所指都是任意的。這一事實，Culler(1988：18)對此已有所揭示。他曾明確指出："能指和所指都是對連續體進行任意劃分的結果（一個是對聲音的劃分，一個是對概念的劃分）。"

前面討論"規約任意性"的内涵實際上就是以原則Ⅲ爲主要内容。下面將對原則Ⅰ、原則Ⅱ作進一步的、簡單的歸納性説明。

1. 原則Ⅰ

語音系統是能指系統中最基礎的一個子系統。人類發音器官所能發出的聲音在理論上是無窮的。但針對任何一個言語社團來説，其中只有一小部分會被采用，並歸併成有限的幾十個音位。這裏有以下幾個問題。

① 哪些聲音會被采用成爲語音系統中的音素？

② 這些音素會被歸併成多少個音位？

③ 這些音位又如何構成音節？

④ 所能構成的音節中又有哪些能被音節表實際采用？

這些問題顯然都是不可論證的①。這四個問題實際反映了從語音能力到形成語音系統的過程。這些問題的不可論證性說明：各言語社團的人，其發音器官的結構是相同的，其客觀的語音能力也是相同的。雖然如此，各言語社團的語音系統並不是全息式的對應於人的所有的客觀的發音能力。語音系統與語音能力如何對應，不同的言語社團是不同的，甚至在同一言語社團內部各方言區之間也是不同的。也就是說，語音系統與語音能力之間沒有內部聯繫。因而整個語音系統的形成是任意性的。

但與此同時，我們不能否認語音系統與語音能力之間有聯繫，只是這種聯繫是外部聯繫②。語音系統如何對應於語音能力，是整個言語社團從外部規約的。或者說從客觀的語音能力中有所選擇進而形成語音系統的過程，起決定作用的是某個具體的言語社團的集體認知習慣。總之語音系統是"規約性"的。從反面來說，如果說後天性的語音系統是完全對應於先天性的語音能力、不是整個言語社團從外部規約的，那麼小孩學說話時，完全沒有必要依托某個言語社團，完全沒有必要進行後天學習。這樣，"狼孩"也就不可能不會說人話了。同理，對能指系統中其他子系統或整個能指系統而言，也都存在着類似的不可論證性：①哪些形式會被采用？②這些形式會被歸併成多少個"形位"（即"語形單位"，對應的是"語形變體"）？③所能構成的形位中又有哪些能被形位系統實際采用？

因此，整個能指系統的形成是任意性的，是整個言語社團從外部規約的。能指系統的形成是規約任意性的。據此，本文歸納出原則Ⅰ："能指系統—語音能力"關係是規約任意性的。

2. 原則Ⅱ

所指系統中最基礎的一個子系統是語義系統。語義系統中的基本

---

① 這些問題，語言學界已有所注意。例如薩丕爾（1985：40）曾說："語言機構所能用的發音數目是無限的，每種語言都從這豐富儲藏裏明確地、嚴格經濟地選出一些來作爲己用。"

② 音素不能超出語音能力之外，它和語音能力之間有內在聯繫。但音素並不是語音系統中的基本單位。

單元是"義位"①。"義位"是任意性的。例如我們所熟知的一個例子：愛斯基摩人的語言中，沒有"雪"這個義位，只有"雪"的各種下位義位。在漢語中，只有"雪"這個義位，而沒有"雪"的各種下位義位。這一點不僅在語言學界已是公認的事實，哲學家也已經意識到了。德國哲學家石里克(2005：45)明確指出："概念只是一種假想物，旨在爲達到認識的目的使確切地標示對象成爲可能。概念可能類似分布於地球上使我們得以明確地標示地球表面的任何位置的經緯線。"石里克這裏說的"概念"是指整個認知系統而言。當然，對屬於認知系統中的所指系統也是適用的。實際上，整個所指系統都是"旨在爲達到認識的目的使確切地標示對象成爲可能"的，一張類似於經緯線的網絡。這張網絡體現了言語社團的集體認知習慣，和它標示的對象之間沒有必然聯繫。

另一方面，"語義系統"和"觀察視野(即人的各種感覺器官所能感知到的一切)"之間並非沒有任何聯繫。從觀察視野到形成這張網的過程中②，言語社團的集體認知習慣起着決定性的作用，這是維繫這一關係的外部聯繫。正因爲存在着這一聯繫，我們能從語義系統的研究中去窺視某個言語社團的集體認知習慣以及基於此的各種文化現象。

綜合這兩個方面，我們可以說"語義系統"和"觀察視野"之間的關係是規約任意性的，即，它們之間不存在内部聯繫而存在外部聯繫。語義系統是所指系統中的最基礎的一部分，因而整個所指系統也是規約任意性的。據此，本文歸納出任意性原則Ⅱ："所指系統—觀察視野"關係是規約任意性的。

3. 小結

原則Ⅰ和原則Ⅱ所反映的事實，人們已經注意到了。只是人們忽略了語言符號系統是一個開放性而非封閉性的系統，所以忽略了原則Ⅰ和原則Ⅱ。然而，"規約任意性原則"中的三條，少了其中任何一條，

---

① 即"語義單位"，特指語義系統中的概念。語義系統只是認知系統中的一部分。認知系統中有的概念，語義系統中不一定有。漢語中，"……之類"的結構就經常用來指稱認知系統中有的而漢語中沒有的概念。

② 蔣紹愚(2000：146)先生提出的"第一次分類"就屬這一過程。

這個原則都是不完整的。因爲,語言符號系統是包括能指系統和所指系統在内的一個完整的開放系統,所以我們不僅要考慮能指和所指的關係,還要考慮能指系統與語音能力的關係、所指系統與觀察視野的關係。只有把這三組關係串聯在一起,"規約任意性"才能貫穿整個語言符號系統。

三　"規約任意性"原則的理論價值

我們修正索緒爾的"任意性原則",是試圖使這一原則更加精確與周延,而完善這一原則是爲以下兩個目的做理論準備:

一是爲了徹底地消除學界一部分人對任意性原則的懷疑或否定;

二是以便真正發揮出這一原則對於語言研究的指導作用。

當然,要實現這兩個目的還須進一步的研究,本文只能就此做如下概論。

(一) 對理論自身的意義

目前對"任意性原則"最能構成威脅的是語言現象中存在的理據性與象似性,一部分學者就是利用這些現象來否定"任意性原則"。而實質上,所謂的"象似性"也是"理據性"的一種情形。這樣,實際上就是"任意性"與"理據性"的矛盾。其實,"任意性"和"理據性"都是語言事實中客觀存在的現象。只是人們沒有弄清二者的本質,以致將二者對立起來。這是索緒爾語言思想中的一個漏洞。索緒爾的反對者們正是抓住這一漏洞不放,企圖摧毀整個任意性原則;而索緒爾的支持者們並沒看出這一漏洞以及這一漏洞對任意性原則的精確性與完備性的危害。這樣就導致了雙方各執一詞,無法消除分歧。

根據本文對"規約任意性"的分析,我們認爲:貫穿整個語言符號系統的三組關係中雖沒有内部聯繫但有外部聯繫。語言現象中存在的理據是屬於外部聯繫的,而對内部聯繫而言的確是毫無理據的。所謂"任意性"與"理據性"的矛盾,實際上是人們把屬於外部聯繫的"理據"與針對内部聯繫而言的"毫無理據"(即"任意性")人爲地對立起來。這就是索緒爾語言思想中的一個漏洞，同時也是整個語言學界（包括索緒爾的支持者們和反對者們）的一個誤區。

我們把"規約性"和"任意性"統一爲同一屬性的兩個不同角度後，就能從內涵上化解"任意性"與"理據性"之間並不存在的對立，從而爲説服"任意性原則"的反對者提供堅實的理論基礎。這裏只以"擬聲詞"爲例説明之。

索緒爾（1980：105）並未肯定所有的"擬聲詞"都是任意性的，只是認爲非任意性的擬聲詞"不僅爲數很少，而且它們的選擇在某種程度上已經就是任意的"，因而對"任意性原則"不構成威脅。而反對者們正是從"（有一部分）擬聲詞的聲音和意義之間有着客觀的有機聯繫，具有可論證性"（白平 2002：31）出發，認爲"從漢語語言符號的整體情況來看，它們的語音和語義的結合關係都有理據可言，因而也就都具有可論證性"（白平 2002：34），進而懷疑乃至否定"任意性原則"。

其實，"擬聲詞"現象中所存在的"理據"，就是由模仿導致的相似。它並不是內部聯繫，而是外部聯繫。例如：**glou-glou** 是對*"火鷄的叫聲或液體由瓶口流出的聲音"*的模仿，而這一模仿就是 **glou-glou** 和*"火鷄的叫聲或液體由瓶口流出的聲音"*之間的外部聯繫，因爲這一模仿是獨立於 **glou-glou** 和*"火鷄的叫聲或液體由瓶口流出的聲音"*之外的因素。它不同於"回聲"之對應於"喊聲"的聯繫，不是內部聯繫。而"喊聲"與"回聲"間不存在獨立於它們之外的因素，也就是没有外部聯繫。以上分析説明，"擬聲詞"現象中所存在的"理據"是屬於外部聯繫的"理據"，是規約性的表現，與任意性（即針對內部聯繫而言的"毫無理據"）並不對立。

根據精確完善後的"規約任意性"，我們無須回避反對者所提出的事實，就可直接認定所有的"擬聲詞"都是任意的。而反對者所提出的事實恰恰是我們的"規約任意性"的例證。

以上分析初步説明本文對"任意性原則"的修正，有助於徹底地消除學界一部分人對任意性原則的懷疑或否定。

（二）對語言研究實踐的指導意義

"規約任意性"原則只有在具體的運用過程中才能得以體現出其應有的、對於語言研究的指導作用。所以，本文無法詳論之。我們此處只能就這一原則的適用範圍以及它在對語言研究範圍的選擇、對語言研究成果的價值判定等方面的指導意義作一概述。

首先，它對自身的適用範圍進行了框定。"規約任意性"存在於語言系統之中如下的橫向關係中。

（語音能力）→語音系統←→概念系統←（觀察視野）①

所以"規約任意性"原則的指導作用只適用於針對這一系列橫向關係的研究。超出這一範圍來對"規約任意性"原則進行討論（無論是維護還是反對）是沒有任何意義的。同時超出這一範圍來運用"規約任意性"原則也是無效的。任何理論都有它自身的適用範圍，不明確範圍的理論沒有價值。

其次，它是從語言現象中分離出"語言"的標尺。語言現象中往往會伴隨一些自然屬性，但這些不是語言研究的對象，因爲這些在語言現象中不起決定作用。因此，在語言研究中，我們應該研究那些在語言現象中能起決定作用的外部聯繫，而不用去管那些伴隨性的、不起決定作用的内部聯繫。那些伴隨性的内部聯繫，不屬於語言系統，應該由它們各自所屬的與語言相關的其他學科（諸如語言哲學、邏輯學、聲學等等）去研究。

最後，它能使我們預見語言研究的成果可能具有的價值和不可能具有的價值。自然科學的研究成果，可以用來預測未來，也可以用來推演未知。但語言學的研究成果做不到這點。語言學的研究成果一般只能對已然作出描寫、説明或解釋，但對於語言現象的未然的預測和未知語言現象的推演卻是無能爲力的。這種不可預測性是由"規約任意性"決定的。由"規約任意性"我們可知，起決定作用的是外部聯繫，而這是

---

① 這一系列關係中，我們用括號標出語言系統外，卻又與語言系統相關的因素。

我們無法進行預測的。所以我們既不能由已然預測未然，也不能由已知推演未知。語言研究的成果，只能起到這樣的作用，那就是爲人們提供一些借鑒，使人們在進行言語活動時更順利地使用語言。這點就如同歷史學一樣，歷史學是無法預測未來的，但是能爲人們提供一定的借鑒，以便更好地創造新的"歷史"，這就是所謂的"以史爲鑒"。

參考文獻

艾柯《符號學理論》，盧德平譯，中國人民大學出版，1990 年，頁 55。

索緒爾《普通語言學教程》，高名凱譯，商務印書館，1980 年，頁 104、105。

蔣紹愚《漢語詞彙語法史論文集》，商務印書館，2000 年，頁 146。

張紹傑《語言符號任意性研究》，上海外語教育出版社，2005 年，頁 4。

Culler《索緒爾》，張景智譯，中國社會科學出版社，1988 年，頁 18。

薩丕爾《語言論》，陸卓元譯，商務印書館，1985 年，頁 40。

石里克《普通認識論》，李步樓譯，商務印書館，2005 年，頁 45。

白平《漢語史研究新論》，書海出版社，2002 年，頁 31、34。

劉潤清《西方語言學流派》，外語教學與研究出版社，1995 年。

趙麗容《索緒爾研究在中國》，商務印書館，2005 年。

申小龍《普通語言學教程精讀》，復旦大學出版社，2005 年。

索緒爾《普通語言學第三度授課講義》，張紹傑譯，湖南教育出版社，2001 年。

"卻"與"了"在中古及近代前期的句法表現

伍和忠　南寧師範大學

學界一般都認爲"卻"①"了"跟其他完成動詞如"去、取、將、得"等一樣,先是充當連動式中的一個連動項,然後由於語義重心的改變、語境的影響、韻律結構的制約等因素,導致其演變爲動補結構中表結果的補語。它們的進一步發展,就是詞彙意義和重音地位的喪失(即一般所説的虛化),最終成爲漢語表"完成/實現"的標記(語法化)。唐代以後,"卻""了"都逐步演變爲表體(aspect)助詞,大約在宋元時期,"了"又取代了"卻"和其他一些類似的語法成分,漢語表"完成/實現"的標記一般由"了"充當。多位學者(曹廣順 1986,1995,2000;劉堅等 1992;蔣冀騁、吳福祥 1997;趙金銘 1995;鍾兆華 1995)的研究表明,"卻"成爲體標記的時間要早於"了"。劉堅等(1992)、曹廣順(2000)還認爲,"了"是受"卻"的影響而語法化爲體標記的。這個問題見仁見智,尚無定論。

蔣紹愚先生(1994:144)指出,"卻"的語法功能和意義與"了"並不完全一樣,這兩者之間的異同還可以繼續研究。蔣先生説的是"卻""了"在近代漢語中的情況。據此推論,二者在中古時期的句法差異是否影響到它們在唐代以後的發展呢? 這個問題應該是有探討價值的。

動詞"卻""了"在唐代以後的發展演變已有衆多學者作了探討,取得了比較豐碩的成果,而中古時期的情況似乎還沒有集中討論過。因此本文將把目光主要放在中古時期(東漢—隋),考察作爲動詞的"卻"與"了"的句法功能,或恐有利於説明二者在中古以後的發展脉絡及其不同的句法表現。

---

① 卻,一作"却"。本文用"卻",引用典籍或其他文獻,若有作"却"的,則依原文。

一 作謂語或謂語中心的"卻"與"了"

作謂語或謂語中心是"卻"與"了"在中古時期的主要句法功能。

(一) 卻

卻,《説文》:"卪卻也。"段注:"卪卻者,節制而卻退之也。"動詞"卻"在中古是個多義詞,有三個常用的義項:①退;②推辭,不接受;③位於動詞後,表去掉。中古作謂語或謂語中心的"卻"體現的是前兩個義位。例如:

(1) 天道當然,人事不能卻也。(《論衡·變虛》)

(2) 然則熒惑安可卻,景公之年安可增乎?(《論衡·變虛》)

(3) 慕德者不戰而服,犯德者畏兵而卻。(《論衡·非韓》)

(4) 其次則論百鬼錄,知天下鬼之名字,及《白澤圖》《九鼎記》,則衆鬼自卻。(《抱朴子内篇·登涉》)

(5) 維入北道三十餘里,聞緒軍卻,尋還,從橋頭過,緒趣截維,較一日不及。(《三國志·魏書·王毌丘諸葛鄧鍾傳》)

(6) 賊死戰不能當,乃卻。(《南齊書·高帝紀上》)

"卻"可以作光杆謂語,如例(5)。例(3)的"卻"充當連動式的第二連動項,前後兩項以"而"連接,這是連動式比較原始的形式;例(3)的第一連動項"畏兵"是個述賓結構。其他各例"卻"前皆有狀語。此期"卻"也可帶賓語:

(7) 可以涉江海,却蛟龍,止風波。(《抱朴子内篇·退覽》)

(8) 楚之靈王,躬自爲巫,靡愛斯牲,而不能却吴師之討也。(《抱朴子内篇·道意》)

(9) 作浪中坑,火燒使赤,却灰火。(《齊民要術·蒸缹法》)

(10) 盜賊攻城,官軍擊之,雖却盜賊,不能滅盜賊所爲至之禍。(《論衡·解除》)

(11) 但於城東作高樓,賊來時,置我樓上,則我能却之。(《法顯傳·毗舍離國》)

（12）揚州等九郡四號黄籍，共卻七萬一千餘户。（《南齊書·虞玩之傳》）

從我們收集到的用例可以看出，中古時期"卻"帶受事賓語的限制要比上古少一些，當然，其帶使動賓語的功能也並没有减弱，所以它基本上還是個不及物動詞。下面將我們收集到的 102 例"卻"作謂語、謂語中心的情況列於表1。

表1　"卻"作謂語、謂語中心的情況

卻（102 例）	光杆謂語	第二連動項	狀＋卻	卻＋賓
數量	3	2	25	72
比例	2.9％	2％	24.5％	70.6％

在謂語位置上，"卻"單獨作謂語和進入連動結構的能力都很差，其前可有狀語修飾，成爲謂語中心。表中顯示，"卻"帶賓語占比最大，但這並不等於它就是真及物動詞。據我們初步統計，"卻"後的賓語有半數以上是使動賓語，一部分是數量賓語，真正的受事仍然很少，這説明"卻"在中古時期的使動功能依舊很强。

（二）了

動詞"了"在中古時期最常用的意義是"了結"，由"了結"義引申爲"完了"；"了"還有"明白"義。表"完全"義的副詞"了"在中古也很常見，本文不贅。作謂語或謂語中心的"了"主要體現爲"了結""明白"義。例如：

（13）玄就車與語曰："吾久欲注，尚未了。"（《世説新語·文學》）

（14）揚州根本所寄，事務至多，非道憐所了。（《宋書·宗室傳》）

（15）天下之務，當與天下共之，豈一人之智所能獨了！（《宋書·顔延之傳》）

（16）間者進軍宛唐，計由劉順，退衆閉城，當時未了。（《宋書·殷琰傳》）

（17）吾常疑汝于文偉優劣未别也，而今而後，吾意了矣。（《三國志·蜀書·蔣琬費禕姜維傳》）

以上除例(17)的"了"無狀語修飾,只是後接語氣詞以外,其餘各例"了"前皆有狀語。在我們所調查的中古典籍中①,沒有發現"了"進入連動結構的用例。此期"了"也可帶賓語:

(18) 淵曰:"非蕭公無以了此。"(《南齊書·褚淵傳》)

(19) 其人頗有才幹,自足了其事耳。(《宋書·劉穆之傳》)

(20) 見佛了此生,如佛度一切。(《佛說阿彌陀經》)

(21) 入內示其女,女直叫絕,了其意,出則自裁。(《世說新語·賢媛》)

(22) 觀古今之人,多不全了此處,縱有會此者,不必從根本中來。(《宋書·范曄傳》)

表"了結"和"明白"義的"了"都是及物動詞,所以它能比較自由地帶受事賓語。相比較而言,"了結"義的及物性更強,其帶賓語的能力也應該更強。下面是我們所收集到的 49 例"了"作謂語、謂語中心的情況。

表 2　"了"作謂語、謂語中心的情況

了(49 例)	光杆謂語	第二連動項	狀＋了	了＋賓
數量	0	0	30	19
比例	0%	0%	61.2%	38.8%

上表顯示,"了"作光杆謂語和充當第二連動項的能力很差,"了"前有狀語修飾在中古是最常見的現象。

二　充當結果補語的"卻"與"了"

充當結果補語是"卻"與"了"走向虛化的重要一步。

(一) 卻

"卻"在上古和中古進入連動式的用例都相當少,其充當結果補

---

① 本文所考察的"卻"與"了"語料主要來自《論衡》《世說新語》《法顯傳》《宋書》《南齊書》《三國志》《抱朴子內篇》《齊民要術》《百喻經》《佛本行集經》等典籍。

語的功能或恐是類推所使然（詳下文）。以下是“卻”作結果補語的用例：

（1）夫世亂民逆，國之危殆災害，繫於上天，賢君之德，不能消卻。（《論衡·治期》）

（2）長者唾時，左右侍人，以脚蹋卻。（《百喻經·蹋長者口喻》）

（3）懿率東從兵二千餘人固守拒戰，隨手催卻。（《南齊書·魏虜傳》）

（4）以熱湯數斗著甕中，滌蕩疏洗之，瀉卻；滿盛冷水。（《齊民要術·塗甕》）

（5）赤漿出，傾卻。（《齊民要術·作魚鮓》）

（6）所有穢惡瓦礫糞堆，並宜除卻。（《佛本行集經·發心供養品中》）

充當結果補語的“卻”，一般表“去除、去掉”義，體現的是“卻”的第三個義位。以上諸例，“動＋卻”的受事多半在前面以主語或其他句法成分的身份出現，如“災害”“赤漿”等。

據何樂士先生（1985），《史記》中的“卻”可以充當結果補語，但還不多見，茲錄如下（括弧內的數字爲筆者所加，指何著例句頁碼）：

將兵擊卻吳楚，吳楚以故兵不敢西，而卒破亡，梁王之力也。（《韓長孺列傳》）9.2858（216）

四月，至彭城，漢兵敗散而還。……漢之敗卻彭城，塞王欣、翟王翳亡漢降楚。（《淮陰侯列傳》）8.2613（217）

首句爲“動＋卻”後再帶賓語。這種用例在中古更爲常見。例如：

（7）夷甫晨起，見錢閡行，呼婢曰：“舉卻阿堵物。”（《世説新語·規箴》）

（8）或立消堅冰，或入水自浮，能斷絶鬼神，禳卻虎豹。（《抱朴子内篇·至理》）

（9）鋒出登車，兵人欲上車防勒，鋒以手擊却數人，皆應時倒地，於是敢近者遂逼害之。（《南齊書·高帝十二王傳》）

（10）食時洗却鹽，煮、蒸、炮任意，美於常魚。（《齊民要術·脯臘》）

我們一共收集到 50 例充當結果補語的"卻",其中"動＋卻"29 例,"動＋卻＋賓"21 例。"卻"前的動詞有"折、退、止、拔、瀉、去、引、遣、抒、收、吐、遷、踢、辭、傾、披、摧、挽、推、消、除、截、剪、割、擲、距、頓、洗、切、擊、攘、襄、舉"等,多爲及物動詞。

既然將"卻"稱爲結果補語,那麼其語義指向當爲動詞,即"卻"充當的是指動補語,但是它跟其前或其後的受事總還有一定的語義聯繫,不單純是指向動詞,這樣的補語我們或可視之爲動詞、受事兼指。"卻"成爲真正的指動補語似乎在唐代以後才有表現。

(二) 了

"了"作結果補語在中古亦有所見。例如:

(11) 晨起早掃,食了洗滌。(王褒《童約》)

(12) 八月初,胡葈子未成時,又鉸之。鉸了亦洗如初。(《齊民要術·養羊》)

(13) 净洗了,搗杏人和猪脂塗。(《齊民要術·養牛、馬、驢、騾》)

(14) 名位未高,如爲勳貴所逼,隱忍方便,速報取了;勿使煩重,感辱祖父。(《顏氏家訓·風操》)

後二例的"了"都處於分句末尾。《齊民要術》中有多例不帶"了"的"净洗",可以與例(35)作個比較:

明日,汲水净洗,出別器中,以鹽、酢浸之,香美不苦(《種胡荽》)

欲啖者,截著熱灰中,令萎蔫,净洗,以苦酒、豉汁、蜜度之,可案酒食。(《種木瓜》)

剪去毛,以泔清净洗;乾,以鹹汁洗之。三度即愈。(《養牛、馬、驢、騾》)

從比較中可以隱約感到,例(11)—(14)中的"了"具有一定的標記功能,並不完全是表動作行爲的結果。

我們所見到的"了"充當結果補語的用例也就是這麼幾例(很可能會有一些遺漏,但數量不會多),但這樣的"了"似乎已是單純的指動補語,其虛化程度應該比"卻"高。

三 從語義、句法功能看“卻”與“了”的異同

“卻”“了”都是動詞,因此有共同的句法表現:作謂語,受狀語修飾,可帶賓語,充當結果補語。但它們也有一些明顯的不同,它們應屬於動詞中不同的次類。

“卻”最常用的意義是退卻、後退,及物性很差,所以它在上古時期帶的一般不是真賓語(受事賓語),正是這種語義上的因素,使它能夠單獨充當謂語(光杆謂語),這一點在上古後期的文獻如《史記》中尤爲明顯。其帶受事賓語的用例在中古時期有所增加,但並不是很常見。而“了”的“了結”義、“明白”義都有較强的及物性,所以它能自由地帶上真賓語,而單獨作謂語的能力受到限制。

“卻”充當連動結構的第二連動項也有一定的用例,“了”則没有見到。

“卻”充當結果補語的能力也要比“了”强,並且“卻”後還可以有賓語,形成“動+補+賓”句式。若説“卻”在中古充當結果補語,其語義指向還是“兼指”,那麼“了”作結果補語則是單純指向動詞的,虛化程度比較高。

動詞“了”在中古時期不夠活躍,可能是副詞“了”使用頻率很高的緣故。無論是中土文獻還是漢譯佛典,副詞“了”都隨處可見,這自然會對動詞“了”的使用起遏制作用。這是語言内部自我調節的結果。

由動詞演變爲結果補語,是這類實詞走向虛化至關重要的一步。在這一點上,“卻”表現得很充分。爲了更清楚地看出它們的差別,我們以《世説新語》《齊民要術》兩部典籍爲例,窮盡式考察“卻”“了”充當結果補語的情況。考察結果見表3、表4。

表3 《世説新語》中充當結果補語的“卻”與“了”

	總數	動+補_結	動+補_結+賓
卻	2	1	1
了	0	0	0

表4 《齊民要術》中充當結果補語的"卻"與"了"

	總數	動＋補結	動＋補結＋賓
卻	17	8	9
了	2	2	0

《世説新語》和《齊民要術》二書都是口語性比較强的中古典籍,前者成書於公元五世紀前半葉,後者成書於公元六世紀前半葉,前後相差大約一百年。《世説》字數 13 萬餘,《齊民要術》24 萬多,雖然篇幅相差很大,不便用絶對數字去説明問題,但多少可以看出"卻""了"在一定程度上的發展,它們作補語的用例都有所增加。

"卻"進入連動結構充當第二連動項的情況,見例很少,使用頻率很低,而中古時期作結果補語的數量卻陡然增加。從個案上看,"卻"的發展似乎不合動詞虚化的軌迹和規律。我們可以用類推或同類現象來解釋這種情況。

中古時期有一個與"卻"語義相近的半虚化的動詞"去",其在上古充當第二連動項的用例甚爲常見,如:

士尉以諫靖郭君,靖郭君不聽,士尉辭而去。(《戰國策·齊策一》)

燕重割地以與趙和,趙乃解而去。(《史記·樂毅列傳》)

到了中古時期,"去"便進一步演變爲結果補語,如:

已祭之後,心快意善,謂鬼神解謝,殃禍除去。(《論衡·解除》)

庾公乘馬有的盧,或語令賣去。(《世説新語·德行》)

聞有人言,修不净觀,即得除去五陰身瘡。(《百喻經·治鞭瘡喻》)

很可能,"卻"是受"去"的影響而成爲動補結構中的結果補語的,或者説,"卻"充當補語是"去"類推的結果。"了"進入動補結構則更多地是受"畢、竟、訖、已"尤其是"已"的影響。

比較"卻""了"在中古的句法表現,我們可以看到一些矛盾現象:"卻"雖然活躍在補語的位置上,但它還不是一個真正的指動補語,其使動功能還沒有消失;儘管有"動＋卻＋賓"形式,但其虛化程度並不高。"了"雖然很少作結果補語,但就能見到的幾例來看,它卻是指向動詞的,虛化程度似乎比"卻"高。

此外,二者在詞法上也有一些不同:"卻"由表空間的"退後"隱喻爲表時間的過後,從而與"後"結合爲複音詞"卻後",中土文獻和漢譯佛典屢有用例,尤以漢譯佛典常見;"了"的"明白"義使它能與意義相同或相近的語素構成複音詞"了知""曉了""解了"等,也在漢譯佛典中用得最多。

四 從"卻""了"的異同看其在唐五代時期的發展

從總體上看,"了"的發展應該不如"卻"快。中古時期如此,唐代以後似乎也如此。何樂士先生(1992)的研究表明,在敦煌變文中,"卻"充當結果補語較"了"常見。據蔣冀騁、吳福祥(1997:525),動態助詞"卻"最早見於唐代文獻,並且有了廣泛的使用,其用法主要是表示動作或狀態的完成或實現,有時也表動作狀態的持續。據錢學烈(1993),王梵志詩和寒山詩中有"動＋了＋賓"句式,如"弄了一場困"。錢文認爲其中的"了"是已經虛化了的時態助詞。而石毓(2000:95)則認爲,晚唐五代的"動＋了＋賓"結構中的"了"是補語,北宋以後"動＋了＋賓"中的"了"大部分應是助詞。趙金銘(1995:91)考察了唐初文獻《游仙窟》,發現了"著、卻、取、得"幾個動態助詞,未發現"了、過、將"作爲動態助詞的用例。鍾兆華(1995)認爲,"卻"在唐代演變爲助詞,"了"從中晚唐以後逐漸虛化爲助詞,在北宋完成這個過程。曹廣順(2000:85)認爲"了"發生變化的時間在唐五代,宋代以後,"了"成爲漢語中使用的主要完成態助詞。這些學者的討論揭示了這樣一個事實:"了"成爲表體助詞的時間要晚於"卻"。

"卻""了"招來紛爭的原因是多方面的。學者們所據以立論的材料不盡相同,在很難對某個時期的語料作窮盡調查的情況下,即使所掌握的材料完全相同(如,都根據某一部或某幾部典籍),也由於看問題的角度不同、方法不同而得出不同的結論;究竟在什麼情況下,或者說"卻"

"了"演變到哪一步,才可以斷定爲表體助詞,學者們的看法也不一致。

漢語表示體這種語法範疇的形式標記不是强制性的,與表"多數"可用"們"也可不用的情形相類。漢語表體和數(多數)的這種非强制性的特點給我們的判斷帶來了很大的困難。"卻""了"究竟發展到哪個"節骨眼兒"上才語法化爲表體助詞,的確不是那麼容易説清楚的。説它是或不是,多半還是從語義出發,有時很難找到形式上的根據。

"卻"與"了"在中古時期使用頻率的高低、語義和句法功能的差異以及句法表現的矛盾之處上文已經作了陳述。它們在唐五代的發展演變,前修時賢也有諸多討論,雖然見仁見智,但基本事實是比較清楚的。不過,説"了"是受"卻"的影響而語法化爲表體助詞的,這種看法我們還不是很滿意。爲此,我們調查了王梵志詩、寒山詩和敦煌變文的部分材料①,共檢到"動+卻"17 例,"動+卻+賓"58 例,"動+賓+卻"1 例;"動+了"28 例,"動+了+賓"2 例,"動+補+賓+了"1 例。

17 例"動+卻"中的"卻"應該都還是補語,如:

(1)前死深埋却,後死續即入。(王梵志《遥看世間人》)

(2)有四個水瓶與添滿,更有院中田地,並須掃却。(《難陀出家緣起》)

(3)我等三人總變却,豈合不遂再歸程。(《破魔變》)

58 例"動+卻+賓"中的"卻"比較複雜,有一些似乎已經語法化爲表體助詞了,如:

(4)山水不移人自老,見却多少後生人。(寒山《自從到此天台境》)

(5)屍耏遮賊,臨陣交鋒,識認親情,壞却阿奴社稷。(《韓擒虎話本》)

我們認爲這樣的"卻"是助詞,因爲從語義上看,它們已經沒有"去除、去掉"義,從形式上看,它們與其前的動詞或形容詞結合得比較緊。

28 例"動+了"中的"了",有一些似乎應該是表體助詞,如:

① 敦煌變文的部分材料是:《伍子胥變文》《漢將王陵變》《廬山遠公話》《韓擒虎話本》《葉净能詩》《破魔變》《難陀出家緣起》《大目乾連冥間救母變文》等。

（6）死了萬事休，誰人承後嗣。（寒山《多少般數人》）

（7）一人死了，何時再生！（《廬山遠公話》）

（8）攔盞待君下次勾，見了抽身便却回。（《難陀出家緣起》）

"死"是不及物動詞，"見"本身就表示動作有結果，它們都是瞬間動詞或狀態動詞。"了"的"終了、完結"義與"體"意義"完成"是相近的，所以它比較容易出現在相應的語境中表示動作行爲的完成。如果説這樣的"了"可以看成表體助詞的話，那也還不是典型的表體助詞，還有待更進一步的虛化。

2例"動＋了＋賓"中，一例是錢學烈（1993）提到的"但看木傀儡，弄了一場困"。我們同意錢文意見，把其中的"了"看作是表體助詞。另一例是"各請萬壽暫起去，見了師兄便入來"。（《難陀出家緣起》）學界對此例中"了"的助詞性質一般沒有什麽異議。

另外，董琨（1985/2000）考察了漢魏六朝時期的漢譯佛經，發現了"動＋了＋賓"形式（董一共舉了7例），因此他表示：在中古前期的魏晉南北朝時代，形尾"了"已經基本産生。廖名春（1990）考察了吐魯番出土文書的材料，發現文書中有"動＋了＋賓"格式，如"張元爽正月十九日取三拾，同日更取拾文。八月十六日賣了物付倉桃仁去。"廖文認爲，至少在初唐時動詞詞尾"了"就已經産生。廖文同時以王梵志詩爲證，進一步説明動詞詞尾"了"産生於初唐。吐魯番出土文書當屬"同時資料"，以"同時資料"考察某種新的語法現象所産生的時代，應該是可信的。董、廖二人的研究似乎也表明，"了"不是受"卻"的影響而成爲表體助詞的。蔣紹愚（2001）的研究表明，魏晉南北朝的"已"和後來的"了"有很密切的關係，蔣談到，"更準確地説，'了'的前身只是'已'。"

在"動＋卻"的實例中我們還無法認定哪些"卻"是助詞，所以還是看成補語比較穩妥，而"動＋了"的實例中有些似乎可以視爲助詞。上文談到，中古時期的"動＋了"的"了"作爲補語，其語義指向是動詞，虛化程度比"動＋卻"的"卻"高，發展到唐五代，應該有進一步的演變（虛化）。有的學者認爲，晚唐五代"動＋了"的"了"是"了$_2$"，"了$_1$"的産生比"了$_2$"晚。如果説晚唐五代的"動＋了"是從中古的"動＋了"發展而來的話，那麽晚唐五代的"動＋了"的"了"就不是"了$_2$"，因爲"了$_2$"是屬於全句的，而"動＋了"的"了"從中古以來就是只與動詞有語義和句法上的關係。而且，我們很難證明某一個指動補語會演變爲句末語氣詞。

五　結語

從上面的討論可以看出，我們恐怕無法認同"了"是受"卻"的影響而成爲表體助詞的觀點。"了"成爲表體助詞應該是它自身發展演變的結果。

另外一個事實好像不支援我們的看法："動＋卻＋賓"有 58 例，而"動＋了＋賓"只有 2 例，數量懸殊。雖然其中的"卻"並不一定就是助詞，但使用頻率高，而高頻使用是實詞虛化的重要條件之一。從這一點來看，"了"在語法的類推作用下，很可能會受"卻"的影響，當然還有可能受"已"的影響。但影響只是外在的因素，並不是主要動因。某個成分自身的句法、語義特點才是決定其演變方向的關鍵。"畢、竟、訖"等沒有演變爲表體助詞，就是一個很好的證明。

參考文獻

曹廣順《〈祖堂集〉中的"底（地）""却（了）""著"》，《中國語文》1986 年第3 期。

曹廣順《近代漢語助詞》，語文出版社，1995 年。

曹廣順《試論漢語動態助詞的形成過程》，《漢語史研究集刊》第二輯，巴蜀書社，2000 年。

董琨《漢魏六朝佛經所見若干新興語法成分》，《中古漢語研究》，商務印書館，2000 年。

馮春田《魏晉南北朝時期某些語法問題探究》，《魏晉南北朝漢語研究》，山東教育出版社，1988 年。

何樂士《〈史記〉語法特點研究》，《兩漢漢語研究》，山東教育出版社，1985 年。

何樂士《敦煌變文與〈世説新語〉若干語法特點的比較》，《隋唐五代漢語研究》，山東教育出版社，1992 年。

蔣冀騁、吳福祥《近代漢語綱要》,湖南教育出版社,1997 年。

蔣紹愚《近代漢語研究概況》,北京大學出版社,1994 年。

蔣紹愚《〈世説新語〉〈齊民要術〉〈洛陽伽藍記〉〈賢愚經〉〈百喻經〉中的“已”“竟”“訖”“畢”》,《語言研究》2001 年第 1 期。

李訥、石毓智《論漢語體標記誕生的機制》,《中國語文》1997 年第 2 期。

李泉《敦煌變文中的助詞系統》,《語言研究》1992 年第 1 期。

廖名春《吐魯番出土文書語詞管窺》,《古漢語研究》1990 年第 1 期。

劉堅等《近代漢語虛詞研究》,語文出版社,1992 年。

柳士鎮《魏晉南北朝歷史語法(修訂本)》,商務印書館,2019 年。

潘維桂、楊天戈《魏晉南北朝時期“了”字的用法》,《語言論集》第一輯,中國人民大學出版社,1980 年。

潘維桂、楊天戈《敦煌變文和〈景德傳燈録〉中“了”字的用法》,同上。

錢學烈《從王梵志詩和寒山詩看助詞“了”“著”“得”的虛化》,《深圳大學學報》1993 年第 2 期。

石鋟《淺談助詞“了”語法化過程中的幾個問題》,《漢語史研究集刊》第二輯,巴蜀書社,2000 年。

吳福祥《敦煌變文語法研究》,岳麓書社,1996 年。

吳福祥《重談“動＋了＋賓”格式的來源和完成體助詞“了”的産生》,《中國語文》1998 年第 6 期。

趙金銘《敦煌變文中所見的“了”和“著”》,《中國語文》1979 年第 1 期。

趙金銘《〈游仙窟〉與唐代口語語法》,《語言研究》1995 年第 1 期。

鍾兆華《近代漢語完成態動詞的歷史沿革》,《語言研究》1995 年第 1 期。

介詞"問"的來源及其發展

陳祥明　泰山學院

引　言

　　關於"問"的介詞用法,學術界目前的討論主要是它最初出現的時代以及相關用例的舉證。馮春田認爲,"'問'作介詞,起於唐代,但唐時用例尚不多見,到宋代用例漸多"①,"介詞'問'始見於唐代;宋代以後比較普遍"②。汪維輝揭舉了三例唐以前"問"作介詞的用例,其中最早一例見於《史記·萬石張叔列傳》,其餘兩例均見於南朝梁代佛教類書《經律異相》③。三例中除《史記》一例由於有不同的斷句方法,使得"問"詞性的確定尚存有異議外,其餘兩例均確定無疑。近來,筆者在閱讀、整理兩晉南北朝漢文佛典材料時,在汪文所舉出的兩例之外,還發現了"問"作介詞的幾個用例(見下文)。據此,可以較爲確定地説,"問"作介詞,至遲在南北朝時期就已開其端。本文將在列舉上述這些用例的基礎之上,進一步擴大語料的考察範圍,重點探討"問"的介詞用法的來源及其在語言中的發展演變情況,不當之處,祈請方家不吝指正。

一　介詞"問"的早期用例

　　作爲兩晉南北朝時期新興的介詞,"問"的句法位置較爲單一,只出

---

①　馮春田《近代漢語語法問題研究》,山東教育出版社,1991年,頁41。

②　馮春田《近代漢語語法研究》,山東教育出版社,2000年,頁265。

③　汪維輝《先唐佛經詞語札記六則》,《中國語文》1997年第2期,頁149。

現在"問＋NP＋VP"中,用例不是很多,主要用來引介動作行爲涉及的對象,其後賓語 NP 可以是被求索的對象,也可以是言説的對象。以下所引五例中,前兩例轉引自汪文。

(1) 出《童子問佛乞食經》。(《經律異相》卷七)

(2) 昔有一人,唯有一兒,名薄拘羅,年始七歲。其婦命終,更取後室,憎前婦子,甑中蒸餅,兒問母索,母抱放甑中,以盆合頭,欲令兒死。(《經律異相》卷三七)

(3) 池中有香花,不問其主取,檀越不施與,世人名爲盜。(《別譯雜阿含經》/2/490/3/26)①

(4) 王問梵志問其所由。諸梵志言:"吾等當齋戒訖竟,當遣人與梵天相聞,問其災異。"(《法句譬喻經》/4/601/2/18)②

(5) 如是念已,故發大聲,大言大語,問太子言,望使宮人覺知。(《佛本行集經》/3/730/2/7)

二 介詞"問"的來源及其發展

漢語的介詞大部分都是從動詞發展演變而來,動詞發展演變爲介詞的過程,也就是不斷虛化,由詞彙單位變成語法單位的過程。動詞虛化爲介詞往往是由動詞句法位置的改變而引發的。劉堅等指出:"動詞通常的句法位置是在'主—謂—賓'格式中充當謂語。在這種組合形式中,充當謂語的動詞,一般只有一個,它是句子結構的核心成分,它所表達的動作或狀態是實實在在的。如果某個動詞不用於'主—謂—賓'組合格式,不是一個句子中唯一的動詞,並且不是句子的中心動詞(主要動詞)時(如在連動式中充當次要動詞),該動詞的動詞性就會減弱。當一個動詞經常在句中充當次要動詞,它的這種語法位置被固定下來之

① 此經爲失譯經,最早著錄於隋代法經《衆經目錄》,此例之年代當不晚於隋。又,本文佛典例句均引自《大正藏》,"/"後的數字依次分別爲該句起首字所在的册數、頁數、欄數和行數,下同。爲節省篇幅,例句所屬佛典的譯者均略去。

② 此例所屬經文,《大正藏》注明《高麗藏》本闕,宋、元、明三本及《聖語藏》本存。今按,《聖語藏》本爲寫本,早於《高麗藏》之刻本。

後,其詞義就會慢慢抽象化、虚化,再發展下去,其語法功能就會發生變化:不再作爲謂語的構成成分,而變成了謂語動詞的修飾成分或補充成分,詞義進一步虚化的結果便導致該動詞的語法化:由詞彙單位變成語法單位。所以,在詞彙的語法化過程中,句法位置的改變、結構關係的影響是一個重要的因素。"①這段話提示我們,要考察介詞"問"的來源,可以從"問"產生介詞用法之前動詞"問"出現的句法位置入手,來追溯其介詞用法產生發展的歷史脉絡。

《説文》:"問,訊也。"上古時期"問"的基本詞義爲"詢問",並由此引申出"責問、問候"等其他意思。動詞"問"在上古、中古時期出現的句法格式較複雜,大致可分成以下幾種:

① 問+詢問的内容

(6) 子張問善人之道。子曰:"不踐迹,亦不入於室。"(《論語·先進》)

(7) 顧長康畫裴叔則,頰上益三毛,人問其故。(《世説新語·巧藝》)

有時,詢問的内容可以是小句的形式,如:

(8) 季康子問:"仲由可使從政也與?"(《論語·雍也》)

② 問+(於/乎)+詢問的對象

(9) 季康子患盗,問於孔子。(《論語·顔淵》)

(10) 於是泰清問乎無窮。(《莊子·知北游》)

(11) 臣問謁者,謁者曰:"可食。"臣故食之。(《戰國策·楚策四》)

③ 問+詢問的内容+於/乎+詢問的對象

(12) 季康子問政於孔子。(《論語·顔淵》)

(13) 齧缺問道乎被衣。(《莊子·知北游》)②

④ 問+於+詢問的對象+詢問的内容

(14) 正獲之問於監市履狶也,每下愈况。(《莊子·知北游》)

---

① 劉堅、曹廣順、吳福祥《論誘發漢語詞彙語法化的若干因素》,《中國語文》1995年第 3 期,頁 161。

② (9)、(10)、(13)三例采自柳士鎮《詢問義動詞"問"字賓語形式的歷史考察》,見氏著《語文叢稿》,南京大學出版社,1998 年,頁 2。

⑤ 問＋詢問的對象＋詢問的内容

（15）明年治計時，衡問殷國界事。（《漢書·匡衡傳》）

（16）衛玠總角時，問樂令夢，樂云："是想。"（《世説新語·文學》）

⑥ 問＋詢問的内容＋詢問的對象

（17）問之魯鄙人，鄙人曰："然，固不可解也。"（《吕氏春秋·君守》）

（18）景公問政孔子，孔子曰："君君，臣臣，父父，子子。"（《史記·孔子世家》）

⑦ 問＋詢問的對象＋曰

（19）問其僕曰："追我者誰也？"（《孟子·離婁下》）①

（20）覺寢而説，問左右曰："誰加衣者？"（《韓非子·二柄》）

（21）忌不自信，而復問其妾曰："吾孰與徐公美？"（《戰國策·齊策一》）

（22）客有問季子曰："奚以知舜之能也？"（《吕氏春秋·有度》）

這種"問＋詢問的對象＋曰"的句式，後世繼承下來，兩漢以後用例逐漸增多，"曰"有時也可以改用"言"。例如：

（23）河間獻王問温城董君曰："《孝經》曰：'夫孝，天之經，地之義'，何謂也？"（《春秋繁露·五行對》）

（24）昔楚靈王問范無宇曰："我欲大城陳、蔡、葉與不羹，賦車各千乘焉，亦足以當晉矣，又加之以楚，諸侯其來朝乎？"（《新書·大都》）

（25）齊景公問太卜曰："子之道何能？"（《論衡·變虚》）

（26）宋王問唐鞅曰："寡人所殺戮者衆矣，而群臣不畏，其故何也？"（又《雷虚》）

（27）樹神人現，問梵志曰："道士那來？今若行耶？"（《中本起經》/4/157/1/4）

---

① （14）、（15）、（18）、（19）四例采自柳士鎮《詢問義動詞"問"字賓語形式的歷史考察》，見《語文叢稿》，頁 3。

(28) 梵志聞之，頓地哀慟，王問之曰："汝哀何甚重乎？"（《六度集經》/3/6/2/14）

(29) 于時梵志問奴子曰："汝前寶展，本何從得？"（《生經》/3/78/1/6）

(30) 彼衆僧出，問顯等言："汝從何國來？"（《法顯傳》）

(31) 又問婢曰："汝眼目瞻視，何以不常？"（《搜神記》卷九）

(32) 樂令問王夷甫曰："今日戲，樂乎？"（《世説新語‧言語》）

(33) 桓玄問劉太常曰："我何如謝太傅？"（又《品藻》）

(34) 《陶朱公養魚經》曰："威五聘朱公，問之曰：'聞公在湖爲漁父，在齊爲鴟夷子皮，在西戎爲赤精子，在越爲范蠡，有之乎？'"（《齊民要術‧養魚》）

(35) 或問揚雄曰："吾子少而好賦？"（《顔氏家訓‧文章》）

(36) 時我即問彼一人言："仁者，此城何故莊嚴如是微妙？"（《佛本行集經》/3/666/3/17）

(37) 問彼女言："有何喜慶？"（又/3/688/3/13）

在以上七種"問"出現的句法格式中，我們以爲介詞"問"是由第七種"問＋詢問的對象＋曰/言"中表"詢問"義的動詞"問"通過重新分析發展演變而來。在這種"問＋詢問的對象＋曰/言"的格式中，"曰/言"後所接是一個表疑問的小句。一般認爲"問"有兩方面的語義特徵：一是表動作，開口講話，即"説"，二是主語"向詢問對象傳達疑問"。格式⑦中的"曰/言"是"説"的意思，這樣就使得格式⑦中由"問"和"曰/言"構成的連動式在語義上有重合的部分，帶來了言語交流中信息的羨餘，從而會削弱其中一個的動詞性。由於整個句子的語義重心在"曰/言"後所接小句表達的信息上，"曰/言＋疑問小句"成了人們關注的焦點（focus），這樣"曰/言"就有可能成爲整個句子的主要動詞，"問"降級成爲次要動詞。而且，由於"問"的詢問義已經包含在"曰/言"後的疑問小句中，"問"在句中可以分析爲次要動詞的"向詢問對象傳達疑問"的語義特徵已經被"曰/言＋疑問小句"所涵蓋。在這種情況下，一旦"曰/言"後的小句所表達的疑問信息用陳述或祈使的形式來表現或者小句所表達的疑問信息非常弱的時候，"問"就有經過重新分析被認爲是介

詞的可能性,這種情況至遲在晉代已經露出一點端倪。例如:

（38）孫策欲渡江襲許,與于吉俱行,時大旱,所在熇厲。策催諸將士,使速引船,或身自早出督切,見將吏多在吉許。策因此激怒,言:“我爲不如吉耶,而先趨附之?”便使收吉,至,呵問之曰:“天旱不雨,道路艱澀,不時得過,故自早出。而卿不同憂戚,安坐船中,作鬼物態,敗吾部伍,今當相除。”（《搜神記》卷一）

（39）爾時會中諸菩薩、天龍、夜叉、乾闥婆、阿修羅、迦樓羅、緊那羅、摩睺羅伽、四天王、釋提桓因、梵天王、自在天子、净居天等,各作是念:“若菩薩神通力、智慧力,如是無量無邊,佛復云何?”時解脱月菩薩知大衆心所念,問金剛藏菩薩言:“佛子,今諸大衆,聞是菩薩神通智慧力,墮在疑網,汝今當斷一切疑惑,示菩薩神通莊嚴妙事。”（晉譯《大方廣佛華嚴經》/9/573/3/25）

（40）潁川太守朱府君以正月初見諸縣史,燕,問功曹鄭劭曰:“昔在京師,聞公卿百僚,歎述貴郡前賢後哲,英雄瑰瑋,然未睹其奇行異操,請聞遺訓。”（《古小説鈎沉·小説》）

上舉三例中,例(38)“曰”後小句的疑問信息用陳述句的形式來表現。從句義上看,“呵問之曰”＝“呵之曰”,“問”在句中已成爲多餘的成分,“問”已經開始虛化。例(39)、(40)中“曰”後的小句已不再表示疑問,“問”的“詢問”義已經消失,“問”可以認爲是表對象的介詞①。

由於受句式格式及語義的制約,“問”在虛化爲介詞的初期階段,其後的動詞 V 主要是表言説類的動詞,主要有“曰”和“言”兩個,偶爾可用“道”,這種情況一直延續到唐五代。

（41）時富那奇問其嫂曰:“與我少錢,欲用買薪。”（《賢愚經》/4/394/1/23）②

（42）時婆羅門問此女言:“我有少疑,欲得相問。”（同上/4/

---

① 這兩例的疑問信息非常微弱,例(39)是靠上下文來表現的,例(40)是隱含在句意中的。從語法的角度來説,這裏的“問”已經可以認爲是介詞了。

② 此例所在一品經文,《大正藏》注明《高麗藏》本缺,用明本與宋元本互校。今按,此例在《金城藏》中文句與所引全同,《金城藏》之底本爲北宋《開寶藏》,從版本角度看,此例不致有疑問。

399/2/11)

（43）時彼阿難，在佛左右，問小兒言："若須設供，當須財寶。"（《撰集百緣經》/4/245/2/17）

（44）諸比丘問是比丘言："汝長老，是比丘不見擯，惡邪不除擯，汝等莫與是比丘共食、共住、共宿。"（《薩婆多部毗尼摩得勒伽經》/23/565/3/7）

（45）其苦行師，復更詳共問菩薩言："我此處有如是法行。"（《佛本行集經》/3/746/3/19）

（46）是諸商主復問彼言："汝等去來，可共詣彼馬王之所。"（又/3/881/1/24）

（47）爲問東州故人道，江淹已擬惠休書。（唐李益《送賈校書東歸寄振上人》)①

（48）後阿娘問瞽叟曰："是你怨家修倉，須得兩個笠子。"（《敦煌變文集·舜子變》）

當"問"做介詞的用例逐漸增多、用法逐漸穩固之後，其後的動詞就不再局限於言說類動詞了，可以跟接求索類動詞②，如上舉例（1）至例（3）。下面略舉幾例唐宋時期的例子：

（49）大師言："汝心迷不見，問善知識覓路。"（《六祖壇經》）

（50）問龍乞水歸洗眼，欲看細字銷殘年。（宋蘇軾《游徑山》詩)③

（51）所謂信者，真見得這道理是我底，不是問人假借將來。（《朱子語類》卷二十八）

---

① 張相《詩詞曲語辭匯釋》，中華書局，1955 年，頁 621。

② "問"是在"問+詢問的對象+曰/言"這種句式中逐漸虛化成爲介詞的，在"問"沒有虛化爲介詞之前，這種句式隱含有需要從詢問對象那兒"得到回答"這一語義內涵。這種"得到"的語義內涵，在介詞"問"形成之後對進入句中的主要動詞存在語義上的限制，亦即是說，進入有介詞"問"的句子中的主要動詞 V 必須有內在的"得到""取得"義或至少不與此義相抵觸。因此，在現代漢語中，能夠進入介詞"問"字句中的動詞 V 不是很多，常見的也就是"借、租、買、討、乞、求、要"等幾個詞，"給予"類動詞不能出現在"問"作介詞的句子中，例如我們不能說"問他送書""問他寄錢"之類的句子。

③ 張相《詩詞曲語辭匯釋》，頁 622。

語法化是一個連續漸變的過程。Heine 等人將語法化看作若干認知域之間的轉移過程,他們把各個認知域排成一個由具體到抽象的等級:人＞物＞事＞空間＞時間＞性質[1]。介詞"問"在近代漢語中的發展也與這一過程相符合。大約在宋代,"問"由表對象的人事介詞用法發展出引介動作行爲發生處所(空間)的用法。例如:

(52) 閑問水邊行樂去,向陽渾有幾枝花。(宋釋永頤《看梅雜興》詩)

(53) 望君頻問夢中來,免叫腸斷巫山雨。(宋蔡伸《踏莎行》)

(54) 斜陽且住,爲問花間留照。(宋葛郯《感皇恩》)

但是由於元明時期方所介詞"往"的發展成熟及組合功能的進一步擴大[2],"問"的方所介詞用法被"往"替代,到了現代漢語裹,"問"已經沒有了方所介詞的用法。

三　小結

介詞"問"是由"詢問"義動詞"問"在"問＋詢問的對象＋曰/言"這一句式組合中發展演變而來。由於"問"與"曰/言"在語義上有重合的部分,"問"從句子的主要動詞變爲次要動詞,而當"曰/言"後表疑問的小句其疑問信息從明顯到隱含直至消失之後,"問"就由次要動詞被重新分析爲引介動作行爲對象的人事介詞。由於受源頭句式的影響,介詞"問"在初期階段只能同表言説義的動詞連用,在其介詞用法穩固之後,能夠進入介詞"問"字句的動詞主要爲含有"得到""取得"義的動詞,"給予"類動詞不能進入介詞"問"字句。從宋代開始,"問"又發展出方所介詞的用法,但在語言競爭中處於劣勢,很快被當時發展成熟的方所介詞"往"所淘汰,最終使得"問"的方所介詞用法沒有能夠在現代漢語中被繼承沿用下來。

---

[1] 沈家煊《"語法化"研究綜觀》,《外語教學與研究》1994 年第 4 期,頁 21。

[2] 蔣冀騁、吳福祥《近代漢語綱要》,湖南教育出版社,1997 年,頁 469—472。

論"詞""辭"類異形詞的歷史與現狀

——兼評《現代漢語詞典》與《現代漢語規範詞典》的規範化處理

崔達送　安徽師範大學

引　言

現代漢語中以"詞""辭"爲語素構成的異形詞和異形的常用短語使用頻繁，據不完全統計，"詞""辭"對應的異形詞語有 40 餘組、近百條之多。收入《現代漢語詞典》(以下簡稱《現漢》)第 5 版的異形詞有 24 組(以下所列每組詞中前者爲《現漢》所設的主條，後者爲副條)：

卑辭—卑詞　辯辭—辯詞　措辭—措詞　悼詞—悼辭　誇大其詞—誇大其辭　遣詞—遣辭　托詞—托辭　婉辭—婉詞　微詞—微辭　猥辭—猥詞　文辭—文詞　謝詞—謝辭　虛辭—虛詞　言辭—言詞　諛辭—諛詞　振振有詞—振振有辭　致辭—致詞　祝詞—祝辭　辭賦—詞賦　辭令—詞令　詞訟—辭訟　辭藻—詞藻　辭章—詞章　義正詞嚴—義正辭嚴

顯然，這些異形詞語的規範問題非常重要。多年來語言文字工作者們對這些詞語進行了研究，也做了不少規範化方面的努力，可是意見還不統一。國家教育部、國家語言文字工作委員會 2001 年 12 月發布、2002 年 3 月 31 日開始實行的《第一批異形詞整理表》，對"詞""辭"類異形詞沒有進行整理。《現漢》也沒有對這些詞強行規範，而是采用主條、副條的形式表達了規範化的傾向。李行健(2004)強調，《現代漢語規範詞典》(以下簡稱《規範詞典》)對異形詞"根據約定俗成的原則"進行處理,對於這類異形詞來説,我們不知道《規範詞典》是怎麼依據這個原則操作的。應雨田(2000)認爲應該根據詞頻,用"詞"統一"詞""辭"類異形詞。《規範詞典》沿用《現漢》設主、副條的處理方法,卻没有能夠以"詞"統一這些詞語,但是變動了《現漢》的 8 個主條。我們對以上異形詞的歷史面貌以及目前的使用頻率進行了考察與統計。結果顯示:《現漢》早期的處理方法基本合乎詞彙史綜合理據,自第 3 版開始《現漢》的處理除個别條目需要調整外,與現代漢語的詞頻相當吻合;《規範詞典》變動《現漢》的 8 個主條,基本思想是根據詞頻用"詞"來統一這些異形詞,但我們發現,如果按照詞頻,則至少有 6 條不當變動。我們認爲從"詞""辭"區分的理據、現代漢語詞頻及詞彙系統内的制約關係等方面看,這類異形詞的規範問題顯得非常複雜,還須研究和討論。

一　詞彙史上的"詞""辭"類異形詞

許慎《説文解字·司部》:"詞,意内而言外也。從司言。"段玉裁《説文解字注》對此解釋進行了詳盡的分析。段氏的意思可以歸結爲四點:第一,"詞"是語言形式,包括字形和字音兩個方面,"詞者,文字形聲之合也"。第二,"詞""辭"有很大的區别,"'詞'與'辛'部之'辭',其義迥别"。第三,"辭"重在解釋,是成篇的文字;"詞"是用來摹狀事物及語聲的詞彙形式,是用來構成"辭"的單位。"辭者,説也","辭謂篇章也",詞"謂摹繪物狀及發聲助語之文字也""積文字而爲篇章,積詞而爲辭"。第四,"詞"本由上"司"下"言"的上下結構的字誤寫而成,"古本不作'詞',今各本篆作'詞',誤也"。可見在與言辭有關的意義上,"詞"與"辭"的意義本來是有很大區别的,但是自古而今,人們在使用這兩個詞時並不一定遵守這種區别,詞彙史上早就存在"詞"與"辭"以及它們構成的複音的異形詞。

詞彙史上早先只見"辭"字,後來"詞"逐漸占據"辭"的一些義位,"詞""辭"類異形詞也就隨之産生。我們利用北京大學古代漢語電子語料庫和自備的古代漢語電子語料庫,從詞彙史的角度對其進行了考察,得出兩點結論:第一,先秦典籍多用"辭"少用"詞",兩漢時代"詞"仍不多見,因而可以推斷,先秦乃至兩漢"詞""辭"類異形詞出現的概率不會太高。如《詩經》《論語》《孟子》《左傳》《穀梁傳》《禮記》《儀禮》《孝經》《周禮》《周易》《尚書》《荀子》《老子》《莊子》《管子》《國語》《吕氏春秋》《戰國策》《爾雅》《逸周書》《戰國縱橫家書》等典籍中,只有"辭",未見"詞";只在少數先秦典籍中可以見到少量"詞"的用例,多則 3 見,少則 1 見,如《公羊傳》《楚辭》《墨子》《商君書》《韓非子》等;兩漢著作中"詞"的出現頻率仍不高,有的兩漢典籍甚至未見"詞"字,如《新書》《新論》《太平經》《東觀漢紀》《山海經》《風俗通義》《法言》《古詩十九首》《黄帝内經》等。第二,"詞""辭"類異形詞自戰國開始出現,西漢以後漸漸形成使用頻率漸高、詞項漸多的趨勢。

那麼,本文討論的 24 組異形詞在詞彙史上的使用情況如何呢? 經過考察,我們發現它們的使用在時代上有兩個特徵:第一,這些異形詞形成的時代有先有後;第二,每組異形詞中往往有一個是較早產生的,也有基本同時出現的情況。具體情況如下:

(一) 24 組異形詞形成時代的先後

虛辭—虛詞(戰國) | 卑辭—卑詞　辭令—詞令　文辭—文詞(西漢) | 詞訟—辭訟　辭賦—詞賦辭章—詞章　言辭—言詞(六朝) | 辭藻—詞藻　遣詞—遣辭　致辭—致詞　祝詞—祝辭(唐代) | 措辭—措詞　婉辭—婉詞(宋代) | 托詞—托辭　微詞—微辭　義正詞嚴—義正辭嚴(明代) | 辯辭—辯詞　悼詞—悼辭　猥辭—猥詞　諛辭—諛詞　振振有詞—振振有辭(清末民初) | 誇大其詞—誇大其辭　謝詞—謝辭(現代)

(二) 每組異形詞中較早出現的成員及其出現的時代

卑辭　辭令　文辭(春秋) | 措辭　微辭　言辭　諛辭　致辭詞章(戰國) | 婉辭　辭賦　詞訟(西漢) | 托辭　辭藻(晉) | 遣辭祝辭(南朝)

（三）基本同時出現的異形詞成員及其出現的時代

虛辭—虛詞（戰國）｜義正詞嚴—義正辭嚴（明代）｜辯辭—辯詞
悼詞—悼辭　猥辭—猥詞　振振有詞—振振有辭（清末民初）｜
誇大其詞—誇大其辭　謝詞—謝辭（現代）

以上調查結果表明：現代漢語中仍頻繁使用的這些異形詞是詞彙史層層累積的結果，有很強的歷史傳承性；這些詞中老資格的"辭"類詞14個，"詞"類的只有2個，共計16組；基本同時使用的有16個，共8組。

二　"詞""辭"系列異形詞使用的現狀

我們利用"人民網"的"搜索頻道"，以《人民日報》報系中2004年、2005年、2006年1月至7月《人民日報》《環球時報》《諷刺與幽默》《新聞戰綫》《時代潮》等所有22種報刊上的569043篇文章爲語料，用以上24組異形詞爲目標詞進行了調查。調查時，我們仔細辨認了每個詞出現的語言環境，剔除了引用古語的目標詞、由於未進行分詞而與目標詞偶合的字串、重複的文章中的目標詞，還剔除了同形同音異義詞語（如婉言辭謝義的"婉辭"），計入了同篇文章中複現的目標詞，統計出的詞頻標注在詞語的右下方。以下是調查的結果：

卑辭$_0$—卑詞$_0$　辯辭$_6$—辯詞$_{26}$　措辭$_{631}$—措詞$_{152}$　悼詞$_{93}$—悼辭$_1$　誇大其詞$_{177}$—誇大其辭$_{94}$　遣詞$_{64}$—遣辭$_4$　托詞$_{150}$—托辭$_0$　婉辭$_2$—婉詞$_1$　微詞$_{477}$—微辭$_{88}$　猥辭$_0$—猥詞$_0$　文辭$_{30}$—文詞$_{14}$　謝詞$_3$—謝辭$_2$　虛辭$_2$—虛詞$_6$　言辭$_{851}$—言詞$_{138}$　誄辭$_2$—誄詞$_2$　振振有詞$_{181}$—振振有辭$_{122}$　致辭$_{1504}$—致詞$_{534}$　祝詞$_{83}$—祝辭$_{38}$　辭賦$_{18}$—詞賦$_9$　辭令$_{41}$—詞令$_2$　詞訟$_0$—辭訟$_0$　辭藻$_{61}$—詞藻$_{57}$　辭章$_{13}$—詞章$_{12}$　義正詞嚴$_{85}$—義正辭嚴$_{76}$

以上詞語的排列順序仍然是《現漢》主副條的次序，很明顯，《現漢》（第5版）對於以上異形詞的主副條的安排順序與詞頻的相合程度很高。這説明如果就詞頻而論，《現漢》的處理應該説已經表現出了很強的規範性。但是,我們認爲,即使是這樣與詞頻相合程度很高的處理,還是有少數值得改進的地方。

三 《現漢》動態的規範觀

《現漢》堅持的是一種動態的規範觀。這主要表現在兩個方面:首先,《現漢》從第 1 版到第 5 版不斷地調整此類異形詞的處理方案;其次,綜合考慮詞頻因素和某些詞彙區別性因素,力圖建立一種動態的、開放的詞彙規範化機制。

《現漢》從第 1 版到第 5 版對這些異形詞的處理經歷了三個重要階段。從反映語言事實的角度看,這三個階段一個比一個充分。第一階段表現在第 1 版和第 2 版裏,第二階段表現在第 3 版和第 4 版裏,第三階段表現在第 5 版中。第一階段有三種情況:一是有些詞根本沒有出現在詞目中,如"卑詞""卑辭""辯詞""辯辭""措詞""誇大其詞""誇大其辭""遣詞""遣辭""謝辭""虛辭""諛詞""諛辭""振振有詞""祝辭""詞賦""辭藻""義正辭嚴"等;二是用並列詞目(不是分列)的方式收入了 10 多組異形詞,以前後排序的方式顯示了規範化的傾向,如【悼詞】【悼辭】、【托詞】【托辭】、【婉辭】【婉詞】、【微辭】【微詞】、【猥辭】【猥詞】、【文辭】【文詞】、【言辭】【言詞】、【致辭】【致詞】、【辭章】【詞章】等;三是采用主條副條分列詞目的方式收錄,如"辭令"爲主,"詞令"爲副;"詞訟"爲主,"辭訟"爲副。從這三種情況可以看出,《現漢》早就非常重視對異形詞處理,對如何處理異形詞問題進行了探索,只是此階段的處理模式還不够統一。第二階段出現了重大變化,以上 24 組異形詞已基本收入,對第一階段個別設置不當的主條進行了調整,如"微詞"升格爲主條,"微辭"降爲副條,以求得主副條的處理不斷地與語言事實相合,這些主要表現在第 3 版中。此階段與第三階段(即第 5 版的處理)相比有兩點不同:一是有幾個詞尚未收入而用"也作"的體例進行處理,同時顯示出規範的傾向。如不設"誇大其辭",而在"誇大其詞"條下注"'詞'也作辭"。不設詞目只用"也作"來處理的還有"諛詞""振振有辭"和"義正辭嚴";二是主副條的設置微異,"遣辭"在第 3 版被設爲主條,第 5 版改爲副條,所不同者僅此一例而已。另,此階段的第 4 版又在"謝詞"條下用"也作'謝辭'"的方式補上了"謝辭"。第三階段即第 5 版的處理,引言中已有説明,不再贅述。從《現漢》三個階段對這些異形詞的處理,可以看出《現漢》對這類異形詞的處理方案一直在進行調整。

《現漢》承擔着規範化的任務,對收入哪些異形詞,再確定由哪個成員爲主條,是異常審慎的。從本文第一、二節的調查可知,確定一個意向性的規範詞形,面臨着根據什麽理據的選擇。是根據"詞""辭"的區別,還是根據異形詞項在漢語史上出現的先後,還是根據現代漢語中的詞頻?

由以上的分析和考察得知,哪個異形詞成員早見與"詞""辭"的區別有一定的相關性。本文討論的異形詞共有義素的主要特點是,"詞"或"辭"指大於詞的語言單位,包括句、段、篇,這種特點正與段玉裁對"辭"的解釋相合。因此從理據上來説,這些詞的規範詞形應該用"辭"才好。但是從漢語各時期此類異形詞使用的情況看,古人早就不能遵守"詞""辭"之間的這種區別。因而這種理據雖然有理,但實際上難以完全依從。究其原因,詞彙系統內部存在着系統性的制約關係。經過對"辭""詞"歷時和共時的所有義項的考察,我們發現,"詞"的各義項在"語言""語言單位""文體名"等跟語言有關的共同義素上具有很強的相關性,呈現出以名詞性的"言辭"義爲核心的意義家族特徵;"辭"的各義項除去與"詞"相同的以外,還有"辭別""推辭""責備""道歉"等,這些義位當然都是從"言辭"義引申而來的;但這些動詞性的意義自先秦就開始介入"辭"的意義系統,它們使"辭"的意義系統變得複雜起來。因此,本文討論的異形詞其意義既然都跟"言辭"義相關,那麽"詞"類詞自先秦開始就與"辭"類詞競爭並且顯示出強勁的勢頭,就是比較自然的事了。

《現漢》第一階段的處理傾向於依據"詞""辭"的區別以及異形詞成員是否早見這種綜合性的理據。如第 1 版確定"婉辭""微辭""猥辭""文辭""言辭""致辭""辭章""辭令""詞訟"爲意向性規範詞形,符合綜合理據,只有"悼詞"和"托詞"例外。第二階段和第三階段出現了重要的變化:"詞"類詞開始越來越多地被確定爲主條,這是符合"詞""辭"類異形詞此消彼長趨勢的，這一點從以上對第二階段的介紹和本文第二節的統計可以看出來。從目前語言使用的情況來看，就詞頻標準而論，《現漢》自第 3 版開始的處理是比較恰當的。由第二節可知，它也考慮到了詞彙的區別性因素。如"虛辭—虛詞"，這組異形詞的意義是"虛誇不實的言辭或文辭"，從頻率看，"虛辭"的頻率低，而"虛詞"的頻率高，考慮到與語言學詞類術語"虛詞"相區別，我們認爲《現漢》將"虛辭"定爲主條也是恰當的。以詞頻論，"婉辭"的確有資格作主條，但在調查語料時，我們發現它常常和婉言辭謝義的"婉辭"混在一起，因此我們建議《現漢》根據自己堅持的詞彙區別性的原則將"婉詞"與"婉辭"進行分化處理。

應雨田（2000）評價《現漢》說，《現漢》（按，當指第 3 版）確定主、副條的依據"難以揣摩"，既"不完全依據理據"，"也不完全依據詞頻"。遺憾的是，誰都不能完全依據理據或詞頻來規範異形詞，特別是"詞""辭"類異形詞。經過一定量的語料調查，他認爲應該根據詞頻，用"詞"統一這些異形詞。可以說，編詞典的人誰都希望采取這樣簡明甚至可以說是簡單的辦法。由以上的分析可知，完全根據理據是難以符合語言事實的。那麼根據詞頻呢？由以上的調查可知，如果完全依據詞頻，《現漢》目前的處理就顯得比較恰當。事實上，我們知道，完全根據詞頻，這組異形詞的規範問題可能永遠也沒有結果。《規範詞典》的做法如何？它沿用了《現漢》不用"詞"來統一這些異形詞的做法，還采用了《現漢》主、副條的處理方法，並在副詞條下注"見××（按，指主詞條）。現在一般寫作××（主詞條）"，以進一步明確規範化的意向，這是比較可取的做法。對於《現漢》主條的設置，《規範詞典》變動了 8 條：將"卑辭""辯辭""措辭""婉辭""猥辭""虛辭""致辭""辭藻"降爲副條，用相應的"詞"類詞作爲主條。這應該是用"詞"統一"詞""辭"類異形詞並且重視詞頻這一指導思想的反映。但不巧的是，從我們調查的詞頻看，這些變動只有"辯辭" 1 條合理，從我們以上的分析看，還勉強可以加上"婉辭" 1 條（按，《規範詞典》變動的理由不一定與我們分析的相同），所以總的看來，如果根據詞頻，《規範詞典》的變動至少就有 6 條不合理。

論"詞""辭"類異形詞的歷史與現狀

四 另一些"詞""辭"類異形詞

本節討論的是《現漢》沒有設主副條的一些異形詞,本節所下的一些所謂"正確""失誤"的結論,其前提仍然與應雨田等一樣:就詞頻而論。

對於"詞""辭"類異形詞的處理,《現漢》還做了一個工作,即自第 1 版開始對另一些"詞""辭"類異形詞的處理只出一個詞形,這應該是《現漢》規範化的意圖。這些詞是"答詞""遁詞""發刊詞""浮詞"(按,第 1 版無)"供詞""賀詞""理屈詞窮""強詞奪理""頌詞""題詞""獻詞""訓詞""嚴詞""一面之詞""眾口一詞""敬辭""謙辭"。這種做法如今收到了很大的成效,經過頻率統計我們發現,這些詞中大多數詞的使用頻率跟與之相對應的詞語的使用頻率相比占有明顯優勢。如"遁詞$_{12}$—遁辭$_2$""發刊詞$_{24}$—發刊辭$_3$""供詞$_{126}$—供辭$_0$""賀詞$_{256}$—賀辭$_{71}$""理屈詞窮$_{11}$—理屈辭窮$_1$""強詞奪理$_{79}$—強辭奪理$_2$""頌詞$_{18}$—頌辭$_4$""題詞$_{843}$—題辭$_{30}$""一面之詞$_{80}$—一面之辭$_{12}$""眾口一詞$_{161}$—眾口一辭$_{14}$"(按,詞右下數字爲使用頻率,統計所用語料與方法同前,下文統計數字同)等。《現漢》近 30 年沒有收入那些頻率低的詞,那麼以後該不該補收? 我們認爲,可以不收。可是《規範詞典》又將"答詞""遁詞""浮詞""賀詞""頌詞""題詞""獻詞""嚴詞"列爲主條,將相對應的含"辭"的詞語列爲副條。列主副條是針對一些目前還難以規範的異形詞采取的無奈之舉,如今《規範詞典》這樣做,似乎將人們漸漸淡忘的詞形又用詞典的形式進行了提醒,我們覺得這會給規範化帶來一定程度的副作用,最好不要讓那些設爲副詞條的詞語復甦。

以下一些異形詞目前還比較常見"答辭$_{19}$—答詞$_7$"、"含糊其辭$_{148}$—含糊其詞$_{69}$"、"閃爍其詞$_{63}$—閃爍其辭$_{23}$"、"獻辭$_{26}$—獻詞$_{21}$"、"嚴詞$_{156}$—嚴辭$_{91}$"、"敬辭$_5$—敬詞$_3$"、"謙辭$_8$—謙詞$_8$"(按,每組詞按頻率高低排列,加下劃線的詞爲《現漢》的傾向性規範詞形)。對於這些異形詞,我們已知《現漢》的處理方法是出一個詞形。從詞頻看,似乎應該作爲異形詞收入。但是如果收入,確定以哪個詞形爲傾向性規範詞形則應當斟酌。很明顯，根據詞頻，"答辭""含糊其辭""閃爍其詞""獻辭"
"嚴詞""敬辭""謙辭"有資格被確定爲傾向性的規範詞形。《現漢》確定
"嚴詞""敬辭""謙辭"爲傾向性規範詞形，這符合詞頻與"詞"或"辭"的
系統性要求；《現漢》在"含糊""閃爍"條下注引"含糊其辭""閃爍其詞"
例（按，《現漢》未列爲詞目，修訂時當補列），這也符合詞頻；《現漢》確定
的"答詞""獻詞"，與我們調查的詞頻不符。《規範詞典》的處理方法很
簡單，用"詞"統一的思想確定"答詞""含糊其詞""閃爍其詞""獻詞""嚴
詞""敬詞""謙詞"等爲傾向性規範詞形。但是，如果純粹根據詞頻，《規
範詞典》的處理只有"閃爍其詞""嚴詞"兩條是對的，這與《現漢》相同；
"答詞""獻詞"的處理也與《現漢》相同，然而依據詞頻，《現漢》倒不一定
恰當；"含糊其詞""敬詞""謙詞"，《現漢》認爲不夠充任規範詞形的資
格，這與詞頻相吻合，《規範詞典》反而將它們列爲主條，似乎不妥。由
此可見，《規範詞典》本該後出轉精，但就詞頻而言它不僅延續《現漢》的
某些失誤，卻又把《現漢》一些正確的地方弄掉了。

綜合《規範詞典》對 24 組異形詞和本節所討論的異形詞的處理，可
以看出該詞典處理的根據真的不明確，既不是根據理據，也不是根據詞
頻。如果就《規範詞典》編者傾向的詞頻而論，對"詞""辭"類異形詞的
處理，《現漢》比《規範詞典》要準確得多。

五　一些想法

本文討論的這些異形詞詞項多，使用頻率高，對詞彙的規範使用產
生了極爲不利的影響。但是該怎樣規範這些詞，卻是一個老大難問題。
要搞好這類異形詞的規範，必須解決好兩個問題：一是規範的原則問
題，二是規範的方式問題。

規範原則的確定，涉及的因素比較多，如詞彙的系統性、詞頻、語體
風格、詞彙的區別性和古語詞等因素。從詞彙的系統性方面看，正如前
文所論，要考慮到"詞"的各義項間具有很強的相關性。很顯然，"詞"的
義項間很強的相關性決定了它與"辭"相比會有較強的標義性，也有較
強的競爭力，因爲"辭"還有"告別""辭謝"等非"言辭"的意義。根據這

種標義性,我們不妨確立一個原則,叫做標義性原則。標義性原則涉及詞彙系統内的制約關係,因而應該作爲規範這類異形詞的首要原則。我們認爲,根據這個原則,應該儘量采用"詞"類詞作爲這類異形詞的規範詞形,但不急於用"詞"來統一這些異形詞,因爲這類詞的規範還受其他因素的影響。關於詞頻,本文作了較爲細緻的調查,結果説明完全依據詞頻就只能基本上保持《現漢》目前的處理。需要指出的是,用應雨田(2000)所傾向的詞頻原則,得不出用"詞"統一這些異形詞的結論。至於語體風格,我們在調查語料時發現,比較正式的報告、論文等書面語特徵很强的文本傾向於選用"辭",相反,書面語特徵稍弱的文本傾向於選用"詞"。我們在規範這類異形詞時應該適當考慮這一點:由於語體風格的影響,標義性原則發揮的作用有限,這時可參照詞頻,選用"辭"類詞爲主條。詞彙的區别性也是關乎該類詞規範的科學性的因素之一,如"虚辭—虚詞"在"虚誇不實的言辭或文辭"的意義上構成了異形詞,考慮與語言學術語相區别的因素,應該傾向使用"虚辭"。有些詞在現代已經成了純粹的古語詞了,可考慮只列一個詞形,不再列示副條。

規範方式的選擇,必須認真考量。在規範方式上,我們提倡分類處理、强力引導、靈活開放的策略。《現漢》從第 1 版到第 5 版,實際上一直使用着這些方式。分類處理的具體方式有共存、歸併、分化等。對這類異形詞,《現漢》采取過共存和歸併的方法,如對於難分伯仲的異形詞,采取主副條的形式是共存也是引導;對語言中尚存的一些異形詞只出一個詞形是歸併。我們認爲還應該重視分化處理。如"虚辭—虚詞",《現漢》是作爲異形詞處理的,最好讓"虚辭"獨立表示"虚誇不實的言辭或文辭",讓"虚詞"單獨表示詞類術語義。靈活開放其實就是動態的規範方式,這種方式要求對規範依據的選擇要靈活,我們不可能用一個單一的標準去規範異形詞;另外,也必須認識到,規範並不是一成不變的,也不是一勞永逸的。

下面根據以上討論的原則,對收入《現漢》的 24 組異形詞嘗試進行分化處理。我們將其分爲 5 組(仍附上詞頻以備參驗,主副條排序一依《現漢》):

1）悼詞$_{93}$—悼辭$_1$　　誇大其詞$_{177}$—誇大其辭$_{94}$　　遣詞$_{64}$—遣辭$_4$　　托詞$_{150}$—托辭$_0$　　微詞$_{477}$—微辭$_{88}$　　謝詞$_3$—謝辭$_2$　　義正詞嚴$_{85}$—義正辭嚴$_{76}$　　振振有詞$_{181}$—振振有辭$_{122}$　　祝詞$_{83}$—祝辭$_{38}$

2）辭賦$_{18}$—詞賦$_9$　　辭令$_{41}$—詞令$_2$　　辭章$_{13}$—詞章$_{12}$　　文辭$_{30}$—文詞$_{14}$　　言辭$_{851}$—言詞$_{138}$　　致辭$_{1504}$—致詞$_{534}$　　措辭$_{631}$—措詞$_{152}$　　辭藻$_{61}$—詞藻$_{57}$

3）辯辭$_6$—辯詞$_{26}$

4）卑辭$_0$—卑詞$_0$　　詞訟$_0$—辭訟$_0$　　猥辭$_0$—猥詞$_0$　　諛辭$_2$—諛詞$_2$

5）虛辭$_2$—虛詞$_6$　　婉辭$_2$—婉詞$_1$

我們認爲，就主條設置而言，《現漢》除了"辯辭"和"婉辭"的主條設置需要重新考慮外，其餘的都是恰當的。不過，還有些需要重新考慮的地方，現在分組討論並提出建議。1）組和2）組，應該保留《現漢》的處理，因爲1）組的處理既符合標義性原則也符合詞頻；2）組書面語體特徵很強，標義性原則的作用減弱，綜合頻率因素，應保留《現漢》的處理；3）組宜根據標義性原則和詞頻，將"辯詞"定爲主條；4）組詞語，《現漢》的主條設置是準確的，但是它們的使用頻率極低，應該定爲古語詞，可考慮依從詞彙史理據只出"辭"類的詞條，不列副條，並在釋義後注明"古語詞"；5）組應該采用分化的方法，分列詞條："虛辭"義爲"虛誇不實的言辭或文辭"，"虛詞"爲詞類術語；"婉辭"爲婉拒義，"婉詞"義爲委婉的言辭。

至於規範異形詞的具體方式，我們建議采用強力引導的方法。這種方法表現在詞典中，可以仍然采取主副條的形式，在主條下釋義，並注明"一般不提倡作××（按，指副詞條）"，在副詞條下注"同××（按，指主條）。當作××（主詞條）"。我們想強調的是，用"一般不提倡作××"，規範化的傾向會更加明顯；如果用《規範詞典》的說法"一般不作××"，則可能失之武斷。因爲"××"的使用頻率可能恰恰很高，那麼"一般不作××"就不符合語言事實了，這樣不能服人。況且，精確地調查使用頻率是極爲困難的，即使某階段的頻率調查清楚了，下一階段可能又會有所變化。對《現漢》將來的修訂，我們還有一個不成熟的建議：對上文所討論的已經收入《現漢》中的異形詞，經過一定的調整後甚至可以像《現漢》曾有過的做法一樣，只出一個詞形，在該詞目下注"一般不提倡作××（按，指隱去的詞形）"，乾脆連副條也不列示。這樣，《現漢》在已有成果的基礎上或許就邁出了該類異形詞規範化的最關鍵的一步，這對《現漢》來說，應該是順理成章的。總之，我們希望，擔負着詞彙規範化歷史重任的《現漢》在規範化的道路上越走越寬廣。

參考文獻

清段玉裁《説文解字注》，上海古籍出版社，1981 年。

李行健主編《現代漢語規範詞典》，外語教學與研究出版社，語文出版社，
　　2004 年。

應雨田《異形詞整理例釋：詞—辭》，《語文建設》2000 年第 1 期。

中國社會科學院語言研究所詞典編輯室《現代漢語詞典》第 1 版、第 2 版、
　　第 3 版、第 4 版、第 5 版，商務印書館，1978、1983、1996、2002、2005 年。

（原刊《中國語文》2007 年第 4 期，文字略有改動）

唐以前的 VP-Neg-VP 式反復問句

劉開驊　中國人民解放軍國防大學

從漢語發展史來看,反復問句較早出現的句法形式主要有兩種,即 VP-Neg 式和 VP-Neg-VP 式,前者在謂詞後面帶上一個否定詞,後者由謂詞和它的否定式並列而成。分別例如:

(1) 人問劉尹:"玄度定稱所聞不?"(《世說新語·賞譽》)

(2) 寄聲千里風,相喚聞不聞?(《全唐詩》卷三七六孟郊《舟中喜遇從叔簡別後寄上時從叔初擢第歸江南郊不從行》)

一般認爲,這兩種形式的反復問句,VP-Neg-VP 式的發展要滯後於 VP-Neg 式,唐以前鮮有用例。本文準備對這個問題作一些探討。

一

關於 VP-Neg-VP 式反復問句最早出現的年代,學術界意見分歧,討論所涉及的語料爲殷商卜辭。以下四例轉引自裘錫圭(1988):

(3) 壬子卜:今日雨? 不雨。(《甲骨文合集》33889)

(4) 戊申卜:啓? 不啓。(《甲骨文合集》33974)

(5) 丁酉卜,王:逐鼓告豕,獲? 不獲。(《甲骨文合集》40153)

(6) 於己丑有來? 無來。(《甲骨文合集》33063)

陳夢家(1956:87)認爲"雨不雨"之類的句子即爲反復問句。裘錫圭(1988)不否認"V 不 V"式反復問句在商代語言中存在的可能性,但對卜辭中的這類句子究竟是不是反復問句,卻持不同意見。在他看來,這一類材料中的 VP-Neg-VP 結構分屬命辭與驗辭(或用辭)兩部分,應該分開來理解。這樣,以上例句中的"雨""啓""獲""有來"屬於命辭,

"不雨""不啓""不獲""無來"則歸入驗辭(或用辭),這類句子都不是反復問句,甲骨文中沒有 VP-Neg-VP 式反復問句。

目前所見最早的可靠的 VP-Neg-VP 式反復問句出於《睡虎地秦墓竹簡》。這份出土文獻寫得早的可能屬於戰國末期,最晚則在墓主下葬的秦始皇三十年(前 217)。秦簡共有反復問句 36 例,其中 VP-Neg-VP 式多達 30 例,是 6 例 VP-Neg 式的 5 倍。不僅用例較多,形式也很豐富。馮春田(1987)和高一勇(1993)曾對此作過討論,我們可以在此基礎上作進一步分析。秦簡的 30 例 VP-Neg-VP 式反復問句可以分成兩大類四種格式:

第一類,肯定項前帶助動詞(記作 A,即 auxiliary verb)。助動詞只有"當""得"兩個,其中"當"出現 23 次,"得"出現 2 次。這一類有兩種格式。

一是肯定項爲助動詞加動詞,否定項爲"不"加助動詞,即"AV 不 A",共 19 例。例如:

(7) 今盜盜甲衣,買(賣),以買布衣而得,當以衣及布畀不當? 當以布及其他所買畀甲,衣不當。(《睡虎地秦墓竹簡·法律答問》)

(8) 工盜以出,臧(贓)不盈一錢,其曹人當治(笞)不當? 不當治(笞)。(《睡虎地秦墓竹簡·法律答問》)

(9) 甲捕乙,告盜書丞印以亡,問亡二日,它如甲,已論耐乙,問甲當購不當? 不當。(《睡虎地秦墓竹簡·法律答問》)

(10) 女子甲爲人妻,去亡,得及自出,不未盈六尺,當論不當? 已官,當論;未官,不當論。(《睡虎地秦墓竹簡·法律答問》)

二是肯定項爲助動詞加動賓短語,否定項爲"不"加助動詞,即"AVO 不 A",共 6 例。例如:

(11) 求盜盜,當刑爲城旦,問罪當駕(加)如害盜不當? 當。(《睡虎地秦墓竹簡·法律答問》)

(12) 吏從事於官府,當坐伍人不當? 不當。(《睡虎地秦墓竹簡·法律答問》)

(13) 内公孫毋(無)爵者當贖刑,得比公士贖耐不得? 得比

焉。(《睡虎地秦墓竹簡·法律答問》)

(14) 把其叚(假)以亡,得及自出,當爲盜不當?(《睡虎地秦墓竹簡·法律答問》)

第二類,肯定項前不帶助動詞。這一類有兩種格式。

一是肯定項爲動詞,否定項爲"不"加動詞,即"V 不 V",僅 1 例:

(15) 智(知)人通錢而爲臧(藏),其主已取錢,人後告臧(藏)者,臧(藏)者論不論? 不論論。(《睡虎地秦墓竹簡·法律答問》)

據整理小組注釋,此例應爲"……論不論? 論",答句中誤衍"不論"二字。

二是肯定項爲動賓短語,否定項爲"不"加動詞,即"VO 不 V",共 3 例:

(16) "辭者辭廷。"今郡守爲廷不爲? 爲殹(也)。(《睡虎地秦墓竹簡·法律答問》)

(17) 法(廢)令、犯令,遝免、徙不遝? 遝之。(《睡虎地秦墓竹簡·法律答問》)

(18) 越里中之與它里界者,垣爲"完"(院)不爲? 巷相直爲"院";宇相直者不爲"院"。(《睡虎地秦墓竹簡·法律答問》)

另有一例較爲特殊,否定項爲"不然",以"然"複指前面的肯定項:

(19) 丞某告某鄉主:某里五大夫乙家吏甲詣乙妾丙,曰:"乙令甲謁黥劓丙。"其問如言不然?(《睡虎地秦墓竹簡·封診式·黥妾》)

從上面的描寫可以看出,《睡虎地秦墓竹簡》出現最多的爲"當……不當",朱德熙(1991)認爲:"由於秦簡是討論法律的,這種特定的内容限制了句子裏動詞的範圍……但是我們有理由相信,'V(O)-Neg-V'在當時大概適用於所有的動詞。"可見,在秦簡出現的戰國末年或者秦代,漢語 VP-Neg-VP 式反復問句已經發展得比較成熟了。

《睡虎地秦墓竹簡》這類 VP-Neg-VP 式反復問句,學術界存在不同看法。張敏(1990)認爲反映的是當時的一種西北方言,不能代表共同語。據他考察,秦簡中的這類反復問句是由選擇問句經删除(删除關聯詞、語氣詞或重複成分)發展來的。宋金蘭(1995)同意删除説,但更強調這些句子使用的偶發性和個人色彩,認爲"秦簡中的'V 不 V'很可能是作者爲了表達法律條文的特殊需要,而臨時省略了反復選擇問句中的連詞和語氣詞。換言之,它是在特殊語境中出現的一種省略句,而不是具有規範意義的、獨立的疑問句式。因此,秦簡中的'V 不 V'屬於一種個別言語行爲,而不是當時具有普遍性的語言現象。"我們認爲,VP-Neg-VP 式反復問句到底是不是由選擇問句刪除而得,目前似乎很難説定。

何亞南(2001:209)認爲 VP-Neg-VP 式的出現與 VP-Neg 式有關,他説:"從根本上説,'VP 不 VP'和'VP 不'兩種句式主要只是省略成分有多有少的不同。在人們求簡的心理驅使下,'VP 不'被大量運用是有其合理依據的,對於書面語來説就更是這樣。當然,在表述力求精確或不嫌繁複的情況下,'VP 不 VP'被采用也是可能的。"我們認爲這一解説是有道理的。事實上,《睡虎地秦墓竹簡》中既有 30 例 VP-Neg-VP 式反復問句,也有 6 例 VP-Neg 式反復問句,尤其下面一例就很能説明問題:

(20) 免老告人以爲不孝,謁殺,當三環之不? 不當環,亟執勿失。(《睡虎地秦墓竹簡 · 法律答問》)

《睡虎地秦墓竹簡》VP-Neg-VP 式反復問句用"當……不當"形式的多達 23 例,這一例 VP-Neg 式反復問句以"當……不"的形式出現,如果不是簡文書寫者漏寫,便顯然爲"當……不當"的省略形式,因爲按照簡文的表達習慣,該例應爲"當三環之不當?"由此可以看出,是使用"VP 不 VP"還是使用"VP 不",其實只是對繁式和簡式的不同選用而已。兩種形式反復問句在秦簡中同時使用,也反映了這種語用上的特點。

至於張敏先生提出秦簡中的 VP-Neg-VP 式反復問句是一種西北方言的説法,因爲缺乏必要的文獻佐證,恐怕也僅僅是一種推測;宋金蘭先生提出這一句式爲個別言語行爲,不是一種獨立的疑問句式,不具有普遍性的説法,我們也有不同看法。

二

很長一段時期,學術界一直認爲 VP-Neg-VP 反復問句是唐代才產生的,《睡虎地秦墓竹簡》的出土,將這一時間提前了約千年。不過這也帶來一個新的問題。朱德熙(1991)曾經慨歎:"奇怪的是秦簡以後這種句式突然在文獻中消失,在長達千年的時間裏,連一點痕迹也看不到。"朱先生同意張敏先生的西北方言説,進而解釋道:"雲夢秦簡反映的是當時的一種西北方言。由於傳世文獻大都是用標準語寫成的,方言,特別是方言句法,很少有機會得到反映。"

從語言發展的普遍規律來看,某一語言現象既不可能憑空產生,也不可能產生之後消失近千年重又現身。如果出現這樣的情況,多半是因爲語料缺失而不能顯示,或者是因爲研究不够而未能揭示。即便是方言,也會或多或少帶有一些共同語的特徵,因而可能在傳世文獻中留有印記。事實上,在秦至唐時期,VP-Neg-VP 反復問句並未在語言中消失,傳世文獻中也並非無迹可尋。

首先,在陳述句中包孕着 VP-Neg-VP 結構。這在《睡虎地秦墓竹簡》便可以見到,例如以下兩例中的"受衣未受""有妻毋(無)有""出不出":

(21) 道官相輸隸臣妾、收人,必署其已禀年日月,受衣未受,有妻毋(無)有。受者以律續食衣之。(《睡虎地秦墓竹簡·秦律十八種·屬邦》)

(22) 診必先謹審視其迹,當獨抵死(屍)所,即視索終,終所黨有通迹,乃視舌出不出,頭足去終所及地各幾可(何),遺矢弱(溺)不殹(也)。(《睡虎地秦墓竹簡·封診式·經死》)

其後,這種包孕於陳述句中的"VP 不 VP"結構屢見於傳世文獻。據張美蘭(2003:201—203)調查,褚少孫補《史記·龜策列傳》中也有 18 例"V 不 V"(V 不 V、VO 不 VO、VO 不 V)用於陳述句。例如:

(23) 卜求當行不行:行,首足開;不行,足肦首仰,若橫吉安,安不行。(《史記·龜策列傳》)

(24) 卜行遇盜不遇:遇,首仰足開,身節折,外高內下;不遇,

呈兆。(《史記·龜策列傳》)

至中古時期,也不乏用例:

(25) 死人有知無知,與其許人不許人,一實也。(《論衡·死僞》)

(26) 賢不賢,才也;遇不遇,時也。(《論衡·逢遇》)

(27) 物死不爲鬼,人死何故獨能爲鬼? 世能別人物不能爲鬼,則爲鬼不爲鬼尚難分明;如不能別,則亦無以知其能爲鬼也。(《論衡·論死》)

(28) 爾時世尊即制比丘諸不净肉皆不應食,若見聞疑,三不净肉,亦不應食。如是分別應不應食。(《賢愚經》,4/375c)

(29) 仇伽離善於形相,觀人顏色,知作欲相不作欲相。(《雜寶藏經》,4/461a)

(30) 王時答言:"此摩醯首羅欲得阿闍梨爲食,隨阿闍梨欲爲作食不爲作食。"沙彌言:"我年幼小,朝來未食。王先施我食,然後我當與彼令食。"(《阿育王傳》,50/129b)

例(25)的"許人不許人",例(26)的"賢不賢"和"遇不遇",例(27)的"爲鬼不爲鬼",例(28)的"應不應食",例(29)的"作欲相不作欲相",例(30)的"爲作食不爲作食",均爲"VP 不 VP"結構。

其次,VP-Neg-VP 不僅僅包孕於陳述句中,有時還可以包孕於其他類型的疑問句之中。例如:

(31) "善男子,汝食肉時爲問净不净不?"答言:"世尊,我病困久,得便食之,實不問也。"(《賢愚經》,4/375b)

此例可以作不同理解,如果認爲句末的"不"爲没有虚化的否定詞,那麽全句是包孕着 VP-Neg-VP 結構的 VP-Neg 式反復問句,意思是"你吃肉時問不問乾净不乾净?"如果認爲句末的"不"已經虚化爲疑問語氣詞,全句則爲是非問句,VP-Neg-VP 結構包孕於是非問句之中,意思是"你吃肉時問乾净不乾净嗎?"

此外,我們還見到 VP-Neg-VP 結構包孕於特指問句的用例:

(32) 阿難問言:"汝何故不食,乃問我食適不適耶?"(《摩訶僧祇律》,22/350b)

(33) 諸比丘言:"長老闡陀,汝見是罪不?"答言:"汝用問我見不見爲? 我不見。"(《摩訶僧祇律》,22/516c)

VP-Neg-VP 式反復問句的形成,由 VP-Neg-VP 結構所充任的句子成分決定。根據邵敬敏(1996:105—106),現代漢語中這種反復並列結構,可以在句中充任除了狀語之外的其他各種句子成分。如果直接充任全句的謂語,則肯定是反復問句;如果充任賓語,可能是反復問句,也可能不是;如果充任主語或定語,則肯定不是反復問句。例(21)至例(33)中的 VP-Neg-VP 結構,有的充任全句的主語,有的充任全句的賓語,這些句子由於 VP-Neg-VP 結構沒有充任全句的謂語,都不是反復問句。但是,這些包孕於陳述句和其他類型疑問句中的結構一旦遇到合適的語境,便很容易發生句法位移,直接充任謂語,而使得全句變爲反復問句。

三

事實上,在《睡虎地秦墓竹簡》之後、唐以前這一歷史時期,合格的 VP-Neg-VP 式反復問句也並沒有絕迹。以下例(34)至例(37)爲朱慶之(1992:15—16)揭舉,例(38)爲何亞南(2001:209)列舉:

(34) 問:"坐與行爲同,不同?"報:"有時同,有時不同。"(《安般守意經》,15/166a)

(35) 比丘覆藏罪索別住,行至半,復語比丘言:"長老,我更有僧伽婆尸沙。"比丘問言:"是本罪中間罪?"答言:"是本罪。"復問:"覆不覆?"答言:"覆。"(《摩訶僧祇律》,22/435a)

(36) 聞者生疑:"唯爾不爾?"沉吟而住。(《摩訶僧祇律》,22/302a)

(37) 某求我女若姊妹,是人爲好不好? 應與不應與? (《十誦律》,23/18a)

(38) 當説何等法耶? 得不得乎? (《道行般若經》,8/466a)

例(34)"爲同不同"和例(37)"爲好不好",肯定項之前都帶有當時選擇問句常用的關聯詞"爲",全句似仍有選擇問句的痕迹。例(35)以

“覆不覆”發問，根據我們調查，同樣的形式在《摩訶僧祇律》中共有 16 例。“覆不覆”與例（36）“唯爾不爾”、例（37）“應與不應與”、例（38）“得不得”應該是比較成熟的反復問句形式。

俞理明（2001）又曾揭舉東漢道教文獻《太平經》中的一條用例：

（39）“今人當學爲善不當邪？”“當力學爲善。”（《太平經》卷四九）

《太平經》産生於黃河下游地區，俞文據此不同意朱德熙先生“VP 不 VP”式反復問句只是西北古方言的説法，認爲這一類句子有它的普遍性。

根據我們的考察，VP-Neg-VP 式反復問句在這一時期的中土文獻極難發現用例，除了俞理明先生提到的《太平經》中一例，現在能够找到的語例幾乎都出自漢譯佛經。這也從一個方面説明，相對於中土文獻而言，譯經可能更爲接近口語；而以往認爲自《睡虎地秦墓竹簡》到唐代近千年的時間裏，VP-Neg-VP 式反復問句完全不見蹤迹，顯然也是因爲沒有充分利用漢譯佛經的緣故。

現在，我們可以再揭舉一些漢譯佛中的例子：

（40）是等諸論師，我等皆敬順。我今當次説，顯示莊嚴論。聞者得滿足，衆善從是生。可歸不可歸？可供不可供？於中善惡相，直應分别説。（《大莊嚴論經》，4/257a）

（41）我昔來修行，未曾得果報，然我未能知，爲定得不得？（《大莊嚴論經》，4/280c）

（42）諸比丘於修多羅中、毗尼中、威儀中言此是罪非是罪？是輕是重？是可治是不可治？是殘罪是無殘罪？鬥諍相言。（《摩訶僧祇律》，22/334c）

（43）“汝叛布薩耶？”答言：“叛布薩不叛布薩，今當知。我二十年已來，十四日布薩十四日來，十五日布薩十五日來。如是叛布薩不叛布薩耶？尊者自知。”（《摩訶僧祇律》，22/469c）

（44）佛言：“爲作净不作净？”答言：“不作。”（《摩訶僧祇律》，22/479b）

（45）諍者口諍，鬥者輾轉取勝，不和合住，是法非法？是毗尼

非毗尼？是罪非罪？是輕是重？是可治是不可治？有殘無殘？如
法羯磨非法羯磨？和合羯磨不和合羯磨？應羯磨不應羯磨？是處
羯磨非處羯磨？（《摩訶僧祇律》,22/540c）

（46）王時語言："識我不也?"答言："不識。"王言："汝識某甲
不識?"向王看,然後慚愧。（《雜寶藏經》,4/459a）

例（40）至例（46）中的 VP 不 VP 式反復問句可以歸納爲四小類：

AV 不 AV——例（40）"可歸不可歸"和"可供不可供",例（45）
"應羯磨不應羯磨"。

V 不 V——例（41）"得不得",例（44）"作净不作净"。

VO 不 VO——例（42）"是罪非是罪",例（43）"叛布薩不叛布
薩",例（45）"和合羯磨不和合羯磨"。

VO 不 V——例（46）"識某甲不識"。

從這幾則用例可以看出,VP 不 VP 式反復問句形式多樣,較爲成
熟。我們由此推想,如果對東漢魏晉南北朝譯經作更大範圍的調查,應
當還能搜檢到更多的語例。因此,我們認爲《睡虎地秦墓竹簡》之後、唐
以前這一時期的 VP 不 VP 式反復問句仍然有其生命力,它的發展也
並未中斷。

由包孕結構中的 VP-Neg-VP 形式和這些合格的 VP-Neg-VP 式
反復問句,我們還可以回過頭來看《睡虎地秦墓竹簡》。我們認爲,秦簡
中的那些 VP-Neg-VP 式反復問句不一定是西北方言的反映,它的出
現應當有其普遍性意義。

四

如學術界此前所指出的那樣,中土傳世文獻中的 VP-Neg-VP 式
反復問句在隋唐時期才偶有所見。例如：

（47）柳條折盡花飛盡,借問行人歸不歸？（《先秦漢魏晉南北
朝詩・隋詩》卷八無名氏《送別詩》）

（48）不肯自看身,看身善不善？（《王梵志詩・他見見我見》）

（49）宣州太守知不知？一丈毯,千兩絲。（《全唐詩》卷四二

七白居易《紅綫毯》)

（50）法師即將少許偈贊，化人罪過。已下便即講經，大衆聽不聽？ 能不能？ 願不願？（《敦煌變文集·佛説阿彌陀經講經文二》）

應當説，唐五代文獻中反復問句雖然仍以 VP-Neg 式爲主，但 VP-Neg-VP 式的使用明顯增多確是不爭的事實。據吳福祥（1996：489）介紹，《敦煌變文集》反復問句 VP-Neg 式與 VP-Neg-VP 式用例之比爲 103：32，《祖堂集》爲 430：14。到了宋元以後，VP-Neg-VP 式便成爲漢語反復問句的主要形式。據朱德熙（1991），《金瓶梅詞話》中除了後來摻入的少數“K-VP”句式外，反復問句都是 VP-Neg-VP 式。

考察漢語反復問句的發展歷史，從總體上看，除了《睡虎地秦墓竹簡》外，在上古與中古漢語時期，VP-Neg 式的 Neg 主要由“不”“否”等充任，由於這些否定詞的稱代性都很强，實際上承擔了“不 VP”的語義功能，因此，VP-Neg 式始終處於强勢地位，用例甚多，VP-Neg-VP 式則處於相對弱勢地位，一直得不到大量使用。同時我們也注意到，從中古後期開始，“不”“否”開始向語氣詞方向虛化，這一情形引發了 VP-Neg 式的分化，一部分 VP-Neg 式反復問句演化爲是非問句，VP-Neg 形式在反復問句中一統天下的能力有所減弱，與此同時，VP-Neg-VP 式反復問句的用例則逐漸增多。到了宋元以後，隨着“不”“否”等否定詞虛化的最後完成，VP-Neg 式便從反復問句的主力方陣退出，VP-Neg-VP 式頂補上來，占據反復問句的强勢地位，成爲漢語反復問句的主要形式。這一格局形成之後便一直保持到現代漢語。

（本文引用漢譯佛經，均采自日本《大正新修大藏經》，簡稱《大正藏》，經名後“/”前的數字爲《大正藏》卷數，“/”後的數字爲《大正藏》頁碼，字母 a、b、c 分別表示頁碼的上、中、下欄。）

參考文獻

陳夢家《殷虛卜辭綜述》，科學出版社，1956 年。

馮春田《秦墓竹簡選擇問句分析》，《語文研究》1987 年第 1 期。

高一勇《秦簡“法律答問”問句類別》，《古漢語研究》1993 年第 1 期。

何亞南《〈三國志〉和裴注句法專題研究》，南京師範大學出版社，2001 年。

裘錫圭《關於殷墟卜辭的命辭是否問句的考察》，《中國語文》1988 年第
　　1 期。

邵敬敏《現代漢語疑問句研究》，華東師範大學出版社，1996 年。

宋金蘭《漢藏語是非問句語法形式的歷史演變》，《民族語文》1995 年第
　　1 期。

吳福祥《敦煌變文語法研究》，岳麓書社，1996 年。

俞理明《〈太平經〉中非狀語地位的否定詞"不"和反復問句》，《中國語文》
　　2002 年第 5 期。

張美蘭《祖堂集語法研究》，商務印書館，2003 年。

張敏《漢語方言反復問句的類型學研究——共時分布及其歷時蘊含》，北
　　京大學博士論文，1990 年。

朱德熙《"V-neg-VO"與"VO-neg-V"兩種反復問句在漢語方言裏的分布》，
　　《中國語文》1991 年第 5 期。

朱慶之《佛典與中古漢語詞彙研究》，文津出版社，1992 年。

（本文原載《古漢語研究》2008 年第 2 期）

也説"因不失其親"

黄增壽　江西師範大學

《論語·學而》當中記載了一段孔子弟子有子的話：

　　（1）有子曰："信近於義，言可復也；恭近於禮，遠恥辱也；因不失其親，亦可宗也。"

對這段話的解讀，歷來有争議，尤其是"因不失其親"一句，説法更爲紛紜。最近胡建華（2020，以下簡稱胡文）①整合了一些不同的解釋對這段話作了新的分析：

　　一個人講信，他就靠近了義，那麽（他的）話就可以兑現；

　　一個人恭敬，他就靠近了禮，那麽他就可以遠離恥辱；

　　一個人親於内外親，就不會失去親人，還可以宗。

胡文强調，解讀古文必須重視句法分析，强調語用和語境在解讀過程中的作用，把"因不失其親"與"信近於義""恭近於禮"都分析爲複句而不是單句，且省略了主語即譯文中的"一個人"；這三個小句結構上有對應性，"信""恭""因"都應該分析爲動詞。胡先生的上述觀點都很有意義，對有子話語中前兩個句子的解釋我們也完全認同。不過，胡先生對第三句的解釋我們仍有不同意見，而且，對有子話語的整體意義以及言説對象，我們也有不同看法。接下來本文將叙述我們的觀點，以就正於胡先生並諸君子。

---

①　胡建華《"因不失其親"的句法及其他》，《中國語文》2020 年第 1 期，頁 3—25。

一

爲了敘述的方便，我們把有子的三句話分別做標記如下：

（1）有子曰："❶信近於義，言可復也。❷恭近於禮，遠耻辱也。❸因不失其親，亦可宗也。"

❶❷中"近於"的用法值得注意。❷中"近於"前項"恭"從心，《説文·心部》"恭，肅也"，本指内心的肅敬。[1] 内心的肅敬一定會在外表上表現出來，所以"恭"也可指"外貌或態度恭敬"，《論語·季氏》有"貌思恭"，《尚書·堯典》有"象恭滔天"，都指可以被視覺觀察的外在恭敬態度。"恭"無論指内心的恭敬還是外貌或態度的恭敬，其意義都比較具體；而"近於"的後項"禮"則比較抽象，它表達的是一個抽象的複雜體系。"恭近於禮"即"（一個人）外貌或態度恭敬就接近於禮"，但"恭"和"禮"屬於不同範疇。概括起來説，"近於"的前後項有具體與抽象的差別，兩者有一定關聯，但不是一回事。類似的例子在先秦漢語中並不鮮見，以下例子引自胡文：

（2）剛、毅、木、訥，近仁。（《論語·子路》）

（3）子曰："恭近禮，儉近仁，信近情。"（《禮記·表記》）

（4）好學近乎知，力行近乎仁，知耻近乎勇。（《禮記·中庸》）

這些例子"近（乎）"的前後項都屬不同範疇，有具體與抽象的差別。❶中的"近於"也當做同樣的理解。雖然《郭店楚簡·六德》已經把"聖智仁義忠信"列爲"六德"[2]，漢代把"仁義禮智信"列爲"五常"，但在《論語》的寫作時代，"信"與"仁"有明顯的具體與抽象的差異："仁"是一個複雜而抽象的體系，不是一兩句話就可以説清楚的，而"信"的意義則頗爲具體，指"許諾、約言"（楊伯峻 1980）[3]。那麽❶的解釋就是"（一個人）説話嚴守承諾，（他）就接近於'義'，那麽（他的話）就可以兑現"。這

---

① （漢）許慎《説文解字》，中華書局，2013 年，頁 217。

② 荆門市博物館（編）《郭店楚墓竹簡·六德》，文物出版社，2003 年。

③ 楊伯峻《論語譯注》，中華書局，1980 年，頁 8。

應該是有子對一個人言談話語方面的要求,或者説一個人應該怎麽説話。同樣,❷可以解釋做"(一個人)外貌或態度恭敬就接近於禮,就可以遠離恥辱",這是對一個人行爲態度方面的要求,或者説一個人對待他人應該采取什麽樣的態度。

<h1 style="text-align:center">二</h1>

與❶❷相比,❸的解釋疑問比較大,而問題的關鍵在於對"因"的解讀。已有的解釋或把"因"解釋爲"依靠"(楊伯峻(1980)),或爲"親近"(孫欽善(2013))①似乎都顯迂曲;清代學者把"因"看作"姻"的省文。胡文認同"因"就是"姻",但又認爲"姻"是動詞。本文認爲,❶❷中"信"與"義"、"恭"與"禮"涉及的都是不同範疇,如果把"因"等同於"姻",那麽"因不失其親"説的就是涉及"親"的同一範疇。這與胡文認定的❶❷❸三個小句相互對應的前提是有一定矛盾的。由此,本文同意"因"應該看作動詞,以與❶❷的句式保持一致,但對"因"有不同的理解。

要找到"因"的合理解讀,我們最好還是從《論語》文本開始。《論語・子張》裏的一句話對我們很有啓發意義:

(5)子張問:"十世可知也?"子曰:"殷因於夏禮,所損益可知也;周因於殷禮,所損益可知也;其或繼周者,雖百世可知也。"

歷來對(5)的解釋没有異議,"因"都釋爲"因循、繼承"。《爾雅・釋詁》:"儴、仍,因也。"《爾雅》用"因"統一解釋"儴"與"仍",説明在"因循"的意義上,"因"在上古是核心詞。"因"的"因循"義在上古很常見:

(6)湯放桀于大水……因先王之樂,又自作樂。……周成王因先王之樂,又自作樂。(《墨子・三辯》)

(7)陶唐氏之火正閼伯居商丘,祀大火而火紀時焉。相土因之,故商主大火。(《左傳・襄公九年》)

(8)三代之禮一也,民共由之。或素或青,夏造殷因。(《禮記・禮器》)

① 孫欽善《論語本解(修訂版)》,生活・讀書・新知三聯書店,2013年,頁8。

(9) 先王之教，**因**而弗改，所以領天下國家也。（同上，《祭義》）

(10) 故曰作者憂，**因**者平。（《呂氏春秋·君守》）

(11) 昔爽鳩氏始居此地，季薊**因**之，有逢伯陵**因**之，蒲姑氏**因**之，而後太公**因**之。（《晏子春秋·外篇第七》）

結合孔子"述而不作"（《論語·述而》"述而不作，信而好古，竊比於我老彭"）的觀點看，孔子本人是非常講究繼承和因循的。儒家學派的獨尊地位確立以後，繼承因循的觀點深刻地影響到了後代，歷朝依循"祖宗之法"就是這種講因循、重繼承的表現。雖然這種傳統常常成爲改革的重大障礙，但是傳統本身是不能否認的①。

因循、繼承傳統對於個人來説，就是按照慣例行事，這就是本文對"因"的解釋，上面例(6)(7)(9)(10)都顯示個人對傳統的繼承態度，依照已有的成規行事。而"不失其親"我們也用常見意義釋爲"不違背父輩的意志"。"失"有"違背、偏離"義自不待言②，而不違背父輩的意志在《論語》中是"孝道"的核心，再看《論語》文本：

(12) 孟懿子問孝。子曰："**無違**。"樊遲御，子告之曰："孟孫問孝於我，我對曰：'**無違**'。"（《爲政》）

(13) 子曰："父在，觀其志；父没，觀其行；三年**無改於父之道**，可謂孝矣。"（《學而》）

(14) 曾子曰："吾聞諸夫子：孟莊子之孝也，其他可能也；其**不**

---

① 胡文已經敏鋭地覺察到這一點，在討論"親親之道"時胡先生在小注裏寫道，"歷史上有一些所謂的昏君也可能是因爲想對親親政治進行改革而被污名化的"。

② 《漢語大詞典》"失"字條義項4：違背；離開。《商君書·畫策》："失法離令，若死我死。"《漢書·匡衡傳》："中書令石顯用事，自前相韋玄成及衡皆畏顯，不敢失其意。"《大詞典》"不失"條義項1：不偏離；不失誤。《易·隨》："出門交有功，不失也。"孔穎達疏："以所隨之處不失正道，故出門即有功也。"在《論語》本文裏，"失"也有"違背、偏離"義。《論語·子張》"孟氏使陽膚爲士師，問於曾子。曾子曰：'上失其道，民散久矣。如得其情，則哀矜而勿喜。'"所謂"失其道"就是"違背了道"。先秦大量的"失禮""失道""失義"就是指違背了禮、道或者義。

改父之臣與父之政，是難能也。"(《子張》)

孝道要求，父親活着不違背其志意，父親去世以後仍然要堅守其志意。另外，先秦、秦漢時期的大量著作把"不肖"與"賢"對立：

(15) 舜、禹、益相去久遠，其子之**賢不肖**皆天也，非人之所能爲也。(《孟子·萬章上》)

(16) 致亂而惡人之非己也；致**不肖**而欲人之**賢**己也。(《荀子·修身》)

(17) 使有司日省如時考之，歲誘賢焉，則**賢**者親，**不肖**者懼。(《大戴禮記·主言》)

(18) 是故明主外料其敵國之强弱，内度其士卒之衆寡、**賢與不肖**，不待兩軍相當，而勝敗存亡之機節，固已見於胸中矣。(《戰國策·趙二》)

"不肖"何以有"不賢"義？傳統的解釋是"不似父，不如人"。例如，《禮記·雜記下》"某之子不肖，不敢辟誅"，鄭玄注"肖，似也。不似，言不如人"。《史記·五帝本紀》"堯知子丹朱之不肖"，司馬貞《索隱》引鄭玄曰"言不如父也"。"不肖"就是"不似父"，但不像父親何以就是"不肖"，傳統解釋説得並不清楚。本文認爲，"不肖"當然不是指外表不像父親，而是精神上與父親相背，没有堅守父志。没有堅守父志是爲"不肖"，可見"因"於父志，不違背父親的志意是先秦時代的流行看法，也是整個封建時代的流行看法。

小結上述分析，"因不失其親"就是指"(一個人)因循傳統就不會違背其父輩的志意"，"因循傳統與慣例"和"不違背父輩的志意"屬不同範疇，但有一定關聯。由此，❸就可以這樣翻譯：

(一個人)因循傳統就不會違背其父輩，這也是可以學習的。

三

在大致理解了有子的三個句子以後，我們還要回答兩個問題：有子説這三句話是要表達什麼核心意義？這三句話是對誰説的？

在先秦諸子爭鳴的時代，孔子是最爲務實的。《論語》説得很清楚，

"子不語怪、力、亂、神"(《述而》),"未知生,焉知死"(《先進》),孔子從不對他不清楚不熟悉的領域發表言論,從不做高深的哲學探討,總是就具體的做法提出意見或對具體的事件提出看法。而在孔子的弟子之中,有子(有若)是最像孔子的,《孟子·滕文公上》裏說:

> (19)他日子夏、子張、子游以有若似聖人,欲以所事孔子事之,强曾子。

有若恐怕不僅僅是因爲外形長得像孔子,子夏、子張、子游這些孔門號稱賢能的弟子强迫曾子與他們一起師事有子,更可能是有子的言行和思想接近於孔子。如果孔子有密切聯繫生活和教學實際發言的特點,那麼我們不妨也從這個視角來看待有子的這段話:

> (1)有子曰:"❶信近於義,言可復也。❷恭近於禮,遠恥辱也。❸因不失其親,亦可宗也。"

❶說的是語言,也就是說話,要言語真實,誠實守信,是有子對一個人言語方面提出的要求或方案,達到這個要求言語就可以核驗或實現;❷說的是態度,態度恭敬就可以遠離恥辱,這是對一個人外貌態度的要求;而❸是從行事方面提出來的,即做事情的時候,一個人應該遵守傳統方式或慣例,用慣例來解決問題就不會違背父輩的教導,這樣的做法當然值得稱道。因此,有子的這段話說的分別是一個人語言、態度和行事方面的要求,顯然並沒有達到齊家治國平天下的高度。

其次,有子的這段話是對誰說的? 我們覺得這不大可能是對君子說的。《論語》一書多次提到君子,但在提到對君子的要求的時候有三個特點。一是提君子必明言,二是不會自稱君子,三是對君子的要求非常之高。第三點尤其重要,還看《論語》:

> (20)子曰:"**君子喻於義**,小人喻於利。"(《里仁》)

> (21)子曰:"……**君子去仁,惡乎成名? 君子無終食之間違仁,造次必於是,顛沛必於是。**"(同上)

> (22)子貢問曰:"何如斯可謂之士矣?"子曰:"行己有恥,使於四方,不辱君命,可謂士矣。"曰:"敢問其次。"曰:"**宗族稱孝**焉,鄉黨稱弟焉。"(《子路》)

(20)(21)說明,要成爲"君子",必須有"義"有"仁",(22)說明下"君子"一等的"士"(此處是"士"之次等)也必須具備"孝"。有子提出接近於"義""仁""孝"的要求,與君子必須具備"義""仁""孝"尚有一定距離,因此,(1)不可能是對"君子不同發展階段、修爲階段的描述"。比較合理的推測是,有子的話可能只是同學之間的相互勉勵之詞,甚至可能是有子對自己的學生提出的要求,即在一般情況下,應該如何説話、保持何種態度、遵循什麼樣的行事方針。

從認知角度看方位成分"裏"的語法化

劉曉梅　南京曉莊學院

一　"裏"與非疑問語氣助詞"呢"關係的認知分析

現代漢語中有一個語氣助詞"呢",《現代漢語词典》(1996:918)中記載它有一種用法是"用在陳述句的末尾,表示動作或情況正在繼續"。在現代漢語中有很多這樣用法的"呢",如:(1)她在冲你笑呢。(朱文《我愛美元》)(2)我等你妹,她拿著我書包呢。(王朔《看上去很美》)這個"呢"也就是朱德熙(1982:209)在《語法講義》中所提到的"呢₁","呢₁"表示持續的狀態,比如:下雨呢/門開著呢。這個"呢₁"的早期形式有"裏"①"里""裡""哩""俚"②,如:(1)正在書房裡吃飯哩。(《喻世明言》第四十回)(2)閉著門子哩。(《元刊·任風子》第二折)[3](P72)(3)正看里,被康、張二聖用手打一推。(《喻世明言》第十五回)(4)正埋冤哩,只見一個人面東背西而來。(同前)(5)你説道俺相公身子困倦在睡哩。(《醉寫〈赤壁賦〉》二折楔子)(6)天色晚了,那生必定等裏。(《東墙記》三折)朱德熙(1982:211)《語法講義》中還提到一個"呢₃","呢₃"是表示説話人把事情往大裏説的誇張語氣的。比如:他會開飛機呢! /味道好得很呢! 這個"呢₃"其早期形式也是"裏""里""裡""哩""俚"等,如:(1)也速該親家,我家裡有個女兒,年幼小俚,同去著來。(《元朝秘史》卷一)(2)若

---

① 由於本文牽涉"裏"的幾種不同寫法,所以在有必要區分時,"裏"用其在原文中的寫法。

② "裏"的俗字有"里""裡""哩""俚",其中"里"較早用,"俚"和"裡"用的較少,在元刊本的元雜劇和年代不易確定的宋元話本小説中,多半寫作"哩"。

嫁得這個官人,可知好哩!(《警世通言》第十四卷)

朱德熙先生所說的"呢₁"和"呢₃"其實是一個來源的,它們都來源於近代漢語的"裏""里""裡""哩""俚",這組詞在近代漢語中表示動作狀態持續或誇張的語氣。這裏將探討這兩個表示非疑問的語氣詞"呢₁"和"呢₃"來源的具體細節。目前在學界關於這個問題的研究有幾家不同的說法。

(一)俞光中、(日)植田均(1999:429)認爲"裏"族按出現的時間排列應是:在、在裏、裏、哩(或作"裡""里"),"裏"居中應爲代表。"在、在裏"主要見於唐宋,"裏"多見於宋人筆記,元明其他作品也有,元曲及明人改動的話本多用"哩"。它們的作用是指明事實而略帶誇張的語氣。而"裏"是"在裏"之省,但"在"卻不是"在裏"之省,"在裏"源於"在",而語助"在"卻是源於表狀態持續的句末"在"。

(二)呂叔湘(1984:61—62)認爲"呢"即"哩"之變形,而"哩"又源於"在裏","此一語助詞,當以'在裏'爲最完具之形式,唐人單言'在',以'在'概'裏',宋代多單言'裏',以'裏'概'在','裏'字俗出多簡作'里'。本義既湮,遂更著'口'。傳世宋代話本,率已作'哩',或宋世已然,或後人改寫,殆未易定。"按照呂先生的看法,處所副詞"在裏"是現代漢語句末語氣詞"呢"的源頭。

(三)太田辰夫(2003:345)認爲"里"或"裏"原是名詞或助名詞,後來,"里""裏"分爲兩個,一個變爲句末助詞"哩",另一個反過來成爲體詞,構成"在裏"等說法,又進一步産生出這一系統的"在此""在這裏"等。由句末的處所詞"裡"或"裏"分化出來的句末助詞"哩",成爲近代漢語中常用的句末語氣助詞,到了近代漢語後期和現代漢語中又變成"呢"。

呂叔湘和太田辰夫意見的最大分歧在於,前者認爲"哩"是由"在裏"發展而來的,而後者認爲是由句末的處所助名詞"裏"發展而來的,但是太田辰夫也認爲"里""裏"成爲助詞的過程還不太清楚①。同時他

---

① 太田辰夫(2003)《中國語歷史文法》(345):"呢"作爲敘實的功能,是表示在現在動作的存在、不變化,相當於時間副詞"還""正在"等。它的來源是"里""裏"等表示處所的詞,從唐五代就有一些,它成爲助詞的過程還不大清楚,但總之是從表示某個處所中動作、狀態的存在而發展來的。

也承認是從表示某個處所中動作、狀態的存在而發展來的。而俞光中、植田均則前溯更遠，認爲句末表示狀態持續的"在"是"呢"的源頭之一。因爲在《百喻經》中已經出現了表示狀態持續的"在"，如：各食一餅，餘一番在。(《百喻經》卷下)

從認知語言學的觀點來看，凡是和空間有關的詞語都很容易語法化。"在"和"裏"都和空間有關，所以它們都可能虛化。呂叔湘(1984：60)發現《景德傳燈錄》中的"在"作爲語助詞的用法，約與今天常用的語氣助詞"呢"字相當，這不是古今用語的偶合，其間一定有推衍之迹。"在"作爲語氣助詞在某些官話區方言中還保存着，比如合肥話和成都話中。合肥話用放在句末的"在"表示動作正在持續進行。例如：(1)鞋放牀肚在(鞋放在牀底下)。(2)衣裳晾陽臺在(衣裳晾在陽臺上)。(3)他跟朋友講話在(他跟朋友在講話)。成都話裏也用"在"表示稱述語氣，相當於普通話的"正在""着呢"。比如：(1)他吃起飯在。(2)飯煮起在。(3)他還在屋頭睡起在。(4)外頭下起雨在。而"裏"也是一個表示在一定的空間範圍以內的空間方位成分，所以它本身就具備虛化的可能性，所以我們認爲不好説"在"和"裏"成爲表示狀態持續的語氣助詞究竟誰先誰後，這恐怕也是以上各位專家意見有分歧的原因之一。下面我們想討論"裏"的語法化過程。

二 "裏"語法化的過程

"裏"的語法化是連續的鏈條，雖然有分岔，但是這根有分岔的鏈條的每一個環節都是由前一環節發展而來的，"裏"從實詞到虛詞或構詞詞素的語法化過程都是在空間隱喻機制下完成的。藍純(1999：7)認爲空間隱喻是一種意象圖式隱喻，即以空間概念爲始原域，構建其他非空間性的目標域。由於人類的許多抽象概念都必須通過空間隱喻來構建，因此空間隱喻在人類的認知活動中扮演了不可或缺的角色。下面我們按照時間順序來分析"裏"在空間隱喻機制下語法化的詳細過程。

1. 普通名詞"裏"。構成"裏"字有兩個構件："衣"和"里"。而"裏"以"里"作諧聲偏旁。《説文·衣部》："裏，衣内也。從衣里聲。"衣服的內層的意思,是一個普通名詞。如:綠兮衣兮,綠衣黃裏。(《詩經·邶風·綠衣》)這個例句中的"裏"就是這個意思,它是和"表"意思相反的普通名詞。普通名詞"裏"表示一個二維空間的平面。

2. 用於人身體部位名詞後的"裏"。汪維輝(2000:94—96)認爲最早出現在西漢的醫籍中。如:任脉者,起於中極之下,以上毛際,循腹裏上關元,至咽喉,上頤循面人目。(《黃帝内經·素問》卷十六)用在人身體部位名詞後的"裏"所指的空間,最初也是指的一個二維空間的平面,但是慢慢的,人們把它理解成了由人的各個身體部位形成的封閉的三維空間。人的身體是隱喻的物質基礎,人們通過對自己身體的瞭解,映射到日常生活中的事物、事件或狀態上,從而瞭解身體以外的其他事物、事件或狀態。人的身體是一個三維的容器,它可以吸入容納空氣和營養物質等,還可以排出廢物,有内外之分,而整個人體又是由多個小容器組成。如果其他事物、事件或狀態具有身體的這些特徵,那麽它們可能被想像成一種容器,於是就產生了"容器隱喻"。從"裏"作爲方位成分是從放在表示人的身體部位的名詞之後開始這一點,我們也可以確認這一點。"裏"在西漢時期和身體部位名詞的結合是"裏"語法化的第一階段。

3. "裏"用於一個擁有具體的空間範圍的名詞後,比如指稱建築物、自然地貌、樹木花草等事物的名詞後。在容器隱喻這種認知模式的指導下,外部世界中被我們視爲容器的不僅包括由我們的身體組成的容器,也包括有自然邊界的三維實體,東漢出現了表典型的三維空間的方位成分"裏",如:"城門裏""門裏""宮裏""殿裏",這些都是可以形成一個有界空間的建築物(如"宮"和"殿")或建築物的一部分(如"門")。魏晉時期在詩歌和史傳等文學語言中,方位成分"裏"開始迅速增長,和"裏"搭配的名詞種類也越來越多,一般是表示處所的具體空間範圍名詞,[+可容性]是這些名詞的共同語義特徵。從對人自身身體所形成的三維空間的認識開始,擴展到自然物質社會的三維空間的認識,這是"裏"在空間隱喻機制下的進一步語法化。

4. "裏"用於表示抽象的空間範圍的名詞後。比如"夢裏""琴裏",不管是"夢裏"還是"琴裏"所指的空間範圍都不是具體可感的,因此

"裏"所表示的範圍更虛更抽象了。甚至出現了"心裏"這樣較爲抽象的用法:泛泛柏舟,流行不休。耿耿寤寐,心裏大憂。(《易林》卷一)這個"心裏"已經不是指"胸腔裏的器官心臟的内部"了,而是指"頭腦裏、思想裏或感情裏"等比較抽象的非實體的空間。這種用法又使"裏"的語義向更加虛化邁出了一大步。

5. "裏"用於表示時間範圍的名詞或名詞性短語後。時間是一維的,時段範圍也是人的感覺器官很難感知的,人只有通過用於具體空間範圍的詞語來描述時間範圍。比如"夜裏"。"夜"是表示時段範圍的,加了"裏"以後,就可以明確某事是發生在它們所表示的這段時間範圍以内的。人們憑借用於空間的詞語爲認識抽象的時間範圍找到了捷徑。"X+裏"可以表示時間範圍,這是非常重要的虛化。因爲當人們一旦通過自己的行動對空間產生了感知並在頭腦中形成了空間的概念時,他們就會進一步地去思索,並最終在頭腦中形成時間意識。人們通過身體的行動對裏外空間有了認識後,就將此裏外空間認知域往時間域投射,因此形成了基於裏外空間關係的時間表達法。

6. "裏"用在代詞後。"裏"能用在代詞後,這個代詞可以代替"人""事""物",甚至"地點"或"時間",可以代替具體可感的事物,也可以代替抽象不可感的事物。中古時期"裏"就可以用在代詞後,如:日月之行,若出其中。星漢燦爛,若出其裏。(曹操《步出夏門行》)但是不多,而且"其裏"的組合不是很緊密,是一個詞組。近代漢語中"裏"可以用在所有新出現的指示代詞後。在近代漢語早期文獻中,比如《敦煌變文集新書》和《祖堂集》等,近指代詞最常見的有"者""遮"。此時"裏"可以放在這些指示代詞的後面,後來"這"最終排擠了"者"和"遮"成爲近指代詞的唯一寫法,"這裏"也沿用至今,近代漢語表示遠指的代詞"那"也經常和"裏"連用。此期還有一個表示疑問的代詞"那"也經常和"裏"連用。唐宋時期疑問代詞"那裏"還常以"阿那裏"的形式出現。近代漢語用在指示代詞和疑問代詞後面的"裏"相當於一個代詞後綴,是一個構詞詞素,它和代詞的結合緊密,和中古的"其裏"有很大的差異,它可以用在很多代詞的後面,比如上面的"者裏""遮裏""這裏""那裏""阿那裏",現代漢語中的"這裏""那裏""哪裏"就是由它們發展過來的。作爲代詞後綴的"裏"是"裏"語法化鏈條上的第一個終結點。

7. "裏"用在句中動詞後。南北朝時期"裏"已經可以用在動詞後表示動作狀態的持續,如:(1)綠鬢愁中改,紅顏啼裏滅。(吳均《和蕭洗馬子顯古意詩六首》之三)(2)寒田穫裏靜,野日燒中昏。(陰鏗《和侯司空登樓望鄉詩》)"裏"和動詞結合可以表示某一動作發生的時段範圍。在某一動作發生的時段範圍內也可以説是某一動作正在持續時,所以用在句中動詞後的"裏",其語法作用和表示持續的"著"非常接近。這種表示某種狀態持續的"裏",應該是唐五代時期用在句末的表示某種狀態持續的"裏"的早期形式,句法位置的改變使它開始了向句末語助詞"裏"的語法化或者説虛化的歷程。這種用在句中動詞後的"裏"是現代漢語呢$_1$的源頭之一。

8. "裏"用在句中形容詞後。用在形容詞後的"裏",主要是表示在一種氛圍裏,也可以説是表示在某種狀態持續的某一時段裏。如:(1)越梅半拆輕寒裏,冰清澹薄籠藍水。(和凝《菩薩蠻》)(2)前日只是趁早涼走,如今怎地正熱裏要行?(《水滸全傳》第十六回)"輕寒裏"説的是在"輕寒"狀態持續的時段範圍裏,"熱裏"説的是在"熱"狀態持續的時段範圍裏。

9. "裏"用在副詞後。近代漢語用在副詞後的"裏",是副詞後綴,比如"猛可裏"中的"裏":殺得正在興頭上,只見巡哨的百户劉英,原是個多謀足智之人,坐在哨船上,猛可裏心生一計。(《三寶太監西洋記》第六十四回)近代漢語有很多這種帶有"裏"後綴的副詞,如"暗地裏""暗裏""背地後裏""背地裏""大古裏""待古裏""忽地裏""近裏""冷地裏""兩下裏""没地裏""猛地裏""酩子裏""驀地裏""劈先裏""省可裏""私下裏""一搭裏""一答兒裏""一答裏""好好裏"。作爲副詞後綴的"裏"在近代漢語中很多,但是現代漢語卻没有了。作爲副詞後綴的"裏"是"裏"語法化鏈條上的第二個終結點。

10. "裏"用在句子後。"裏"用於句末,語法作用相當於一個語氣助詞,目前發現最早的例子出現在敦煌變文中。如:幸有光嚴童子裏,不教伊去唱將來。(《敦煌變文‧維摩詰經講經文》)蔣禮鴻(1981:386)認爲這句話是彌勒講的,彌勒自己以爲擔當不起到毗耶城問病的使命,而説有光嚴童子可以使唤,"裏"字的語氣和"呢"相當,此句也可以解釋作"幸有光嚴童子在",意思就是有光嚴童子在這裏。這個"裏"字,它的由實趨虛的痕迹可以看出來。又如:"佛向經中説著裏,依文便請唱將來。"(《敦煌變文·父母恩重經講經文》)這個"裏"字,蔣禮鴻(1981:386)認爲意義也在"在"和"呢"之間。

用在句子後的"裏"有兩個,第一個"裏"我們認爲是源於用在句中動詞後表持續的"裏"的,所以這個語氣詞"裏"也含有表持續的意思在裏面,這個"裏"是現代漢語呢₁的源頭。如下面這個句子中的"裏":你前日在門前正做生活裏,驀然倒地,便死去。(《喻世明言》第十五回)第二個"裏"我們認爲源於用在句中形容詞後的"裏",它一般含有一種誇大申辯的語氣在裏面,如:(1)也速該親家,我家裏有個女兒,年幼小倈,同去著來。(《元朝秘史》卷一)(2)若嫁得這個官人,可知好哩!(《警世通言》第十四回)這個"裏"我們認爲是現代漢語"呢₃"的源頭。這兩個"裏"的區分方法是看句子中的謂語是動詞還是形容詞,如果謂語是動詞就是第一個表持續的語氣詞"裏",如果謂語是形容詞就是第二個表誇張語氣的語氣詞"裏"。由於句法位置從句子中變成了句子後,"裏"的詞性也發生了質的變化,從方位成分變成了不表方位的句末語氣助詞。用在句子後的"裏"是"裏"語法化鏈條上的第三個終結點。

三 "裏"的語法化原因分析

那麼,爲什麼方位成分"裏"會語法化成代詞後綴、副詞後綴、語氣詞"裏"呢?我們覺得主要有以下幾個原因:

第一,和"裏"的語義有關,"裏"具有表示一定空間界限範圍以內的語義,在空間隱喻機制的作用下,它也可以表示某一時段範圍以內。"空間隱喻"指的是將空間方位投射到非空間概念上的隱喻。我們認爲"裏"由方位名詞向表持續的語氣詞演化是空間隱喻機制作用的結果。

第二,和"裏"的位置有關。後置的空間方位成分往往有再虛化的可能。而作定語的前置的"裏",上古時期是方位名詞,近現代漢語中是具有詞彙意義的方位構詞語素,與不具有詞彙意義只具有語法意義的語氣助詞“裏”、代詞後綴“裏”和副詞後綴“裏”比較起來，其意義還是比較實在的。另一方面，“裏”從句中動詞、形容詞後的位置到句末的位置的變化，使其從方位成分語法化成語氣助詞。

第三，語義的泛化也是“裏”虛化的重要原因，從表示空間到表示時間，從放在名詞後到放在形容詞後再到動詞後，“裏”的使用範圍擴大，語義也擴大了，泛化了，語義的泛化導致的結果就是“裏”由實詞變成了虛詞。

第四，使用頻率高也是導致“裏”語法化的重要原因。同是表示一定界限範圍以內的空間方位成分的“内”沒有語法化，就是因爲使用頻率不高；而“裏”在“裏/中/内”三個之中由於使用頻率最高，所以在近代漢語中就走完了語法化的歷程。

第五，語言接觸也可能是“裏”語法化的原因之一。因爲“裏”用於句末，語法作用相當於一個語氣助詞，目前發現最早的例子是在敦煌變文中。語言接觸對語氣助詞“裏”的産生是否有影響和影響有多深，還有待我們在以後的研究中來證明。

第六，語音弱化。弱化包括詞義的弱化和語音的弱化兩個方面。實詞由於語法位置的變更逐漸減弱、淡化了它本來的詞義，被用來表達某種語氣，經過長久的使用，便喪失其詞義，虛化成語法成分。伴隨詞義的弱化，語音也隨之弱化，或喪失聲母，或變化韻母，並産生輕聲現象。孫錫信(2002:89—96)近代漢語中的語氣詞大都經由詞義和語音的弱化而形成。“裏”隨着句法位置的改變其實詞詞義逐步淡化，伴隨着詞義的淡化，“裏”的語音也弱化成輕聲“li(哩)”。

四　結語

“裏”本來是一個普通名詞，是“衣服的裏子”的意思，後來演變成表示在某一空間範圍內部的空間方位名詞，最後語法化成代詞後綴、副詞後綴、語氣助詞。從認知語言學的角度來看，表示空間方位的詞語是人類認知世界的基礎，人們往往憑借空間概念來認識其他非空間的概念，“裏”從實詞到虛詞或構詞詞素的語法化過程都是在空間隱喻機制下完成的。其語法化原因有："裏"自身語義特點、句法位置後置、語義的泛化、使用頻率高、語言接觸、語音弱化等。

參考文獻

中國社會科學院語言研究所詞典編輯室《現代漢語詞典(修訂本)》,商務印書館,1996 年。

朱德熙《語法講義》,商務印書館,1982 年。

孫錫信《漢語歷史語法要略》,復旦大學出版社,1992 年。

俞光中、植田均《近代漢語語法研究》,學林出版社,1999 年。

吕叔湘《漢語語法論文集(增訂本)》,商務印書館,1984 年。

太田辰夫《中國語歷史文法》,北京大學出版社,2003 年。

侯精一主編,李金陵編寫《合肥話音檔》,上海教育出版社,1997 年。

侯精一主編,崔榮昌編寫《成都話音檔》,上海教育出版社,1997 年。

藍純《從認知角度看漢語的空間隱喻》,《外語教學與研究》1999 年第 4 期。

汪維輝《東漢—隋常用詞演變研究》,南京大學出版社,2000 年。

蔣禮鴻《敦煌變文字義通釋(增訂本)》,上海古籍出版社,1981 年。

孫錫信《語法化機制探賾》,《紀念王力先生百年誕辰學術論文集》,商務印書館,2002 年。

(原載於《南京師範大學文學院學報》2010 年第 4 期)

中古漢語雙音節"X來"式時間語詞再考察

何　亮　重慶師範大學

引　言

在中古近代以及現代漢語中,都存在一批雙音節的"X來"類時間語詞①。董秀芳、蔣宗許、王雲路、陳昌來、梁銀峰、匡鵬飛、何亮等對這些"X來"類時間語詞的性質、來源及"來"的屬性進行了深入探討。然而就已有的成果看,關於"X來"時間語詞的研究尚存在以下問題:

(1) 對"X來"式時間語詞的性質、來源及"來"的屬性,人們還存在較大的分歧,對造成這種分歧的深層原因探討不够;

(2) 中古時期"起點性表時成分+來"是極爲普遍的時間表達結構,但作爲時間詞進入詞庫的並不多。在什麽樣的條件下這類"X來"能够固化成詞? "來"又是怎樣成爲詞綴的? 目前還缺少系統論述。中古(東漢—隋)是"X來"式時間語詞產生與發展的關鍵時期,本文擬從中古的角度對以上幾個問題進行分析探討。

一　中古時期"X來"時間語詞的類別、來源及性質

據何亮(2007:39—54,136)、王雲路(2010:290—295)的相關研究,中古漢語主要有以下雙音節"X來"時間語詞:

---

① 之所以我們采用"語詞"的説法,是因爲我們認爲中古漢語一些雙音節"X來"時間表達式是臨時組合的短語,不是詞。

年來、今來、古來、昔來、秋來、朝來、夜來、晚來、間來、昨來、少來、向來、比來、頃來、近來、爾來、適來、由來、從來、方來、將來、後來、當來、聿來、未來、甫來、失來、亡來、死來、學來、漢來、宋來等。

另，"以來/已來"不能獨立運用，必須後附于其他成分，表示從某時到説話時間爲止的意義，它本身並不表示時間概念，可以看作標志時段意義的類詞綴，不在我們討論的雙音節"X 來"時間語詞之列。

根據 X 的語義特徵以及"來"的性質，我們認爲中古時期這些雙音節的"X 來"時間語詞實際上可分爲三類："將來、當來、方來"等未然性副詞性成分加位移動詞"來"；"從來、比來、亡來、漢來"等起點性表時成分加帶有位移義的時段標志性類後綴"來"；"今來、朝來"等顯性時間成分加時間詞詞綴"來"①。

(一) 未然性副詞成分＋位移動詞"來"

屬於這一類的有：方來、將來、後來、當來、未來、甫來②。

這些詞語都表示將來時間。王雲路先生（2010：290—295）在討論中古後附加式"X 來"時間詞時指出，表示時間的單音節副詞可與"來"構成雙音詞，如"比來、向來、由來、將來、當來、方來、聿來、以來、已來"等，認爲這些雙音節詞中"來"的含義都虛化了，"來"是時間詞的後附加成分，其主要作用是構成雙音節時間詞。

陳昌來、梁銀峰等認爲"X 來"的來源不盡相同，所遵循的演化路徑也不一樣。例如陳昌來、張長永（2011）認爲時間詞"將來"來源於同形的動詞性短語"將來"；梁銀峰（2009）也認爲"後來、將來、未來"直接從動詞性偏正短語"X 來"詞彙化而來，"X"和"來"都是詞根。

考察中古"X 來"類相對時間詞的構成及來源，我們贊同陳昌來、梁

① 梁銀峰（2009）根據"X"的性質，把現代漢語"X 來"式合成詞分成四類："X"是時間詞性語素和方位詞性語素、"X"是介詞性語素、"X"是副詞性或具有狀語功能的語素、"X"是認知動詞性語素或言説動詞性語素。其中前三類與本文有關。

② 中古有"聿來"一詞。王雲路（2010：294）指出"聿來"較爲少見，"聿"有迅速、將要義，其義當指近來。"聿來"何以表近來，存疑。

銀峰的觀點。我們認爲"將""當""甫"等是副詞性成分，而"將來""當來""甫來"等時間名詞中"來"的位移義還很具體。中古這些表示將來的"X來"式時間詞有其鮮明特徵：除"將來""方來"是漢代已有詞語外，"後來、當來、未來、甫來（甫當來）"是中古新興詞語，它們的出現環境也各有差異①。學者們一般認爲，從認知的角度看，時間詞"將來"是把時間看作移動的物體，迎面而來的是將要來到的位移主體時間，這反映了"時間在動"的認知方式②。何亮（2007）則指出"將來""方來"的構詞格式是：狀態（未然）＋位移動詞，因爲佛教宣傳教義的需要，在漢語時間認知方式的制約下，受此構詞方式類推，東漢譯經產生了"未來""當來""甫來"等。這類詞語都由表未然的副詞加"來"構成③，對觀察者而言，移動物（時間）"尚未來到"。可見"未來、當來、方來、甫來"等與"將來"一樣，"來"的位移意義仍很明顯。因此，這些詞均來源於偏正式動詞短語，就其内部結構看，宜看作偏正式（狀中）複合詞。

（二）起點性表時成分＋"來"

所謂"起點性表時成分"，是指該成分表示起點時間，"起點性表時成分＋來"整個運算式表示從該起點時間至説話時間的一段時間。

這種"X來"中的"來"是時段標志詞，同時兼表時制，即表示從X開始到説話時爲止的過去的一段時間。時段標志詞"來"的形成過程大

---

① 據何亮（2007：101—103），其中"將來""方來"表"將來"在漢代已有用例，但用例不多，魏晉以後，"將來"的使用已很普遍；"未來、當來"是東漢譯經新出現的時間詞，只有少量的用例出現在中土文獻中，到唐代，"未來""當來"的使用才普遍起來；而"甫來""甫當來"均只出現於譯經。

② 例如張敏（1998：120）《認知語言學與漢語名詞短語》、張建理（2003）《漢語時間系統中的"前""後"認知和表達》、史佩信（2004）《漢語時間表達中的"前後式"與"來去式"》。

③ "當"作副詞有"應當"義。一個動作狀態應當發生，從某個角度看，也可以看做還没發生；"甫"固然有"方才；剛剛"義，但也有"開始"義。如《周禮·春官·小宗伯》："卜葬兆，甫竁，亦如之。"鄭玄注："甫，始也。"時間開始來到，換個角度，也就是時間將要（馬上）來到。可見"當""甫"與"來"組合表示將來意義是有其詞義基礎的。

致如下：

先秦時“以來/已來”出現在“自 X 以來/已來”格式中，表示從過去某時到説話時（或某個特定的時間）的一段時間範圍——自西漢開始，“以來”前經常不用“自/從”等介詞，出現在“X 以來”格式中——東漢譯經中已有“以來”省略爲“來”的用法，有時前面的介詞也省用，即出現“自/從 X 來”“X 來”的格式——魏晉南北朝時期，“以來/已來”前不用“自/從”等介詞、“以來/已來”省用爲“來”，已經十分常見，成爲“X 來”形式①。

這些起點性表時成分可以是表示起點時間的運算式的縮略形式。如果省略起時介詞，則起點性表時成分表現爲一個時間詞或一個具有内在時間性的動詞或名詞；如果省略時間成分，則起點性表時成分表現爲介詞性成分。

屬於這一類的有：古來、昔來、比來、頃來、近來、爾來、失來、亡來、死來、學來、漢來、宋來、由來、從來等。

這類時間語詞中 X 的性質不同：a. X 本身是帶有泛指性的過去義的時間成分，如“古、昔、比、頃、近”等②；b. X 是介詞性成分，如“由、從”；c. X 是表示事件的動詞或具有内在時間性的名詞，如“失、亡、漢、宋”等。“由、從”實際是省略了起時詞語，而該起時詞語是籠統的過去時間，故可以把它和 a 歸爲一類。

對這類時間語詞的性質及來源，學界分歧一直較大。

1. 關於“古來”“從來”類時間詞

董秀芳（2011）、王雲路先生把“古來”“由來”等的“來”看作時間詞的後附加成分。

梁銀峰（2009）認爲“古來”類由“自/從 X 以來”縮略爲“X 來”，“來”最初是時間方位詞；“從來、自來、由來”來源於“所 X 來”，“X”和

---

① 何亮《中古漢語時點時段表達研究》，巴蜀書社，2007 年，頁 187—188。

② 按，“比、頃、近、爾”各自均可單用，“比、頃”均有“近來”之義。《後漢書·宦者傳·吕强》：“比穀雖賤，而户有饑色。”曹丕《與吴質書》：“頃何以自娱，頗復有所述造不？”“近”原爲距離小，後引申爲距今不遠，“近”在中古有當初之義。以上兩個例句均取自《漢語大詞典》。

"來"逐漸跨層詞彙化爲雙音詞,"來"最初也是時間方位詞。

陳昌來等(2010)認爲現代漢語"從來"的演化路徑是:動詞性偏正短語(從……來)→名詞性短語(所從來)→名詞(從來)→時間詞(從來)→時間副詞(從來)。"從"和"來"是通過特定的句法操作連接到一起。看來他認爲在較早時期"來"是位移動詞。匡鵬飛(2010)認爲時間副詞"從來"的來源應該是由表示時間的短語"從……以來"省略而成的"從……來"短語,如果再省略其中表示時間起點的成分,就詞彙化爲了雙音節的時間副詞"從來"。可見他對"來"的性質的看法類似於梁銀峰。

我們贊同梁銀峰、陳昌來、匡鵬飛對"古來""從來"中的"來"的性質的判斷,認爲應歷史地看這些詞中"來"的性質。從近現代漢語的角度看,因"古來""從來"等的内部結構模糊,或可把"來"看作後附加成分。但語言事實表明,"古來""從來"是由以前的句法結構縮略或跨層詞彙化而來,"古來""從來"不是派生出來的,"來"還帶有一定的實詞意義(見後文)。因而在中古時期它們不宜看作附加式合成詞。

"比來"來自"自比以來"。在中古時期,存在"自比以來"的用例,如:

(1) 自比以來,源流清潔,纖鱗呈形。(《宋書·符瑞下》)

(2) 宋元嘉世,諸王入齋閤,得白服裙帽見人主,唯出太極四廂,乃備朝服,自比以來,此事一斷。(《南齊書·豫章文獻王傳》)

(3) 故倉庫儲貯,以俟水旱之災,供軍國之用,至於有功德者,然後加賜。爰及末代,乃寵之所隆,賜賚無限。自比以來,亦爲太過,在朝諸貴,受禄不輕。(《魏書·韓顯宗傳》)

整個中古時期正是漢語詞彙雙音化迅猛發展的時期。由於魏晉南北朝時期"自X以來"省用爲"X來"形式非常普遍,"自比以來"縮略爲"比來"當是情理之中的事。

又,董秀芳(2005)指出"漢字具有頑强的表義性,受此影響,漢語語言學研究者們不願意把那些功能已經衰落的詞綴看成無義成分,派生模式中的年代久遠的已經死去的派生詞仍可能被認爲是複合詞。如'近來'中的'來'在中古漢語時期發展爲一個詞綴,'近來'本來是一個派生詞,但在現代漢語中由於人們不瞭解'來'原來的意義,且'近'和'來'又是常用的語素,因此就有可能將'近來'看成是由'近'和'來'組成的複合詞。"

其實,如果站在中古的立場,把"近來"看作特殊的複合詞也並非全無道理,中古就有"自近以來"的用例。如:

(4)又謂尚書令陸睿曰:"叔翻在省之初,甚有善稱,自近以來,偏頗懈怠。豈不由卿等隨其邪偏之心,不能相導以義,雖不成大責,已致小罰。"(《魏書·廣陵王傳》)

這類時間詞之所以出現是附加式還是縮略式的爭議,跟 X 是帶有過去義的宏觀時間成分這一特徵有關。下文我們將會詳細討論。

以上並不是否定"來"可以作爲詞綴的事實,只是想説我們應歷史地看待"來"的性質。"比來""近來"之類,有可能是受詞彙雙音化影響,從"自比/近以來"縮略而成。縮略至少可以看作是"比來""近來"的形成因素之一。梁銀峰(2009)認爲漢語史上"古來"類時間詞中的某些成員是通過源短語的縮略演變而來的,但也有某些成員是通過派生產生的,我們認爲"古來""比來""頃來""從來""由來"等都是縮略而成,因爲"古來、昔來、比來、頃來、近來"都有"自 X 以來"的對應運算式。只是隨着"X 來"格式的廣泛運用,加之"比""頃"等的"近期、近來"意義在現代逐漸不爲人知,"比來"等也就被視爲一個整體,構詞理據不太爲人所知了。

2. 關於"動詞或具有內在時間性的名詞+來"一類時間語詞

表示事件的動詞性或具有內在時間性的名詞性成分加"來"形成的時間語詞,如"失來、亡來、死來、學來、漢來、宋來、爾來"等,都是中古新出現的。蔣宗許(2009:213—215)認爲這種動詞後的"來"是詞綴,王雲路先生(2010:295)也把這類動詞與"來"結合表示時間的結構作爲後附加式複音詞的一個類別。

中古漢語存在大量"動詞性成分+來"結構,用以表示時間。動詞性成分是單音動詞的如:

(5)空中自言:彼二人者,亡來七日。(《中本起經·轉法輪品》)

（6）諸道士，一名爲阿蘭，二名爲迦蘭，學來積年，四禪具足，獲致五通。（《修行本起經・出家品》）

（7）後令紇問其姓名，死來幾年，何所飲食？（《洛陽伽藍記・城南・菩提寺》）

（8）言："失來二月。"問言："失來二月，云何此覓？"（《百喻經・乘船失釪喻》）

動詞性成分可以是動賓結構，如：

（9）吾先人得此術，欲圖爲帝王師，至仕來三世，不過太史郎，誠不欲復傳之。（《三國志・吳書・趙達傳》）

以上各例中動詞性成分與"來"的組合表示時段。如上例"亡來""學來"表示的是時間段，所以它們後面都接有具體的時段詞語。"彼二人者，亡來七日"指逃亡以來到説話時已經七日，"學來積年"指自學習以來至説話時已有多年。其他例句與此相類。

其實，除了動詞可以與"來"結合表示時間，一些名詞也可以與"來"結合表示時間。如：

（10）法汰以常見怪，謂漢來諸名人，不應河在敦煌南數千里，而不知昆侖所在也。（《水經注・河水》卷一）

（11）而宋來才英，未之或改，舊染成俗，非一朝也。（《文心雕龍・指瑕》）

（12）詔曰："羊車雖無制，猶非素者所服。"江左來無禁也。（《宋書・禮五》）

一些代詞也可以與"來"結合，表示一段時間。如"爾"有"彼、那"之義，"爾來"表示就從那時以來①。如：

（13）後值傾覆，受任於敗軍之際，奉命於危難之間，爾來二十有一年矣。（諸葛亮《前出師表》）

以上"X 來"都是以話語當時（隱含）爲迄點，表示自 X 到説話時爲

---

① 梁銀峰（2009）在分析"爾來"的兩種不同的語義和内部結構時，認爲表"近來"義的"爾來"宜做一個整體看待，是。但據本人考察，東漢至隋時期時間語詞"爾來"均表示"從那時以來"，應屬於"起點性表時成分＋來"一類。

止的那一段時間。這些"X 來"中的"X(VP/NP)"實際是時間的起點。

當"X"是動詞或某些名詞(如朝代名、人名)時,"X"的時間義是隱性的,"X 來"體現時間移動的歷程,"來"還有一定的位移意義。例如上舉"失來、江左來"分別義爲"從東西丢失以來到說話時、從東晉以來"。考慮到這種時段標志成分"來"的來源,這類"X 來"也可看作縮略短語。

應該指出的是,"起點性表時成分+來"一類的時間語詞,"來"的詞義弱化了,但其表示時段的意義很明顯,或者說,"來"具有表示時段的附加義。因此,這類"X 來"中的"來"不妨看作類詞綴。

(三)顯性時間成分+詞綴"來"

顯性時間成分指 X 本身具有内在的時間屬性,例如"朝"指早晨,"夜""晚"指晚上,"今"指今天、現在,"向""間"指近來①,"適"指剛才②,"少"表少年兒時等等。這些顯性時間成分與前面的"古""昔""頃"等在時間所指上有所不同,前者在說話人心目中是相對明確具體的,而後者並不指向某一具體時間,是泛指的。

這類"X 來"屬於附加式合成詞,詞語的意義由"X"充當,"來"已經失去時段標志意義,更没有了位移意義。屬於這類的有:今來、昨來、秋來、年來、向來剛才、間來、適來、少來、朝來、夜來、晚來等③。略舉數例:

(14)間來候師王叔茂請往迎之,須臾便與俱來。(《搜神記》卷三)

(15)南邊坐者語曰:"適來飲他酒脯,寧無情乎?"(《搜神記》卷三)

(16)吾夜來腹痛,不堪見卿,甚恨。(《全晉文》卷二十六王羲之《雜帖》)

(17)使人曰:"頓首君,我昔有以向南,旦遣相唤,欲聞鄉事。

---

① 如《左傳・成公十六年》:"君之外臣至從寡君之戎事,以君之靈,間蒙甲胄,不敢拜命。"杜預注:"間,猶近也。"

② 如《漢書・賈誼傳》:"陛下之臣雖有悍如馮敬者,適啓其口,匕首已陷其匈矣。"

③ 方一新(1997:162—163)曾指出中古時期"夜來""晚來""朝來"的"來"是名詞詞尾,接在時間名詞之後構成複音詞,本身並不表義。

晚來患動,不獲相見。"(《魏書・鹿悆傳》)

值得注意的是,在漢語方言的晉語、冀魯官話、中原官話中廣泛存在"夜來"表示昨天的用法。岩田禮先生(2007)認爲方言中的這個表示昨天的"夜來"是從表示晚上的"夜來"變化而來。

考察歷史文獻,我們認爲現代漢語中的"夜來"一詞的詞義大致經歷了以下發展過程:夜晚(魏晉)→昨天晚上(唐)→昨天(宋),"來"仍然是詞綴。如:

(18)春眠不覺曉,處處聞啼鳥,夜來風雨聲,花落知多少。(孟浩然《春曉》)

(19)笑撚粉香歸洞戶,更垂簾幕護窗紗,東風寒似夜來些。(宋賀鑄《浣溪沙》)

梁銀峰(2009)指出:有些"X來"經過了由"自/從X以來"或"所X來"縮約化而來的歷時演變過程,但也有一些"X來"沒有對應的初始形式。這説明"X來"這種構詞模式確立以後,由於類推的作用,詞綴"來"可以直接附在某些時間詞等成分之後,派生出新的"X來"形式。其説甚是。

綜上所述,中古漢語三類"X來"式時間語詞來源各不相同,"來"的性質也不一樣。中古時期"起點性表時成分+來"這種時段義的"X來"時間語詞極爲普遍,但這些"X來"運算式進入詞庫成爲時間詞的只是少數。那麼"起點性表時成分+來"這種"X"需要哪些條件,才能與"來"結合成附加式合成詞呢?"來"又是怎樣成爲詞綴的?

二 "起點性表時成分+來"的成詞條件及時間詞詞綴"來"的形成

三類雙音節"X來"式時間語詞中,第一類由同形短語直接詞彙化而來,第三類由詞綴"來"直接派生出來,它們的數量都很有限。而"起點性表時成分+來"一類,數量是相當多的,那麼哪些能固化成詞呢?

梁銀峰(2009)認爲:"只有那些兼具時點屬性和時段屬性的'X'跟'來'組合才能成詞,那些只具時點屬性的'X',由於在語義上相對明確,因而不能跟'來'組合成詞。"

我們覺得這一看法不夠確切。因爲時點可以是包含一定時間量的宏觀時點(宏觀與微觀本身也是相對的),它本身可以在時間軸上占據一定的長度,這使得時點時段具有相對性[1],在某種程度上幾乎所有的時點都有一定的時段屬性,因而"X"跟"來"能否組合成詞與"X"是否兼表時點時段無關。例如"頃""近"跟"漢漢代"比較起來,"漢"該是更加兼具時點和時段屬性的了,可恰恰"頃來""近來"詞彙化進入詞庫,而"漢來"只是作爲一個臨時性組合出現。

如前所述,"起點性表時成分 X＋來"實際有兩個小類。我們認爲只有當 X 本身是帶有泛指性的過去義的時間成分時,"X 來"才能固化成詞,這樣才能滿足表義明確和足夠的使用頻率兩個條件。

中古時期"自 X 以來"縮略爲"X 來"蔚然成風。當 X 是帶有泛指性的過去義的單音時間成分時(如古、昔、近等等),X 在意義上正好和表示過去時段義的"X 來"大致吻合,"X 來"表達的時間意義是明確的;而具有過去義的單音時間成分的數量有限,這就能保證它們有足夠的使用頻率。這種組合也符合漢語標準韻律詞雙音節的要求,故能成爲一個合格的詞語。

從理論上説,單音動詞或某些普通名詞(如朝代名、人名)加"來"這一組合滿足漢語韻律詞標準音步的要求,也有可能成詞。但實際上如果"X"的時間義是隱性的,則"X 來"只表示歷程意義(動詞類表示從某一事件至説話時爲止的一段時間,名詞類表示從該名詞所隱含的時間至説話時的時間)。更重要的是因爲其數量上開放,它們難以獲得足夠的使用頻率,無法固化成詞。

我們認爲時間詞詞綴"來"的形成、附加式"X 來"的出現都與"過去義起點性表時成分＋來"有關,其形成過程如下:

首先,表示過去意義的單音節時間成分 X 與類詞綴"來"(時段標志)組合,如"古來""昔來"等。這些詞是"自 X 以來"的縮略。"X 來"表示的是從過去某時(起時)到説話時爲止的一段時間。如果 X 本身

---

[1]　何亮《中古漢語時點時段表達研究》,頁 192。

就是表示過去的時間,由於時點時段具有相對性和模糊性,X 既籠統地表示過去也表示説話之前的一段時間,在意義上正好和表示過去時段義的"X 來"大致吻合,這時"X 來"與"X"的語義在一定程度上重合,"來"的時段附加義減弱,"來"朝詞綴的方向發展。但因爲"來"仍帶有時段標志特徵,這個階段的"X 來"也就有時點、時段兩種理解。例如:

(20)天下良辰、美景、賞心、樂事,四者難並。今昆弟友朋,二三諸彦,共盡之矣。古來此娱,書籍未見。(《宋詩》卷三謝靈運《擬魏太子鄴中集序》)

此處"古來"固然可理解爲古時,但理解爲"自古以來"(即從古至今的那段時間)也未爲不可。

(21)昔來雖屢經戎亂,猶未大崩侵。(《魏書·崔光傳》)

此處"昔來"固可釋爲"過去",也可理解爲"往日以來"(自往日到現在)。

其次,"來"成爲詞綴後,其他具有顯性時間義的 X 與"來"結合成詞。由於中古時期"X 來"的大量運用,也因爲時點時段的相對性、模糊性,"來"的表時段功能進一步減弱乃至消失,成爲時間詞的詞綴[1]。梁銀峰(2009)認爲:"X 來"這種構詞模式確立以後,由於類推的作用,詞綴"來"可以直接附在某些時間詞等成分之後,直接派生出新的"X 來"形式。是。"來"成爲詞綴後,除了表示過去意義的單音節時間詞,其他單音節時間詞,如一些具有顯性時間義的形容詞、副詞都可以與"來"結合成詞,"X 來"的意義主要由"X"承擔。如"今來""秋來""昨來""朝來""晚來""小來""舊來""適來""本來"等。需要指出,這些 X 都有顯性時間義,如"小"指小時候,"舊"指舊日,"適"指剛才、"本"有原本義。

即使是一些典型的後附加式"X 來"時間詞,仍可能保留"來"的部分時段意義。這是因爲時間詞詞綴"來"來源於時段標志"來"。如:

---

[1] 梁銀峰(2009)認爲"當'來'附着在動詞性成分之後時,它向動相補語演變;當'來'附着在名詞性成分之後時,它向詞綴演變。我們認爲當"來"附在名詞之後時,並不必然朝詞綴演變。例如"宋來""漢來""江左來"等中的"來"就無法演變爲詞綴。就時間詞詞綴"來"而言,"來"的詞綴化需要一個基本前提,即"X"是具有顯性時間意義的詞語,這樣"來"的表義功能才能減弱。

（22）鏡中辭舊識，霸岸別新知。年來木應老，只爲數經離。（《隋詩》卷十釋智才《送別》）

王雲路先生認爲"年來"猶言今年或近來，甚是。

梁銀峰（2009）認爲"語義滯留現象不僅發生在語法化的過程中，也同樣發生在詞彙化的過程中"，這一結論完全符合漢語史語言事實。

三　小結

中古時期雙音節"X 來"式時間語詞中，"未然性副詞成分＋來"與"起點性表時成分＋來"同屬於狀中結構，但彼此"來"的性質並不一致。前者是位移動詞，後者是仍具一定位移意義的帶標志時段特徵的類詞綴。這是因爲它們采用了不同的時間認知方式。"未然性時間副詞＋來"體現的是"觀察者靜止，時間在動"這一強勢的時間認知方式[①]，"來"的位移意義還很具體實在；"起點性表時成分＋來"源自"自 X 以來"格式，體現的是"時間靜止，觀察者在動"的相對弱勢的時間認知方式，這種認知方式中觀察者移動，時間是靜止的有邊界的區域，且可以度量，因而"起點性表時成分＋來"表示從起點時間到説話時間的一個時段。隨着中古漢語"（自/從）X 以來"的縮略式"X 來"的普遍運用，"來"獲得了時段標志意義，但仍具有較弱的位移特徵。

"起點性表時成分＋來"一類的時間語詞並不都能固化進而詞彙化進入詞庫。只有當 X 本身是表示過去時間的成分時，才能固化爲時間詞。同時因爲 X 與"X 來"的語義在一定程度上重合，"來"的時段附加義減弱，"來"具有詞綴的性質。當"來"發展爲詞綴後，一些具有顯性時間義的形容詞、副詞等都可以與"來"結合，派生出一批附加式"X 來"的時間詞。

[①]　據何亮（2013）考察，中古漢語"來去"類時間運算式采用"時間在動"和"觀察者在動"兩種認知方式，而以"時間在動"爲主。與"來"搭配的，表示將來的詞語數量多且不受形式限制，既有"來 X"也有"X 來"形式（如"來年""未來"）。具有位移義的"來"，用於表示過去只出現於"（自）X 以來"及由此縮略而成的"X來"之中，其出現條件有嚴格的限制。

　　"起點性表時成分＋來"時間語詞中，當"X"是動詞或非顯性時間義的普通名詞時，X 的時間義是隱含的，"X來"僅體現時間移動的歷程，這種"X來"作爲一種臨時組合，其數量開放，導致它們難以獲得足够的使用頻率，無法固化成詞。

參考文獻

方一新《東漢魏晉南北朝史書詞語箋釋》，黄山書社，1997 年。

董秀芳《漢語詞綴的性質與漢語詞法特點》，《漢語學習》2005 年第 6 期，頁
　　13—19。

董秀芳《詞彙化：漢語雙音詞的衍生和發展》，商務印書館，2011 年。

梁銀峰《現代漢語"X來"式合成詞溯源》，《語言科學》2009 年第 4 期，頁
　　412—421。

匡鵬飛《時間副詞"從來"的詞彙化及相關問題》，《古漢語研究》2010 年第 3
　　期，頁 76—82。

何亮《中古漢語時點時段表達研究》，巴蜀書社，2007 年。

何亮《從方言看漢語"來去"式時間語詞的隱喻認知問題》，《語言研究集刊》
　　第 11 輯，頁 118—128。

何亮《從中古相對時點詞看漢語時間表達認知方式的發展》，《南昌大學學
　　報》2007 年第 4 期，頁 131—134。

蔣宗許《漢語詞綴研究》，巴蜀書社，2009 年。

陳昌來、張長永《"從來"的詞彙化歷程及其指稱化機制》，《上海師範大學學
　　報》2011 年第 5 期，頁 117—128。

陳昌來、張長永《時間詞"將來"的詞彙化歷程及其指稱化機制》，《魯東大學
　　學報》2010 年第 5 期，頁 52—56。

岩田禮《漢語方言〈明天〉〈昨天〉等時間詞的語言地理學研究》，《中國語學》
　　2007 年第 254 號，頁 1—27。

王雲路《中古漢語詞彙史》，商務印書館，2010 年。

（本文原載於《勵耘語言學刊》2015 年第 1 輯，略有删節）

古代漢語"教"字被動式研究

張延俊　信陽師範大學

　　"教"字被動式簡稱爲"教"字式。"教"字在敦煌變文中有时寫爲"交"（參見張新武，1987：92—98），明清时期的文献裏也往往寫爲"叫"①。"教"字式是中古時期以後新興的一種重要被動式類型，本文試圖對其形成以及在古代的發展情況作些考察。

一　"教"字式的形成

　　"教"字式產生於何時？ 學術界一般認爲"教"字式產生於唐代中期，例如：

　　　　（1）曲罷曾教善才伏，妝成每被秋娘妒。（唐白居易《琵琶行》）
　　　　（2）若教靖節先生見，不肯更吟歸去來。（唐趙嘏《贈桐鄉丞》）
　　　　（3）回無斜影教僧踏，免有閒枝引鶴棲。（唐皮日休《題棺寺真上人院矮檜》）
　　　　（4）總得苔遮猶慰意，若教泥汙更傷心。（唐韓偓《惜花》）
　　　　（5）疏野免交城市鬧，清虛共俗鄰。（《廬山遠公話》）
這些例子裏的"教"字式已經相當成熟：例（1）跟"被"字式相對；例（2）充

---

①　作爲動詞，"教"字從三國時期開始就可寫爲"交"字，如支謙譯《撰集百緣經》第三卷"必定交死"，又第五卷"恐其交死"等。"叫"，《説文》釋爲"呼"，早在《詩經》裏已有用例。據李文澤先生（2001：413—423），"叫"字用作兼語句的動詞"V₁"，是從南宋時代開始的，初期比較少見：《朱子語類》3 例，《劉知遠諸宮調》1 例，《全宋詞》1 例（南宋），《張協狀元》4 例。"叫"字直到明清時代才用作被動標記。用作被動標記的"交"和"叫"都是"教"的轉寫。

任謂語的是一個非意志義動詞"見",意爲"見到"(與意志義動詞"看"不同),不僅表示動作,而且表示動作的結果;例(3)、(4)謂語動詞"踏""汙"表示的是主語不希望遭受的動作;例(5)狀語裏的施事"城市"爲非生物,不是主語所指能夠使令的對象。

下面這個例子出自南北朝時期,可以看作"教"字式的萌芽:

(6)朝逐珠胎卷,夜傍玉鈎垂。恒教羅袖拂,不分秋風吹。(徐摛《賦得簾塵詩》)

此例轉引自汪維輝先生(2017:197),不過,汪先生視爲使役式(或稱"教"字使令式、"教"字兼語式)。筆者個人愚見,從當時的大環境看,"教"字用作使令動詞的情況確實比較多見,但是,若從"教羅袖拂"本身來看,"羅袖"屬於非生物,不能被使令,因此,將該例視作被動式完全講得通。鑒於當時此類語例十分稀見,姑將其稱作"教"字被動式的萌芽。

"教"字式是如何産生的?

太田辰夫先生(1987:229)認爲,"教"字被動式來源於"教"字使役式,由使役式轉化爲被動式有三個條件,即"兼語動詞的賓語是不具有意志的""表達造成了某種結果的感覺"以及"和禁止相配合"。橋本萬太郎先生(1987:36—49)說:"學過滿文文言的人都知道滿文被動是由使動標志來表示的。因爲現在的北京話本來是以滿族統治東北之後南遷中原的各族(漢族包括在內)所共用的一種漢語方言爲基礎而發展來的,北方漢語裏用使動標志來表達被動這習慣很可能是以阿爾泰語句法爲背景而發展起來的。羅傑瑞早已有這種看法,雖然他把它寫成文章公開發表是在80年代初。錫伯語裏使動標志同樣表示被動,這已在50年代由已故山本謙吾指出。筆者1981年頭一次訪問中國,在中國社會科學院民族研究所做客時,照那斯圖見告土族語和東鄉語裏也有同樣現象,筆者才豁然大悟,這不只是通古斯—滿語族所特有的句法特徵,原來阿爾泰語系裏某些蒙古語族語言也有同樣的特徵!換言之,是整個北方各族語裏共有的一種區域特徵。那麼在現代漢語裏只限於北方方言的這種使動——被動共用標志的現象會有阿爾泰語系的背景更爲無疑。"在羅傑瑞和橋本萬太郎等學者看来,用使動標志來表達被動這種習慣是整個北方各族語裏共有的一種區域特徵,現代漢語北方方言裏的"教"字被動式是以阿勒泰語句法爲背景而發展起來的。江藍生先生(2000:221—235)和蔣紹愚先生(2003:216—217)基本同意太田先生的看法,而不太同意橋本先生的看法,認爲中國北方民族語言的使役兼被動用法也可能來自漢語的影響,漢語使役兼表被動用法的形成應該從漢語内部尋找原因。可以説,以上各家都爲"教"字被動式研究做出了貢獻,其觀點都有可取之處。總的來説,"教"字被動式主要是漢語自身句法發展的結果,它是由"教"字使役式轉化而成,在形成過程中,阿爾泰語系中一些語言的被動表示法也起到了一定的拉動作用。

"教"早期是一個"傳播"義動詞,表示"教育""教導""教唆"和"傳授"(《説文解字》攴部:"上所施下所效也。"),在句子裏帶對象賓語,例如:

(7) 飲之食之,教之誨之,命彼後車,謂之載之。(《詩經·小雅·綿蠻》)

(8) 夔,命汝典樂,教冑子。(《尚書·舜典》)

有時單獨或者在帶對象賓語的基礎上帶内容賓語,例如:

(9) 與其射御,教吳乘車,教之戰陳,教之叛楚。(《左傳·成公七年》)

(10) 勸下亂上,教臣殺君,非賢人之行也。(《墨子·非儒下》)

此後,"教"字演變爲"使令"義動詞,用作謂語時所在句子就演變爲"教"字使役句(或稱"教"字兼語句)。據汪維輝先生(2017:195),"教"字使役式出現於上古時期(如《國語·魯語上》"今魚方別孕,不教魚長,又行網罟,貪無藝也"),到晉代以後變得多見。例如:

(11) ……而陰教術執和,奪其兵。(《三國志·魏書·公孫瓚傳》)

(12) 教速來,不速來,遂無一人當去,何以解罪也。(《搜神記》卷十七)

(13) 公教人唊一口也,復何疑。(《世説新語·捷悟》)

"教"字被動式之所以萌芽於南北朝時期,這不是偶然的,與"教"字使役式在中古時期的繁榮發展緊密相連。不過,只有當"教"字使役式發展到一定程度,出現變異情况,在結構上具備轉化爲被動式的條件之後,它才可以轉化爲"教"字被動式。江藍生先生(2000)認爲,當使役句具備三個條件,即"主語爲受事""使役動詞後的情況是已實現的"和"謂語動詞是及物的"時,使役句轉化爲被動句。蔣紹愚先生(2003:216—217)指出:"使役句的基本句式是'施事(主語)＋教＋兼語＋動詞＋受事(賓語)'。但是,根據漢語的特點,主語往往可以隱去,而受事卻可以作爲話題出現在句首,這樣,就成了'受事＋(施事)＋教＋兼語＋動詞'的句式。"這些論述無疑都是正確的。綜上所述,"教"字使役式裏的小主語帶受事賓語,而且這個受事賓語被提到句首,原主語被省略,形成"受事成分·教·小主語·及物動詞"的結構形式,這樣它才在結構上具備接受漢語被動式同化的條件。

"受事成分·教·小主語·及物動詞"結構形式是在"受事賓語＋施事主語＋大謂語(教)＋小主語＋小謂語"這個主謂謂語句結構形式(如"魚,我教貓吃了")的基礎上形成的,而這個主謂謂語句結構形式的出現需要具備一定的歷史條件。在漢語中,以"受事成分"作爲主語的主謂謂語句產生較晚。孫錫信先生(1997:136—137)說:"這種主謂謂語句(引者按,指"錢財他人用"這類受事成分前置於句首的主謂謂語句)在先秦時很少見到,《孟子·告子》有'魚,我所欲也;熊掌,亦我所欲也'例,這還不能看作主謂謂語句,因爲'我所欲'(意爲'我所喜愛的東西')還是名詞性結構,不是主謂結構。……從語史材料看來,此類主謂謂語句的普遍運用是在唐五代時。"這就是在中古之前不可能出現"教"字被動式的歷史原因,這也是筆者把"恒教羅袖拂"僅視爲"教"字被動式萌芽的緣故。

"教"字使役式要轉化爲"教"字被動式,單是有"受事成分·教·小主語·及物動詞"結構形式以及具備"使役動詞後的情況是已實現的"條件還不夠。使役式要最後轉化爲被動式,還需要一個拉動因素——理解間距,它是造成語言理解差異的條件,它可以幫助理解者把發生變異的使役句看作被動式,從而最終實現句式的轉化。理解間距可能發生在不同的時代之間,如父親一代用"爲敵虜"表示"成爲敵人的俘虜"(即用爲"爲"字系動句,"虜"爲名詞),兒子一代卻把它理解爲"被敵人俘虜"(即理解爲"爲"字被動式,"虜"爲動詞),不同的時代造成了理解上的偏差。理解間距也可能發生在不同的方言之間,如北部方言的

"給"字雙賓語句,帶目的成分時,"給"的意思仍然是"給予"(例如"這本書給他看了"),而南部方言區的人很可能理解爲"給"字使役式("這本書,讓他看了")或"給"字被動式("這本書被他看到了")。理解間距還可能發生在不同的語言之間,如漢語變式"教"字使役句,可能被操外語的人理解爲"教"字被動式,不同的語言造成了理解上的偏差。

從上舉相關語例可以看到,它們都是出自北方作者之手:發明了"宮體"詩,"屬文好爲新變,不拘舊體"(《梁書·徐摛傳》語)的徐摛是"東海郯人","郯"就是現在山東省的郯城;白居易是唐代下邽(今陝西渭南縣附近)人;趙嘏是唐代山陽(今江蘇淮安)人,曾擔任渭南尉之職,長期在渭南生活,有《渭南集》可證;皮日休是唐代襄陽(今屬湖北)人;韓偓是唐代京兆萬年(今陝西西安)人。北宋時期,"教"字式也大多使用於擁有北方背景的作家作品裏。例如:

(14) 剛被太陽收拾去,卻教明月送將來。(宋蘇軾《花影》)

(15) 堤上柳垂輕帳,飛塵盡教遮斷。(宋曹勛《二色蓮(咏題)》)

(16) 温柔伶俐總天然,没半掬、教人看破。(宋曾覿《鵲橋仙(嬌波媚靨)》)

(17) 行熟更教羊引著,睡濃卻被鴉驚醒。(宋王質《滿江紅(牧童)》)

(18) 别恨妝成白髮新,空教兒女笑陳人。(宋辛棄疾《鷓鴣天(和張子志提舉)》)

這些語例的作者都是北方人:蘇軾是眉山(今四川眉山市)人,曹勛是陽翟(今河南禹州市)人,曾覿是汴京(今河南開封)人,王質是南宋鄆州(今山東東平)人,後遷居江西興國,辛棄疾是金代丙城(今山東濟南)人,後歸南宋。只有少數南方系作家使用"教"字式,而且時間相對較晚。例如:

(19) 洞府空教燕子,占風流。(宋秦觀《虞美人(陌頭柳色春將半)》)

(20) 假饒來後,教人見了,卻去何妨。(宋黄庭堅《好女兒(粉泪一行行)》)

作者秦觀是高郵(今屬江蘇)人,黄庭堅是洪州分寧(今江西修水)人,此二人都是蘇軾的學生，在“教”字式的使用上也可能受到了蘇軾的影響。南宋時期使用“教”字式最多的南方作家要數江湖派著名詩人劉克莊了。例如：

  (21) 幸然無事汙青史，省得教人奏赤章。(宋劉克莊《鷓鴣天(前度看花白髮郎)》)

江湖派與以黃庭堅爲首的江西詩派有密切關係，在“教”字式的使用上也可能受到了黃庭堅等人的影響。

  南宋之後，“教”字式在南方作家的作品中越來越少，而在北方作家的作品中則越來越多，使用較多的有《金瓶梅》《紅樓夢》和《兒女英雄傳》等。據筆者統計，程甲本《紅樓夢》中有 32 例(前八十回 13 例，後四十回 19 例)，程乙本《紅樓夢》有 52 例(前八十回 31 例，後四十回 21 例)。

  在“教”字被動式的形成過程中，阿爾泰語系一些語言的被動表示法起到了一定的拉動作用。據黃行、唐黎明先生(2004:16—22)，在阿爾泰語言中，存在被動式和使動式同樣使用“與格”的現象，如蒙古語的被動式就是：

  被動式：nara-du(太陽-與格)s*ira-^da-qu(曬-被動態)——被太陽曬

  使動式：keüked-tü(孩子-與格)ide-gül-kü(吃-使動態)——讓孩子吃

據筆者所知，日語(有學者認爲屬於阿爾泰語系)中被動式與使役式可以同樣使用“に”來標記關涉對象：

  被動式：兄に(格助詞)なぐられる(“打”的被動態)——被哥哥打

  使役式：娘に(格助詞)料理をつくらせる(“作”的使役態)——讓女儿做菜

阿爾泰語用“與格”助詞標記施事成分這種做法很早就有了。據趙明鳴先生(2001)研究，古代突厥語可以用“與格”來標記施事成分①。例如：

---

① 趙明鳴先生(2001:45—46)說：“在分布於《突厥語辭典》語言被動結構的與格-D(-GA)、從格-A(-DIN)、位格-L(-DA)、後置詞 Post(üzä)和工具格-I(-UN)這五種格標記中，僅有與格標記-D(-GA)和從格標記-A(-DIN)可以扮演施事標記的語義角色。”

(22) kixi　ya^-qa　bas-q-t

　　人　敵人(與格)　壓倒(被動態-過去時)。——人被敵人制服了。

使役與被動相通的用法在阿爾泰語言中不僅十分普遍,而且歷史悠久,不可能是漢語"教"字被動式影響的結果,否則無法回答使用頻率更高的"被"字式爲什麼没有對阿爾泰語產生什麼明顯影響的問題。相反,是阿爾泰語被動式和使役式共同使用一個格助詞的語言習慣影響了漢語,對漢語"教"字式的形成發揮了一定的拉動作用。南北朝時期,北方民族在學習接受漢語的過程中,在漢語中留下自己民族語言的痕迹——語言融合理論中所謂的"底層",這是十分自然的。顔之推《顔氏家訓》"北雜夷狄"的描述就是一個證明。

綜上所述,進入中古時期後,"教"字使役式得到了廣泛使用,並出現了變異形式——"前置受事賓語+教+小主語+及物動詞"結構,在"使役動詞後的情況是已實現的"的情況下,加上阿爾泰民族用"與格"助詞兼表使役和被動的語言習慣的拉動作用,便引發了漢語被動式的同化影響,從而形成了"教"字被動式。漢語"教"字被動式的形成既是漢語句法内部發展規律作用的結果,也是阿爾泰語言相關句法影響拉動的結果;既有"同化"等認知心理因素的作用,也有不同言語社團之間相互接觸、融合等社會因素的作用。

二　"教"字式在古代的發展

語法構成的複雜程度能够反映被動式的發展程度。宋代以後,結構複雜的"教"字被動式大量出現了。据筆者調查,在宋代以後的"教"字式語例裏,由光杆動詞充任的謂語占用例總數的27%,由動賓、動補和狀中短語等構成的複雜謂語占73%。在光杆動詞中,雙音動詞占68%,單音動詞占32%。這些動詞中既有表示人類動作、心理和言語的,也有表示非生物運動、變化和作用的。例如:

(23) 可便消兵無好術,忍教攀折怨春風。(宋張咏《柳枝詞》)

(24) 教幾個魯莽的宫娥監押。(元白樸《唐明皇秋夜梧桐雨》

第三折)

（25）若是留提轄在此，恐誠有些山高水低，教提轄怨恨。（《水滸傳》第三回）

（26）窮綴作，醃對付，怕曲兒撚到風流處，教普天下顚不刺的浪兒每許。（金董解元《西廂記諸宮調》）

（27）月圓便有陰雲蔽，花發須教急雨催。（元王實甫《西廂記》第四本第二折）

由狀中、動賓和動補短語等構成的複雜謂語占主要地位。狀語裏出現了副詞、形容詞、名詞、介賓短語或其他短語等多種成分。例如：

（28）二奶奶要是略差一點兒的，早叫你們這些奶奶治倒了。（《紅樓夢》第五十五回）①

（29）好容易救上來了，到底叫那木釘把頭碰破了。（《紅樓夢》第三十八回）②

（30）天下人都叫你算計了去。（《紅樓夢》第四十五回）③

（31）爲你來了，平白教大娘罵了我一頓好的。（《金瓶梅》第四十六回）

（32）莫作路旁花，長教人看殺。（辛棄疾《生查子（梅子褪花時）》）

（33）今日教人下落了我恁一頓。（《金瓶梅》第二十三回）

（34）這臉上是前日打圍，在鐵網山叫兔鶻梢了一翅膀。（《紅樓夢》第二十六回）④

（35）倒没的教人家漢子當粉頭拉了去。（《金瓶梅》第四十六回）

---

① 程甲本《紅樓夢》第五十五回爲："二奶奶若是略差一點兒的，早被你們這些奶奶治倒了。"（岳麓書社，1987年，頁427）。

② 程甲本《紅樓夢》第三十八回爲："好容易救了上來，到底被那木釘把頭碰破了。"（岳麓書社，1987年，頁283）。

③ 程甲本《紅樓夢》第四十五回爲："天下人都被你算計了去。"（岳麓書社，1987年，頁337）。

④ 程甲本《紅樓夢》第二十六回爲："這個臉上，是前日打圍，在鐵網山教兔鶻梢一翅膀。"（岳麓書社，1987年，頁193）

古代的"教"字被動式,還會用"把"和"連"字將謂語後面的賓語提到謂語前面,這樣的結構就更爲複雜了。例如:

(36) 索性把小時候拉青屎的根兒都叫人刨著了。(《兒女英雄傳》第十九回)

(37) 不想我的乾女兒沒得認成,倒把個親女兒叫弟夫人拐了去了。(《兒女英雄傳》第三十二回)

(38) 連你那拉青屎的根子都叫人家抖翻出來了。(《兒女英雄傳》第二十回)

(39) 豈但姐姐的模樣兒,連姐姐都叫人家娶了來了……(《兒女英雄傳》第二十九回)

古漢語的"教"字被動式絕大多數屬於"教 AV"式,即携帶施事成分(A)的形式。不帶施事成分的"教 V"式使用極少,只占"教"字式用例總數的約 3%,而且僅出自詩詞。如上文所舉"飛塵盡教遮斷"。又如:

(40) 閑掩屏山六扇,夢好強教驚斷。(宋毛开《謁金門(春已半)》)

(41) 怎的教酪子裏題名單罵①。(元白樸《唐明皇秋夜梧桐雨》第三折)

在"教 AV"式裏,施事(A)多由光杆名词、代词充任,這是因爲施事並非句子的主要成分,處於主謂之間,在口語中不能過於複雜。但在一定情況下也會出現短語甚至複雜短語,例如上文所舉"教幾個魯莽的宮娥監押"和"教普天下顛不剌的浪兒每許"裏的"幾個魯莽的宮娥""普天下顛不剌的浪兒每"。

語義構成的豐富性也能夠反映被動式的發展程度。從語義角色上看,宋代以後"教"字式的賓語中已有受事、内容等語義類型,例如:

(42) 免教塵世士,誚笑上天人。(元張繼先《臨江仙(和元規覽楊義傳)》)

(43) 您死後教人打官防,我尋思著甚來由。(金董解元《西廂記諸宮調》)

---

① 酪子裏題名單罵:意爲"無端指名而罵"。

（44）兀的是不出嫁的閨女，教人營勾①了身軀……（元白樸《裴少俊墙頭馬上》第二折）

（45）虧是有個對證在跟前兒，不然叫你這一辦文兒，倒像我這裏照著説評書也似的，現抓了這麼句話造謡言呢。（《兒女英雄傳》第四十回）

（46）我爲個妹妹你作此態，便不枉了教人唤做秀才。（金董解元《西廂記諸宫調》）

（47）有耳不曾聞黜陟，免教人、貶駁徂徠頌②。（宋劉克莊《賀新郎（蒙恩主崇禧，再用前韻）》）

（48）盡教人，瞋避俗，謗逃禪。（宋劉克莊《最高樓（林中書生日）》）

其補語中已有結果、狀態、趨向、數量、程度和動相等多種語義類型。例如：

（49）孤交外扯住了。（元關漢卿《拜月亭》第二折）

（50）我也是叫你們唬糊塗了。（《兒女英雄傳》第十二回）

（51）那知我福氣薄，叫神鬼支使的失魂落魄……（《紅樓夢》第一百〇七回）

（52）我記得老爺給我娶了林妹妹過來，怎麼叫寶姐姐趕出去了。（《紅樓夢》第九十八回）③

（53）我活了八九十歲，只有跟著太爺捆人的，那裏有倒叫人捆起來的。（《紅樓夢》第一百〇五回）④

（54）是虧他見了，多教罵幾句也。（宋趙長卿《瑞鶴仙（無言屈指也）》）

（55）今日教人下落了我恁一頓。（《金瓶梅》第二十三回）

（56）到那裏，教那彈弦子的謊厮們捉弄著，假意兒叫幾聲"舍

---

① 營勾：意爲"謊騙"或"勾引"。
② 貶駁徂徠頌：是"貶駁爲徂徠頌"之省。
③ 程甲本《紅樓夢》第九十八回爲："我記得老爺給我娶了林妹妹過來，怎麼被寶姐姐趕了去了？"（岳麓書社，1987年，頁793）
④ 程甲本《紅樓夢》第一百〇五回爲："我活了八九十歲，只有跟著太爺捆人的，那裏倒叫人捆起來！"（岳麓書社，1987年，頁845）

人公子",早開手使錢也。(《老乞大》)

也可以從語法成分的生命級別看"教"字被動式的發展。"教"字被動式的主語最初應是由無生物名詞充任,因爲它原是"教"字使役式的賓語,移位到句首之後才轉化爲主語。就現在所見古典文獻裏的"教"字被動式來看,由無生物(包括植物)名詞充任的主語數量極少,由動物名詞充任的主語也很少,絕大多數都是由表示人類的名詞充任的,可見其發展速度是極快的。"教"字被動式的施事成分,原是由"教"字使役式的小主語轉變而來,最早由人物名詞充任(如"醫生教病人把藥服下去"中的"病人"),宋代以後出現了動物和無生物(包括植物)名詞充任的施事成分,如上文所舉"洞府空教燕子、占風流"中的"燕子","花發須教急雨催"中的"雨","到底叫那木釘把頭碰破了"中的"木釘"等。這些情況説明,宋代以後的"教"字式已經完全脱離"教"字使役式,形成了自己的特點。

語法功能的多樣性和感情色彩的中和性也是衡量被動式發展程度的重要方面。古漢語的"教"字式除了可以充任句子主幹外,還可以充任賓語(例如上文所舉"省得教人奏赤章例","免教塵世士,誚笑上天人","那裏有倒叫人捆起來的")和狀語(例如《紅樓夢》第一百○六回"史妹妹這麽個人,又叫他叔叔硬壓著配了人了")。從感情色彩上看,"教"字式既可用於消極場合(見前所舉例子),也偶爾用於中性和積極場合(例如上文所舉"曲罷曾教善才服""若教靖節先生見""飛塵盡教遮斷""便不枉了教人唤做秀才"等,又如《紅樓夢》第四十六回"……誰知竟叫老爺看中了")。

參考文獻

張新武《敦煌變文中的被動句式》,《新疆大學學報》1987 年第 4 期。

李文澤《宋代語言研究》,綫裝書局,2001 年。

太田辰夫《中國語歷史文法》,蔣紹愚、徐昌華譯,北京大學出版社,1987 年。

橋本萬太郎《漢語被動式的歷史·區域發展》,《中國語文》1987 年第 1 期。

江藍生《漢語使役與被動兼用探源》,江藍生《近古漢語探源》,商務印書館,

2000 年。

蔣紹愚《"給"字句、"教"字句表被動的來源——兼談語法化、類推和功能擴展》，吳福祥、洪波《語法化與語法研究（一）》，商務印書館，2003 年。

汪維輝《東漢—隋常用詞演變研究（修訂本）》，商務印書館，2017 年。

孫錫信《漢語歷史語法中的主謂謂語句》，孫錫信《漢語歷史語法叢稿》，漢語大詞典出版社，1997 年。

黄行、唐黎明《被動句的跨語言類型對比》，《漢語學報》2004 年第 1 期。

趙明鳴《〈突厥語詞典〉語言被動態及其被動結構研究》，《民族語文》2001 年第 4 期。

（本文録自筆者的博士畢業論文《漢語被動式歷時考察》，完成於 2006 年 6 月，文字作了一些修改，删掉了個别語例，添加了几個脚注，基本觀點未變。）

華僑大學境外生語言現象例析

胡　萍　華僑大學

華僑大學的境外生,基本上來自東南亞和港澳臺,他們生活在"漢字文化圈",自然母語①往往是漢語方言,其實就是"域外方言"②。來華僑大學之前,境外生們無一例外地都在自己的國家或地區學過一段時間漢語,有的還在華僑大學華文學院等機構補習或强化過漢語;他們平時會話基本上是使用雙語甚至多語,而且時刻在"切換"。在與境外生打交道的過程中,我時時發現一道道異域風情。本文就結合我留意、捕捉到的幾個書面語特例,談談自己對華文教育及母語安全的點滴看法。除非特別説明,下文例子均取自華僑大學商學院 2007 級學生作業。

一　上課的地點:教堂/課室?

"教堂",指的是"基督教徒"舉行宗教儀式的會堂,我想,無論我們是否信仰基督教,這個常識我們還是有的。可是,在境外生筆下,"教堂"可以指上課的地方:

　　(1)班長説,我們不要在教堂辦,爲了讓同學們更加放鬆,就辦在我們宿舍附近的一個地方。(緬甸・林青青《記住一輩子》)

不僅如此。"教室"在境外生的語言裏還有另外的叫法:

　　(2)課室是跟星期一一樣的嗎?(香港・林煌傑短信)

---

① 王寧、孫煒《論母語與母語安全》,《陝西師範大學學報(哲學社會科學版)》2005年第 6 期。

② 魯國堯《"方言"和〈方言〉》,《魯國堯語言學論文集》頁 1—11,江蘇教育出版社,2003 年。

（3）第二件事發生在十月中旬……下課我忘記拿走我的錢包，到我發現、回課室找時，已經不見了……在之後幾天，我的心情很低落，整天都在責怪自己……（澳門・陳卓江《印象最深刻的兩件事》）

學校裏進行教學的房間，英文單詞 classroom，漢語對應的是"教室"——強調老師的主導作用；如果強調學生的主體作用，又有"課堂"一詞對應 classroom——課堂是學生學習的場所。用生造詞"課室"（課堂＋教室）來對應 classroom，似乎是原汁原味的"直譯"。但這種不走樣的"直譯"卻折射出港澳地區有些學校的華文教育亟待加強。香港和澳門都已經回歸祖國多年，港澳學生也都是接受了華文預科教育才來華僑大學讀本科的，而今他們連平時上課的地點"教室"一詞居然都沒有掌握——不會使用就是沒有掌握的最好說明。

香港曾長期被英國進行殖民式統治，世界各大宗教在香港幾乎都有人信奉。在這樣一個宗教氛圍裏，"教堂"所指不會有誤解。香港的人口絕大多數爲原籍廣東、主要説粵語的華人，但英語很流行——香港人似乎普遍有英文名，社會普遍以進英文學校或去英語國家學習爲榮。雖然回歸帶來了變遷——近年普通話也流行，一般機關和機構也鼓勵應用，但目前香港的法定語文（不稱作"官方語言"）是中文和英文，政府的語文政策則是"兩文三語"，即書面上使用中文白話文和英文，口語上使用廣州話（俗稱"廣東話"或"粵語"）、普通話和英語。香港華裔人口中主要使用廣州話，而非華裔人口則多以英語作交際語——普通話明顯被邊緣化，地位挺可憐，這是口語方面。書面語方面呢，長期使用繁體字版的教材，且教室裏進行的課堂教學並不能保證用普通話授課。衆所周知，口語對書面語的負面影響時刻存在。即使鳳凰衛視的招牌主持人的播音中還帶有"港腔"呢。人都是生活在具體的家庭裏的，而家庭是社會的細胞，受社會評價體系影響很大。在一個耳旁充滿了、縈繞着廣東話的環境生活十多年，社會期望是"英文 OK 就 OK"，現在到祖國大陸的大學來求學深造了，香港來的大學生居然不知道"教室"就是 classroom，這就一點不奇怪了。澳門的歷史與香港不一樣，但道理相同。

緬甸的情況就不一樣了。緬甸是個歷史悠久的文明古國，又是著名的"佛教之國""佛塔之國"，佛教傳入緬甸已有 2500 多年的歷史，80％以上緬甸人信奉佛教；緬甸更是一個農業國——森林覆蓋率達50％，超過六成勞動人口從事農業。它也有過一段殖民時期（1885—1948），但六十三年的殖民統治在五千年的歷史長河中簡直就是"滄海一粟"，其影響微乎其微，更何況遍地存在的佛教寺廟畢竟是和基督教的教堂不一樣的，大學生緬甸人照樣不知"教堂"所指，竟然用"教堂"（教室＋課堂）來"對譯"classroom！——緬甸的華文教育比較落後，由此可見。

仿照學界對"假借"和"通假"的分析，港澳學生的"課室"可謂"本無其詞"的假借，而緬甸學生的"教堂"則儼然是"本有其詞"的通假，二者都是對現代漢語、對普通話陌生乃至隔膜的表現，不知然否？

二　關於喫飯問題

學生的天職是學習，學習固然是第一位的，但"民以食爲天"，喫，攝取食物是生命存在的前提，所以下文接着說喫飯及其場所。

華僑大學一年一度的"飲食文化節"總是如期而至，熱熱鬧鬧、紅紅火火，讓人不由得想家——思念千里之外的親人也想念家鄉小喫，而在異地他鄉品味家鄉菜看似可一解鄉愁。不信你看：

（4）因爲我們都是澳門和香港的，所以我們就去了一間廣東的菜館，食一些比較有親切感的菜。（澳門・林靄玲《不一樣的地點，但一樣的情》）

（5）至於在小食方面，香港的街邊小食也滿有名氣，如魚蛋、蛋撻及酒樓的一盅兩件，如果想一次過嘗盡各式各樣的小食，只要到旺角便可一嘗（償）所願。（香港・江銘專《香港》）

例5是用繁體字蠅頭小楷寫的，作者是數學學院來自香港的江銘專。內容樸實又親切，書寫既工整又美觀，印象深刻的還有"小食"一詞。"小喫"在《漢語大詞典》中有三個義項：①正式飯菜以外的熟食，多指下酒菜。明清文學作品中常見。②今多指點心鋪出售的熟食或飯館中的經濟膳食。③西餐中的冷盤。普通話中不見"小食"——它是個不折不扣的"生造詞"。要弄明白例4、例5二例爲何用"食"不用"喫",須對表示"喫東西"這一行爲的動詞溯源一番。

現代漢語中"喫"排在4000個常用詞的第77位①,是一個頻率非常高的語詞,而先秦兩漢一般用"食"表示"喫東西"這一行爲。"吃"本是爲"口吃"義而造的一個字,東漢許慎《説文解字》釋爲"言蹇難也"。"口,人所以言、食也,象形,凡口之屬皆從口。"他在"口"部分析了"文一百八十,重二十一",有"吃"無"喫","喫"到北宋徐鉉《説文新附》才有收錄:"喫,食也。從口,契聲。"東漢之前一直用"食"不用"喫",甚至"喫"産生後相當長一段時間内"食"仍比"喫"的使用頻率高。"食"在上古漢語和中古漢語中一直是"喫"語義場中的主導詞位②。

"喫"字字形早在《莊子·天地》中就有所見:"使知索之而不得,使離朱索之而不得,使喫詬索之而不得也。""喫詬"是人名,不是單用的動詞。這是先秦典籍中所見最早也是唯一的"喫"字字形③。一般認爲表"進食"義的"喫"始用於魏晉南北朝,所舉最早用例見於《世説新語·任誕》:"(羅)友聞白羊肉美,一生未曾得喫,故冒求前耳,無事可咨。"其實"喫"在東漢、三國時期的漢譯佛經中就已出現,如"喫酒嗜美"(《無量清净平等覺經》)、"喫食其半"(《木奈女祇域因緣經》)④。南朝梁顧野王《玉篇·口部》收錄了該字:"喫,啖也。""喫"作爲動詞明確地表示"進食"義,一般出現在較口語化的場合,使用還很不廣泛,由下表東漢—隋漢譯佛典中"喫"與"食"的使用情況可看出二者頻率差距懸殊⑤。唐代逐漸增多,但與"食"相比,仍處於弱勢。"喫"作爲口語詞,多見於唐代

---

① 陶紅印《從"喫"看動詞論元結構的動態特徵》,《語言研究》2000年第3期。

② 解海江、張志毅《漢語面部語義場歷史演變——兼論漢語詞彙史研究方法論的轉折》,《古漢語研究》1993年第4期。

③ 王青、薛遴《論"喫"對"食"的歷時替換》,《揚州大學學報(人文社會科學版)》2005年第5期。

④ 香川孝雄《〈《無量清净平等覺經》漢譯考〉對譯者及時代考證》,《佛教文化》1990年第2期。

⑤ 解海江、李如龍《漢語義位"喫"普方古比較研究》,《語言科學》2004年第5期。

以後的語體作品。在唐初白話詩中，"喫"已開始比"食"使用頻率高了。

表1　東漢—隋漢譯佛典中"喫"與"食"的使用情況

時間	作品	喫	食
唐以前	東漢漢譯佛典	2	311
	魏晉漢譯佛典	4	4507
	南北朝漢譯佛典	3	3706
	隋《佛本行集經》	7	887
唐	寒山、拾得詩	14	13
	王梵志詩	28	15
	杜甫詩	7	50
唐以後	《祖堂集》（五代）	104	27
	《五燈會元》（宋）	446	92
	《古尊宿語録》（南宋）	435	60
	《清平山堂話本》（明）	103	13

　　唐五代佛經裏，表示"進食"的概念基本上用"喫"而很少用"食"了，五代以後，二者的使用頻率差距更加懸殊，這說明，至遲在晚唐五代，"喫"在口語中已代替了"食"的動詞義，"進食"語義場基本上完成了"食"和"喫"的義位更替。但是，在唐代，"食"與"喫"有很大的文白差別：除沿襲古代用語外，"食"主要用於詩詞等避俗求雅的文學語體，而"喫"則活躍於口語中。比如，在唐詩中，即使是在善用口語詞入詩的杜詩中，"食：喫"是50：7。明胡震亨《唐音癸籤》卷十一："孫季昭云：杜子美善以方言俗語點化入詩句中。"主張作詩不尚雕華的宋代福建人黃徹著《䂬溪詩話》品評諸家之詩，極崇杜甫，發現杜甫作詩善用俗字，"數物以'箇'，謂'食'爲'喫'，甚近鄙俗，獨杜屢用。"這裏透露出一個信息："喫"在唐代是一個文人避用的俗字。

　　"從外部接受食物"的"吃"在唐宋資料中皆作"喫"，《廣韻》"喫"（苦擊切，溪母錫韻-k）、"吃"（居乞切，溪母迄韻-t）韻尾不相同；到了元明之際"喫""吃"二字韻尾變得一致起來，所以"喫""吃"二字通用、混用，並漸以筆劃簡單的"吃"字取代"喫"。江藍生（1989）認爲，在唐五代"喫"就已開始虛化爲"受，挨"，最遲不晚於北宋，在含有白話成分的資料中出現了一個新的表示被動的關係詞——"喫"①。這反過來又説明：在唐代，"喫"就已經在口語中取代了"食"在語義場中的主導地位。宋代以後，"喫"（吃）有了迅速發展，並且很快戰勝了"食"，直至現代漢語中取而代之。解海江、李如龍（2004）認爲"喫"的出現及"喫"取代"食"在語義場中的主導地位是中古漢語的表現；語言隨移民一起南遷，遠江的客、閩方言區的人們從中原南遷的時代應該處在"食"在"進食"語義場中占主導地位時期，因爲地理阻隔而受官話方言的影響較小，所以保留了"食"在"進食"語義場的主導地位②。港澳等粵方言區就更加"遠江"了，上文例4的"食"與例5的"小食"似乎在告訴我們：粵方言區的人們南遷的時代也處在"食"在"進食"語義場中占主導地位時期，同樣因地理阻隔而受官話方言的影響較小，所以保留了"食"在"進食"語義場的主導地位。

　　無論哪個占主導地位，"食"與"喫"在使用上分工互補，表示的都是"把食物放入嘴中經咀嚼咽下"這個動作。現代漢語中一般説"喫飯"，"飯"是對象賓語，這是毋庸置疑的。但境外生文中"飯"的用法似乎在提醒我們什麼：

　　（6）在我的家鄉是有很多的美食，很多菜、蘋果，最特別是蔥木瓜、烤鷄和糯米。（我没有<u>飯</u>這些東西三個月了，好餓！）（老撾·維拉碧《我的家鄉》）

　　該老撾學生的作文字字句句是真情實感的自然流露，雖然會寫的漢字實在有限（許多字寫成錯別字，還有許多字空着、在上面用拼音標注），但熱愛祖國、想念家鄉的濃烈情感還是完完全全地表達出來了。"好餓"，可能真正想表達的是"好饞"的意思。

　　是人都得喫飯。大家熟悉的"飯"在現代漢語裏是個不折不扣的名詞，讀fàn，最常用的兩個義項是：①煮熟的穀類食品，南方多指大米乾

---

① 　江藍生《被動關係詞"喫"的來源初探》，《中國語文》1989年第5期。
② 　解海江、李如龍《漢語義位"喫"普方古比較研究》，《語言科學》2004年第5期。

飯,北方則多指麵條等麵食。②指每天定時吃的食物,如早/中/晚飯。但古文中的"飯"卻除了名詞用法外還常常用爲動詞。黄斌(2005)發現,《論語》和《墨子》中"飯"全部用作動詞,在稍後的《莊子》《韓非子》中,"飯"字有了名詞用法。《說文解字·食部》:"食,入米也。""飯,食也。"段玉裁注:"入,集也,集衆米而成食也,引申之,人用供口腹亦謂之食,此其相生之名義。下文云'飯,食也',此'食'字引申之義也。人食之曰飯,因之所食曰飯,猶之入米曰食,因之用供口腹曰食也。……食者,自物言之;飯者,自人言。""云'食'也者,謂食之也,此'飯'之本義也,引申之,所食爲飯。"到了《玉篇》時代,爲本義(動詞)和引申義(名詞)賦予不同的讀音以示區別:"飯,扶晚切,餐飯也;又符萬切,食也。"結合文獻中的實際用法和工具書中的概括,可以發現"飯"本是動詞,並且特指人們在正式的用餐中喫東西。在中國早期農業社會中,人們"定時的、正式的用餐時所喫的食物"主要是煮熟的穀物類的糧食,所以"飯"字用作名詞主要指"煮熟的穀物類的糧食"。這也就成爲現代漢語"飯"的詞義來源①。古文中"飯"爲動詞(讀 fàn):①喫飯。如《論語·鄉黨》:"君祭,先飯。"②泛指喫。③給飯喫,使喫飯。如《史記·淮陰侯列傳》:"有一母見信飢,飯信。"④指使喫。⑤指飯含。古喪禮,以玉、珠、米、貝等物納於死者之口。② ——其中②是①"喫飯"本義的引申,③④則是古漢語中的使動用法,而⑤"飯含"的做法在現在中國某些實行土葬的農村還有所保留——人活得要有尊嚴,同樣"做鬼"也要有尊嚴啊,倘若死了也要做個"飽鬼",這樣到陰間去報到時不至於被說成是"餓死鬼投胎"。

老撾學生在我校境外生中語文水平普遍偏低,因此,維拉碧同學文中的"飯"意味深長。境外生用文言詞的原因多種,最主要的應該是,一方面受中國古代文化影響深遠,至今許多日常習俗還有深深的中國痕迹,表現得甚至比中國本土還"中國";另一方面又因爲近現代的殖民統

---

① 黄斌《"飯"字詞義及其演變考》,《湖北大學學報(哲學社會科學版)》2005 年第 6 期。
② 《漢語大詞典》編纂處,《漢語大詞典》,上海辭書出版社,2010 年。

治而對現代漢語瞭解不夠,在這些國家和地區進行華文教育的教材,内容可能偏文言文,尤其是先秦文學作品比例較大,《論語》《史記》等典籍中的名篇常常被引進課本。當然,"源頭作品"確實應該多讀,但因爲平時聽説的環境並不是漢語、普通話語境,所以,一旦下筆行文,措辭往往給人"文乎文乎"又怪怪的感覺。該境外生似乎仍舊生活在古代。那麼境内生呢?

　　(7)虎毒不吃兒(<u>食子</u>)果然有理······(廣東•布信森《我看〈射雕〉》)

該例句出自廣東籍學生布信森之文,"虎毒不吃兒"赫然出現在我的眼前。宋釋普濟《五燈會元•杭州龍華寺靈照真覺禪師》:"山僧失口曰:'惡習虎不食子。'"這可能是"虎毒不食子"的最早出處,至今已有千年之久,早就家喻户曉。大家知道,成語指長期慣用、結構定型、意義完整的固定詞組,一般不可隨意改動,可是該生就這麼更換其中的字眼。這種改動成語字眼的現象其實也是對漢語隔膜的表現。

　　粤語被認爲是國内的强勢方言,但近年很多方言城市都出現普通話社區,然後是出現普通話城市,現在廣西粤語已經被邊緣化,廣東粤語城市也在不斷萎縮,因此時有"方言保護"的呼聲。由於鄰近廣東的港澳普遍説粤語,改革開放初期乃至今日,爲了方便港澳同胞、華人華僑,國家對粤語的使用政策一直比較寬鬆,廣東珠三角地區粤語使用者沒有明顯減少,改革開放的需要使得粤語繼續頑强生存。來自廣東的"布信森同學們"耳邊充斥着再熟悉不過的母語——廣東話,動筆行文時毫不猶豫地寫下口語味濃濃的"虎毒不吃兒",這就一點也不奇怪了。

三　點滴思考

　　香港被英國進行殖民地式統治長達一百五十多年,澳門也於 1999 年回歸祖國。雖然統一問題至今沒有解決,但"國語"在臺灣的普及率遠高於普通話在中國大陸的普及率,而且國語取代閩南語、客家話、原住民語言的趨勢很難停止,愈來愈多家庭和城市轉變成"國語之家""國語城市"。曾不知個中道理,後閲魯國堯《臺灣光復後的國語推行運動和〈國音標準彙編〉》①得知：寶島臺灣被日據五十年後於 1945 年 10 月 25 日回歸中國，但光復時的臺灣，語言使用情況十分混亂。日據期間的"皇民化"政策帶來"皇民化"運動，在全島強制推行日語教育，即推廣日語運動以貫徹語言同化政策。"強迫臺灣同胞學日語、日文，用高壓手段來推行文化侵略"，"所有學校都用日語教學"，"又規定報刊書籍全用日文，大小機關全用日語"，"用盡方法來消滅我國的語言與文化"。臺灣光復時，"臺灣同胞三十歲以下的人，不但不會說國語，不會認漢字，甚至講'臺灣話'（閩南話、客家話），也沒有說日本話那麼得方便"。"受日本人五十年的文化壓制，年輕一輩的只知有日語、日文，而不知有祖國語文"，當時臺灣省的情況是，"自政府機關、學校，以至一般社會，還多是用日本話"，"在城市裏交談的語言多是日本話"，"通信也用日文"。殖民當局別有用心地實行同化政策，一方面強迫所有臺灣學生學習日語，同時極力向民衆灌輸忠於日本天皇的思想，以期消磨他們的反抗意志。以魏建功先生爲首的一群語言學家臨"難"受命，1946 年 4 月，臺灣省國語推行委員會成立，領導推行國語的工作，進行了卓有成效的努力，取得了十分顯著的成效，"民到於今受其賜"。這樣一次主動推行通語且有深遠影響的語言運動至少在中國歷史上是罕見的。魏先生等參與編訂的《國音標準彙編》作爲地方政府的法令公布，魯國堯先生譽之爲"是中國語言學史的珍貴文獻，是具有歷史意義的推廣漢語通語運動的最重要的'物質遺產'"。我們往往"港澳臺"並提，而其實港澳在漢語普通話的普及和推廣上需要向臺灣多多取經才是。此外，方言有其存在的價值，也必定會繼續被使用，我們不用擔心，引起我思考並警覺的是來自方言區的大學生們對中國傳統文化的漠視與隔閡。

王寧先生《論母語與母語安全》②一文提出："當今社會，母語問題的意義已遠不能局限在語言學習的領域裏，它已經與民族平等、民族獨立問題聯繫在一起，母語的概念應進一步明確區分爲自然母語和社會

---

① 魯國堯《臺灣光復後的國語推行運動和〈國音標準彙編〉》，《語文研究》2004 年第 4 期。

② 王寧、孫煒《論母語與母語安全》，《陝西師範大學學報（哲學社會科學版）》2005 年第 6 期。

母語兩個不同的層次。""社會母語的安全涉及它的地位是否得到保障，它的語音、詞彙、句法是否受到其他因素的影響而出現大量不規範現象。""中國的母語安全意識淡薄，已到了必須重視的地步。"目睹境外生文中的不規範語言現象，我深深感到：華文教育任重而道遠。希望王寧先生的呼籲得到更多的回應。

（本文原載於《泰山學院學報》2012 年第 4 期）

漢語中假設與舉例功能兼具現象考察[①]

陳明富　南京工業大學

　　詞語産生後,常通過引申、比喻等途徑,形成一詞多義或詞性兼類現象,從而使語義或功能更加豐富。本文主要考察漢語中具有假設連詞功能同時又具有舉例動詞功能的語法、詞彙現象及其特點與成因[②]。漢語古今假設連詞較多,如僅楊伯峻、何樂士(2001:952)合著的《古漢語語法及其發展》就列舉了"若""如""若使""假令""向使""脱若""脱若萬一""脱其""當""苟或""當使""如令""如果""假如""假若""弟令""如其""萬一""若萬一""自""自非""所""爲""云""猶""乃""且""微""還""者""也""則""必""斯""即""而""便""之""亦""其""假""尚""使""但"等詞[③]。其中兼具舉例動詞功能的假設連詞有"如""假如""設如""借如""且如""若"等,另外還有一些接近於舉例功能,有"若如""有如""假若""設若""假似""比似""把似"等,兩類詞主要集中於"如""若""似"三個系列。具體有以下幾個方面。

---

① 本文曾於 2017 年 12 月在由寧波大學人文與傳媒學院承辦的第一届"漢語史研究的發展與展望"學術研討會上進行過彙報交流,之後又進行了一定的修改,並再次於 2019 年 6 月在由華中師範大學文學院主辦的"複句問題國際學術研討會"上進行過彙報交流(後收入此次會議論文集《複句問題新探》,朱斌主編,中國社會科學出版社,2020 年)。此次又對部分標點等進行了調整。感謝各位專家的寶貴意見,凡錯訛與不足之處,皆由本人負責。

② 關於舉例類詞語,如"例如",中國社會科學院語言研究所詞典編輯室編《現代漢語詞典(第 7 版)》(2016:805)與吕叔湘《現代漢語八百詞(增訂本)》(1999:362)均標爲動詞,也有學者認爲是連詞等其他類别的,本文當動詞看待。當然,舉例類詞語也可看成一種話語標記。

③ 關於複句的綜合研究,可參見邢福義《漢語複句研究》,商務印書館,2001 年。

一　具有假設功能,同時具有舉例功能的詞

如上,這類詞主要爲"如""假如""設如""借如""且如""若"等。

(一) 如

1. 假設功能

"如"可表示一致關係的假設,可理解爲"若果""假如"等,如《詩經·秦風·黃鳥》:"如可贖兮,人百其身。"《史記·李將軍列傳》:"惜乎,子不遇時! 如令子當高帝時,萬戶侯豈足道哉!"《資治通鑒·漢元帝永光五年》:"如當親者疏,當尊者卑,則佞巧之奸因時而動,以亂國家。"①

2. 舉例功能

"如"又可作動詞,表舉例,義爲"譬如""例如",如張載《張子語録·語録上》:"今日月之明,神也,誰有不見者? 又如殞石於宋,是昔無今有,分明在地上皆見之,此是理也。"李調元《雨村詞話》卷二:"李之儀姑溪詞,妙於煉意。如'步懶恰尋牀。卧看游絲到地長',又如'時時浸手心頭熨,受盡無人知處凉',又'擬學畫眉張内史,略借工夫'。"龔自珍《通明觀科判》:"下根覺大覺,又爲三,如左。"

(二) 若

1. 假設功能

"若"表示一致關係的假設,如《國語·魯語下》:"若我往,晉必患我,誰爲之貳。"《文心雕龍·史傳》:"若任情失正,文其殆哉!"《儒林外史》第十六回:"若做了官就不得見面,這官就不做他也罷!"老舍《黑白李》:"這個人若沒有好朋友,是一天也活不了的。"

2. 舉例功能

"若"作動詞,表舉例,如高濂《遵生八箋·清修妙論箋》:"人心思火

---

① 文中用例部分來自《漢語大詞典》,爲行文方便,不一一注明。

則體熱,思水則體寒。……言喜則笑,言哀則哭。笑則貌妍,哭則貌媸。又<u>若</u>日有所見,夜必夢擾;日有所思,夜必讇語。"又《四時調攝箋》:"又<u>若</u>患積勞、五痔、消渴等病,不宜吃乾飯、炙煿並自死牛肉、生鱠、鷄、猪、濁酒、陳臭鹹醋、粘滑難消之物及生菜、瓜果、鮓醬之類。"

(三) 假如

1. 假設功能

一類是表示一致關係的假設,如韓愈《與鳳翔邢尚書書》:"<u>假如</u>愚者至,閣下以千金與之;賢者至,亦以千金與之;則愚者莫不至,而賢者日遠矣。"《初刻拍案驚奇》卷十:"<u>假如</u>當日小姐貪了上大夫的聲勢,嫁著公孫黑,後來做了叛臣之妻,不免守幾十年之寡。"《兒女英雄傳》第十二回:"母親請想,<u>假如</u>那時候竟無救星,此時又當如何?"

一類是表示相背關係的假設,可理解爲"即使""縱使"等,如白居易《座中戲呈諸少年》:"縱有風情應淡薄,<u>假如</u>老健莫誇張。"高明《琵琶記·一門旌獎》:"<u>假如</u>大舜、曾參之孝,亦是人子當盡之事,何足旌表。"徐士鸞《宋艷·叢雜》:"<u>假如</u>一笑得千金,何如嫁作良人婦。"

2. 舉例功能

"假如"又可作動詞,表舉例,如曾鞏《答蔡正言》:"夫古之以道事君者,不可則去之,<u>假如</u>於魯,則去而之衛,於衛則去而之晉、之秦無不可也,不去其國則歸焉可也。"《初刻拍案驚奇》卷三二:"<u>假如</u>楚霸王、漢高祖分争天下,何等英雄!一個臨死不忘虞姬,一個酒後不忍戚夫人。"

(四) 設如

1. 假設功能

"設如"作一致關係假設連詞,如王符《潛夫論·考績》:"<u>設如</u>家人有五子十孫,父母不察精惷,則慤力者懈弛,而惰慢者遂非也,耗業破家之道也。"張子和《子和醫集·儒門事親》:"<u>設如</u>傷飲,止可逐飲;<u>設如</u>傷食,止可逐食。"《元代奏議集録·趙天麟》:"<u>設如</u>年豐,則一年辛苦而一時歡樂,鷄豚社酒,擊壤謳謠,尚可道也。"丁日健《治台必告録》卷三:"<u>設如</u>嘉慶十一年縣治仍在興隆,則距海更近,蔡逆上岸,勢必先犯興隆，能保其不失乎？”

2. 舉例功能

“設如”又可表舉例，如白居易《與元九書》：“噫，風雪花草之物，三百篇中豈舍之乎！顧所用何如耳。設如‘北風其涼’，假風以刺威虐也；‘雨雪霏霏’，因雪以愍征役也。”《姚際恒著作集·禮記通論輯本·王制》：“設如夏時封建之國至商革命之後，不成地多者卻其國以予少者，如此則彼必不服，或以生亂。又如周王以原田與晉文，其民不服至於伐之，蓋世守其地不肯遽從他人。”

（五）借如

1. 假設功能

“借如”作一致關係假設連詞，如王符《潛夫論·夢列》：“借如使夢吉事而己意大喜樂，發於心精，則真吉矣。”元稹《決絕詞》其一：“借如死生別，安得長苦悲。”王明清《揮麈三錄》卷二：“（王稟）曰：‘……借如汝等輩流中有言降者，當如何？’群卒舉刀曰：‘願以此戮之！’”

2. 舉例功能

“借如”又可表舉例，如陳子昂《麈尾賦》：“借如天道之用，莫神於龍；受戮為醢，不知其凶。”釋文瑩《湘山野錄》卷上：“借如伊尹，三就桀而三就湯，非歷君之多乎？”王讜《唐語林·補遺三》：“王起知舉，將入貢院，請德裕所欲。德裕曰：‘安問所欲？借如盧肇、丁棱、姚頡，不可在去流內也。’”

（六）且如

1. 假設功能

“且如”作一致關係假設連詞，如《公羊傳·隱西元年》：“且如桓立，則恐諸大夫之不能相幼君也。”何休注：“且如，假設之辭。”《水滸傳》第九回：“眾兄長如此指教。且如要使錢，把多少與他！”《西游記》第八二回：“八戒道：‘哥啊，且如我變了，卻怎麼問麼？’”

2. 舉例功能

“且如”可表舉例，如《西游記》第七十回：“只一味鋪皮蓋毯，或者就有些寶貝,你因外我,也不教我看見,也不與我收著。且如聞得你有三個鈴鐺,想就是件寶貝,你怎麼走也帶著,坐也帶著? 你就拿與我收著,待你用時取出,未爲不可。"《王陽明集·傳習録下》:"且如出外見人相鬥,其不是的,我心亦怒。"

二 具有假設功能,同時具有接近於或準舉例功能的詞

如本文開頭介紹,這類詞主要有"若如""有如""假若""設若""假似""比似""把似"等。之所以稱這類詞具有接近於或準舉例功能,是因爲這類詞不直接表示舉例,但可以表示"好像""如同""比喻"等比較、類推或比擬(本文統一用"比擬"概括)等含義,而比擬説明兩者具備相似性,而舉例則具有總體相同的性質,這樣兩者之間容易發展變化。

事實上,有些詞同時兼具比擬與舉例的功能,即説明了相似和相同之間的變化關係。如:

"如"上文介紹過有舉例功能,它也有比擬功能,義爲"像""如同",如《詩經·王風·采葛》:"一日不見,如三秋分。"王十朋《題湖邊莊》:"十里青山蔭碧湖,湖邊風物畫難如。"陳毅《贈緬甸友人》:"不老如青山,不斷似流水。"

"若"上文介紹過有舉例功能,它也有比擬功能,義爲"像""如",如《孟子·公孫丑上》:"凡有四端於我者,知皆擴而充之矣,若火之始然,泉之始達。"顧況《棄婦詞》:"相思若迴圈,枕席生流泉。"朱自清《"海闊天空"與"古今中外"》:"在這樣的天地的全局裏,地球已若一微塵,人更數不上了,只好算微塵之微塵吧!"

"比如"作動詞,即可表比擬,又可表舉例:

一、表比擬,義爲"如同""好像",如《三國志·魏書·東夷傳》:"(倭人)對應聲曰'噫',比如'然''諾'。"《兒女英雄傳》第十六回:"這種人有個極粗的譬喻,比如那鷹師養鷹一般。"

二、表舉例,如《史記·游俠列傳》:"比如順風而呼,聲非加疾,其勢激也。"元無名氏《鴛鴦被》第三折:"比如你見我時節,難道好歹也不問一聲。"冰心《我的學生》:"比如説,他説:'係的,係的,薩天常常薩

雨。'你猜是什麼意思?"

再如"譬若",作動詞,即可表比擬,又可表舉例:

一、表比擬,義爲"譬如",如《逸周書·皇門》:"譬若畋犬,驕用逐禽,其猶不克有獲。"《史記·酈生陸賈列傳》:"今王衆不過數十萬,皆蠻夷,崎嶇山海間,譬若漢一郡,王何乃比於漢!"强至《誠言》:"言之於一身,譬若户藩樞;爾樞苟不慎,彼户將誰扶。"曹禺《原野》第二幕:"以前就譬若我錯了,我待你不好。"

二、表舉例,如《墨子·貴義》:"譬若藥然,天子食之以順其疾,豈曰'一草之本'而不食哉?"桓譚《新論·袪蔽》:"鈎吻不興人相宜,故食則死,非爲殺人生也。譬若巴豆毒魚,石賊鼠,桂害獺,杏核殺狗,天非故爲作也。"《抱朴子外篇》卷之三十二:"譬若錦繡之因素地,珠玉之居蚌、石,雲雨生於膚寸,江河始於咫尺。"《通玄真經·微明》:"老子曰:道無正而可以爲正,譬若山林而可以爲材,材不及山林,山林不及雲雨,雲雨不及陰陽,陰陽不及和,和不及道。"

同樣,"譬如"作動詞,即可表比擬,又可表舉例:

一、表比擬,義爲"如同""好像",如《北齊書·方伎列傳·皇甫玉》:"聞劉桃枝之聲,曰:'有所係屬,然當大富貴,王侯將相多死其手,譬如鷹犬爲人所使。'"

二、表舉例,如《周禮·考工記·弓人》:"恒角而達,譬如終絀,非弓之利也。"姜采《和陶榮木》之四:"譬如駑馬,愧彼良驥。黽勉及時,爲善期至。"夏敬渠《野叟曝言》卷一:"聽他説,他們祝由科以術治病,譬如病在何人身上受來,就要移到那人身上去。"

下面來看以下幾個兼具假設和準舉例功能的詞:

(一) 若如

1. 假設功能

"若如"作一致關係假設連詞,如東魯古狂生《醉醒石》第十三回:"若如遇着那聖上精明,監庫留心辦驗,假不能作真,就不能上納了。"鄧傳安《蠡測匯鈔·明魯王渡臺辨》:"若如阮夕陽集王薨於内地金門、歲在庚子,猶有形迹可疑,必易其年月、移其薨葬之地,斯群疑胥釋;何幸有海外異聞之證實也。"

2. 準舉例功能

"若如"表比擬,如《搜神記》卷十六:"<u>若如</u>節下言,阿之願也。不知賢子欲得何職?"《北齊書·列傳第一》:"神武悅,以告於後,後曰:'<u>若如</u>其言,豈有還理,得獺失景,亦有何利。'"王若虛《孟子辯惑》:"<u>若如</u>朱氏之言,自非堯舜,舉皆徒勞而無益,誰復可進哉?"

(二) 有如

1. 假設功能

"若如"作一致關係假設連詞,如《史記·商君列傳》:"公叔病<u>有如</u>不可諱,將奈社稷何?"《資治通鑒·後晉齊王開運二年》:"今唐兵不出數千,將軍擁衆萬餘,不乘其未定而擊之,<u>有如</u>唐兵懼而自退,將軍何面目以見陛下乎!"顧炎武《義士行》:"<u>有如</u>不幸先朝露,此恨悠悠誰與訴?"

2. 準舉例功能

"若如"表比擬,如《詩經·大雅·召旻》:"昔先王受命,<u>有如</u>召公,日辟國百里,今也日蹙國百里。"韓愈《寄三學士》:"歸舍不能食,<u>有如</u>魚中鈎。"和邦額《夜譚隨錄·崔秀才》:"吾聞人心不同,<u>有如</u>其面。"曹禺《北京人》第一幕:"她來自田間,心直口快,待曾家的子女,<u>有如</u>自己的骨肉。"

(三) 假若

1. 假設功能

一類是表示一致關係的假設,如袁宏《後漢紀·桓帝紀下》:"<u>假若</u>上之所爲而民亦爲之,向其化也,又何誅焉?"《金史·武仙傳》:"諫之不從,去之未可,事至今日,正欠蔡州一死耳,<u>假若</u>不得到蔡州,死於道中猶勝死於仙也。"酌元亭主人《照世杯》卷二:"<u>假若</u>剜出己財,爲衆朋友做個大施主,這便成得古今真豪傑了。"老舍《茶館》第一幕:"<u>假若</u>真打起來,非出人命不可。"

一類是表示相背關係的假設,如元無名氏《村樂堂》第一折:"休休休,人到中年萬事休……假若我便得些自由,没揣的兩鬢秋,爭如我便且修身閑袖手。"劉庭信《寨兒令·戒嫖蕩》:"假若你便銅脊梁,者莫你是鐵肩膀,也磨擦成風月擔兒瘡。"

2. 準舉例功能

"假若"又作動詞,表比擬,如高文秀《遇上皇》第二折:"假若韓退之藍關外不前駿馬,孟浩然灞陵橋不肯騎驢,凍的我戰兢兢手腳難停住。"

(四) 設若

1. 假設功能

"設若"作一致關係假設連詞,如《舊五代史·晉書·皇甫遇傳》:"審琦曰:'成敗命也,設若不濟,則與之俱死。'"《醫方類聚》卷之五十六引《朱氏集驗方》:"若感六氣之邪,而爲諸利者,須此爲主治,微加辛熱佐之。設若勢惡頻並,窘疼,或久利不愈者,當下以開除濕熱。"老舍《趕集·黑白李》:"你想想吧,設若真是專爲分家產,爲什麼不來跟我明說?"

2. 準舉例功能

又可作動詞,表比擬,如老舍《櫻海集·犧牲》:"設若他的苦悶使人不表同情,他的笑臉看起來也有點多餘。"何其芳《扇上的煙雲》:"設若少女妝臺間没有鏡子,成天凝望懸在壁上的宫扇。"

(五) 假似

1. 假設功能

"假似"作一致關係假設連詞,如元無名氏《陳州糶米》楔子:"假似那陳州百姓每不伏我呵,我可怎麼整治他?"劉唐卿《降桑椹蔡順奉母》第二折:"俺兩個説的明白。假似你一服藥,着老人家吃將下去,醫殺了這右半邊呵呢?"高文秀《黑旋風》第一折:"哥也,假似有人罵您兄弟呢?忍了。"

2. 準舉例功能

"假似"又可作動詞,表比擬,義爲"譬如",如《二刻拍案驚奇》卷二四:"假似繆千户欺心混賴,負我多金,反致得無聊如此,他日豈無報應?"

(六) 比似

1. 假設功能

"比似"作一致關係假設連詞,如董解元《西廂記諸宮調》卷六:"<u>比似</u>他時再相逢也,這的般愁,兀的般悶,終做話兒説。"蔣士銓《臨川夢·了夢》:"<u>比似</u>我文章折福,余辜可饒;<u>比似</u>你聰明損壽,前衍可銷。我與你來蹤去迹,可有人知道?"

2. 準舉例功能

"比似"作動詞,表比擬,如沈禧《踏莎行》:"滔滔<u>比似</u>西江水,無情日夜向東流。"劉鉉《烏夜啼》:"暮雨急,曉霞濕,綠玲瓏,<u>比似</u>茜裙初染一般同。"《水滸傳》第六十回:"宋江見晁蓋死了,<u>比似</u>喪考妣一般,哭得發昏。"

(七) 把似

1. 假設功能

"把似"作一致關係假設連詞,如辛棄疾《浪淘沙·送吳子似縣尉》:"來歲菊花開,記我清杯。西風雁過瑱山臺。<u>把似</u>倩他書不到,好與同來。"劉克莊《賀新郎·端午》:"<u>把似</u>而今醒到了,料當年、醉死差無苦。"岳伯川《鐵拐李》第三折:"怎生腿瘸,師父也,<u>把似</u>你與我個完全尸首,怕做什麼呢!"

2. 準舉例功能

"把似"又可作動詞,義爲"譬作",如劉辰翁《永遇樂》:"而今無奈,月正元夕,<u>把似</u>月朝十五。"

三　假設舉例功能兼具詞語的特點及成因

從第一類即假設與舉例功能兼具詞語來看,總體具有以下特點。

(一) 這類詞主要爲"如""若"或"～如""～若"式並列結構,後者如"假如""有如""設如""借如""且如"等。

　　“如”“若”系列的詞之所以能成爲假設舉例功能兼具詞語的可能，與“如”“若”具有比擬功能有很大關係，如上文所述，比擬代表了相似性，而舉例代表了相同性，兩者容易發展變化，主要由相似向相同方向發展。

　　從第二類假設功能與準舉例功能詞語來看，一部分由“如”“若”構成，如“若如”“假若”“設若”等詞；一部分由其他表假設或比擬的語素構成，如“假似”“比似”“把似”等，後者由“似”語素構成，不過“似”本身似乎無假設功能。

　　（二）這類詞中，其中複音詞的構成語素在獨立成詞時均具有假設連詞的功能，即“假設連詞＋假設連詞”結構，然後發展出舉例功能。

　　除上文說過的“如”“若”，“有”“設”“假”“借”“且”等均具有假設連詞功能，如《詩經·大雅·抑》：“借曰未知，亦既抱子。”《呂氏春秋·知士》：“且靜郭君聽辨而爲之也，必無今日之患也。”劉向《新序·雜事四》：“田子方雖賢人，然而非有土之君也，君常與之齊禮，假有賢於子方者，君又何以加之？”柳宗元《桐葉封弟辯》：“凡王者之德，在行之何若，設未得其當，雖不易之不爲病。”《續資治通鑒·宋徽宗宣和二年》：“良嗣曰：‘今日約定，不可與契丹復和也。’金主曰：‘有與契丹乞和，亦須以燕京與爾家方和。’”

　　第二類準舉例詞語中，部分爲“假設連詞＋假設連詞”結構，如“若如”“假若”“設若”等；部分爲“假設連詞＋非假設連詞”結構，如“假似”等；部分爲“非假設連詞＋非假設連詞”結構，如“比似”“把似”等。

　　（三）從實際考察來看，“如”“若”系列假設與舉例功能兼具詞語中，雖“如”“若”對稱，但其他分布並不對稱。如“假如”“設如”爲第一類，“假若”“設若”爲第二類；又如“借如”“且如”等在第一類中，而“若如”在第二類中。

　　（四）就“如”“若”單音詞或“假設連詞＋假設連詞”式複音詞而言，假設功能與舉例功能有一個先後發展順序的問題。如果就“如”“若”單音詞而言，按照語法化的一般過程，正常演變順序是先有實詞功能，再有虛詞功能，即舉例動詞功能在前，假設連詞功能在後。如果是“假設連詞＋假設連詞”式複音詞而言，情況則相反，一般假設連詞功能在先，舉例功能在後。因爲兩個假設功能語素結合成一個新的詞語，首先極可能表示假設功能，而假設的事情既可以是現實的，也可以是非現實的；無論是現實的還是非現實的，都與某個或某些具體事例相關，因而由假設語氣是可以演變出舉例功能的，這也是第一類詞中爲何具有舉例功能的原因。

如果本身不是"假設連詞＋假設連詞"式結構複音詞，情況可能就不一樣，如"比方"一詞，就是先具備舉例功能，再發展出某種假設功能。其舉例功能，如羅懋登《三寶太監西洋記》第七十六回："比方我如今在中國，春秋祭禮，這不是嘴上病麼？ 比方你如今在這木骨都束國，要求人祭祀，這不是嘴上病麼？"吳趼人《二十年目睹之怪現狀》第十三回："比方這一天公事回的多，或者上頭問話多，那就不能不耽擱時候了。"李雨堂《萬花樓》第八回："你豈不曉得家無二犯，罪不重科？ 比方前日有許多人在那裏飲酒，難道俱要償他的命麼？"葉紫《楊七公公過年》："上海有着各式各樣的謀生方法，比方説，就是討銅板吧，憑他這幾根雪白的頭髮，一天三兩千（文）是可以穩拿的！"其表假設功能時，用於委婉其辭的場合，如魏巍《東方》第六部第二章："比方説，晌午水暖了你再來洗，是不是更好一些？"這裏的"比方（説）"還不能看作假設連詞，儘管此處有假設的味道。如果將"比方"類舉例詞看作話語標記的話，其後接假設性話題也是可以的，故從話語標記的角度而言，由舉例功能發展出假設功能也是可能的。但這種假設功能主要是從句子的語氣角度而言的，是語篇中話語所賦予的，主要是語用的因素起作用，而不是假設連詞本身所具備的。

第二類詞，目前還沒有找到明顯有舉例功能的例子，但它們均具有比擬的功能。前面說過，比擬功能有向舉例功能演化的可能，本文雖沒發現其舉例功能的用例，不排除其存在的可能，只是或語料沒有記錄，或本文考察不足，也可能某些方言中存在，只是普通話裏沒有而已。當然，語言是約定俗成的，理論上存在的可能，語言現實中，也可能沒有約定而成，當然不排除在歷史的某個階段會出現這一用法。

四 假設與舉例功能兼具詞語在現代漢語及方言中的使用情況，以及未來的發展趨勢

本文通過對許寶華、宮田一郎主編的《漢語方言大詞典》與李榮主編的《現代漢語方言大詞典》考察發現，以上兩類詞的兩種功能在方言中總體而言不太常見，但也發現了部分存在。如"假比"即具有比擬功能和假設功能，前者如冀魯官話中的天津話、西南官話中的成都話，後者如冀魯官話中的天津話、西南官話中的成都話與貴州沿河話（1999：5568）；又如"假如"偶爾也可表示舉例或比擬，如忻州方言（1995：207）①。可見，兼具現象在方言中是存在的，只是不普遍而言，又如在河南羅山話裏，表假設的"假如"也可表示舉例，如"南邊的人，咱們叫蠻子，假如說貴州，在咱們南邊，咱們就叫他們蠻子"。但也不常用，且主要見於某些中老年人群。

從現代漢語及其方言情況來看，表假設連詞與舉例動詞功能詞語的詞形分化明顯，目前表假設主要由"如果""假設""即使"等詞承擔，表舉例功能主要由"例如""比如""比方（說）"等詞充當。在有些方言，如烏魯木齊方言（1995：19）、羅山方言，表舉例的"比方（說）"也可含有假設意味，又如忻州方言、羅山方言，表假設的"假如"偶爾也可表示舉例，但均不是主要用法。所以，儘管方言中會存在一些假設與舉例功能兼具的現象，但因功能分化，由不同的詞語分別承擔還是較爲明顯的。當然，這與漢語詞彙的逐漸豐富及表義分工的更加明晰有較大關係。

從假設舉例功能兼具詞語的發展來看，應是既有詞形分化，也有兼具現象，但分化是主流，分化中也可能會出現一定的兼具現象，如類似"比方（說）"一類的由舉例或比擬的功能，在特定話題和語氣的賦予下，從而具備某種特定的語用層面的假設功能，只不過尚不具備假設連詞的功能而已。

---

① 見《忻州方言詞典》頁 207 詞條"相比"的釋義，該條釋義爲"假如"，並注明說"含有比方的意思"。

五　結語

　　總之,通過考察發現,漢語中存在一些兼具假設連詞與舉例動詞功能的詞語,主要有"如""假如""設如""借如""且如""若"等,另外還有一些接近於舉例功能,有"若如""有如""假若""設若""假似""比似""把似",兩類詞主要集中於"如""若""似"三個系列。其中,第一類詞的特點有:複音詞構成語素獨立成詞時均具有假設連詞的功能,即"假設連詞+假設連詞"結構,然後發展出舉例功能;"如""若"系列假設舉例功能兼具詞語中,雖"如""若"對稱,但其他分布並不對稱;如果就"如""若"單音詞而言,正常演變順序是先舉例後假設;如果是"假設連詞+假設連詞"式複音詞而言,情況則相反,假設連詞功能在先,舉例功能在後。另外,從現代漢語及其方言來看,假設與舉例功能詞語的詞形分化明顯;從發展來看,應是既有詞形分化,也有兼具現象,但分化是主流,分化中也可能會出現一定的兼具現象。

參考文獻

呂叔湘《現代漢語八百詞(增訂本)》,商務印書館,1999 年。

溫端政、張光明《忻州方言詞典》(李榮主編《現代漢語方言大詞典》),江蘇
　　教育出版社,1995 年。

許寶華、宮田一郎《漢語方言大詞典》,中華書局,1999 年。

楊伯峻、何樂士《古漢語語法及其發展(修訂本)》,語文出版社,2001 年。

中國社會科學院語言研究所詞典編輯室編《現代漢語詞典》(第 7 版),商務
　　印書館,2016 年。

周磊《烏魯木齊方言詞典》(李榮主編《現代漢語方言大詞典》),江蘇教育出
　　版社,1995 年。

漢語"甚類詞"的歷時演變研究[①]

張家合　浙江師範大學

引　言

漢語中表示性質、狀態或某些動作行爲程度很高的程度副詞,可被統稱爲"甚類詞"。該類詞在語言中十分常見,漢語史中數量衆多,據不完全統計,有幾十個之多[②],但其主要成員則相對較少,且隨着時代的變化而有所不同。一般認爲,"甚類詞"主要是用作狀語,用來修飾形容詞、心理動詞以及部分動詞短語(如"有精神""感興趣"等)等。

汪維輝(2017:409)在討論常用詞替換時認爲:"能不能找出一些行之有效的標準來幫助我們判斷新舊替換過程已經完成了呢? 一般而言,判斷的標準主要有三個:1.統計資料,2.組合關係,3.新舊詞在典型語料中的使用情況。"本文將利用典型的漢語語料,結合"甚類詞"主要

① 【基金項目】教育部人文社會科學研究項目"明清漢語語法的南北差異及歷史源流研究(22YJA740035)",浙江師範大學行知學院教學改革項目"同頻共振、多元立體:古代漢語課程混合式教學改革和實踐"。

② 本文的"甚類詞"不同於祝鴻傑(1987)的"甚辭"。所謂甚辭,是表示最、很、非常、特別一類意義的詞,略相當於今天所說的"程度副詞"。歷史漢語使用的"甚類詞"有"不方、不勝、差、大、大段、大故、大甚、大爲、大小大、獨、篤、多、多麼、多少、非不、非常、非分、非甚、分外、怪、好、好不、好生、何、何等、何其、很、橫、盡、盡自、精、可煞、可煞是、孔、酷、老、老大、良、巒、滿、丕、偏、頗、頗頗、頗甚、頗爲、祁、奇、全、煞、煞是、深、深是、深爲、深自、甚、甚大、甚生、甚是、甚爲、生、盛、盛自、十分、殊、殊大、殊自、特、特地、挺、痛、痛自、萬般、萬分、無妨、響、雅、雅自、一何、異常、異樣、尤、尤絶、尤其、尤爲、正、重"等。

成員的使用頻率和組合搭配關係等方面,考察該類詞在不同漢語歷史時期典型語料中的使用情況、歷時更替及相關問題。

一　上古時期

"甚類詞"在上古漢語時期已經出現,其主要成員爲"孔""大"和"甚"等,它們的使用情況有所不同。上古時期"孔""大""甚"的使用情況見下表1。

表1

	尚書	詩經	老子	儀禮	國語	左傳	禮記	莊子	韓非子	吕氏春秋	史記	鹽鐵論
孔	4	68	0	1	0	6	5	1	0	0	2	2
大	2	0	0	0	4	46	11	33	39	71	308	4
甚	0	3	8	0	14	26	4	20	55	59	243	9

1. "孔"是一個具有上古漢語特色的程度副詞。"孔"表程度的用法出現較早,且主要用於上古漢語的早期文獻之中。《尚書》中"孔"4例,如《尚書·禹貢》:"荆及衡陽惟荆州:江漢朝宗於海,九江孔殷,沱、潛既道,雲土夢作乂。"《詩經》中"孔"共68例。"孔"多與形容詞搭配,如《詩經·周南·汝墳》:"雖則如毁,父母孔邇。"毛傳:"孔,甚。"《爾雅·釋言》:"孔,甚也。"少數與動詞搭配,如《詩經·小雅·吉日》:"瞻彼中原,其祁孔有。"

春秋戰國以後,"孔"的使用漸少,如《儀禮》1例,《左傳》6例,《禮記》5例,《莊子》1例。值得注意的是,春秋之後的"孔"的使用多爲引用《詩經》的用例,如《禮記·樂紀》:"《詩》云:'誘民孔易。'此之謂也。"西漢以後使用更少,如《史記》2例,《鹽鐵論》2例。這些用例基本上也都是引自《詩經》,如《史記·樂書》:"《詩》曰'誘民孔易',此之謂也。"又如《鹽鐵論·繇役》卷九:"大夫曰:'《詩》云:"獫狁孔熾,我是用戒。""武夫潢潢,經營四方。"'故守禦征伐,所由來久矣。"

2. "大"是上古時期使用最多的"甚類詞"成員。"大"表程度高,在甲金文已有表程度的"大",如"王占曰:大吉。(合 35885)"①此後發展迅速,各種文獻中頻見。"大"與心理動詞搭配更爲常見,如《尚書·金縢》:"邦人大恐,王與大夫盡弁,以啓金縢之書,乃得周公所自以爲功,代武王之説。"也可與形容詞搭配,如《國語·晉語一》:"言之大甘,其中必苦。譖在中矣,君故生心。"

3. "甚"在上古時期使用較多,是比較成熟的程度副詞②。"甚"用作程度副詞多與形容詞搭配,如《詩經·鄭風·東門之墠》:"其室則邇,其人甚遠。""甚"與心理動詞搭配也比較常見,如《史記·宋微子世家》:"微子故能仁賢,乃代武庚,故殷之余民甚戴愛之。"

綜上可知"孔""大""甚"3 詞在上古時期使用的基本情況:"孔"主要用於上古漢語早期,且主要見於《尚書》和《詩經》之中,此後使用不多且主要是對《詩經》的引用。"大"和"甚"在春秋之後的各種文獻,如《老子》《國語》《左傳》《莊子》等文獻中均被頻繁使用。

二　中古時期

與上古漢語相比,此期的"甚類詞"發生了一些變化,其主要成員有

---

① 參看張玉金《甲骨文虛詞詞典》,中華書局,1994 年,頁 85。

② 學界對程度副詞"甚"的産生年代有争議:一種觀點是上古漢語裏"甚"可用作程度副詞,如馬建忠(1983:237)、吕叔湘(1956:148)、楊樹達(1979:236)、楊伯峻(1983:87)、楊伯峻和何樂士(2001:274)等,認爲上古時期用作狀語的"甚"爲程度副詞,用作謂語的"甚"爲形容詞;另一種觀點是"甚"在上古漢語裏僅用作形容詞,六朝以後才轉化爲程度副詞,如郭錫良(1985[2005])、李傑群(1986)、楊榮祥(2005:292—293)等,認爲只有當"甚"僅能充任狀語,而不再充當謂語等成分之時,才轉化爲程度副詞。本文傾向於第一種看法,認爲"甚"在上古漢語裏是一個兼類詞,既可作形容詞,又可作程度副詞。原因有二:一是用作形容詞或程度副詞的"甚",在意義和用法上都存在着較明顯的差别。即形容詞性的"甚"爲"過分、厲害、超過一般"義,主要作謂語。程度副詞"甚"爲"很"義,表程度高,主要作狀語。二是"甚"作狀語的用法在上古時期已經大量存在,如表 1 所示。

"大""甚"和"頗"①。"大""甚""頗"在中古漢語的使用情況見下表 2。

表 2

| | 中土文獻 | | | | | 漢譯佛經 | | | | | |
	論衡	抱朴子内篇	世説新語	南齊書	顏氏家訓	修行本起經	中本起經	六度集經	百喻經	阿育王傳	佛本行集經
大	26	18	53	101	5	5	17	26	17	20	219
甚	26	36	139	160	26	8	15	64	15	18	170
頗	20	14	9	45	19	0	1	0	0	7	0

1. 從使用頻率上看,此期"甚類詞"中"甚"的使用最多,"大"次之,"頗"最少,"孔"基本不再使用。"甚"和"大"是此期"甚類詞"的最主要成員,它們延續上古漢語的發展趨勢,使用範圍進一步擴大,使用頻率也進一步增加。"頗"表程度高的用法在中古時期興起,其用例雖不及"大"和"甚"常見,但在不少文獻中有較多的用例,如《論衡》20 例,《抱朴子内篇》14 例,《世説新語》9 例,《南齊書》45 例,《顏氏家訓》19 例。

2. "甚類詞"各個成員的文獻分布存在較大差異。總的來看,中土文獻中"大""甚"和"頗"均被廣泛使用,其中"甚"的使用最多,"大"次之,"頗"最少;漢譯佛經中"大"和"甚"均很常見,二者的頻率不分上下。"頗"在漢譯佛經中使用不多,如《修行本起經》《六度集經》《百喻經》和《佛本行集經》等多種佛經文獻均不見"頗"的蹤跡。《中本起經》(1 例)和《阿育王傳》(7 例)中雖有"頗"的少量例句,但數量卻遠遠低於"大"和"甚"。

一般認爲,中古佛經文獻口語程度很高,是研究中古漢語必不可少的材料,語言的發展變化一般都會在佛經文獻中有所體現②。"大"

---

① 學術界對高量級的"頗"產生的時間有較大的分歧,如周秉鈞(1981:375)、吕雅賢(1992)、楊伯峻和何樂士(2001:275)、葛佳才(2005:144)、孟蓬生(2015)等認爲"頗"表程度高始見於西漢;向熹(2010 下:118)、洪成玉(1997)、高育花(2007:176)等認爲東漢以後才出現。本文考察發現,高量級的"頗"在上古漢語很少見,主要用於中古近代漢語之中。

② 胡敕瑞(2002:104)指出:"佛典用詞明顯比《論衡》用詞新。"

"甚"文獻分布廣泛,中土文獻和翻譯佛經中均有大量用例,而"頗"在中土文獻中較多使用,翻譯佛經的使用卻遠不及中土文獻常見,這是"頗"在中古時期使用上的一個重要特徵。

3. 從搭配上看,"大""甚""頗"雖都可與形容詞、心理動詞及動詞短語搭配,但它們的搭配傾向存在較大差異。"大"與心理動詞的搭配最爲常見,如《宋書·后妃列傳》:"上大怒,封藥賜死,既而原之。太子即帝位,立爲皇后。""甚"的搭配詞中形容詞爲常見,如《洛陽伽藍記》卷五:"其國有水,昔日甚淺,後山崩截流,變爲二池。""頗"的搭配詞中動詞短語較多,如《搜神記》卷五:"望子芳香,流聞數里,頗有神驗。"

三　近代時期

此期是"甚類詞"發生重要變化的時期,其主要成員有"大""甚""頗""好""好不"和"很"等,但它們具有不同的使用特徵。近代漢語的"甚類詞"既有對前期的繼承,又有發展變化,最顯著的特點是"大""甚""頗"的優勢地位不斷下降,新興成員"好""好不""很"的發展壯大。近代漢語"甚類詞"的使用情況見下表3。

表 3

	宋代之前		元代至明代中葉				明代後期之後		
	敦煌變文校注	朱子語類	元刊雜劇三十種	元典章·刑部	訓世評話	老乞大諺解	金瓶梅詞話	紅樓夢(前80回)	兒女英雄傳
大	69	267	2	10	5	1	95	128	9
甚	100	1876	5	37	12	3	181	65	32
頗	4	81	2	4	1	0	19	7	4
好	1	2	38	1	2	0	212	105	12
好不	0	0	5	0	0	1	109	8	28
很	0	0	1	12	0	0	0	84	50

注:《元典章·刑部》中"很"寫作"哏"。

"甚類詞"在近代漢語的演化具有明顯的時代性,這種消長變化在近代漢語中後期表現得尤爲明顯。

1. 宋代之前，"大"和"甚"被大量使用，仍是最爲常見的"甚類詞"。如唐五代的《敦煌變文校注》中"大"和"甚"分別爲 69 例和 100 例，宋代的《朱子語類》中分別爲 267 例和 1876 例，二詞的使用頻率遠超過其他的"甚類詞"成員。

2. 元代到明代中期是"大""甚"與其他"甚類詞"相互競爭的時期。部分文獻中"大""甚"使用較多，如元代的《元典章·刑部》中分別爲 10 例和 37 例，明初的《訓世評話》中分別爲 5 例和 12 例，"大""甚"的使用遠高於其他成員；另有一些文獻中"好""好不"和"很"使用較多，而"大""甚"則使用較少。如《元刊雜劇三十種》中的"好"38 例，《老乞大諺解》中的"很"5 例，均多於"大""甚"。這種情況表明，"大""甚"在這一時期的使用受到了其他"甚類詞"的挑戰。

3. 經過元代到明代中葉的調整，"好""好不""很"等詞在明代後期之後有了很大的發展，在文獻中頻繁使用，而"大""甚"的優勢地位不斷下降。多數文獻中最常用的"甚類詞"已不是"大"或"甚"，而是"好"或"好不""很"等，如《金瓶梅詞話》中"大"爲 95 例，"甚"181 例，而"好""好不"分別是 212 例和 109 例。又如《兒女英雄傳》中"很""好不""好"分別爲 50 例、28 例和 12 例，而多於"大"（9 例）和"甚"（32 例）。不過，也存在例外，如《紅樓夢》（前 80 回）中"大"使用 128 例，仍爲最常見的"甚類詞"，但"好""甚""很"也頗爲常見，分別爲 105 例、65 例和 84 例。以上的語言實表明，明代晚期以後"大""甚"進一步衰退，其優勢地位進一步下降甚至消失，有被其他詞語替代的可能。

此外，"頗"在唐宋時期雖不及"大""甚"常見，但仍有不少用例，如《敦煌變文校注》4 例，《朱子語類》81 例。元代之後"頗"漸趨衰落，《元刊雜劇三十種》《元典章·刑部》等文獻中的使用均不多。如上表 3 所示，與"好""好不""很"發展壯大相比，"頗"卻在逐漸走向衰落。時代越晚，"頗"的使用頻率越來越低，與"大""甚"的差距越大。

四 現代時期

此期是"甚類詞"發生大變革的時期，不同成員的對比關係發生了顯著變化，最突出的特徵就是前期常用成員的繼續衰落或消亡，以及"很"的迅速發展壯大。現代漢語"甚類詞"的使用情況見下表4。

表4

	20世紀50年代之前			20世紀50年代以後		
	駱駝祥子 （1936年）	北京人 （1940年）	圍城 （1947年）	青春萬歲 （1953年）	活着 （1992年）	編輯部的故事 （1992年）
很	220	39	192	221	81	53
大	31	23	37	1	2	10
好	19	9	43	39	3	1
甚	18	2	21	0	0	1
頗	11	6	7	0	0	0
好不	2	0	5	0	0	4

注：由於用作補語"很"（如"X得很"）的性質尚有争議，上表僅指用在狀語位置上的"很"。

1. "大""好""甚""頗""好不"等，在整個古代漢語時期或其間的某些時期使用頻繁，但它們在現代漢語階段以後整體衰落。如上表4所示，部分文獻中"甚""頗"和"好不"仍有不少用例，如它們在《駱駝祥子》中分別爲18例、11例、2例，《北京人》中爲2例、6例、0例，《圍城》中爲21例、7例、5例；不過，20世紀50年代以後，如《青春萬歲》（1953年），《活着》（1992年），《編輯部的故事》（1992年），"甚""頗"和"好不"的衰落十分迅速，基本不再使用，偶見零星用例。如《編輯部的故事》中"好不"使用4例，均是與"容易"搭配，單一的搭配功能，可視爲"好不"漸趨衰落的一種反映。

"大"和"好"二詞在現代漢語階段雖然也在不斷地衰落，但相對緩慢。在20世紀50年代之前的一些文獻，如《駱駝祥子》《北京人》《圍城》中"大"和"好"均被較爲頻繁地使用。20世紀50年代以後，"大""好"的使用雖然有所下降，但仍有一些用例，如"大"在《青春萬歲》《活着》《編輯部的故事》中分別使用1例、2例和10例，"好"分別使用39

例、3 例和 1 例，表明"大""好"的使用雖不及前期頻繁，但在現代漢語階段仍被使用。

2."很"的發展與壯大。清代中期（《紅樓夢》時代）以來"很"發展迅速，現代漢語時期成爲"甚類詞"中最爲常用的成員。上表 4 所列的現代漢語時期 6 部文獻中，"很"均是使用最多的"甚類詞"，逐漸呈現"一家獨大"的局面，而且時代越晚，其他成員（包括"大""甚"等詞）與"很"的差距越大。

五　搭配能力與歷時演化

一般認爲，程度副詞在句中最常見的用法是修飾形容詞和心理動詞，也可用於部分動詞短語等之前作狀語，"甚類詞"主要成員大都可與這些類別的詞語搭配。不過，"甚類詞"的不同成員在搭配習慣上存在着明顯的傾向或差異，這些搭配習慣與"甚類詞"的歷時演化有着密切的關係。也就是説，搭配習慣影響了"甚類詞"的歷時發展和替換。

爲考察"甚類詞"搭配能力的異同，下文選取上古漢語到現代漢語的《左傳》、《論衡》、《世説新語》、《敦煌變文校注》、《近代漢語語法資料匯編（宋元明代卷）》、《紅樓夢》（前 80 回）、《圍城》和《編輯部的故事》8 種文獻進行考察。由於程度副詞"孔"主要用於上古漢語早期的《尚書》《詩經》之中，因此下文主要統計"大""甚""頗""很""好"和"好不"6 個程度副詞的使用情況，具體搭配組合情況如下表 5。

表 5

		左傳	論衡	世説	變文	匯編	紅樓夢	圍城	編輯部
大	形容詞	1	5	5	22	3	65	14	8
	心理動詞	7	16	42	35	12	10	9	0
	動詞短語	0	0	0	9	1	53	14	2
甚	形容詞	16	14	83	64	14	47	8	1
	心理動詞	6	8	34	15	4	12	8	0
	動詞短語	3	0	22	8	2	6	5	0

續表

		左傳	論衡	世説	變文	匯編	紅樓夢	圍城	編輯部
	形容詞	0	0	2	3	0	1	3	0
頗	心理動詞	0	0	1	0	2	0	0	0
	動詞短語	0	0	6	1	3	6	4	0
	形容詞	0	0	0	0	3	44	144	42
很	心理動詞	0	0	0	0	0	6	22	2
	動詞短語	0	0	0	0	0	34	26	9
	形容詞	0	0	0	0	5	98	42	1
好	心理動詞	0	0	0	1	2	0	0	0
	動詞短語	0	0	0	0	2	7	1	0
	形容詞	0	0	0	0	0	7	5	4
好不	心理動詞	0	0	0	0	0	0	0	0
	動詞短語	0	0	0	0	0	1	0	0

1. 主要成員搭配功能的一致性和差異性

如上表 5 所示,除"好不"之外①,"甚類詞"主要成員基本上都能與形容詞、心理動詞及動詞短語等進行搭配②,説明這些詞的搭配功能比較均衡,所搭配的詞類具有較大的一致性。

不過,"甚類詞"主要成員的搭配詞類具有較明顯的傾向性,反映了它們在搭配上的差異性。表 5 亦顯示,多數詞語最常見的用法是與形容詞搭配,並能够與心理動詞、動詞短語搭配,如"甚""很""好""好不",少數詞語最常搭配的詞類是心理動詞,也能够與形容詞、動詞短語搭配,如"大"(《紅樓夢》以後發生了變化),還有一些詞語往往是與動詞短語搭配,與形容詞、心理動詞搭配較少,如"頗"。

---

① 調查文獻中未見程度副詞"好不"與心理動詞搭配的用例。其實,"好不"在現代漢語中能够與心理動詞搭配,如"好不喜歡""好不生氣"等。

② 可從不同的角度來考察"大、甚、很"句法功能,如它們對被飾成分的語法屬性、音節結構、肯定形式和否定形式等方面。不過,"大、甚、很"句法功能的差異主要體現在被飾成分的性質上。

2. "大"和"甚"的差異與共存

"甚類詞"雖多,但"大""甚"是漢語史中使用時間最長、頻率最高的兩個"甚類詞"。它們是"甚類詞"中最重要的成員,二詞從上古到近代漢語"一路相伴"。仔細考察"大""甚"的搭配情況,發現它們在搭配上的分工頗爲明顯:從上古至近代漢語的絕大多數文獻中,"大"主要修飾心理動詞,與心理動詞搭配的數量均爲最多,超過了與形容詞、動詞短語的搭配。"甚"正好與"大"相反,"甚"以修飾形容詞爲主,與心理動詞、動詞短語的搭配一直少於形容詞。"大""甚"在搭配上的這種分工頗有意思。

語言使用中存在一個"經濟原則"(亦稱"省力原則"),經濟原則要求在日常的語言交際中,"如果一個詞足够的話,决不用第二個"①,這是由於人在生理和精神上的自然惰性要求言語活動中儘量减少能量的消耗②。"大""甚"的語義相近,如果其句法搭配完全一致,那麼就並不符合語言的經濟原則。上表 5 所示,從上古至近代的《紅樓夢》時代,"大""甚"都是"甚類詞"的最重要成員,二者一直"並行"。不過,二詞的句法功能大致互補,"甚"以用於形容詞之前居多,"大"以用於心理動詞之前爲常。這樣,"大""甚"在語言中擔當不同的角色,具有不同的句法分工,因此它們各自的作用均不可或缺,聯合起來才能共同完成"甚類詞"的"歷史使命"。也就是説,"大""甚"的互補分工是語言表達的需要,這就决定了它們之間並非不可能存在着"非此即彼"式的歷時替換關係,而是一種長期共存的關係。上文研究表明,"大""甚"從上古至近代漢語時期,二詞是一種共存關係,也説明了這一點。

3. "很"的發展和壯大

"大""甚"的互補分布也反映了它們各自在搭配功能上的局限。由於它們無法獨自完成"甚類詞"的句法使命,决定了它們必須長期共存。不過,這種局面隨着"很"的發展壯大逐漸被打破。"很"在《紅樓夢》中

---

① 參看郭秀梅《使用英語修辭學》,江蘇人民出版社,1985 年,頁 16。

② 參看周紹珩《馬丁内的語言功能觀和語言經濟原則》,《國外語言學》1980 年第 3 期。

已較頻繁地被使用,已多達 84 例,使用量處於"大"(128 例)、"甚"(65 例)二者之間。應該説,此時"很"的大量使用,已經部分地侵占了"大""甚"的原有"空間"。而且,與"大""甚"相比,"很"的句法功能更爲均衡(見表 5),除大量修飾形容詞外,還廣泛用於心理動詞、動詞短語之前。《紅樓夢》之後,"很"進一步發展壯大,成爲最常用的"甚類詞"成員。與之相對應的是,"大""甚"則日漸衰落,它們的式微給"很"的發展提供了廣闊的空間。現代漢語以後"很"則遠遠超越其他成員,且有漸趨"一尊"之勢。

六　結語

漢語中"甚類詞"的數量雖多,其主要成員只有"孔""大""甚""頗""好""好不""很"等。程度副詞在使用過程中,程度語義會不斷磨損①。爲了彌補程度磨損帶來的"損失",語言中新的程度副詞不斷出現,新詞出現之後舊詞逐漸被替換。"甚類詞"歷時發展演變過程相當複雜,其面貌隨着時代變化而有所不同。上古時期主要有"孔""大""甚",中古時期新出現"頗",近代時期又有"好""好不""很"等新興。"甚類詞"內部成員古今發生了變化,並不是簡單地詞彙替換,不同成員使用的時間有長有短。也就是説,"大""甚"是歷史漢語中使用時間最長久、頻率最高的"甚類詞"成員,在整個古代漢語階段都一直在使用,而其他成員使用時間則較爲短暫,不斷變化更替,出現了"大""甚"與不同的"甚類詞"共存的局面。

"甚類詞"基本都可與形容詞、心理動詞和部分動詞短語搭配,但各個成員之間存在着一定的差異。詞語的搭配能力會影響到"甚類詞"的歷時演變速度,研究漢語常用詞的歷時變化,既要關注不同成員的使用

---

① 吳立紅(2005)認爲:"所謂狀態形容詞的程度磨損,其實是一種比較形象的説法,它指的是某些程度義的運算式原本隱含了一個相對固定的程度量(多爲比較高的程度),由於長時間的使用,原有的固化程度不再那麽明確,已經不能夠被人們敏鋭地感覺到,從而只有換用其他的表達方式。其表現之一就是前加程度詞語,來重新定位原有的程度。"

頻率,還應注意它們的搭配能力。上文研究表明,"甚類詞"的歷時演變過程中,"大""甚"二詞"一路相伴",可能正是由於它們的搭配差異所致:前者多與心理動詞搭配,後者多與形容詞搭配。在近代漢語後期"大""甚"也都漸趨衰落,這就給"很"的發展提供了舞臺。"很"與這些詞語之間存在着一個"此消彼長"的過程,"很"的發展壯大過程正是這些詞語的衰落過程。這種變化始於元明時期,清代中期(《紅樓夢》時代)"很"與"大""甚"等成員的使用"勢均力敵"。現代漢語以後,"很"成爲最爲常用的"甚類詞",漸呈"一尊"之勢。

參考文獻

高育花《中古漢語副詞研究》,黄山書社,2007 年。

葛佳才《東漢副詞系統研究》,岳麓書社,2005 年。

郭錫良《古漢語語法研究芻議》,《語文導報》第 9 期;又見郭錫良《漢語史論
    集(增補本)》,商務印書館,2005 年。

郭秀梅《使用英語修辭學》,江蘇人民出版社,1985 年。

洪成玉《〈史記〉中的程度副詞"頗"》,《首都師範大學學報(社會科學版)》
    1997 年第 1 期。

胡敕瑞《〈論衡〉與東漢佛典詞語比較研究》,巴蜀書社,2002 年。

李傑群《"甚"的詞性演變》,《語文研究》1986 年第 2 期。

吕叔湘《中國文法要略》,商務印書館,1956 年。

吕雅賢《從先秦到西漢程度副詞的發展》,《北京大學學報(哲學社會科學
    版)》1992 年第 2 期。

馬建忠《馬氏文通》,商務印書館,1983 年。

孟蓬生《副詞"頗"的來源及其發展》,《中國語文》2015 年第 4 期。

聶志平《關於"X 得很"中"很"的性質》,《中國語文》2005 年第 1 期。

汪維輝《東漢—隋常用詞演變研究(修訂本)》,商務印書館,2017 年。

吳立紅《狀態形容詞的程度磨損及其運算式的變化》,《修辭學習》2005 年
    第 6 期。

向熹《簡明漢語史(修訂本)》,商務印書館,2010 年。

楊伯峻《文言文法》,中華書局,1983 年。

楊伯峻、何樂士《古漢語語法及其發展(修訂本)》,商務印書館,2001年。

楊榮祥《近代漢語副詞研究》,商務印書館,2005年。

楊樹達《詞詮》,中華書局,1979年。

張誼生《程度副詞充當補語的多維考察》,《世界漢語教學》2000年第2期。

張玉金《甲骨文虛詞詞典》,中華書局,1994年。

周秉鈞《古漢語綱要》,湖南人民出版社,1981年。

周紹珩《馬丁內的語言功能觀和語言經濟原則》,《國外語言學》1980年第
　　3期。

祝鴻傑《試論若干甚辭的來源》,《語言研究》1987年第2期。

贛語上高話的被動標記"討"

羅榮華　南京曉莊學院

引　言

　　在南方方言中的贛語、客家話、吳語、湘語中有一個來自"遭受"義的被動標記"討"。顔森(1982)報道了贛語高安話的被動標記"討[hou⁴²]"。例如"細鷄子討渠踩死箇_{小鷄被他踩死了}。""碗討渠打爛箇_{碗被他打破了}。"①萬波(1997)較爲詳細地探討了贛語安義話的"討[tʰau²¹³]"用爲被動標記的功能及其來源。例如"花瓶討渠打呱得_{花瓶被他打了}。""渠老是討別家打_{他經常被别人打}。"②石汝傑(1997)一文中探討了吳語高淳話的"討"用爲被動標記的功能。例如"杯子討他打破了_{杯子被他打破了}。""他討抓起來了_{他被抓起來了}。"③胡雲晚(2010)討論了洞口老湘語被動標記"討[tʰəu³¹]"的功能及其來源。例如"其討爾只狗咬呱一口_{他被那只狗咬了一口}。""討我講呱其兩句_{被我説了他兩句}。"④劉綸鑫(1999)提及贛語高安話和上高話中有被動標記"討",但没有舉例並展開論述⑤。曹

---

①　顔森《高安(老屋周家)方言詞彙(三)》,《方言》1982年第1期,頁239。

②　萬波《安義方言的動詞謂語句》,載李如龍、張雙慶主編《動詞謂語句》(《中國東南部方言比較研究叢書》第三輯),暨南大學出版社,1997年,頁232—233。

③　石汝傑《高淳方言的動詞謂語句》,載李如龍、張雙慶主編《動詞謂語句》(《中國東南部方言比較研究叢書》第三輯),暨南大學出版社,1997年,頁22。

④　胡雲晚《湘西南洞口老湘語虚詞研究》,江西人民出版社,2010年,頁285—289。

⑤　劉綸鑫《客贛方言比較研究》,中國社會科學出版社,1999年,頁745。

志耘《漢語方言地圖集(語法卷)》(2008)第 95 圖(被動標記)顯示：湖南臨湘、湖北石首、安徽涇縣、江蘇高淳、江西高安、瑞金這六個方言點使用"討"①。

我們通過初步調查，被動標記"討"的分布區域有如下方言點：贛語：上高、宜豐、高安、奉新、靖安、豐城、新幹、安義、永豐(以上屬江西)、臨湘(湖南)；客家話：瑞金、安遠、寧都、上猶、信豐(以上屬江西)；吳語：高淳(江蘇)、涇縣(安徽)；湘語：洞口(湖南)。

本文考察贛語上高話的被動標記"討"在句法、語義、語用的特點和語法化過程。

一　"討"字被動式句法功能和特點

(一)"討"字被動式的句法格式

上高話的"討"[xau²¹³]可以加在施事者的前面表示被動，根據"討"前是否出現體詞性成分，可以把"討"字被動句分爲三類：Ⅰ式：NP＋討＋NP$_{施事}$＋VP＋(C)；Ⅱ式：討＋NP$_{施事}$＋VP＋(C)＋NP；Ⅲ式：討＋NP$_{施事}$＋VP＋(C)。

NP 是在主語或賓語的體詞性成分，可以是受事，也可以使事、與事等；"討"是被動標記詞，NP$_{施事}$是緊跟被動標記詞的體詞性成分，VP 指謂詞性成分，C 是句末語氣詞。

1. Ⅰ式：NP＋討＋NP$_{施事}$＋VP＋(C)

Ⅰ式結構是最爲典型的被動式，NP 可以是受事、準受事、使事或與事等，施事不能省去，VP 多表達不如意或不希望發生的事情，也可以表示無所謂褒貶的"中性義"，但一般不表示有幸的、愉快的事情。

(1) 老王討狗咬過一口 老王被狗咬了一口。

(2) 車子討老王騎走過 車子被老王騎走了。

(3) *陽陽討老師表揚過 陽陽被老師表揚了。

_____

① 曹志耘主編《漢語方言地圖集(語法卷)》，商務印書館，2008 年，頁 95。

例(1)是貶義的,例(2)是中性的,例(3)是褒義的,這種褒義性的句子在上高話中一般不用被動句式,而用主動句,即一般說成"老師表揚過陽陽_{老師表揚了陽陽}"以上用例的 NP 都是受事。下面再舉幾例非受事的。

(4) 你做个事都討我曉得過_{你做的事都被我知道了}。(準受事)

(5) 我討隔壁鄰舍个伢妹唧吵醒過_{我被隔壁鄰居家的小孩吵醒了}。(使事)

(6) 渠討賊牯偷刮過錢包_{他被小偷偷走了錢包}。(與事)

(7) 筆都討渠寫斷過_{筆都被他寫斷了}。(工具)

(8) 路上討人挖過一隻坑_{路上被人挖了一個坑}。(處所)

Ⅰ式的否定形式是在"討"前加否定詞"冒",句末不出現表完成的語氣詞"過了"。

(9) 屋裏著過賊,還好錢冒討賊牯偷刮_{家裏來了賊,還好錢沒有被小偷偷掉}。

2. Ⅱ式:討＋NP_{施事}＋VP＋(C)＋NP

Ⅰ式句首位置上 NP 後移至句尾便構成了Ⅱ式。Ⅱ式的主語都由施事充當,受事置於動詞性詞語之後做賓語。

(10) 都是你出个好主意,討你害死過我_{都是你出的好主意,我被你害死了!}

(11) 接連落過一個月个雨,討箇鬼天氣氣死過我_{接連下了一個月的雨,我被這鬼天氣氣死了!}

(12) 小強老是犯事,討我狠狠地罵過渠一餐_{小強老是犯事,他被我狠狠地罵了一頓。}

(13) 一不小心,討渠打爛過一只碗_{一不小心,一只碗被他打爛了。}

"討＋NP_{施事}＋VP＋(C)＋NP"有以下特點:

A. VP 往往是動補性的,具有消極的語義內容。它不能是光桿動詞,其前後多有補語或別的成分。如例⑩、⑪帶補語"死"。

B. 施事放在"討"後構成介賓短語,強調施事在事件中的突出作用,從而弱化受事。

3. Ⅲ式:討＋NP_{施事}＋VP＋(C)

Ⅲ式是句首省略了受事主語的被動式,這是由於語用表達經濟原則的需要借助上下文環境而省略。例如:

(14) 渠要去廣東打工,討老師攔住過_{他要去廣東打工,被老師攔住了。}

(15) 陽陽跑在前面,討蜂唧叮過一口_{陽陽跑在前面,被黃蜂叮了一口。}

(16) 討大風一吹,箇幾麥稈就倒下過_{被大風一吹,這些麥稈就倒下了。}

(17) 討老師批評過一頓,我心下蠻不舒服_{被老師批評了一頓,我心裏很不舒服。}

例(14)(15)的主語"渠""陽陽"在前一分句中已經出現,所以在後面的分句"討"字句中承前省略。例(16)(17)中的"討"字句的邏輯主語"箇幾麥稈""我"在後面的分句中有所照應,所以是蒙後省略。

(二)"討"字被动式的特点

1. "討"的施事賓語。"討"字後一定要有施事出現,這是上高話"討"字被動句在語義結構和句法結構上的雙重特點。表被動的介詞"討"必須帶賓語,即動作的主動者必須在"討"字後出現,這個條件限製是絕對嚴格的,沒有例外。"討"後的施事者大多數是有定的,有時也有表示無定的。如果施事者不明,也要用"人"或"人家"一類的代詞來虛指一下。這種被動句的"人"或"人家"在普通話裏可以省去,形成"被"直接附於動詞前的被動句型。

(18) 箇碗湯討渠打刮過_{這碗湯被他打掉了。}

(19) 收音機討我拆爛過_{收音機被我拆爛了。}

(20) 渠討幾隻羅漢打過一餐_{他被幾個流氓打了一頓。}

(21) 我討渠氣得半死_{我被他氣得半死。}

(22) 衣裳討人撿走過_{衣服被人撿走了。}

萬波(1997)指出:施事賓語"人"都是泛指施動者,在普通話裏可以省去,形成"被"直接附於動詞前的被動句型。安義方言中則不可省略,沒有動詞標記"討"直接附於動詞前的被動句型①。

(23) 渠討人捉起來得_{他被人捉起來了。}

(24) 病人馬上討人送到醫院裏去得_{病人馬上被人送進了醫院。}

但吳語高淳話和湘語洞口話的"討"字被動句可以與普通話的"被"一樣,施事不出現。

(25) 錢討花光了_{錢被花光了。}(吳語高淳話)

---

① 萬波《安義方言的動詞謂語句》,載李如龍、張雙慶主編《動詞謂語句》(《中國東南部方言比較研究叢書》第三輯),暨南大學出版社,1997年,頁233—234。

（26）其討罵倒没得話回得他被訓得無話可答。（湘語洞口話）

2. "討"字被動句述語和連帶成分。"討"字被動句的謂語中心詞主要是及物動詞但也有少量不及物動詞。謂語中心詞主要由自主性二價動作動詞充當，其次是由自主性三價動作動詞充當，極少的一價動詞也可以充當。這些一價動詞是部分述賓式雙音節動詞和具有致使力特征的動詞。

（27）李校長討教育局撤過職李校長被教育局撤了職。

（28）渠討箇重个農活累病過他被繁重的農活累病了。

"討"字被動句往往不能光桿動詞，常帶有後續成分，構成述補短語和述賓短語。述補短語的補語一般是結果補語、趨向補語、情態補語和數量補語。結果補語、趨向補語和情態補語的語義指向主語，而動量補語的語義指向動作。補語一般是"討"字被動句的句子焦點。

（29）狗討汽車壓死過狗被汽車壓死了。（結果補語）

（30）渠心下个想法討我看出來過他心裏的想法被我看出來了。（趨向補語）

（31）我討渠氣得哭過我被他氣得哭了。（情態補語）

（32）陽陽不聽話，討老師批評過幾次陽陽不聽話，被老師批評了幾次。（動量補語）

例（29）（30）（31）的補語"死""出來""哭"的語義指向主語，例（32）的動量補語"幾次"指向謂語動詞"批評"。

述賓短語的賓語在語義上具有多樣性。賓語跟述語中的動詞有一定的語義聯係，可以是受事、成事、係事等。這些賓語通常也是句子的焦點所在。例如：

（33）猪場討賊牯偷過五只猪養猪場被小偷偷了五頭猪。（受事）

（34）衣裳討煙頭燒過一隻眼衣服被煙頭燒了一個洞。（成事）

（35）渠被狗咬傷過手他被狗咬傷了手。（係事）

"討"字被動句的謂語動詞後面一般要附加經歷體標記"來"或完成體標記"過"，表示事件已經發生或完成。

（36）渠討蛇咬來脚他被蛇咬過脚。

（37）我討渠打來我被他打過。

（38）箇件事討老師曉得過這件事被老師知道了。

（39）正買个肉討狗銜走過_{剛買的肉被狗叼走了。}

二　上高話"討"的語法化

上高話"討"的語法化路徑是比較清晰的。上高話中的"討"有"索取""娶""摘""招惹"等動詞用法。

（40）今下討錢个人冒討到錢_{今天討錢的人沒有討到錢。}

（41）渠舊年討過一只老婆_{他去年娶了一個老婆。}

（42）我去園地討忽唧菜嗟_{我馬上去菜園摘點兒菜。}

（43）你話事冒大冒細就會討人嫌_{你說話沒大沒小就會遭人嫌棄。}

（44）你日日游手好閑嘅，真嘅要討人罵_{你每天游手好閑的，真的要挨罵。}

（45）你動手動脚嘅，你是討我打吧_{你動手動脚的，你是要挨我的打吧。}

例（40）的"討"是"索取"義，例（41）的"討"是"娶"義，例（42）的"討"是"摘"義，例（43）（44）（45）的"討"是"招惹"義。

"招惹"義與"遭受"義的動詞賓語都是無益或有害的事物，所不同的地方就是前者是主動，後者是被動。從認知心理出發，人類有"趨利避害"的本性，人們對有益的事物很樂意向對方"索取"，但一旦是有害的事物，人們是不情願接受的。人們一般也不會主動去"招惹"有害事物，有害事物往往是"被動"施加於受事者，這樣"討"就轉化爲"遭受"義。從句法結構來看，"討₁＋[N＋V]"與被動式的"[討₂＋N]＋V"表層形式相同。以上兩點爲"討₁＋[N＋V]"結構重新分析爲被動式結構"[討₂＋N]＋V"準備了語義和句法結構基礎。下面的句子可以做兩種分析：

（46）A：你不做作業就會討[老師罵]_{你不做作業就會挨老師的罵。}

　　　B：你不做作業就會[討老師]罵_{你不做作業就會被老師罵。}

上例的 A 句按"討₁＋[N＋V]"的連動結構分析，"討"是"遭受"義動詞，與 N 之間是動賓關係；B 句按"[討₂＋N]＋V"的被動式結構分析，"討"是表"被動式"的介詞，與 N 之間是介賓關係。這樣，"討＋N＋V"結構關係由原來的連動關係，重新分析爲以介賓短語修飾動詞謂語的偏正關係；"遭受"義動詞"討₁"也就語法化爲被動標記"討₂"。標志

"討"字被動句的成熟是"討"後的施事由有生命的人或動物向無生命的事物擴展,例如:

(47) 我討小車唧撞斷過脚 我被小汽車撞斷了腿。

張敏(2011)指出:"討"在贛語裏用作一般動詞時意思是"求取、索要",進一步可引申出"引致、招惹"義,再經歷"遭受"義演化出被動標記用法①。胡雲晚(2010)認爲:"討"從"治理"的意思虛化爲被動標記,也許是言説者視角轉換的結果。當施動者用言語對受動者進行"治理"的時候,就受動者而言就是一種被動的遭遇。隨着詞義的泛化,"討"由用言語進行"治理"進而到其他非言語的"治理",介詞"討"是在動詞"討"詞義泛化到非言語"治理"後,通過語言表達者視角的變換而把它轉化爲"被動地遭受",然後再慢慢虛化來的②。萬波(1997)基於被動標記在"南方方言多是從表給予義的動詞虛化而來"的認識,推測贛語安義話的被動標記"討"從前可能有"給予"義。他同時又指出:"不過在没有歷史文獻材料印證之前這只是一種可能,我們主要想要説明安義方言的被動標記'討'也是從動詞虛化而來。"③三位學者都支持介詞"討"是從動詞"討"語法化而來的,但語法化起點和路徑各不相同,我們基本贊同張敏先生的分析,綜合以上探討,"討"的語法化鏈條爲:討₁索取 → 討₁招惹 → 討₁遭受 → 討₂被。

三 餘論

從共時角度看,漢語普通話和方言用不同的被動標記表被動意義,各地區的方言都有自己的被動標記,從地域分布來看,存在一定的特

---

① 張敏《漢語方言雙及物結構南北差異的成因:類型學研究引發的新問題》,《中國語言學集刊》2011 年第 4 卷第 2 期,頁 105。
② 胡雲晚《湘西南洞口老湘語虛詞研究》,江西人民出版社,2010 年,頁 294—295。
③ 萬波《安義方言的動詞謂語句》,載李如龍、張雙慶主編《動詞謂語句》(《中國東南部方言比較研究叢書》第三輯),暨南大學出版社,1997 年,頁 237—238。

點。羅傑瑞(1995)①、橋本萬太郎(1987)②提出漢語方言裏被動標記存在明顯的南北對立,即南方大多數來自給予動詞,這可能與南方非漢語有關;北方則多與使役標記同形,而阿爾泰語正是被動標記與使役標記同形,故前者是後者影響的結果。但張敏(2011)考察了大量漢語方言已有研究成果基礎上提出了更加接近語言事實的看法:"細究起來,'南方大多數來自給予動詞'一說應僅適用於閩語、廣東境内的粤語及嘉應客家話,卻不大適用於廣西粤語、平話和土話,其他客家話以及長江中下游地區的其他東南方言。"③從江西、湖南、江蘇等已有方言研究材料來看,贛語被動標記主要來源於使役動詞("等、讓"等),其次是遭受義動詞("被、著、討"等),少量的給予類動詞("給、把、拿"等);湘語主要來自於遭受義動詞("被、著、逗、遭、吃、挨"等),其次是給予義動詞("給、賜、拿、把、分"等),少量的使役動詞("等、讓、聽"等);吳語主要來自遭受義動詞("撥勒、撥來、討"等)。

目前掌握贛語宜春片共有十三個方言點,三類來源的被動標記都存在,有的方言點同時存在兩種被動標記,具體分布見下表1:

表1

方言點	豐城	樟樹	新幹	新余	分宜	袁州	銅鼓	宜豐	萬載	上高	高安	奉新	靖安
被動標記	㐾討	被	被	等討	等讓	等㐾	等	㐾討	等㐾	㐾討	討	討	討

（本文原載於《方言》2018 年第 1 期）

---

① （美)羅傑瑞《漢語概説》(中譯本,張慧英譯),語文出版社,1995 年,頁 116。
② （日)橋本萬太郎《漢語被動式的歷史・區域發展》,《中國語文》1987 年第 1 期,頁 76。
③ 張敏《漢語方言雙及物結構南北差異的成因:類型學研究引發的新問題》,《中國語言學集刊》2011 年第 4 卷第 2 期,頁 112。

再論否定詞前的"了"

白雁南　河南師範大學

一　問題的提出

中古時期(東漢—隋),有一個非常活躍的詞"了",有關其意義和功能不少學者都或多或少地討論過,但是分歧很大。"了"一般出現在"不""無"等否定詞前,主流看法是將其認定爲範圍副詞,表全部。除此以外,對於這個"了",還可見另外四種意見或處理方法。第一種,不明確指明是副詞的哪個小類,只説明"了"表示程度很高,常用於否定詞前表示徹底否定①。第二種,認爲否定詞前的"了"表示數量極少②。這種看法與主流看法大相徑庭。第三種,認爲是程度副詞③。第四種,認爲是語氣副詞④。有鑒於此,我們認爲有關中古漢語裏否定詞前的"了"字可議之處還很多。本文僅就其來源和性質進行討論,提出疑問和問題,就教於方家時彥。

一般認爲否定詞前的"了"是總括副詞,一些認定"了"是語氣副詞的意見也認爲是基於總括副詞發展而成。那麼,"了"究竟是不是總括副詞? 文獻中有没有這種用例? 我們查考了從先秦至清代的諸多辭

① 陝西師範大學詞典編寫組《古漢語虛詞用法詞典》,陝西人民出版社,1988 年,頁 289;王海棻等《古漢語虛詞詞典》,北京大學出版社,1996 年,頁 208。
② 李科第《漢語虛詞詞典》,雲南人民出版社,2001 年,頁 280;尹君《文言虛詞通釋》,廣西人民出版社,1984 年,頁 271。
③ 楊伯峻、何樂士《古漢語語法及其發展(上)》,語文出版社,2001 年,頁 278。
④ 楊榮祥《近代漢語副詞研究》,商務印書館,2005 年,頁 68。

書,結果如下：

《説文·了部》：了,尥也。

《方言》卷二：了,快也。秦曰快。

《集韻·篠韻》：了,决也。

《玉篇·了部》《廣韻·篠韻》《集韻·篠韻》：了,慧也。

《廣雅·釋詁》《玉篇·了部》《廣韻·篠韻》：了,訖也。

未見釋作"完全"義者。諸家注疏中也未見釋作"全部"義的,例如：

《潛夫論·述赦》：若良不能了無赦者。汪繼培注：了,訖也。

《文選·江淹〈雜體詩三十首〉》：津梁誰能了。張銑注：了,明也。

《資治通鑒·漢紀》：語不可了。胡三省注：了,曉解也。

《爾雅序》：其所易了。陸德明《經典釋文》：了,照察也。

李白《贈僧崖公》：大地了鏡徹。王琦輯注：了者,了然分明之意。

《資治通鑒·魏紀》：若實了然無所憑賴。胡三省注：了然,猶言曉然也。

《論語·衛靈公》：君子不可小知,而可大受也。何晏集解：不可以小了知而可大受。劉寶楠《正義》：了者,無餘之辭。

一般認爲總括副詞"了"由"了"的完結義發展而來,如"從語義上説,'了'作'完成''了結'講與'完全''全部'有共同的義素,所以,它和'盡''畢'等動詞一樣,容易虛化爲範圍副詞。"[1]從表面看,這樣的發展是符合詞義發展規律的,但通過檢索和研究秦代至宋代的語料,我們發現除卻用於否定詞前的"了"(本文不認爲該"了"爲總括副詞,論述見下文),未見"了"用作總括範圍副詞的有力書證。王瑛(1980:74)舉有一個單用例："淮濱溢時候,了似仲秋月。"(韋應物《元日寄諸弟兼呈崔都水》)但是,該例中的"了"究竟是否總括副詞,我們認爲還存在不同理解。康振棟(2003)通過調查語料指出《搜神記》中有一例用於肯定句："又取書紙及繩縷之屬投火中,衆共視之,見其燒爇了盡。"(《搜神記·天

---

[1] 康振棟《中古漢語裏否定詞前的"了"字》,《中國語文》2003年第4期。

竺胡人》)同時康文也指出"了盡"是歧義結構,可理解爲並列結構、偏正結構兩種。所以,我們認爲如果作爲"了"是總括副詞的例證也還不夠典型。王瑛(1980:74)還提到"了然"一詞"系承用'了'之'全''都'義而來,意即'全然'。"雷文治(2002:22)和《漢語大詞典》也持相同意見。但其所舉用例均不夠典型。如下:

(1)唐李白《尋山僧不年遇作》:已有空樂好,況聞青猿哀。了然絕塵事,此地方悠哉!

(2)唐李白《下途歸石門舊居》:我離雖則歲月改,如今了然失所在。

(3)唐白居易《自在》:内外及中間,了然無一礙。所以日陽中,向君言自在。

(4)唐朱慶餘《與龐復携酒望洞庭》:青蒲映水疏還密,白鳥翻空去復回。盡日與君同看望,了然勝見畫屏開。

(5)唐吳融《新安道中玩流水》:上卻征車再回首,了然塵土不相關。

(6)《古小説鉤沉》、《列異傳》"宋定伯":道遇水,定伯令鬼渡,聽之,了然無水聲。

(7)宋梅堯臣《題刁經臣山居》:致恢理舊學,了然無俗喧。

(8)明周德清《西湖二集》第九卷:走進帥府,慘然不樂,靜坐良久,了然見前世之事,覺得從廣桑山而来,親受孔子之教一般。

(9)唐牟融《游報本寺》:了然塵事不相關,錫杖時時獨看山。

(10)《紅樓夢》第二十九回:"我就時常提這'金玉',你只管了然無聞的,方見的是待我重,無毫髮私心了。"

以上(1)—(6)爲王瑛例,(7)(8)爲雷文治例,(7)(9)(10)爲《漢語大詞典》"全然"義項例。這些用例中,(4)和(8)的"了然"偏重於"明白、清楚"義,而其餘各例用"空、净"義理解則更好。所以,也還都不能算作"了然"爲總括副詞的有力書證,並且以"全"對譯文意也顯得比較生硬。此外,我們也檢索了大量文獻中"了然"的用例,所見其義解不過如此,也未發現其作總括副詞的有力書證。

所以,如果認爲"了"是總括副詞,又發展出總括副詞"了然",並且又以"了然"的肯定用例來補證"了"僅有否定用例的不足,這種做法或許是不合適和缺乏説服力的。

二 否定詞前"了"的來源和性質

上文已經説明,"了"與"了然"並不確定有"完全、全部"義,那麽以往認爲"了"是總括副詞,並以之理解和解釋"了不""了無"的路徑或許不太合適。我們擬另闢一條新路,將"了"放進一個集合當中,重新來判定其由來和意義。

《説文·了部》:"了,尥也。"此外,"了"還有"明""慧""訖""高、遠""空"等義。但這些意義與"尥"之間均無引申依據①,不少意義都是由"翏""尞"聲字假借而來。比如:

《説文·心部》:憀,憀然也。憀然,段注:猶了然也。

《説文·心部》:憭,慧也。从心,尞聲。《説文·了部》段注:了,假借爲憭悟字。

我們認爲,否定詞前"了"的意義來源或許與其語音有着密切的關係。了,《廣韻·篠韻》:盧鳥切。與"了"語音相近的詞多有"遠"義,如"寥""遼""飂""飅""淼""邈"等。因爲"遠",故而一些詞可引申出"空"義,"翏"與"尞"聲字都多有"空"的意義或義素。比如:

《説文通訓定聲·孚部》:嘹,嘹語也;謬,狂者之妄言也。

《廣雅·釋詁》《玉篇·宀部》《廣韻·蕭韻》:寥,空也。

《廣韻·篠韻》:嫽,落蕭切。空貌。

一些詞如"寥""遼""淼""邈"引申出了接近於"空"的"少"或"小"義。比如:

(11)月入孤舟夜半晴,寥寥霜雁兩三聲。(唐權德輿《舟行見月》)

(12)豈存者之舉無其人兮,遼遼如晨星之相望。(北宋蘇軾

---

① 李行健先生認爲"訖、空"義是由"尥"引申而來,詳見李行健《〈世説新語〉中副詞"都"和"了"用法的比較》,《語言學論叢》(第二輯),新知識出版社,1958年。

《錢君倚哀詞》）（"遠"的此義因與"寥"同，文獻中見有替換，比如：漢梁鴻《五噫歌》：遼遼未央兮。北宋李昉等《太平御覽》作"寥寥"）

（13）高眄邈四海，豪右何足陳！（西晋左思《咏史》之六）（余冠英注：邈，小。）

（14）渺滄海之一粟。（北宋蘇軾《前赤壁賦》）

"了"也有"高遠"義，如："堯舜之抗行兮，了冥冥而薄天。"（戰國屈原《楚辭·九辯》）我們認爲"了"或許與以上各詞一樣，也有"少"或"小"的意義或義素。尤其是與其中的"寥"，用法十分相似。"了"和"寥"都可以單用，都可以重言成"了了"或"寥寥"，都可加後綴"然"成"了然"或"寥然"。最值得關注的是，"了""了了""了然"和"寥""寥寥""寥然"都可以與否定詞"無""不"連用，比如：

（15）其年冬，而京師遷鄴。武定五年，暉爲洛州開府長史，重加采訪，寥無影迹。（北魏楊衒之《洛陽伽藍記》卷四）

（16）君綽等行數里，猶念汙蠖，復來，見昨所會之處，了無人居，唯汙池，池邊有大蠖，長數尺。（唐牛僧孺《玄怪録》）

（17）監司視學者，至入其室，寥然不聞絃誦，閱其士，驚然揖讓不就列。（明何景明《送蕭文或分教臨川序》）

（18）散帙理舊學，了然無俗喧。（宋梅堯臣《題刁經臣山居》）

（19）每欲考里中舊聞遺事，而志乘所述，寥寥無幾。（清厲鶚《東城雜記·序》）

（20）汝受吾教而聽偈曰：認得心性時，可説不思議。了了無可得，得時不説知。（南唐静筠二禪師《祖堂集》卷二）

有時，"了不"與"寥廓"相對，我們也可以明顯看到兩者意義的對應，比如：

（21）水中之月，了不可取。虛空其心，寥廓無主。（唐李白《志公畫贊》）

並且，"了"與"寥"也可以通用，比如：

（22）河神忙止住道："小天蓬不要動手，容我細想。莫非這和尚的模樣有些死眉瞪眼、白寥寥沒血色的麼？"（清《後西游記》第十五回）

（23）唐長老面上已凍得白了了的，没些血色。（清《後西游記》第二十八回）

所以，我們認爲"了"與"寥"等一樣，由其"高遠"義漸發展出"空""少；小"的意義。除此之外，"了"有"少"的意義和義素，現代方言也能提供一些佐證。如：〔了兒了兒〕1. 很少：才賺那點錢，～～。2. 很小：～～的事，没啥了不得①。在筆者（河南新鄉人）方言中，"了兒了兒"也是此義。除此之外，在四川方言中，"了"有"只""僅"義，讀上聲。如：照百分之七十算，就是十八個小鷄，半年後長大，不了賣三塊錢一個②。現代漢語表示"少"義，"寥寥"與"了了"並存，如：魯迅《華蓋集續編·紀念劉和珍君》："至於此外的深的意義，我總覺得很寥寥，因爲這實在不過是徒手的情感。"周立波《暴風驟雨》："扛活的人指望'一膀掀'，就是把勞金錢一起領下來，這麼的，就算是微微了了的幾個小錢吧，也能頂用些。"

由此，我們認爲否定詞前的"了"不是表示極大量的對範圍的總括，相反是表示極少量的。值得指出的是，"寥"的"少"義多接近於没有，在人的主觀意識裏，不是將其與"多"的概念相對應，而是集中於與"空"靠近的負方向的"極少"，比如晉陸機《歎逝賦》："或冥邈而既盡，或寥廓而僅半。"明顯可以感受到其中負方向指向的主觀性，這應該與"寥"引申自"空"義有關係。我們認爲否定詞前的"了"即應作此理解，表示接近於"空"的極少量。試看以下諸例：

（24）於是便留輅，往請府丞及清河令。若夜雨者当爲啖二百斤犢肉，若不雨当住十日。輅曰："言念費損！"至日向暮，了無雲氣，众人並嗤輅。（晉陳壽《三國志》裴注引《輅別傳》）

（25）支徐徐謂曰："身與君別多年，君義言了不長進。"王大慚而退。（南朝宋劉義慶《世説新語·政事》）

（26）主者不識其言，尋一青衣，自空躍下，爲景先對，曰："若爾放去，至家，可答一辯，釘東壁上，吾自令取之。"遂排景先墮舍前

_____

① 董紹克、張家芝《山東方言詞典》，語文出版社，1997年，頁455。
② 閔家驥等《漢語方言常用詞詞典》，浙江教育出版社，1991年，頁333。

池中,出水,了無所損。(唐戴孚《廣異記·卷二·徐景先》)

(27) 六者十方佛刹皆虛空,七者宿命所作了無所有,八者所有如幻皆虛空。(南朝宋求那跋摩译《佛説菩薩内戒經》)

(28) 蕭索空宇中,了無一可悦。(晋陶潛《癸卯歲一二月中作》)

(29) 沙門法撫,三齊稱其聰悟,常與顯宗校試,抄百餘人名,各讀一遍,隨即覆呼,法撫猶有一二舛謬,顯宗了無誤錯。法撫嘆曰:"贫道生平以來,唯服郎耳。"(北齊魏收《魏書·卷六十·韓麒麟傳》)

由語境看,無論是理解還是釋義,以上各例中的"了"作"絲毫""一點兒"講都更通順和契合文意。

這種在否定詞前加極少量詞是完成全部否定和徹底否定的一種常用手段。實際語言中,要做到全部否定有兩種方法:極小量否定和極大量否定。石毓智(2001:37)給出否定範圍的兩條規律。按此規律,否定的量極越小,它的否定範圍越大,同時其否定程度也就越高。在語言運用中,往往利用對最小量極的否定來實現完全否定。"有一些表極小量的副詞常用於否定式來加強否定語氣,譬如'絶、毫、毫髮、絲毫、壓根兒、斷,等等'。"①此外,"一"也常是我們主觀上的極小量,常用於否定句。我們看以下幾個句子:

(30) 別人的那麼多意見,他一點兒不理會。

(31) 他的文章空洞無物,絲毫没有可取之處。

(32) 無論你給他多少好處,他也毫不動心。

(33) 我不(没)生氣! 一點不(没)!

(30)中"一點兒"可換成"全部",但句意從表"不理會"的程度變爲總括"那麼多意見";(31)中"絲毫"也可換成"完全",但此"完全"並非範圍副詞;(32)(33)中的"毫"和"一點"卻常常不能替換爲"全"。可見,當句子內容有強烈的主觀評判和感情色彩時,我們常多選用極小量否定。中古漢語中也常用極小量否定來強調否定的高程度,比如"秋毫無""微

---

① 石毓智《肯定和否定的對稱與不對稱》,北京語言文化大學出版社,2001 年,頁 43。

無""分毫不""分寸不""纖微不"等。綜上,我們認爲,中古漢語中否定詞前的"了"與否定詞"不""無"連用構成的固定結構是完成極小量否定的手段。

三　結論

否定詞前的"了"就是完成全部和徹底否定的手段,其極量少是表述一種極量程度,但一旦對程度的表述加入了主觀性,表示語氣的附帶意義發展,程度副詞就易繼續虛化爲語氣副詞。否定詞前的"了"由表極量程度到表強調語氣,其間有個模糊的過程。例如,"了無雲氣"和"了不長進"中,"了"可以理解爲實際"雲氣"和"長進"的數量和程度,尤其在"了無雲氣"一例中,其"極少量"義更爲明顯。但是,"了無(不)"所在句子經常是説話者主觀性和感情色彩很濃的内容,例如"了不長進"句。再如:

(34)庾子嵩讀《莊子》,開卷一尺許便放去,曰:"了不異人意。"(南朝宋劉義慶《世説新語·政事》)

(35)裴從梖南下,女從北下,相對作宾主,了無異色。(南朝宋劉義慶《世説新語·容止》)

(36)及文相爲汝南内史,猶經紀其家。後文相卒,叔隆了不恤其子弟,時論賤薄之。(北齊魏收《魏書·卷五十二·趙逸傳》)

在這些句子中,"了"似乎還可以理解爲事物或行爲的極少量和極小度,表示程度,但是句子内容都透露出説話者較濃的主觀評判或感慨色彩,"了"已經沾染了這種主觀性和感情色彩,其"極少量"的確量程度被忽略,更多的是表示一種對否定的高程度的強調。此時將該結構中的"了"視爲語氣副詞更爲合適。一些辭書著作也注意到這點,雖然説"了"是總括範圍副詞,但也補充"了"帶強調語氣[1]。"了不""了無"可譯爲"一點兒不""絲毫没有"。因其常是質的否定,也可譯成"完全不(没有)",但此"完全"不同於範圍副詞"完全",而是相當於"根本"。與

---

[1]　張誼生《現代漢語副詞探索》,學林出版社,2004年,頁180。

中古時"了"同時或稍後的"聊""邈"也都可以加於否定詞前構成極小量否定結構,但使用遠不如"了"廣泛。比如:

(37) 璇門多車馬貴游,縝在其門,聊無恥愧。(唐姚思廉《梁書·列傳第四十二·范縝》)

(38) 嘗南還至湓口置酒,有客張孺才者,醉於船中失火,延燒七十餘艘,所燔金帛不可勝數。侃聞聊不挂意,命酒不輟。(唐李延壽《南史·列傳第五十三·羊侃》)

(39) 忠謨嘉猷,簡於朕心,雅志素履,邈不可逾。(梁蕭子顯《南齊書·列傳第五·柳世隆》)

(40) 思道與儦嘗酒後相調,儦曰:"儴邈無聞。"(唐李延壽《北史·列傳第十二·崔儦》)

事實上,關於否定詞前"了"的意義,至清代以前並無多少疑惑之處。成語"了不相干"也作"邈不相干"和"渺不相關"。其例分別如下:

(41) 雖自稱爲學,而於自身邈不相干,却又説精説一,説感説応,亦何益哉!(清黄宗羲《明儒學案》卷十八)

(42) 至所詮解,則與圖渺不相關。(清永瑢等《四庫全書總目》卷八)

想來,至清代,人們在使用中都是將"了無(不)"和"邈不""渺不"的意義、用法等同的。清代劉淇《助字辨略》:"了,決也,殊也。"舉的便是諸多現代辭書常舉之《世説新語·政事》中的用例:"庾子嵩讀《莊子》,開卷一尺許便放去,曰:'了不異人意。'"將"了"解成程度副詞而並非範圍副詞。我們判定"了"在"了無(不)"結構中是語氣副詞,正是在此基礎上更多地考慮了説話者的主觀性的原因,其實是一脈相承的。總之,對於"了"是總括範圍副詞的説法和爭論反而是現代才産生的。

另外,"了"雖然居於否定詞前居多,但是偶也用於肯定句中,比如:"幸當玉輦經過處,了怕金風浩蕩時。"(唐韓偓《宮柳》)只是,值得指出的是,"了"用於肯定句和否定句稍有不同,前者更多地表示程度極高,而後者更多地突出強調否定程度的語氣,這可能是否定句更能體現主觀性的原因。再來看王瑛先生所舉的那個句子:"淮濱溢時候,了似仲秋月。"我們換範圍副詞"全"爲程度副詞義再讀這句詩,詩意盎然。"了不（無）"在宋代後不常用①，"了"成爲語氣副詞後代並未廣泛運用，僅限於"了不（無）"的仿古結構中，我們猜想這可能與唐代以後同樣是極小量否定結構的"毫不（無）"的産生和發展等因素有關。但"了"在現代方言中仍然可表程度高，只是常居於形容詞之後。如：武漢話：竹林涼悠了（涼極了）；他的臉白卡了（蒼白極了）②。再如：海口話：伊事嘍做（他什麼事都做），壞了③。"了"的這個特點並不特殊，現代漢語中也有這樣的詞，如"絶"，在表程度時，用於肯定；而加强語氣時，只限於否定句中。

本文認爲：否定詞前的"了"本是表示接近於"空"的極少量義，其義來源於"遠、空"的意義和義素，由於是表示徹底否定的手段，故而程度義弱化，並且沾染所在句子中内容的主觀性而成爲語氣副詞，在與否定詞構成的凝固結構中是强調否定程度的語氣副詞。"了"也可用於肯定句中，此時，表程度比語氣明顯，這可能是否定句更能體現主觀性的原因。從釋義和使用反映出來的情况看，對於否定詞前"了"的認識在清代之前似乎並無什麼問題，大的紛争源於將其定爲範圍副詞之後。

參考文獻

董紹克、張家芝《山東方言詞典》，語文出版社，1997 年。

何樂士等《古代漢語虛詞通釋（修訂本）》，北京出版社，1985 年。

康振棟《中古漢語裏否定詞前的"了"字》，《中國語文》2003 年第 4 期。

雷文治《近代漢語虛詞詞典》，河北教育出版社，2002 年。

李科第《漢語虛詞詞典》，雲南人民出版社，2001 年。

李榮《現代漢語方言大詞典》，江蘇教育出版社，2002 年。

李榮《萍鄉方言詞典》，江蘇教育出版社，1998 年。

李行健《〈世説新語〉中副詞"都"和"了"用法的比較》，《語言學論叢》（第二輯），新知識出版社，1958 年。

李宗江《漢語總括副詞的來源和演變》，《漢語史研究集刊》（第一輯），巴蜀

---

① 張誼生《現代漢語副詞探索》，學林出版社，2004 年，頁 125。
② 李榮《現代漢語方言大詞典》，江蘇教育出版社，2002 年，頁 142。
③ 同上，頁 144。

書社,1998 年。

柳士鎮《魏晉南北朝歷史語法》,南京大學出版社,1992 年。

閔家驥等《漢語方言常用詞詞典》,浙江教育出版社,1991 年。

陝西師範大學詞典編寫組《古漢語虛詞用法詞典》,陝西人民出版社,
　　1988 年。

石毓智《肯定和否定的對稱與不對稱》,北京語言文化大學出版社,
　　2001 年。

孫錫信《漢語歷史語法要略》,復旦大學出版社,1992 年。

太田辰夫《中國語歷史文法(修訂譯本)》,北京大學出版社,2003 年。

楊伯峻、何樂士《古漢語語法及其發展(上)》,語文出版社,2001 年。

楊榮祥《近代漢語副詞研究》,商務印書館,2005 年。

尹君《文言虛詞通釋》,廣西人民出版社,1984 年。

王海棻等《古漢語虛詞詞典》,北京大學出版社,1996 年。

王瑛《詩詞曲語辭例釋》,中華書局,1980 年。

張誼生《現代漢語副詞探索》,學林出版社,2004 年。

(本文原載於《南京師範大學文學院學報》2007 年第 3 期,有改動)

"第老的"新證[*]

程亞恒　九江學院

"第老的"是清代晚期出現的一個口語性較强的稱謂用語,最早見於小説《兒女英雄傳》中。關於"第老的"的意義和所稱説對象問題,目前學界大致存在着兩種不同的看法。一種觀點認爲"第老的"就是"(排行)最小的",持這種觀點的學者較多。陸澹安(1979)、王貴元、葉桂剛(1993)都把"第老的"釋爲"最小的",韓省之(1991)、高文達(1992)皆釋"第老的"爲"排行最小的"。許少峰(1997)雖未收録"第老的"詞條,但該書"第"字下有詞條"第老",並釋義爲"最末,落脚。即上海話奶末頭"。另一種觀點認爲"第老的"就是"第二的",持這種觀點的主要是翟燕。翟燕(2007)從"第+數詞"表排行、語音、"姓+老"表尊稱三個方面論證了"第老的"中的"第"是"二"的方言詞音記録形式,認爲"第老的"應該解釋爲"第二的"較爲準確,並以吉常宏《漢語稱謂大詞典》所收詞條"第二的"爲證。

那麼,究竟"第老的"所稱呼的對象是"排行最小的",還是"第二的"呢? 或者説兩種解釋都存在問題呢? 這一點我們暫且不論,先來看一下各家所引書證問題。經比較發現,上述各家所引例證均出自《兒女英雄傳》第七回,詳如下:

他才接著説道:"我賤姓王。呸,我們死鬼當家兒的,他們哥兒

* 本文曾在"第十七屆全國近代漢語學術研討會暨閩語演變國際學術討論會"(漳州,閩南師範大學,2016 年 11 月 4—6 日)上宣讀,初稿刊發於《歷史語言學研究》第十二輯(商務印書館,2018:82—87),收入本集時略有改動。感謝曹小雲學長及《歷史語言學研究》審稿專家對本文提出的寶貴修改意見,文中不妥之處與他人無關,概由作者負責。

八個,我們當家的是第老的。人家都知道挣錢養家……"①

由於小説提到這個人物時只是一筆帶過,所以我們根本找不到足夠的證據來判斷這位王姓女子口中的"第老的"究竟在他們八兄弟中排行第幾。況且上述各家也都没有能够提供出除此之外的第二例書證來,所以我們認爲,僅憑這唯一的用例根本無法判斷"第老的"究竟釋爲"排行最小的"正確,還是解釋成"第二的"妥當。不過,如果能够從其他文獻中找到更多的用例,證據就會充足一些,判斷起來也就容易了。

筆者近讀晚清寫實社會小説《小額》②,見該書中有 4 處用到了稱謂語"第老的",具體如下:

(1) 一瞧青皮連要得(音歹)苦子,喝,七言八語的全來啦,一鬧這個鷄屎派,甚麽他的話啦,我的話啦,第老的年輕啦,老哥兒們都瞧我啦。

(2) 説的這兒,大傢伙兒説:"第老的説得有理,老弟兄們走着,老弟兄們走着。"

(3) 正這兒説著,王親家太太搭了話啦,説:"你知道不知哇?姑爺在南城打官司哪。你求求魏第老的去(不是奎第老的呀),給想個法子好不好啊?"

《小額》是滿洲旗人松有梅(約 1873—1931 年)創作的社會小説。從德少泉的《社會小説·序》中可以知道,《小額》最初於清光緒三十三年(1907)在《進化報》上連載。光緒三十四年,《小額》由和記排印書局出版了單行本。該書通過旗人之事來映射晚清社會,真實地記録了晚清旗人的口語,是研究晚清時期旗人語言乃至北京話的重要材料③。據此推測,《小額》中的 4 例"第老的"應該是晚清時期北京地區旗人的口語。

上例(1)中,"第老的"是小額手下一幫碎催(小腦袋兒春子、擺斜榮等人)在伊老者面前稱呼"青皮連"的用語;例(2)的"第老的"是小腦袋

---

① 文康《兒女英雄傳》,上海古籍出版社,2001 年,頁 90。

② 松有梅《小額》,影印光緒三十四年六月初三日和記排印書局印刷單行本。

③ 參看(日)太田辰夫《漢語史通考》,江藍生、白維國譯,重慶出版社,1991 年,頁273;劉雲《〈小額〉及其作者松有梅》,見松有梅著、劉一之校點/注釋《小額》,世界圖書出版公司,2011 年,頁 112。

兒春子、擺斜榮、花鞋德子、青皮連等人稱呼小額的兒子“小文子兒”的用語;例(3)的兩個“第老的”都用於姓氏之後,“魏第老的”身份不詳,據情節推斷應是一位衙門中人,而“奎第老的”則是晚清同光年間在北京唱蓮花兒落兒、什不閑的著名藝人奎星垣。據翁偶虹《北京話舊》記載:“一個著名的蓮花落演員‘奎第老的’,他是抓髻趙的弟子,本名奎星垣,在一盟把兄弟中排行最小,都稱他爲‘第老的’,因而得名爲‘奎第老的’,觀衆也習慣地稱他‘奎第老’。”[①]據此,則“第老的”應該指“盟兄弟中排行最小的”。

另,民國二十年(1931)《群强報》社刊印的小說《雜碎録》中也出現了2例“第老的”。詳如下:

(4)吳桃氏有了閒空兒,來到噶氏家中,正趕上許虎兒去看盟嫂。噶氏給吳桃氏一引見,左不是泛常的俗套:這是吳大嫂,這是我們第老的,你見見。(卷四)

(5)噶氏雖然給他們兩個引見,恐怕還不能説話兒,他在其中東一句西一句,提一句吳大哥,又對著第老的説上幾句,不够他一個人兒忙的啦。(同上)

這兩例中的“第老的”都是噶氏對許虎的稱呼,而噶氏正是許虎的盟兄(小説中又稱“把子哥哥”)噶其混的妻子,雖然小説未明確交待許虎這一盟中共有幾個兄弟,但小説中也沒有交代許虎這一盟中還有其他兄弟。所以我們推斷,《雜碎録》中這兩例“第老的”也都應該是“盟兄弟中排行最小的”的意思。更重要的是,楊曼青是一個地道的老北京,《雜碎録》的京味兒十足,“第老的”無疑是當時北京的一個口語詞。

再往前追溯,我們發現“第老的”在《龍圖耳録》第九十一回中也出現了4例,如:

(6)又對一人道:“第老的,這兩天你要常來。你到底認得幾個字,也拿的起筆來,有可以寫的需要幫著我記記方好。”

(7)卻好李第老的也來了,將東西點明記帳,一一收下。

《龍圖耳録》中的4例“第老的”所指對象相同,都是指鴨緑灘的一位李

---

① 翁偶虹《北京話舊》,百花文藝出版社,1985年,頁96。

姓漁民。從成書時間來看，《龍圖耳録》比《小額》要早近三十年光景，但《龍圖耳録》中的這4例"第老的"都無法從情節推斷出這位李姓漁民的排行。

值得注意的是，除了《小額》《龍圖耳録》之外，我們還在清代北京蒙古車王府藏説唱鼓詞《劉墉傳奇》中發現了2例"第老的"，而且這兩處"第老的"都只能解釋成"把兄弟中排行最小的、最末的"，詳例如下：

（8）半邊俏説："你們要不坐下，罵我一個大師父變驢的個。"四和尚哈哈大笑，説："好的，我們老太爺罵起我來了。"楊四把旁邊説："我們第老的就是這麽好要笑麽！"（第九十一回）

（9）和尚説："老太爺，還是出家人不好，一句話就掉着你的心眼了！"楊四把説："這該罰！你四當家的，第老的比咱們小，是咱們兄弟呀！"（同上）

依據該書第九十回的情節可以知道，楊四把和半邊俏蕭老叔是結拜的兄弟，而且與他們結拜的兄弟共有八人，楊四把排行第七，半邊俏排行第八。上例（8）、例（9）中，楊四把跟四和尚的兩處會話中説道半邊俏時用的都是"第老的"，而半邊俏蕭老叔恰好是這幫結拜兄弟中最小的那個。可見，此二例中的"第老的"都是指"把兄弟中排行最小的"。

"第老的"之所以用來稱説"排行最小的"，是因爲"老"的意義中有一個是指"排行最小的"。梅蒐《益世餘墨·模範分家》中有這樣一條關於"老"指排行最末者的注釋：

當家人名志麟，號春圃，人稱張五先生。弟才麟，人稱老先生（俗謂排行在季者爲老），一切家業皆老弟兄二人經營[締]造，子弟輔助之。

可見，"老"具有指"排行最小的"的意義是毋庸置疑的。至於"老"用於表示"排行最小的"意義的來源，目前尚有不同看法。徐世榮（1990：235）認爲"老"表示"排行最末的、年歲最小的，取義於父母年老而生"。陳立中（2006：152）則認爲"老"本指年歲大者，用來指排行最小者乃取其反義。不管怎麽説，"老"至少在明代後期就已經用於表示"排行最小的"了，這一點已是學界的共識。例如：

（10）這人無奈，只得以實情告訴，道："我是高太公的家人，名叫高才。我那太公有個老女兒，年方二十歲……"（《西游記》第十八回）

（11）當家人名志麟，號春圃，人稱張五先生。弟才麟，人稱老先生（俗謂排行在季者爲老），一切家業皆老兄弟二人經營［締］造，子弟輔助之。（梅蒐《益世餘墨·模範分家》）

上例（10）的"老女兒"，從下文高太公向唐僧師徒二人講述遭遇"妖怪"的情節中可知，就是指高太公最小的女兒翠蘭，"老"表示"排行最小的"之義甚明。例（11）中，"老先生"的"老"依據原文語境及作者自注均可知爲"排行最小的"之義。

按理説，既然"老"可以指排行最小的，它就應該可以和"第"字組合成"第老"來表示排行最小，"第老的"也就可以用來稱呼"排行最小的"。但是，明清之際的諸多文獻中，"排行最小的"並不一定使用"第老的"來稱説，例如：

（12）只是老拙不幸，不曾有子，止生三個女兒，大的喚名香蘭，第二的名玉蘭，第三的名翠蘭。（《西游記》第十八回）

（13）成吉思説："你曾做我第六的弟，依我諸弟一般分分子……"失吉忽禿忽説："我是最小的弟，如何敢與衆兄弟一般分分子……"（《元朝秘史》卷一）

（14）三個兒子：大的叫是劉智海，第二的是劉智江，第三的是劉智河。（《醒世姻緣傳》第五十一回）

上例（12）中，雖然前面高才提道翠蘭時用的是"老女兒"，但這裏高太公叙述時卻用"第三的"而不用"第老的"。例（13）中，成吉思稱失吉忽禿忽爲"第六的弟"，也不稱"第老的"。例（14）介紹劉恭的三個兒子時，小兒子也只説"第三的"而不用"第老的"。

但是，在《兒女英雄傳》《龍圖耳録》《小額》《雜碎録》和《劉墉傳奇》中，共有 13 處用到了"第老的"，而且《劉墉傳奇》中的兩例"第老的"用於稱説"把兄弟中排行最小的、最末的"是無可爭議的。有趣的是，《兒女英雄傳》的作者文康、《小額》的作者松有梅、《龍圖耳録》的作者石玉昆都是旗人。雖然《兒女英雄傳》中的"第老的"是借茌平地界一位中年婦女之口説出的，但不能據此判定"第老的"就是茌平話。儘管《劉墉傳奇》的作者不知何人，《雜碎録》的作者楊曼青是否爲旗人，但這兩部書中的詞語也不乏京味兒。這一點很難不讓我們把稱謂語"第老的"的出現跟晚清旗人的語言聯繫在一起。那麼,"第老的"的出現是否與滿語有關,或者説是來自滿語呢?我們認爲不是,至少我們目前還沒有找到"第老的"來自滿語的充分證據。不過,我們據"第老的"在文獻中的使用情況可以推測,"第老的"最初是晚清時期北京話(旗人口語)中的一個稱謂語,後來逐漸擴大到其他地域了。例如:

> (15)咱,賊頭李七。只因打劫包府一案,被林清州拿來,咱兄弟一十七名。俺們有一第老的,他自幼學會九滾十八跌,他就跌、跌、跌出了天羅地網。(郝壽臣藏本《賽太歲》)

> (16)……不然的話,袁三爺也不收我做家海會第老的!(張孟良《沽城蕩寇》)

《賽太歲》實際上就是《審李七》,又名《白綾記》,是著名的京劇劇目之一,《小額》中曾經提到過此劇。《小額》一書曾經交待,小額官司完結後,額大奶奶怕小額窩作出病來,強令小額帶着小文子等人到阜成園聽戲去,聽的恰是這齣戲。書中説道:

> 那天他們買的是下場大墻,哈哈,真是無巧不成書。正唱的第四齣戲上,黃三的《審李七》帶《長亭》,頭裏坐棹兒上忽然來了五位戲座兒。[1]

可見,郝壽臣藏本京劇《賽太歲》中的"第老的"就是北京話的稱謂語,這一點應該是沒有問題的。另外,張孟良是天津人,小說《沽城蕩寇》中的"第老的"均指青幫頭子袁文會的關門弟子——特務頭子郭運起,從地域關係來看,這一稱謂應該還是受了北京話的影響。

"第老的"也寫作"弟老的",如上述《龍圖耳録》第九十一回中的"第老的",在後來更名爲《三俠五義》的小說的不少版本中就寫作"弟老的"[2]。

---

[1] 松有梅《小額》,頁83。

[2] 《龍圖耳録》中的"第老的,這兩天你要常來"一句在各版《三俠五義》中有異文。如羅天焕點校,湖北人民出版社1995年(頁431)及王述校點、人民文學出版社2001年(頁539)皆作"老弟";中國文史出版社2003年(下册,頁606)作"老弟的"。鈞林等校點、齊魯書社1993年(頁391)作"弟老的";舒馳校點、浙江古籍出版社1997年(頁426)亦作"弟老的"。按,後文提到此人皆言"李第(弟)老的",故作"第(弟)老的"爲是。

再如：

　　（17）這是在距離袁文會上次擺香堂接受郭運起爲家海會弟老的——守山門的徒弟以後大約十天光景。（張孟良《沽城蕩寇》）

　　（18）這時剛才求情的那個老字型大小的混混兒又揚起手來喊道："三爺留情,有了！郭弟老的露臉了！"（同上）

關於"第老的"在北京話中的使用情況,張松頤和齊如山都曾有論述。齊如山（1991:44）指出："第老的:凡兄弟及盟兄弟之最幼者,皆以此呼之。"張松頤（1999:53）説道："京語裏'最小的'有時竟呼之曰'第老的'。"徐世榮（1990:524）把"第老的"歸入"舊京土語"部分,並釋義爲"稱把兄弟中最年輕的"。愛新覺羅·瀛生（1993:211）在歸納《兒女英雄傳》中承前啓後的詞語時指出："第老的——弟兄中排行最末的人。現仍用。"可見,至少在20世紀40年代以前的老北京話口語中,"第老的"還是爲人所熟知的,只是後來不大使用了而已[①]。

從上述文獻尤其《劉墉傳奇》的二例"第老的"以及齊如山、張松頤等人的記述中可以看出,"第老的"實際上指"兄弟（包括同胞兄弟和結拜兄弟）中排行最小的、最末的",而不是"第二的"。《漢語方言大詞典》"第老"條以寶鷄方言爲證云："〈名〉小兒子,中原官話。"又"第老的"條云："〈名〉小兒子;排行最小的。東北官話、北京官話、中原官話。"這一解釋雖然未必完全合乎晚清文獻中"第老的"的實義,但卻爲我們提供了"第老的"用來稱説兄弟中排行最小者的方言證明。所以歸納起來,我們認爲把"第老的"解釋成"第二的"是不正確的,而"最小的""最末""排行最小的"的釋義也缺乏準確性,正確的釋義應該是"兄弟（包括同胞兄弟和結拜兄弟）中排行最小的"。

---

① 董樹人《新編北京方言詞典》（商務印書館,2010年,頁114）"第"字下僅收録"第末"一個詞條,而無"第老的",可參。陳剛《北京方言詞典》（商務印書館,1985）、陳剛等《現代北京口語詞典》（語文出版社,1997）均未收"第老的"。胡明揚《現代北京口語詞典·序》（語文出版社,1997）中説："陳剛先生從四十年代起就注意搜集北京話語詞,直到他1988年不幸逝世爲止,積四十餘年的辛勤努力,爲後人保存了一大批北京話的語詞。"據此推斷,至少20世紀40年代以前,"第老的"還存在於北京話的口語中。

這裏補充一點，損公的小説《鬼吹燈》中也出現了一例"第老的"，具體如下：

> （阿林）當時揮了揮塵土，過甬路將要進國子監，下夜的大老爺把他攔住啦。阿林一瞧這位大老爺，有五十多歲，彎著個腰，滿臉的煙氣，戴著個破秋帽兒，揣著個玻璃燈（五品），穿著件破灰色棉襖，四方破青馬褂兒，兩隻破靴子。跟著兩三個兵，第老的都得過六十，勾竿子都彎啦。

這段話中的"第老的"，劉雲（2018：73）曾經解釋道："第老的：最老的。"結合上文分析不難發現，這種解釋其實是對"第老的"的誤解。這段話講述了阿林遭遇到一個年過半百的大老爺身後跟隨着兩三個年紀較大的守夜老兵的情況，"第老的都得過六十"是作者調侃這幾個老堆兒兵年紀偏大的語句，意思是"這幾個老堆兒兵中年紀最小的都可能超過六十歲了"，這樣説的目的是爲了凸顯眼前這位大老爺的狼狽相，並藉以諷刺當時的社會現狀。雖然作者並未明言這幾個老兵之間的"兄弟"關係，但實際上是把他們視爲"兄弟"的。因此，這裏的"第老的"依然是"兄弟（包括同胞兄弟和結拜兄弟）中排行最小的"的意思。

最後值得一提的是，《雜碎録》中還出現了另外一個"第老的"。爲便於理解，我們把此例詳録如下：

> 夥計等他二人爬將起來，還没站穩哪，這就出綫紉漂兒，卡瘩疸兒，兩個人全都項掛鐵練，拉進下處屋内。陳頭[兒]趕忙站將起來，説："二位到了這個地方兒，叫作説不上買煤不買炭來啦。嗟們既然交了一天的朋友，總算誰跟誰的話，有一個不含糊，二位可別鎧一面兒，實話實説，別讓好朋友費吐沫，王二究竟是怎麽回事情，二位就給他個一五一十。你知道哇，光棍可不吃眼前虧。我們這兒很會修理活人：抱媳婦兒、光棍架、搖車兒、太師椅、兩把兒頭、火燒戰船、上腦箍、活樂牀兒、登高蹻……第老的、鹹肉捲餅、兩頭兒忙，這些個玩藝兒，打算要試驗試驗，賣一通兒，那倒是現成。好話可告訴你們千千萬啦，是教我們費事是怎麽着？"吳、劉二人一聽，這些樣兒私刑，那一樣兒攔在身上也受不了……

依據語境不難發現，這裏的"第老的"是用來對付犯人的一種刑具。可見,雖然字形相同,但這個“第老的”在意義上卻跟上文各例中的“第老的”大相徑庭。

參考文獻

愛新覺羅·瀛生《北京土語中的滿語》,燕山出版社,1993年,頁211。

陳立中《漢語方言親屬稱謂詞語中的排行標志》,《湘潭大學學報》2006年第1期,頁152。

高文達《近代漢語詞典》,知識出版社,1992年,頁150。

韓省之《稱謂大辭典》,新世界出版社,1991年,頁179。

陸澹安《小説詞語匯釋》,上海古籍出版社,1979年,頁528。

齊如山《北京土話》,燕山出版社,1991年,頁44。

(清)松有梅著,劉一之標點/注釋《小額》,世界圖書出版公司,2011年,頁9。

王貴元、葉桂剛《詩詞曲小説語辭大典》,人民文學出版社,1993年,頁609。

翁偶虹《北京話舊》,百花文藝出版社,1985年,頁96。

徐世榮《北京土語辭典》,北京出版社,1990年,頁235、524。

許寶華、宮田一郎主編《漢語方言大詞典》(第四卷),中華書局,1999年,頁5520。

許少峰《近代漢語詞典》,團結出版社,1997年,頁271。

翟燕《〈兒女英雄傳〉“第老的”釋義商榷》,《中國青年政治學院學報》2007年第2期,頁140—142。

張松頤《京味夜話》,人民文學出版社,1999年,頁53。

(日)太田辰夫《漢語史通考》,江藍生、白維國譯,重慶出版社,1991年,頁273。

(本文原載於《歷史語言學研究》,2018年,中國社會科學院語言研究所)

由"致使義凸顯度"看《世說新語》致使表達式的分布

張　艷　南京信息工程大學

引　言

使動用法和使令兼語句是漢語致使範疇的兩個核心表達形式,二者在漢語史上呈現出不同的分布狀態:在上古漢語中,使動用法的表現極其豐富;至中古漢語階段,使動用法呈現出低迷的狀態,此時使令兼語句的發展日益强健;至現代漢語,使令兼語句已成爲漢語致使範疇的主導形式。這兩種致使表達式在漢語史上的起伏波動,原因何在? 這是我們長期以來一直思考的問題。固然,東漢已降,漢語中新出現的諸多語言現象表明,漢語的語言類型發生了轉變,漢語開始由綜合型語言向分析型語言轉化,使令兼語句在中古漢語中的强勢發展,正是漢語語言類型轉化的表現之一。但是,我們通過深入分析使令兼語句的語義變化,發現使令兼語句中"致使義凸顯度"的變化對古代漢語致使表達式的分布有着重要的影響。所謂"致使義凸顯度",指使令兼語句中使令動詞的虛化程度。在上古漢語中,使令動詞大多具有本身的詞彙意義,"致使"義不够明顯;隨着使令動詞的逐漸虛化,詞彙意義趨於弱化,"致使"義開始凸顯;及至使令動詞虛化爲純粹的致使標記,詞彙意義徹底消失,"致使"義完全凸顯。

近十幾年來,學界關於致使範疇的研究成果日漸豐碩,專著迭出,如朱琳(2011)、李炯英(2012)、牛順心(2014)、熊仲儒(2015)、孟凱(2016)等,從理論高度對漢語致使範疇的宏觀研究日漸深入,但是就目前管見所及,現有的研究成果多以現代漢語的致使範疇作爲研究對象,若有論及古代漢語,描寫也較爲粗疏,點到即止。本文選取中古時期的典型語料《世説新語》,進行封閉式的調查,力求一窺使動用法和使令兼語句這兩個漢語致使範疇的核心表達式在共時層面的分布情況及相互關係。

一 《世説新語》中的使動用法

《世説新語》中,使動用法共計出現 207 例,涉及 102 個使動詞,包括以下 19 類:

空間運動類:顛倒、掛、懸、發、垂、解、震、坦、覆、合、散、倒、開、張、埋、轉、閉、竪、伏、留、集、沉、藏、流、聚、駐;

狀態類:堅、足、澄、備、全、輕、敦、盛、簡、固、正、溫、瑩、厲、遠、暢;

興廢類:敗、覆、奮、亂、濟、傾、成、廢、危、作、起;

毀壞類:裂、壞、斷、毁、傷、折、破、損;

位移類:遷、進、退、移、騁、馳、致、徙、出;

心理使役類:駭、怛、感動、榮、説(悦);

身體狀態類:勞、苦;

安定類:安、定、静、寧;

終始類:停、了、止、頓;

竭盡類:窮、盡;

滅絶類:滅、絶;

變化類:增、改;

活動類:動、鳴;

日常生活類:處、飲;

姿態類:坐、立₁;

仕宦類:立₂、爵;

顯明類:顯;

方向類:下;

存免類:存。

　　中古漢語是漢語發展史中的過渡時期,上古漢語中的一些語法現象至此期行將消失,近代漢語中新興現象在此期僅處於萌芽期,尚未發展壯大,因此有些語言現象發展至中古漢語會表現出暫時的低迷狀態,使動用法即是如此。上古漢語中的單音節使動詞至中古漢語減少爲216個①,原先由名詞和形容詞用作動詞的使動用法如方向類、仕宦類、親和類、顯明類、名物類及狀態類中的半數成員在此期基本消失。這是由於名詞和形容詞發展至中古漢語喪失了動詞性特徵,從而只能表示純粹的結果和狀態義,而不能表示致使義。這種現象說明漢語在中古時期開始發生了語言類型的轉變,開始由綜合型語言向分析型語言發展。隨着語言類型的轉化,漢語更傾向於選擇分析型的句法表現手段,這就使得動作義更強的位移類、姿態類、活動類等行爲動詞的致使義的表達開始選擇使令兼語句這種分析型句式,從而導致了它們使動頻率的下降,而兼具[＋致使]義和[＋結果/狀態]義的空間運動類、興廢類、滅絕類、毀壞類、變化類、竭盡類動詞則仍然選擇使動用法這種表現形式,保持着穩定的使動頻率。

二　《世說新語》中的使令兼語句

　　《世說新語》中的使令動詞除了"使"之外,還有"令""命""遣""教"。何亞南(2001)統計出《世說新語》兼語句中的 V_1 共計 58 個,分爲使令派遣類、封拜升遷類、勸誡類、褒貶賞罰類、存在類,這些動詞中除了"使""令""命""遣""教"外,其他動詞後來都沒有進一步虛化出致使義,因此我們暫不予以統計。

　　使令動詞"令""命"本身可以作爲動詞使用,表達"命令"的意思,動詞後面的成分整體作爲賓語表達命令的内容。它們的動詞用法在語義上和使令動詞的用法相同,在句式上相似。我們認爲,區分這兩種用法的標準在於句中有無明確的兼語出現。使令兼語句都有明確的兼語,一般爲特指的名詞或代詞,即使兼語在句法上缺省,也能夠根據上下文

---

① 　詳見張艷《古代漢語使動用法歷時研究》,南京大學博士學位論文,2009 年。

補出。如果"令""命"的後面没有出現兼語,而且兼語根據上下文無法補出,我們認爲該句只是它們的一般的動詞用法,不是使令兼語句。如以下兩例:

(1) 陶公自上流來,赴蘇峻之難,令誅庾公。(《假譎第二十七》)

(2) 元帝過江猶好酒,王茂弘與帝有舊,常流涕諫。帝許之,命酌酒,一酣,從是遂斷。(《規箴第十》)

《世説新語》的使令兼語句共計 202 例。"使"字類 90 例,"令"字類 77 例,"命"字類 10 例,"遣"字類 24 例,"教"字類 1 例。這五類使令動詞的致使義凸顯程度不一:"使"字類在上古漢語中就由"遣使"義演化爲"允讓"義,進而虚化爲純粹的"致使"義;"令"字類在上古漢語中不多見,西漢時出現一些例句,表示"遣使"義[①],而後發展出"允讓"義和"致使"義,"致使"義用例占比少於"使"字類使令兼語句;"命"字類在《世説新語》中見到"遣使"義和"允讓"義用例,未見"致使"義用例;"遣"字類和"教"字類在《世説新語》中只表示"遣使"義,致使義的凸顯度最低。

由此,我們得到《世説新語》中這五個使令動詞致使義凸顯度的等級差:

"使"字類＞"令"字類＞"命"字類＞"遣"字類＞"教"字類

"使"字類的"致使"義在中古漢語中已經發展得較爲成熟;"令"字類發展得較爲緩慢,但有所發展;"命"字類基本没有發展;"遣"字類和"教"字類起步較晚,雖然在中古漢語中未見發展,但至近代漢語發展出"致使"義[②]。

考察這五類使令兼語句中致事和役事的關係,我們發現伴隨着"使"字類致使義的凸顯,致事和役事的關係及事件發生的場合悄然發生了變化。由李佐豐(1989)對《左傳》"使"字句的統計及我們對《論語》、《孟子》"使"字句的統計大致可見,上古漢語中的"使"字類使令兼語句大多表現政治、軍事活動,較少表現日常生活行爲,致事和役事的

① 參見曹晉《"使令句"從上古漢語到中古漢語的變化》,《語言科學》2011 年第 6 期,頁 609。

② 詳見張美蘭《近代漢語使役動詞及其相關的句法、語義結構》,《清華大學學報》2006 年第 2 期。

關係較多是君臣或上下級關係。在《世說新語》中，上述情況發生了轉變，"使"字類使令兼語句更多表現日常生活中的行爲活動，致事和役事的關係多爲主僕、長輩和晚輩、夫妻、平輩、平級、朋友等關係。政治和軍事活動的情況更多出現在"命"字類、"遣"字類及"令"字類使令兼語句中。上述這一變化恰好與五個使令動詞致使義凸顯度的等級差相呼應。

下表我們統計了這五類使令兼語表達政治軍事活動和日常行爲活動的用例。致事和役事作爲有生命的主體，只在"遣使"義和"允讓"義使令兼語句中呈現出兩者間明確的身份和關係，"致使"義使令兼語句的致事和役事基本爲抽象的事件，因此下表的統計數據不包括"致使"義使令兼語句。

表1　《世說新語》使令兼語句場合分布情況

使令兼語句		政治軍事活動		日常行爲活動	
		數量	占比	數量	占比
"使"字類使令兼語句	"遣使"義	10	37%	17	63%
	"允讓"義	7	23.3%	23	76.7%
"令"字類使令兼語句	"遣使"義	23	59%	16	41%
	"允讓"義	2	7.4%	25	92.6%
"命"字類使令兼語句	"遣使"義	6	66.7%	3	33.3%
	"允讓"義	—	—	1	100%
"遣"字類使令兼語句	"遣使"義	19	79.2%	5	20.8%
"教"字類使令兼語句	"遣使"義	1	100%	—	—

政治、軍事活動中，致事的權威不可違抗，致使事件的外力因素最明顯，自然度最低，"致使"義的凸顯度也最低，"遣使"義使令兼語句多表現此類活動。"允讓"義使令兼語句中，致事的權威性降低，役事的主觀意願性增強，多表現日常行爲活動。通過上圖數據表明，"使"字類使令兼語句用於政治軍事活動的占比遠低於日常行爲活動，表明"使"的"遣使"義漸趨弱化，原有的"遣使"義功能漸漸由"命""遣"替代。"令"字類"允讓"義使令兼語句用於日常行爲活動的占比遠高於政治軍事活

動,説明使令動詞"令"有向"致使"義虚化的迹象。

(一)"使"字類使令兼語句

《世説新語》中的"使"字類使令兼語句共計 90 例,其中"遣使"義使令兼語句 27 例,占比 30％；"允讓"義使令兼語句 30 例,占比 33.3％；"致使"義使令兼語句 33 例,占比 36.7％。較上古漢語中的《論語》和《孟子》,"致使"義使令兼語句有了顯著發展。

1. "使"字類"遣使"義使令兼語句

此類使令兼語句共計 27 例,在句式上可以分爲四小類：

第一類：$(NP_1)＋使＋(NP_2)＋Vt＋(O)$

此句式共 22 例,如下例：

(3) 王子敬時爲謝公長史,謝送版,使王題之。王有不平色,語信云："可擲箸門外。"(《方正第五》)

此例中,從後一句王子敬的反映來看,謝安雖然是王子敬的上級,但是權威性和遣使義漸弱。這一句式中的 VP_2 均是及物性的行爲動詞,悉列如下：將(車)、應(門)、守、取、題、節量、讀、斬、行刑、從(己)、過、戒(裝)、克定、炊、論、往看、掠劫、見代、解去、持去、驅來。

第二類：$(　)＋使＋NP_2＋Vt_1＋O_1＋Vt_2＋O_2$

此句式共見 2 例,VP_2 爲連動句式。如：

(4) 祖於時恒自使健兒鼓行劫鈔,在事之人,亦容而不問。(《任誕第二十三》)

第三類：$(　)＋使＋(　)＋PP＋Vt＋O$

(5) 謝公夫人幃諸婢,使在前作伎,使太傅暫見,便下幃。(《賢媛第十九》)

第四類：$(　)＋使＋(NP_2)＋Vt＋PP$

(6) 王且笑且言："那得獨飲?"江云："卿亦復須邪?"更使酌與王,王飲酒畢,因得自解去。(《方正第五》)

(7) 方自陳説,玄怒,使人曳箸泥中。(《文學第四》)

以上兩式 VP_2 前後加入了介賓短語分別做狀語、補語。

2. "使"字類"允讓"義使令兼語句

《世説新語》的"允讓"義使令兼語句中,致事和役事間權力階層的差別已不是很明顯,全書"使"字類"允讓"義使令兼語句共計 30 例,僅有 7 例致事的地位明顯尊貴於役事,占比 23.3%;有 18 例致事和役事之間爲朋友、平級、平輩,甚至役事爲上級、長輩、夫君,占比 60%;另有 5 例役事分别是"鶴、船、網、游刃、芝蘭玉樹",具有[-人]的語義特徵,占比 16.7%。以上表明《世説新語》中的"使"字類使令兼語句的致使義進一步凸顯,致事和役事間的關係已接近於現代漢語,不再有明確的權力階層上的差别。

此類使令兼語句在句式上可以分爲六小類:

第一類:(NP$_1$)＋使＋(NP$_2$)＋Vt＋O

這一句式共計 9 例,列舉 3 例如下:

(8) 有客自云能,帝使爲之。(《巧藝第二十一》)

(9) 多謂立惠帝爲重。桓温曰:"不然,使子繼父業,弟承家祀,有何不可?"(《品藻第九》)

(10) 明公作輔,寧使網漏吞舟,何緣采聽風聞,以爲察察之政?(《規箴第十》)

例(8)中致事"帝"與役事"客"雖然有明顯的權力階層的差異,但前一小句"有客自云能"表明了役事强烈的意願性,致事於是順從役事的意願,使令動詞的"允讓"義明顯。例(9)事件$_2$由兩個子事件構成,分别爲"子繼父業""弟承家祀"。例(10)事件$_2$"網漏吞舟"指"漁網漏掉可以吞舟的大魚",具有抽象性,役事"網"不具有[＋有生]、[＋自主]的語義特徵,但使令動詞前的"寧"顯示出致事具有强烈的意圖性,因而此例是"允讓"義使令兼語句。此類句式其餘 6 例的VP$_2$分别是:"唱理、著賊、有勛、得謝、有身後名、騎難乘馬",基本都是行爲動詞。

第二類:(NP$_1$)＋使＋(NP$_2$)＋Vi

這一句式共計 15 例,列舉 5 例如下:

(11) 王司州先爲庾公記室參軍,後取殷浩爲長史。始到,庾公欲遣王使下都,王自啓求住,曰:"下官希見盛德,淵源始至,猶貪與少日周旋。"(《企羨第十六》)

(12) 謝公夫人幃諸婢,使在前作伎,使太傅暫見,便下幃。太傅索更開,夫人云:"恐傷盛德。"(《賢媛第十九》)

(13) 家嫂辭情慷慨,致可傳述,恨不使朝士見。(《文學第四》)

(14) 鶴軒翥不復能飛,乃反顧翅垂頭,視之如有懊喪意。林曰:"既有陵霄之姿,何肯爲人作耳目近玩!"養令翮成,置使飛去。(《言語第二》)

(15) 韓康伯曰:"何不使游刃皆虛?"(《排調第二十五》)

以上5例,雖然VP$_2$的結構較爲簡單,多爲不及物動詞,但是致事和役事的關係較爲複雜,可以分爲四種情況:致事地位尊於役事,僅見1例,即例(11);役事地位尊於致事,見2例,如例(12);致事與役事爲朋友或平級,見8例,如例(13);役事爲不具有[+人]語義特徵的鶴,見1例,即例(14);役事爲沒有生命特徵的物體,見2例,如例(15)。

例(11)"庾公欲遣王使下都"結構較爲特別,兩個使令動詞"遣"和"使"叠加出現在同一結構中,其中必然會有一個使令動詞詞義更虛化些。此例中"遣"字在前,"使"的"遣使"義已由"遣"字體現,這個結構如果將"使"字省略,改爲"遣王下都",在語義上沒有任何不同,句法上也完全成立,可見,例(11)中的"使"已極爲虛化。例(15)的役事根據上下文可知是刀刃,雖然是沒有生命的物體,不能自主地發出動作行爲,符合"致使"義使令兼語句的役事特徵,但實際上VP$_2$是由支配它們的人來操控完成的,由此體現出意願性和自主性,因此這兩例仍然是"允讓"義使令兼語句。

第三類:(NP$_1$)+使+(NP$_2$)+Vi+PP

(16) 諸人莫有言者,車騎答曰:"譬如芝蘭玉樹,欲使其生於階庭耳。"(《文學第四》)

第四類:(NP$_1$)+使+NP$_2$+PP+VP

(17) 武子乃令兵兒與群小雜處,使母帷中察之。(《賢媛第十九》)

(18) 張吳興年八歲,虧齒,先達知其不常,故戲之曰:"君口中何爲開狗竇?"張應聲答曰:"正使君輩從此中出入!"(《排調第二十五》)

以上兩式,VP$_2$前後加入了介賓短語分別做補語或狀語。例(16)的役事是"芝蘭玉樹",不具有自主性,但是將它們種在什麼地方,卻能夠體現出致事的意圖,因而此例仍然是"允讓"義使令兼語句。例(17)、(18)的役事分別是"母"和"君輩",地位高於致事。

第五類:(　)+使+NP$_2$+Adj.

(19) 謝太傅問諸子侄:"子弟亦何預人事,而正欲使其佳?"(《言語第二》)

這一句式中VP$_2$的位置由形容詞代替,這一方面體現出了使令動詞正在不斷地虛化;另一方面,因致事的意圖性還比較明顯,此例仍是"允讓"義使令兼語句。

第六類:(　)+不可+使+NP$_2$+Vi

(20) 王中郎舉許玄度為吏部郎。郗重熙曰:"相王好事,不可使阿訥在坐。"(《輕詆第二十六》)

這一句式為使令兼語句的否定形式,較為少見。

3. "使"字類"致使"義使令兼語句

《世說新語》中的"使"字類"致使"義使令兼語句在數量和占比上都較上古漢語有了極大的發展,"致使"義使令兼語句的發展顯示出了強健的勢頭。上古漢語裏,《孟子》的"致使"義使令兼語句中的致事和役事基本上都是抽象的事件,而《世說新語》此類使令兼語句中的役事大多是有生命特徵的人,但是事件$_2$具有已然性,是由事件$_1$導致的結果,致使義的凸顯度明顯。

《世說新語》中的"使"字類"致使"義使令兼語句共計33例,在句式上分為以下六小類:

第一類:(NP$_1$)+使+(NP$_2$)+Vt+O

這一句式共計8例。如下例:

(21) 王長史、謝仁祖同為王公掾。長史云:"謝掾能作異舞。"謝便起舞,神意甚暇。王公熟視,謂客曰:"使人思安豐。"(《任誕第二十三》)

這一句式中的VP$_2$雖然是及物動詞帶賓語結構,但是這些及物動詞都不再具有行為動詞的語義特徵,而是具有[+狀態]義,並且很多都是心理狀態動詞,這些心理狀態都是由外部因素即事件$_1$觸發而產生,具有[-自主]的語義特徵,如"忘寒暑、忘疲、憂之"。其餘 4 例的 VP$_2$分別是:"無褌、無兒、有凌雲意、欲傾家釀。"前三例的"有"和"無"表現爲一種狀態,"欲傾家釀"的致事爲"見何次道飲酒",是抽象的事件,"欲"同樣表現出了一種心理狀態。

第二類:(NP$_1$)+使+(NP$_2$)+Vi

這一句式共計 14 例。VP$_2$ 雖然都是簡單的不及物動詞,但是具體可以分爲三種情況。

(22) 若能朝天子,使群臣釋然,萬物之心,於是乃服。(《規箴第十》)

上例 VP$_2$ 爲心理動詞,表現出一種心理狀態。

(23) 林公云:"見司州警悟交至,使人不得住,亦終日忘疲。"(《賞譽第八》)

上例 VP$_2$ 爲否定式不及物動詞,表現出役事的非自主性以及事件$_2$ 的已然性。這種否定式結構,書中還另見 5 例。

(24) 孫舉頭曰:"使君輩存,令此人死!"(《傷逝第十七》)

上例的 VP$_2$"存"指"生存、存活",是非自主的不及物動詞,表現出了事件$_2$ 的狀態性和已然性。

第三類:( )+使+NP$_2$+VP+PP

(25) 吾欲立功於河北,使卿延譽於江南。子其行乎?(《言語第二》)

此例中的 VP$_2$ 後面加上了介賓短語做補語。致事"立功於河北"是抽象的事件,VP$_2$"延譽於江南"是事件$_1$ 產生的結果和狀態。

第四類:( )+使+NP$_2$+Adj.

(26) 三乘佛家滯義,支道林分判,使三乘炳然。(《文學第四》)

(27) 吾所以積年不告汝者,王氏門强,汝兄弟尚幼,不欲使此聲著,蓋以避禍耳!(《仇隙第三十六》)

共見 3 例,VP$_2$ 都爲形容詞,其中例(26)、(27)的役事"三乘"、"此聲"均爲抽象的概念。

第五類：NP_1＋使＋NP_2＋Clause

（28）桓公入洛，過淮、泗，踐北境，與諸僚屬登平乘樓，眺矚中原，慨然曰："遂使神州陸沈，百年丘墟，王夷甫諸人，不得不任其責！"（《輕詆第二十六》）

（29）顧曰："明府正爲眼爾。但明點童子，飛白拂其上，使如輕雲之蔽日。"（《巧藝第二十一》）

（30）冰爲起大舍，市奴婢，使門內有百斛酒，終其身。（《任誕第二十三》）

以上三例 VP_2 的位置都出現了小句。例（28）、（29）的役事分別是"神州""眼睛"，語義特徵爲[－有生]。例（28）中的副詞"遂"表明了事件$_2$的已然性。例（30）的事件$_2$在句法上表現爲存現句，呈現出[＋狀態]的語義特徵。

第六類：（NP_1）＋使＋NP_2＋VP

（31）王光禄云："酒，正使人人自遠。"（《任誕第二十三》）

共見 4 例，在句式上沒有特殊之處，但是致事和役事很有特點，我們單獨歸爲一類。它們的致事都是無生命的抽象情景，或爲風景，或爲酒，役事卻都是有生命的活動主體，VP_2 無一例外地都形容人的心理狀態。這些要素綜合起來，使得這四例成爲典型的"致使"義使令兼語句。

（二）"令"字類使令兼語句

上古漢語中的《論語》《孟子》未見"令"字類使令兼語句。李佐豐（1983）統計出《左傳》只有兩例"令"字類使令兼語句，用例如下①：

（32）寡君使群臣爲魯、衛請，曰："無令輿師陷入君地。"（《左傳·成公二年》）

（33）寡君不忍，使群臣請於大國，無令輿師淹於君地。（《左傳·成公二年》）

---

① 參見李佐豐《談〈左傳〉三類複合使動式》，《內蒙古大學學報（哲學社會科學版）》1983 年第 4 期，頁 101。

何樂士(2005)指出,"《左傳》的幾種句式在《史記》裏都有變爲兼語式的",如以下兩例:

(34) 初,衛宣公烝於夷姜,生急子,屬諸右公子。(《左傳·桓公十六年》)

(35) 初,宣公愛夫人夷姜,夷姜生子伋,以爲太子,而令右公子傅之。(《史記·衛康叔世家》)

《左傳》中的"屬諸右公子"在《史記》中轉變爲使令兼語句"令右公子傅之"。

曹晉(2011)統計了上古漢語中"令"作爲使令兼語句的情況,數據顯示《國語》僅見 2 例,《戰國策》見 66 例,《史記》見 147 例。可見在上古漢語階段,"令"字類使令兼語句沒有什麼發展,大約到了西漢時期才有了進一步發展的趨勢。

《世説新語》中"令"字類使令兼語句的發展僅次於"使"字類使令兼語句,使令動詞"令"由本身的詞彙意義發展出了"允讓"義和"致使"義。全書共計 77 例"令"字類使令兼語句,包括"遣使"義使令兼語句 39 例,占比 50.6%,"允讓"義使令兼語句 27 例,占比 35.1%,"致使"義使令兼語句 11 例,占比 14.3%。另有 6 例"令"用作一般動詞,"令"的後面沒有兼語,只有賓語。

1. "令"字類"遣使"義使令兼語句

"令"在這類使令兼語句中保留着本身的詞彙意義,即"命令",包含"遣使"的意味,爲了全文術語統一,我們統稱爲"遣使"義。《世説新語》中"令"字類"遣使"義使令兼語句共計 39 例,它們的致事和役事間都有明確的權力地位的差異,役事如果在句法形式上缺省,可以根據上文補出,VP_2 均爲行爲動詞。在句式上可以分爲以下五個小類:

第一類:$(NP_1)+令+(NP_2)+Vt+O$

這一句式共見 24 例,如下例:

(36) 王東亭到桓公吏,既伏閤下,桓令人竊取其白事。(《文學第四》)

第二類:$(NP_1)+令+(NP_2)+Vt_1+O_1+Vt_2+O_2$

(37) 將至吳,密敕左右,令入闔門放火以示威。(《規箴

第十》)

第三類：(NP₁)＋令＋(NP₂)＋Vi

這一句式共見 10 例，例如：

（38）魏文帝聞之，語其父鍾繇曰："可令二子來。"（《言語第二》）

第四類：(NP₁)＋令＋(NP₂)＋PP＋Vi

共見 2 例，例如：

（39）宣武與簡文、太宰共載，密令人在輿前後鳴鼓大叫。
（《雅量第六》）

第五類：(NP₁)＋令＋(NP₂)＋Vi＋PP

（40）王獨在輿上回轉，顧望左右移時不至，然後令送著門外，
怡然不屑。（《簡傲第二十四》）

2. "令"字類"允讓"義使令兼語句

《世說新語》中的"令"字類"允讓"義使令兼語句共計 27 例，如我們
上文《世說新語》使令兼語句場合分布圖統計，用於表達政治軍事活動
的例句只有 2 例；然而表達日常行為活動的例句多達 25 例，佔比
92.6％，這些例句中的致事和役事間權力地位的差異逐漸縮小，多為主
僕、長輩和晚輩、夫妻、甚至朋友。這說明使令動詞"令"在逐步擺脫原
有的詞彙意義，有向"致使"義虛化的趨勢。

這類使令兼語句在句式上可以分為以下四個小類：

第一類：(NP₁)＋令＋(NP₂)＋Vt＋O

這一句式共見 11 例，列舉 3 例如下：

（41）乃白母，曰："誠是才者，其地可遺，然要令我見。"（《賢媛
第十九》）

（42）桓宣武嘗請參佐入宿，袁宏、伏滔相次而至。莅名，府中
復有袁參軍，彥伯疑焉，令傳教更質。傳教曰："參軍是袁、伏之袁，
復何所疑？"（《崇禮第二十二》）

（43）王安期作東海郡，吏錄一犯夜人來。王問："何處來？"
云："從師家受書還，不覺日晚。"王曰："鞭撻寧越以立威名，恐非致
理之本！"使吏送令歸家。（《政事第三》）

例（41）中的役事是第一人稱代詞"我"，為說話者自指，表現出役事

強烈的意願性,該例爲典型的"允讓"義使令兼語句。例(42)根據上下文意可以看出,使令動詞"令"非但没有"遣使"的强迫意味,反而有"請求"的意味,"令傳教更質"即"讓傳教的人再詢問一下"的意思。例(43)"使吏送令歸家"爲多重兼語嵌套結構,前面的"使"已表示"遣使"義,則"令"的詞義有所弱化,表示"允讓"義。

第二類:$(NP_1)＋令＋(NP_2)＋Vt＋C$①

(44)庾公乘馬有的盧,或語令賣去。(《德行第一》)

第三類:$(NP_1)＋令＋(NP_2)＋Vi$

這一句式共見12例,現舉例如下:

(45)鶴軒翥不復能飛,乃反顧翅垂頭,視之如有懊喪意。林曰:"既有陵霄之姿,何肯爲人作耳目近玩!"養令翮成,置使飛去。(《言語第二》)

上例役事"翮"指"翅膀","養令翮成"指"餵養到讓翅膀長好",事件$_2$是一個緩慢的、自然的過程,因致事具有一定的意圖性,此例使令動詞的"允讓"義明顯。

第四類:$(NP_1)＋令＋(NP_2)＋PP＋Vi$

(46)羅君章曾在人家,主人令與坐上客共語。答曰:"相識已多,不煩復爾。"(《方正第五》)

3. "令"字類"致使"義使令兼語句

中古漢語中使令動詞"令"有了較大的發展,"令"的致使義用例增多。曹晉(2011)統計出《齊民要術》中共出現了780例"令"字類"致使"義使令兼語句,在用例上多於"使"字類"致使"義使令兼語句,曹晉指出這"也許是因爲賈思勰更喜歡用'令'來表達致使的意義",我們比較同意他的看法。《齊民要術》的用例表明,"令"在中古漢語階段已經虚化爲了致使標記。

使令動詞"令"在《齊民要術》中有一種較爲固定的句式"Vt＋之＋令＋Adj.",如下例:

(47)黍,宜曬之令燥。濕聚則鬱。(《齊民要術・黍穄第四》)

---

① 此句式中的C指代補語。

　　呂叔湘(1982)在《中國文法要略》中指出："真正使止詞發生這種變化的動詞,大率本身不含有'致使'之意,所以在不很古雅的文言裏常常采用'……之使……'的句法,這個'使'字後面也省去一個'之'字。"同時還舉了一條用例,格式與例(47)相同,見下例：

　　　　(48) 浚之使深,磨之使平,蒸之使熟,焙之使幹。①

　　呂叔湘(1982)接着指出,"還有一個辦法,就是在動詞之後用'而'字接上那個形容詞,這個形容詞也就當動詞用了。如'推而廣之;擴而充之;匠人斫而小之'"。這兩種辦法是在及物動詞之後分別加了使令動詞和使動用法來表達致使義,在表意上和後來的動補結構相同。顯然,在動補結構沒有發展成熟的時代,漢語中的這兩種結構行使了後世動補結構的相應功能。何亞南(2001)曾就例(47)的句式予以詳細的討論,指出"魏晉時期可能是這種句式使用的高峰期","這種句式後來並沒有發展成爲兼語句的主流句式,反而逐步被淘汰","漢語詞彙雙音化以後,'動·結'式雙音節-V1 的産生,也使得這種句式的存在空間變得更小"②。我們將另作專文討論動補結構的産生時代,經過調查分析,我們認爲動補結構産生於隋唐五代,成熟於北宋,這與上述句式被淘汰的時間節點相銜接。

　　《世説新語》中的"令"字類"致使"義使令兼語句共計 11 例。致事和役事之間不再具有權力階層的差異,役事的地位或與致事平級,或尊於致事,或者不具有生命特徵。VP$_2$ 爲有[＋狀態]義的不及物動詞和形容詞。在句式上分爲以下兩小類：

　　第一類：(　　)＋令＋NP$_2$＋Vi

　　這一句式共見 8 例,例如：

　　　　(49) 王丞相云："見謝仁祖恒令人得上。"與何次道語,唯舉手指地曰："正自爾馨!"(《品藻第九》)

　　上例的役事爲泛指。

---

① 此例呂叔湘(1982)中未引出處,我們遍查未果。

② 詳見何亞南《〈三國志〉和裴注句法專題研究》,南京師範大學出版社,2001 年,頁 180—182。

（50）丞相小極，對之疲睡。顧思所以叩會之，因謂同坐曰："昔每聞元公道公協贊中宗，保全江表。體小不安，令人喘息。"（《言語第二》）

上例致事爲"體小不安"，具有抽象性，役事同樣泛指。

（51）於時荆州爲之語曰："髯參軍，短主簿。能令公喜，能令公怒。"（《崇禮第二十二》）

上例役事的地位尊貴於致事。

（52）謝公諫曰："聖體宜令有常。陛下晝過冷，夜過熱，恐非攝養之術。"（《夙惠第十二》）

（53）紹曰："公協輔皇室，令作事可法。"（《方正第五》）

例（52）的役事爲"聖體"，不具有自主性和意願性。例（53）"令作事可法"指"做事情可以使大家效仿"，役事"作法"是抽象的事件。

第二類：（　）＋令＋NP$_2$＋Adj.

（54）石正色云："士當令身名俱泰，何至以甕牖語人！"（《汰侈第三十》）

共見 3 例。役事都不具有生命特徵，事件$_2$的謂語都是表示狀態的形容詞。

我們注意到，《世説新語》中沒有出現《齊民要術》中常見的"Vt＋之＋令＋Adj."格式。

（三）"命"字類使令兼語句

"命"在古代漢語中一直沒有發展爲純粹的致使標記，出現在兼語句中，表示具體的詞彙意義，即"命令"，停留在使令兼語句的初始階段。《世説新語》中的"命"字類使令兼語句共計 10 例，其中的 9 例表示"遣使"義，只有 1 例表示"允讓"義。另有 3 例，"命"用爲一般動詞，後面直接帶賓語。

1."命"字類"遣使"義使令兼語句

9 例使令兼語句的致事和役事間有明確的上下級關係，役事均爲特指，極少在句法上省略，如果有省略，可以根據上文補出。VP$_2$都是行爲動詞，具有明顯的動作義。事件$_2$的謂語以及物動詞帶賓語居多。

在句式上分爲三小類：

第一類：(NP₁)＋命＋NP₂＋Vt＋O

這一句式共見 6 例，例如：

　　(55) 敦臥心動，曰："此必黄須鮮卑奴來！"命騎追之，已覺多許里。(《假譎第二十七》)

第二類：(NP₁)＋命＋(NP₂)＋Vi

　　(56) 恭府近千人，悉呼入齋，大左右雖少，亦命前，意便欲相殺。(《忿狷第三十一》)

第三類：NP₁＋命＋使＋Vi＋C＋Vi

　　(57) 嘗夜至丞相許戲，二人歡極，丞相便命使入己帳眠。(《雅量第六》)

例(57)的句式比較複雜，使令動詞"命"和"使"同時出現，"命"在前面，"遣使"義明顯，"使"的詞義由此得以虛化，表示"允讓"義。

2. "命"字類"允讓"義使令兼語句

《世説新語》裏出現了 1 例"命"字類"允讓"義使令兼語句，如下：

　　(58) 王子敬兄弟見郗公，躧履問訊，甚修外生禮。及嘉賓死，皆著高屐，儀容輕慢。命坐，皆云："有事，不暇坐。"既去，郗公慨然曰："使嘉賓不死，鼠輩敢爾！"(《簡傲第二十四》)

此例講述了王子敬兄弟見郗公時前後態度的不同。雖然役事在句法上省略了，但是可以根據上文得知役事特指王子敬兄弟。從王子敬兄弟後來對郗公傲慢無禮的態度可以得知，致事對於役事的權威性削弱，"命"的"遣使"義無從談起，此例可以理解爲"允讓"義使令兼語句。

(四)"遣"字類使令兼語句

動詞"遣"虛化爲致使標記的進程晚於動詞"使"和"令"。到唐代才虛化出"致使"義，宋以後的文獻中少有用例①。《世説新語》中的使令動詞"遣"均爲"遣使"義，共計 24 例"遣"字類"遣使"義使令兼語句。在

---

① 詳見張美蘭《近代漢語使役動詞及其相關的句法、語義結構》，《清華大學學報》2006 年第 2 期。

句式上分爲以下三小類：

第一類：NP$_1$＋遣＋(NP$_2$)＋Vt＋O

這一句式共見 20 例。"遣"的詞彙意義決定"遣"的後面要有兼語，NP2 一般不省略，這一點和使令動詞"令"和"命"有所不同。例如：

（59）須臾，真長遣傳教覓張孝廉船，同侣惋愕。（《文學第四》）

第二類：NP$_1$＋遣＋(NP$_2$)＋Vi

（60）晏乃畫地令方，自處其中。人問其故，答曰："何氏之廬也。"魏武知之，即遣還。（《夙惠第十二》）

第三類：(NP$_1$)＋遣＋NP$_2$＋PP＋Vi＋C

（61）袁紹年少時，曾遣人夜以劍擲魏武，少下，不著。（《假譎第二十七》）

（五）"教"字類使令兼語句

《世説新語》出現了 1 例"教"字類使令兼語句，詳見下例：

（62）人餉魏武一杯酪，魏武啖少許，蓋頭上提"合"字以示衆，衆莫能解。次至楊修，修便啖，曰："公教人啖一口也，復何疑？"（《捷悟第十一》）

"教"在上古漢語用作兼語句時，一般表示"教導""命令""遣使"義。汪維輝（2000）轉引任學良在《〈古代漢語·常用詞〉訂正》中分析的例句，認爲這是上古漢語罕見的表示"致使"義的用例，詳見下例：

（63）今魚方別孕，不教魚長，又行網罟，貪無藝也。（《國語·魯語上》）

汪文分析，"此例中的'教'確實應該是'使令'義，因爲'魚'是不可能被'教導'的。""使令"義等同於本文所提的"致使"義。汪文指出："在東漢文獻裏，有些'教'字可以看作'使令'義"，"不過，從總體上説，三國以前'教'作'使令'講的例子很少。這種'教'字真正在文獻中較多地使用是在晉代以後。"[1]

---

① 詳見汪維輝《東漢—隋常用詞演變研究》，南京大學出版社，2000 年，頁 191—192。

至此,我們可以得到《世說新語》致使表達式的分布情況,詳見下表2:

表 2 《世說新語》致使表達式分布關係

致使表達式	使動用法		使令兼語句									
			使字類			令字類			命字類		遣字類	教字類
	役事[-有生]	役事[+有生]	遣使義	允讓義	致使義	遣使義	允讓義	致使義	遣使義	允讓義	遣使義	遣使義
數量	129	78	27	30	33	39	27	11	9	1	24	1
比例	31.5%	19.1%	6.6%	7.3%	8%	9.5%	6.6%	2.7%	2.2%	0.24%	5.9%	0.24%

上表可見,《世說新語》的致使表達式用例共計 409 例,其中,使動用法 207 例,占比 50.6%,較《孟子》下降 18.1%[①];五類使令兼語句 202 例,占比 49.4%,較《論語》增長 18.1%。

"使"字類使令兼語句 90 例,占全書使令兼語句總數的 44.6%,成爲使令兼語句的主體;"令"字類使令兼語句 77 例,占總數的 38.1%;"命"字類使令兼語句 10 例,占總數的 5%;"遣"字類使令兼語句 24 例,占總數的 11.9%;"教"字類使令兼語句 1 例,占總數的 0.5%。

從使令兼語句內部的致使義凸顯度來看,五類使令兼語句的發展程度不一。數據如下:

1. "使"字類:"遣使"義使令兼語句 27 例,占"使"字類總數的 30%,占全書使令兼語句總數的 13.4%;"允讓"義使令兼語句 30 例,占"使"字類總數的 33.3%,占全書使令兼語句總數的 14.9%;"致使"義使令兼語句 33 例,占"使"字類總數的 36.7%,占全書使令兼語句總數的 16.3%。

2. "令"字類:"遣使"義使令兼語句 39 例,占"令"字類總數的 50.6%,占全書使令兼語句總數的 19.3%;"允讓"義使令兼語句 27 例,占"令"字類總數的 35.1%,占全書使令兼語句總數的 13.4%;"致使"義使令兼語句 11 例,占"令"字類總數的 14.3%,占全書使令兼語

---

① 詳見張艷未發表書稿《漢語致使範疇歷時研究》第 5 章第 5 節。

句總數的 5.4％。

3. "命"字類："遣使"義使令兼語句 9 例,占"命"字類總數的 90％,占全書使令兼語句總數的 4.5％;"允讓"義使令兼語句 1 例,占"命"字類總數的 10％,占全書使令兼語句總數的 0.5％。

4. "遣"字類:該類僅有"遣使"義使令兼語句,共 24 例,占全書使令兼語句總數的 11.9％。

5. "教"字類:該類僅有 1 例"遣使"義使令兼語句,占全書使令兼語句總數的 0.5％。

三　結語

綜合比較以上諸多數據,我們可以得出如下結論:

使動用法在中古漢語階段進入低迷狀態,與此期使令兼語句"致使義"的凸顯有關。及至中古漢語,使令動詞逐漸虛化爲致使標記,使令兼語句的"致使義"開始凸顯,不但上古漢語裏進入使動用法的及物動詞和非作格動詞開始回歸使令兼語句,而且原先用作使動用法的一些非賓格動詞及狀態類形容詞進入了使令兼語句的 VP$_2$ 位置,與使動用法展開競爭,導致中古漢語階段使動用法的數量呈現出下降趨勢。

《世說新語》中的致使表達式開始多樣化,主要表現在使令兼語句的發展上,出現了"使"字類、"令"字類、"命"字類、"遣"字類、"教"字類五類使令兼語句;使動用法的數量較上古漢語有所下降,但仍然占據半壁江山,是主要的致使表達式之一;使令兼語句內部的發展進程不一,"使"字類"致使"義使令兼語句的發展勢頭强健,雖然在使令兼語句中占比位居第二,但"含金量"最高,意義深遠;"令"字類使令兼語句在中古漢語有所發展,虛化出了"致使"義,在數量和致使義凸顯度上都跟隨在"使"字類兼語句之後,成爲中古漢語第二大類的使令兼語句。"命"字類、"遣"字類、"教"字類使令兼語句在中古漢語中發展緩慢,相對而言,"遣"字類使令兼語句的用例較多,顯現出了一定的發展潛力,至近代漢語,和"教"字類使令兼語句一起發展出了"致使"義使令兼語句。"致使"義使令兼語句表現出了良好的發展勢頭,但是《世說新語》的致使表達式仍以使動用法和"遣使"義使令兼語句、"允讓"義使令兼語句爲主,這説明中古漢語時期的致使表達式處於一個承上啓下的過渡階段,既保留着上古漢語的舊有形式,又孕育着新生力量,各致使表達式力量對比的顯著變化,將發生在近代漢語中。

參考文獻

曹晉《"使令句"從上古漢語到中古漢語的變化》,《語言科學》2011 年第 6
    期,頁 602—617。
何亞南《〈三國志〉和裴注句法專題研究》,南京師範大學出版社,2001 年。
李佐豐《先秦漢語的自動詞及其使動用法》,《語言學論叢》第十輯,商務印
    書館,1983 年。
汪維輝《東漢—隋常用詞演變研究》,南京大學出版社,2000 年。

無標記工具範疇研究

王　軍　遼寧大學

一　工具主賓語句的界定

工具主語和工具賓語是朱德熙先生首次明確提出來的(1982:95—110):"從語義上看,主語和謂語的關係是很複雜的。拿動詞組成的謂語來說,主語所指的事物跟動詞所表示的動作之間的關係是各種各樣的。有的主語指的事物是動作的發出者,即所謂施事……有的是動作憑藉的工具;有的主語表示動作發生的時間或處所。""述語和賓語之間意義上的聯繫是各種各樣的,賓語可以是動作憑藉的工具。例如:洗冷水、抽煙斗。"語法研究中須區分不同的層面,主題、主語與施事是可以獨立並存的概念,述題、賓語和受事也是獨立並存的概念。主語、賓語是屬於句法關係的概念,它是與謂語相對而言的,是一種句法成分。施事與受事相對而言,它們是一種語義成分。主題與述題相對而言,它們是一種語用成分。施事常用來做主語,但是主語不一定都是施事,受事、客體、工具等也可以做主語。施事可以做主題,但主題也不一定都是施事,受事、時間、工具等也可以做主題。主題和主語也不是完全重合或對應的,主語不一定是主題,主題也不一定是主語。漢語的工具主語和工具賓語都是語義層面上的概念。如果工具成分在句法結構上處於主語的位置,從語義上來看它是謂語動詞表示的動作行爲所憑藉的工具,那麼這樣的句子就叫工具主語句。例如:

(1) 大杯喝啤酒,小杯喝白酒。

(2) 這把刀我切肉。

例(1)中,從句法結構上看"大杯、小杯"都位於分句的句首,它們和謂語部分"喝啤酒、喝白酒"在語義上有選擇關係,是"喝"所使用的工具。它們是句子的工具主語,同時也是句子的主題。例(2)中"這把刀"位於句首,它在句法平面上不是和"切肉"相對,而是和"我切肉"相對,它是主題,但不是主語;從語義層面上講,"這把刀"和"切肉"之間有選擇關係,"刀"是"切肉"所使用的工具。這種用法不是工具主語句,而是工具主題句①。因此,工具主題句不一定是工具主語句,但是工具主語句一定同時又是工具主題句。其實,工具主題句是在現代漢語中才發展出來的語法結構,在古漢語中並不存在。

如果工具成分是謂語動詞所支配的物件,在句法結構上它是動詞的賓語,從語義上來看它是動作實現所憑藉的工具,此時形成的就是工具賓語句。工具賓語句產生很晚,謝曉明先生(2008:41)在《水滸傳》中發現一個用例:

(1)但凡客商在路,早晚安歇,有兩件事免不得:吃癩碗,睡死人牀。(《水滸傳》第二十九回)

我們在《紅樓夢》中又發現三例:

(2)只說張華是有了幾兩銀子在身上,逃去第三日在京口地界五更天已被截路人打悶棍打死了。(《紅樓夢》第六十九回)

(3)林之孝家的見他的親戚又與他打嘴,自己也覺沒趣。(又,第七十三回)

(4)大家打開看時,原來匣內襯著虎紋錦,錦上迸著一束藍紗。(又,第九十二回)

二 工具主語句的形成過程

古漢語中存在兩種形式的工具主語句。甲型:工具主語＋介詞＋謂語＋賓語。乙型:工具主語＋謂語＋賓語。最早出現的工具主語句是甲型,在上古漢語中即有用例,句中的介詞基本上是"以"。按照格語

---

① 工具主題句不在我們討論範圍之內。

法理論和配位語法理論，工具格是外圍格的一種，工具格的常規句位是在介詞的引導下作狀語。例如：以戈逐子犯。(《左傳·僖公二十三年》)與作狀語的句法結構相比，把介詞"以"的賓語"戈"提到"以"字之前的句首位置就形成了甲型工具主語句。我們是否可以認爲甲型工具主語句就是賓語前置句呢？答案是否定的。關於這種句式，學界已經有所討論。麥梅翹(1983：360—362)認爲可以爲了强調賓語而將賓語置於"以"前，所舉例證爲：十二月，齊侯田於沛，招虞人以弓，不進。公使執之。辭曰："昔我先君之田也，旃以招大夫，弓以招士，皮冠以招虞人。臣不見皮冠，故不敢進。"乃舍之。(《左傳·昭公二十年》)何樂士(2000：3)認爲此例中的"旃、弓、皮冠"不是"以"的前置賓語，而是句子的主語，講的是先君過去田獵時"旃、弓、皮冠"的作用。謝質彬(1998：559—562)不同意何先生的看法，他認爲這三個小句是賓語前置句，不是工具主語句，理由是這幾句不是說明"旃、弓、皮冠"的作用，而是叙述"昔我先君"用什麽東西招什麽人的。主語是先君，不是物。繼而謝先生總結出區別工具主語句和介詞賓語前置句的三條標準：(1)主語不同。工具主語句的主語是謂語動詞所表示的動作行爲所使用的工具或憑藉的手段，一般由非生命的抽象名詞或器物名詞充當。這個名詞或名詞短語在語義上不和謂語中的動詞相聯繫，而同謂語中的介詞"以"相聯繫，是"以"的受事。介詞賓語前置句的主語一般由有生命的人物名詞充當，這個名詞或名詞短語在語義上既與謂語中的動詞相聯繫，又與謂語中的介詞"以"相聯繫，是動詞和介詞的施事。(2)謂語不同。工具主語句謂語中的介詞"以"不帶賓語(賓語空位)；介詞賓語前置句謂語中的介詞"以"帶前置賓語，這個賓語可以複歸原位。(3)句子的功能不同。工具主語句是用來説明主語所代表的事物的功用，而介詞賓語前置句則是用來叙述主語所代表的人物的動作行爲。我們認爲謝先生提到的三種區別方式是可行的。儘管在具體例句的分析上仍然存在分歧，但這從另一個方面也恰恰證明了工具主語句和賓語前置句是兩種不同的句式，尤其是在語法結構所表達的意義上更爲明顯，何先生和謝先生都指出了工具主語句主要是對工具主語作用的論述。工具成分從常規的狀語位置，移位到句首的主語位置，在這一移動過程中所表達的意義的確發生了較爲明顯的變化,它主要表達一種論斷。所以早期在工具主語和謂語之間經常會出現助動詞或是副詞幫助加強一種論斷的語氣。例如:

(5) 墓門有棘,斧以斯之。(《詩經·陳風·墓門》)

(6) 詩可以興,可以觀,可以群,可以怨。(《論語·陽貨》)

(7) 寶以保民也。(《左傳·昭公十八年》)

(8) 馬,蹄可以踐霜雪,毛可以禦風寒。(《莊子·馬蹄》)

(9) 玉足以庇蔭嘉穀,使無水旱之災,則寶之;龜足以憲臧否,則寶之;珠足以禦火災,則寶之;金足以禦兵亂,則寶之;山林藪澤足以備財用,則寶之。(《國語·楚語》)

例(6)和例(8)介詞“以”前有助動詞“可”,例(9)中介詞“以”前有副詞“足”,它們都起到了一種強調的作用。甲型工具主語句在後代一直都有使用,並且介詞不僅僅限於“以”。例如:

(10) 醫藥以療其疾,寬繇以樂其業,威罰以抑其強,恩仁以濟其弱,賑貸以贍其乏。(《三國志·魏書·鍾繇華歆王朗傳》)

(11) 酒以成禮,不敢不拜。(《世說新語·言語》)

(12) 空拳黃葉用誑小兒。(《古尊宿語錄·鎮州臨濟慧照禪師語錄》)

(13) 藥以治病,何用人嘗?(《三國演義》第二十三回)

例(12)中所用的介詞就是“用”,這種結構一直發展到現代漢語中,例如:

(14) 這個案子用來打乒乓球。

(15) 這個案子是用來打乒乓球的。

其中例(15)中“是……的”也是加強一種強調的語氣。

儘管工具主語句和賓語前置句是兩種不同的句式,但是它們的形成過程是一樣的,即都是把介詞後面的賓語提到了介詞前面。賓語前置句的賓語提到介詞前以後,它的前面仍然有主語,而且它還可以複歸原位,僅僅是爲了強調賓語而把它前移了,變換前後的句子表意沒變。工具主語句中介詞後的賓語提到了介詞前,而且是讓它占據主語的位置,這當然也有強調的作用,但是它不可以複歸原位,介詞後形成了一個句法空位。最重要的是變換後的句子和原句相比在表意上有了顯著變化。從 S＋P＋O＋VP→S(O)＋P＋VP 的變化過程中，介詞 P 後形成了一個句法上的空位，董秀芳(1998：32—38)稱這種現象爲"介詞零形回指"，即將介詞後的名詞賓語提到句首，而在其原來的位置上以零形式對其進行回指。當介詞賓語移前之後，在原位出現的空位是合法的。她進一步指出古漢語中介詞的零形回指幾乎都出現在話題化的結構裏，先行詞爲主語兼話題。我們認爲工具主語句的形成正是在這一變化中實現的。把介詞"以"後的工具成分，前移到介詞前，並占據主語的位置形成工具主語，主語同時也是話題，該句式是工具主題主語句。S 工具是話題，VP 是述題來説明話題的作用。句法結構中的 P 後是空位，P 就顯得較爲孤單而且此時 P(表示"使用"義的介詞"以"或者"用")起到的僅僅是強化述題對主語工具性説明的作用，即使不用它也並不影響表意的明確，只是在程度上有一些差別而已。

或許是受到調查材料的局限，乙型工具主語句都出現在韻文格式中。例如：

(16) 釣鈎尚得鯉魚口。(《烏生》，先秦漢魏晉南北朝詩，漢詩)

(17) 金瓶素綆汲寒漿。(《舞曲歌辭》，先秦漢魏晉南北朝詩，漢詩)

(18) 劍琢荆山玉，彈把隨珠丸。(《白馬篇》，先秦漢魏晉南北朝詩，梁詩)

(19) 油囊取得天河水，將添上壽萬年杯。(唐張説《雜曲歌辭·蘇摩遮》，《全唐詩》)

(20) 赤丸殺公吏，白刃報私仇。(唐陳子昂：《感遇》(五)，《全唐詩》)

(21) 但見三泉下，金棺葬寒灰。(唐李白：《古風》(二)，《全唐詩》)

(22) 素手把芙蓉，虚步躡太清。(唐李白：《古風》(五)，《全唐詩》)

(23) 手接飛猱搏雕虎，側足焦原未言苦。(唐李白：《梁甫吟》，《全唐詩》)

(24) 犀箸厭飫久未下，鸞刀縷切空紛綸。(唐杜甫：《麗人行》，《全唐詩》)

目前關於乙型工具主語句的形成過程,我們還沒有一個確切的認識,以下三種途徑都可能導致乙型工具主語句的產生:

(1) 從甲型主語句演化而來,即甲型句中的介詞脱落。我們已經論述到 S 工具＋P＋VP 中 P 在結構形式上較爲突兀,和整個結構的聯繫較爲鬆散,在表意上僅起到加强的作用,這兩方面都使得它的地位極易動搖,一旦介詞脱落就形成了乙型工具主語句。

(2) 由表示工具義的介詞結構省略介詞而來。我們知道工具成分的常規句法位置是由介詞引導位於謂語前面做狀語。但是詩歌體裁受到字數的嚴格限制,如果只需要表達"使用什麽工具來完成某件事情",在字數不允許的情況下就可以不用介詞,直接讓工具成分位於句首作主語,繼而形成工具主語句。

(3) 不經過介詞省略這一中間環節,工具成分也有資格作句子的主語。根據菲爾墨(2002:42—43)的"無標記"或稱常規主語選擇規則,在表層主語對深層語義格的選擇中,工具格的優先等級僅次於施事格。也就是説,在没有特殊語用需要的情況下,表層主語應當優先選擇施事格,其次便是工具格,工具格充當主語的條件和機會僅次於施事格。

我們來看下面兩個例句:

(25) 誠以漢兵不過三千人,强弩射之,即盡虜破宛矣。(《史記·大宛列傳》)

(26) 連弩射海魚,長鯨正崔嵬。(唐李白:《古風》(二),《全唐詩》)

例(25)中的"强弩射之"和例(26)中的"連弩射海魚"都是"工具成分＋動詞＋賓語",結構相同,但是兩個工具語的句法成分並不相同。例(25)中"强弩"作"射"的狀語,句中的主語是"漢兵"。例(26)中"連弩"是句子的主語。從上面的對比可以看出,表示工具義的名詞作狀語和工具主語句在結構形式上完全相同,兩者的區別就在於看句中是否有施事主語的存在,如果還有施事主語,那麽句中的工具成分作狀語;如果没有則工具成分就是主語。這種現象也可以證明詩文中存在較多的工具主語句是可以理解的,因爲在詩歌中施事成分是不被强調和凸顯的。

三 工具主賓語句的形成原因

沈家煊(1999：232)指出主賓語問題得不到解決的根源在於對語法範疇的根本看法不正確。過去總是認爲"主語""賓語"這樣的語法範疇都是絕對的、離散的，可以用一些必要和充分條件來定義，因此就一個句法成分而言，它要麼是主語，要麼不是主語。而人們建立的範疇大多是典型範疇，一個範疇的内部成員地位是不平衡的，有的是典型成員，有的是非典型成員。語法範疇也不例外。主語、賓語這種句法成分範疇是典型範疇。典型範疇是用一些有自然聯繫的特徵聚集在一起的"特徵束"來定義的，但這些特徵並不是什麼必要和充分條件。陳平(1994：163)指出最基本的語義角色只有原型施事和原型受事兩類，而傳統上所説的施事、受事、感事、工具、物件等語義成分在概念上最根本的區別，可以理解爲施事性和受事性程度强弱的不同。他提出了充任主語和賓語的語義角色優先序列：

施事＞感事＞工具＞繫事＞地點＞物件＞受事

（在充任主語方面，位於"＞"左邊的語義角色優先於右邊的角色，在充任賓語方面則正好相反，位於"＞"右邊的語義角色優先於左邊的角色。）

在典型範疇理論的指導下，可以較爲清楚地認識到每一個具體的語義格，實際上大都處於原型施事和原型受事這兩個端點之間的某一個點上，有的施事特徵多一些，靠近原型施事，有的受事特徵多一些，靠近原型受事。施事特徵較多的傾向於作主語，受事特徵較多的傾向於作賓語。在這個語義格連續統中，工具格基本處於原型施事和原型受事兩個端點中間的位置，它既帶有部分施事特徵，也有部分受事特徵。這就爲工具格的施動化和受動化打下了基礎，所以工具格成爲施事或者受事都是有可能的。具體是實現爲工具主語還是工具賓語又與透視域有關①，即當工具成分透視到主語位置，就會形成工具主語句，如果

---

① 透視域指句子所描述的場景中受到注意的那部分。

透視到賓語位置,那麼形成的就是工具賓語句。工具格占據主語的位置,需要經過主題化①這種語法過程。要占據賓語的位置,則需要經過述題化②這種語法過程。在語義角色充任主語和賓語的優先序列中,工具離施事的距離小於工具離受事的距離,根據語義角色在句法結構中的配位原則,相較於工具成分充當主語來説,充當賓語受到的限制就相對大一些,要受到句法、語義和語用條件的綜合制約。

工具成分述題化的前提是工具成分首先需要焦點化。但並不是每一個需要焦點化的成分都能述題化,述題化的完成必須得到相關的句法和語義機制的支持。句中動詞可以帶賓語並有出現句法空位的可能,動詞的常規支配物件可以隱而不現,是工具成分述題化的外在句法和語義條件;工具成分可以受動化爲動詞的支配物件,則是工具成分述題化的内在句法和語義條件。以《紅樓夢》中的這句話爲例:"只説張華是有了幾兩銀子在身上,逃去第三日在京口地界五更天已被截路人打悶棍打死了。"(《紅樓夢》第六十九回)首先需要將工具成分"悶棍"強調出來。此外這句話中的動詞是"打",他可以帶賓語"張華",但是在這句話中"打"的賓語提到了句首充當主語,所以出現了句法空位,而恰好焦點化的工具成分"悶棍"可以成爲"打"的賓語,因此就出現了工具賓語句。上述條件不僅分別介入工具賓語的述題化過程,而且環環相扣,只要抽去其中的一個環節,另外一個與之相續的環節就會失去依托,整個述題化過程就會中斷,工具賓語也就無法形成。應當説,在語言的實際運用中,完全具備上述條件的工具成分並不多見,因此所謂的工具賓語並不是一個開放的賓語類。

除了工具成分可以作賓語,處所、方式等也可以,它們直接跟在動作行爲後面作賓語,都跟漢語表達的經濟性有關。吕叔湘(1993:51—52)對漢語表達的經濟性提出了深刻的看法:"動詞和賓語的關係更加是多種多樣。動詞跟賓語的關係確實是説不完的。漢語裏能在動詞後

---

① 主題化是把某個語言成分置於句首位置,使信息焦點化並使信息的組合違反常規分布順序。

② 述題化是指一個本來不應在賓語的結構成份,通過移位加工或其他變換方式,占據了賓語的位置。

面加個什麼名詞是異常靈活的，有了上下文常常可以出現意想不到的組合；例如‘何况如今窮也不是窮你一家’。這些例子可以說明語言實踐中的經濟原則：能用三個字表示的意思不用五個字，一句話能了事的時候不說兩句。當然經濟原則在不同語言裏的體現是不可能完全相同的。總的說來，漢語是比較經濟的。尤其在表示動作和事物的關係上，幾乎全賴意會，不靠言傳。”一般來說口語性很高的語言成分尤其注重經濟性，所以工具賓語在口語性强的場合應用較爲普遍，這也是有的學者認爲它有一定熟語性的原因。

四　結論

研究工具主、賓語句首先要明確區分語法研究的三個平面，工具主、賓語都是語義層面的概念。在此基礎上運用典型範疇理論來解釋工具主賓語句的形成，還是比較有說服力的。工具主語和工具賓語之間有一種互動關係，就像是坐在蹺蹺板兩端的成分。當一個工具成分傾向於成爲工具主語時，那它就很難發展爲工具賓語，反之亦然。此外，工具主語和工具賓語在生存空間上呈現出一種互補的狀態。工具主語句產生時間很早，而工具賓語句在《水滸傳》中才見使用。陶紅印（2000：32）也談到“吃”的受事範圍的擴大，最突出的現象當然表現在非核心論元進入核心論元的範圍，即“工具”或“處所”等類型的邊緣論元跟核心論元受事在句法表現上的相似性。據我們觀察，這個變化主要是二十世紀以後的事情。現代漢語之前的語料中，我們至今只發現在《朴通事》和《紅樓夢》中有個別例子，其用法很接近現代漢語。

這與我們的結論大體相同。工具主語句在古漢語範圍内的使用頻率較高，尤其是在上古漢語階段甲、乙兩種類型的工具主語句都存在，但是發展到現代漢語使用頻率就大大降低了。工具賓語句在古漢語中幾乎未見使用，我們只在《紅樓夢》中發現了幾個用例。但是此後在現代漢語中使用慢慢多了起來。這或許與工具主語和工具賓語對書面語與口語適應性有關，工具賓語的口語色彩强於工具主語，可與普通話協調發展；而工具主語的文言色彩濃於工具賓語，所以它可以和文言色彩較濃的文體配合使用。

參考文獻

朱德熙《語法講義》,商務印書館,1982 年。

謝曉明《語義相關動詞帶賓語的多角度考察——"吃""喝"帶賓語個案研究》,華中師範大學出版社,2008 年。

麥梅翹《〈左傳〉中介詞"以"的前置賓語》,《中國語文》1983 年第 5 期。

何樂士《"政以治民"和"以政治民"兩種句式有何不同?》,《古漢語語法研究論文集》,商務印書館,2000 年。

謝質彬《上古漢語中的工具主語句》,《古漢語語法論集》,郭錫良主編,語文出版社,1998 年。

董秀芳《古漢語中介賓位置上的零形回指及其演變》,《當代語言學》1998 年第 4 期。

菲爾默《"格"辨》,胡明揚譯,商務印書館,2002 年。

沈家煊《不對稱和標記論》,江西教育出版社,1999 年。

呂叔湘《字義和詞義輾轉相生》,《呂叔湘文集·語文常談》,商務印書館,1993 年。

陶紅印《從"吃"看動詞論元結構的動態特徵》,《語言研究》2000 年第 3 期。

(原載於《南京師範大學文學院學報》2014 年第 3 期)

中古"VP（A）＋甚（極、非常）"的句法語義關係及"甚（極、非常）"的詞性再辨

引　言

　　楊伯峻、何樂士（2001）認爲，先秦漢語中"甚"由形容詞演變爲副詞，用在謂語後作補語，如下例①：

　　　　（1）君美<u>甚</u>，徐公何能及君也！（《戰國策・齊策一》）

這種看法得到不少老一輩語法學家的認同。近年來，隨着研究的逐漸深入，有學者對於上述説法提出了質疑，如楊榮祥（2004）就發表了不同意見，認爲，出現在動詞之後的"甚/極"均是形容詞，是形容詞作謂語，整個"VP＋甚/極"是一個主謂結構，而不是程度副詞作補語②。

　　與此相關的一個問題是，近代漢語中發展出表示甚度的"煞、殺"等，董志翹、蔡鏡浩（1994）③，楊伯峻、何樂士（2001）④均認爲出現在謂語之後的"煞、殺"是程度副詞，即承認程度副詞可以出現在謂語之後。對此，楊榮祥（2005）也提出了異議，認爲出現在補語位置上的"煞"，應

---

① 楊伯峻、何樂士《古漢語語法及其發展（修訂本）》，語文出版社，2001年，頁274。
② 楊榮祥《從歷史演變看"VP＋甚/極"的句法語義結構關係及"甚/極"的形容詞詞性》，《語言科學》2004年第3期，頁42—49。
③ 董志翹、蔡鏡浩《中古虛詞語法例釋》，吉林教育出版社，1994年，頁345。
④ 《古漢語語法及其發展（修訂本）》，頁277。

視爲動詞作結果補語，這是繼承了動詞"殺"作補語的用法①。

由上述可知，如何看待出現在動詞、形容詞之後的"極、甚、極、煞"等一類詞語的詞性，學界有迥然不同的兩種意見，傳統的看法是"甚"類副詞可以出現在謂語之後；其後的一些研究者認爲，先秦即已出現的位於中心語之後的"甚"類詞語不能看成是程度副詞，而當視爲形容詞，持此論者包括李傑群(1986)②、吕雅賢(1992)③、付義琴(2007)④等，認爲"甚"等詞語不能看成程度副詞主要的依據是，上古漢語中"甚"更多的是用作謂語，從句法分布上來説，應當視爲形容詞。

上述兩種意見迥異，歸結起來核心問題是一個：古漢語程度副詞能否充任補語？ 對於這個問題，歷來存在爭議，爭議的本質其實是副詞的判定標準問題(具體到這個問題是程度副詞)，而這也直接關係到對程度副詞能够出現的序位的斷定，下文我們將着重討論這個問題。

批評程度副詞作補語説的學者主要是從句法功能的角度來討論這一問題，較早的是李傑群(1986)⑤，李文窮盡考察了先秦八部古籍(《左傳》《公羊傳》《穀梁傳》《論語》《孟子》《墨子》《莊子》《荀子》)，總的結論是，先秦時期"甚"作謂語的比例超過一半，超過了作狀語的比例(三分之一以上)，有些典籍(《穀梁傳》《論語》)中"甚"甚至不能作狀語，因而根據詞類劃分的重要標準——句法功能來説，"甚"在先秦只能看成是形容詞，不能視爲副詞。李文的操作標準及結論得到楊榮祥(2004)、付義琴(2007)的認可⑥。

上述意見的基礎是副詞的鑒定標準——句法功能——只能充當狀

---

① 楊榮祥《近代漢語副詞研究》，商務印書館，2005 年，頁 299。
② 李傑群《"甚"的詞性演變》，《語文研究》1986 年第 2 期，頁 43—46。
③ 吕雅賢《從先秦到西漢程度副詞的發展》，《北京大學學報》1992 年第 5 期，頁 61—68。
④ 付義琴《古代漢語"副詞謂語句"商榷》，《古漢語研究》2007 年第 4 期，頁 86—90。
⑤ 《"甚"的詞性演變》，頁 43—46。
⑥ 但是，付義琴(2007)稍顯猶豫，認爲形容詞或動詞轉變爲副詞之後，"只能在狀語的位置上出現(偶爾也可作補語)"。楊榮祥(2004)雖然贊成李傑群(1986)"甚"在六朝時期才普遍用作程度副詞的觀點，但是並不同意六朝時期"甚"可以作補語的説法。

語,而這一標準得到了語法學界近乎一致的認同。必須承認,嚴格堅持句法功能這一判定標準在漢語語法研究尤其是歷史語法研究中的價值是不容置疑的,有助於釐清副詞與其他詞類之間在語義上可能存在的“交叉點”,對於判定副詞的產生時代具有較强的可操作性,因而句法功能是判定詞類的最重要的標準。

　　但是,肯定句法功能在副詞判定過程中的重要性,並不等於句法分布是詞類劃分的唯一標準。關於這一點,近年來不斷有學者進行深入思考。郭鋭(2002)對此進行了反思①,張誼生(2004)説得更爲明晰②:

　　　　然而,現在看來,這一標準顯然是過於簡單化和理想化了。其實,語言是一種複雜的系統,内部存在着各種特殊的情況,各成員之間存在着細微的差異。而語言中的詞類,實際上都是一種原型範疇(prototype-based category),每一類詞,除了那些典型的、一般的成員以外,必然還會有一些非典型的、特殊的成員。……看來,對於漢語這樣缺乏嚴格意義上形態變化的語言,在判定詞性時,無論是總體分類還是具體歸類都應該引入詞頻統計的成果。

　　粗略地説,中古漢語中有8個副詞可以出現在動詞或形容詞之後:極、盡、絶、至、煞(殺)、甚、熟、非常,這8個副詞的表義基本相同,均爲表示極度或甚度。下面選取“甚”“極”“非常”這三個詞語進行討論,着重辨析其詞性、句法功能。

一　“VP(A)＋甚”

　　“甚”最初是作爲形容詞使用,這一點應該是没有什麽疑問的,下例可以很清晰地看出來:

　　　　(2)沐甚雨,櫛疾風。(《莊子·天下》)

上例中“甚”“疾”對舉,正説明“甚”是形容詞。先秦時期,“甚”作爲形容詞使用是其最主要的語法功能,李傑群(1986)的統計數據很好地説明

---

①　郭鋭《現代漢語詞類研究》,商務印書館,2002年,頁129—132。

②　張誼生《現代漢語副詞探索》,學林出版社,2004年,頁208。

了這一點。但是,先秦漢語中出現在形容詞之後的"甚"的用例並非罕見,如上文例(1),如何看待這個位置上"甚"的詞性卻有兩種意見:形容詞説與副詞説。

先秦"甚"概爲形容詞説至少有下述兩個難點:其一,先秦漢語中,"甚"出現在形容詞之後已非特例,如果將之全部處理爲形容詞,那麼"'甚'字在魏晉南北朝時期已經發展成爲副詞①"這個結論就值得懷疑:根據李文,《論衡》中的"甚"尚未發展出副詞的用法,但是至魏晉六朝時期"甚"已經發展爲副詞。這種"搖身一變"轉變詞性的過程未免突兀。因而,只有承認先秦漢語中個別(甚至部分)用例中的"甚"已萌發出副詞的用法,從句法上講,它可以作狀語、補語,儘管數量上不占據主要地位,但這卻是六朝時期副詞性的"甚"近乎一統天下的源頭。其二,"甚"概爲形容詞説不符合先秦漢語語法體系。楊榮祥(2004)認爲,《公羊傳》中的"獻公愛之甚"的句法結構當爲:

獻公 愛之　甚
─────　－主·謂
───　──　定·中

其理由是,"甚"語義指向只是"愛之",陳述的只是"愛之"的動作行爲,而不是"獻公愛之"所表示的事件②。

爲避免陷入純粹的語法層面的思辨,跳出這句話的表面含意,結合其前後語境來理解其真實含意,或許可以更清楚地認識它的語法屬性:

(3) 奚齊、卓子者,驪姬之子也,荀息傅爲。驪姬者,國色也。獻公愛之甚,欲立其子,於是殺世子申生。

仔細揣摩上下文語意,"獻公愛之甚"這句話並非是陳述"愛之"的動作行爲,而是表示"獻公"對"驪姬"怎麼樣(非常喜愛"驪姬"),所以(獻公)才會有廢嫡立庶的舉動。如果這句話理解爲("獻公"對"驪姬"的)"愛(之)"怎麼樣,則與下文的敘述在語意上明顯不夠連貫。

───────────

① 《"甚"的詞性演變》,頁 43—46。
② 《從歷史演變看"VP＋甚/極"的句法語義結構關係及"甚/極"的形容詞詞性》,頁 42—49。

　　當然,先秦漢語中,"甚"更多的是充當句子中的謂語,如下例:

　　(4)故夏書曰:"遒人以木鐸徇於路,官師相規,工執藝事以諫。"正月孟春,於是乎有之,諫失常也。天之愛民甚矣,豈其使一人肆於民上,以從其淫,而棄天地之性?(《左傳·襄公十四年》)

此例中"甚"是形容詞作謂語,"嚴重、厲害"的意思。楊榮祥(2004)認爲"天之愛民"中"之"是指稱化標記,因而應當將"天之愛民"看成是定中結構的詞組,"甚"陳述"天之愛民"這種行爲的狀態。不過,楊榮祥認爲例(3)中"獻公愛之甚"裏的"獻公愛之"也是指稱化了的定中結構,則未盡允當:"獻公愛之"只是簡單的主謂結構,"愛之"陳述"獻公"怎麽樣,不能因爲《左傳》中的"平行結構"而將二例混爲一談,它們的句法關係、語義關係均不同①。

　　副詞性質的"甚"的源頭正是充任謂語的形容詞"甚",李傑群(1986)堅持當"甚"充任狀語的句法位置占據了統治性地位之後,"甚"才發展爲副詞。我們認爲,這條嚴格建立在句法功能上的判定標準未免過於絕對,難以全面反映語言發展的實際情况。在確立副詞的判定標準時,還應該考慮到語義變化。事實上,各種不同位置分布上的"甚"的語義是有細微差異的,作賓語、定語的"甚"一般是形容詞的本義:厲害、超過一般。如:

　　(5)寇不可玩,一之謂甚,其可再乎!(《左傳·僖公五年》)

　　(6)甚雨及之。(《左傳·襄公十八年》)

這兩種句法位置的"甚"的語義較爲實在,而作謂語的"甚"的語義可以有兩種理解:第一,保持形容詞的本義,如:

　　(7)暴其民甚,則身弑國亡;不甚,則身危國削。(《孟子·離婁上》)

　　(8)甚矣,楚王不察於爭名者也。(《戰國策·楚一》)

_____

①　例(4)"天之愛民甚矣"中"之"確爲指稱化標記,但標記的不是"天愛民",而是"天愛民甚矣"。朱德熙(1983)指出,"'之'的作用是使主謂結構名詞化"(《自指與轉指——漢語名詞化標記"的、者、所、之"的語法功能和語義功能》,載《方言》1983年第1期,頁16—31),朱德熙所説的主謂結構,具體到例(4),應當是包括"甚"在内的整個謂語"愛民甚",而不僅僅是"愛民"。

第二，"甚"由較爲實在的"厲害、超過一般"義引申出"程度較高"的含義，如上文所舉例（4），此例中的"甚"如強解作"厲害、超過一般"，反而不能精確體現上下語境的意思，只有將之抽象化來理解，才與這個語境相符。作補語的"甚"正是由這種語義已經抽象化了的"甚"發展而來，其語義與作狀語的"甚"基本一致，這樣的"甚"可以視爲副詞的早期形態。

葉南（2007）認爲現代漢語中作狀語的程度副詞是已經徹底虛化的副詞，而作補語的程度副詞是處於虛化過程中的語法化副詞，並認爲作補語的語法化程度副詞還保留了其他詞類的語義和功能①。我們認爲這種説法是符合語言事實的，"甚"的語法化過程是一個有力證據。

先秦漢語中，"甚"的主要語法屬性是形容詞，但是出現在謂語中心詞之後的"甚"的語義逐漸虛化，由直觀、明確的"厲害、超過一般"義引申出抽象、模糊的"很、非常"義，同時逐漸產生了新的句法功能——充任狀語，這是程度副詞的典型功能。在這一過程中，處於補語位置上的"甚"的量級發生了變化：典型的形容詞"甚"的強度義是很突出的，有時爲了達到突出、強調的效果，甚至可以改變語序，將之前提至句首的位置，如例（8），而作補語的"甚"的強度義有所減弱，它的蘊涵義——"過分"——不像形容詞那麼顯著，從程度副詞的量級區分來説，可以看成是中量程度副詞，而不是極量程度副詞②。

關於實詞虛化，張誼生（2000）的一段話是很有見地的③：

> 意義和形式是同一問題相輔相成的兩個方面，在實詞的虛化過程中是互相依存、互相促進的。句法位置和結構關係的改變會引起副詞化的發生，同樣，詞義的泛化、分化、融合也會導致詞的結

---

① 葉南《程度副詞作狀語和補語的不對稱性》，《西南民族大學學報》2007 年第 5 期，頁 210—214。

② 如果這種判斷是準確的，那麼，葉南（2007）認爲程度副詞作狀語和補語的語義不對稱——各量級程度副詞都能作狀語，而只有極量程度副詞才能作補語的説法，恐怕不完全適合古漢語中的情況。

③ 張誼生《論與漢語副詞相關的虛化機制——兼論現代漢語副詞的性質、分類與範圍》，《中國語文》2000 年第 1 期，頁 6。

構關係和句法功能的改變。

“甚”由形容詞演變出副詞的過程正可以看作是詞義的泛化導致其句法功能發生了變化。

二　“VP(A)＋極”

“極”演變出副詞的情況要簡單一些,王力(1944)已較爲清晰地揭示了其發展爲副詞的大致路綫:名詞“極”(登峰造極;君子無所不用其極)→形容詞“極”(極致;極軌)→末品“極”(《史記·李將軍列傳》:“李廣軍極簡易”)①這種解釋是令人信服的。不過,“極”由形容詞轉爲副詞的時代尚存歧見,主要有兩種意見:一是先秦説,包括陳克炯(1998)②,何樂士(2006)③等;二是西漢説,包括王力(1944)④,吕雅賢(1992)⑤等。近年來對於充任補語的“極”的副詞屬性,又有學者提出質疑,認爲充當補語的“極”不是副詞,而是形容詞,持此見者以楊榮祥(2004)爲代表⑥。

事實上,對“極”産生出副詞詞性的時代出現分歧的焦點在於,至西漢時期,作狀語與作補語的“極”是否爲同一詞性? 作狀語的“極”如下例:

(9) 子之罪大極重,疾走歸!(《莊子·盗跖》)

(10) 孤極知燕小力少,不足以報。(《戰國策·燕策一》)

(11) 其稱文小而其指極大,舉類邇而見義遠。(《史記·屈原賈生列傳》)

(12) 高祖曰:“吾極知其左遷,然吾私憂趙王,念非公無可

---

① 王力《中國語法理論》,商務印書館,1944 年,頁 176。
② 陳克炯《先秦程度副詞補論》,《古漢語研究》1998 年第 3 期,頁 38—44。
③ 何樂士《古代漢語虚詞詞典》,語文出版社,2006 年,頁 216。
④ 《中國語法理論》,頁 176。
⑤ 《從先秦到西漢程度副詞的發展》,頁 61—68。
⑥ 《從歷史演變看“VP＋甚/極”的句法語義結構關係及“甚/極”的形容詞詞性》,頁 42—49。

者。"(《史記·張丞相列傳》)

上述四例,例(9)、例(11)中"極"修飾的是形容詞,例(10)、例(12)中"極"修飾的是動詞。比較上述 4 例,先秦時期修飾 AP、VP 的"極"的語義與西漢時期的語義並無明顯差異,如果上述例(11)中的"極"可以看成程度副詞,並且《史記》中"極""副詞用法 23 次,遠高於形容詞用法"①,那麽先秦時期句法位置相同(均位於修飾對象之前)的"極"爲何不能看成程度副詞,而一定要看成名詞或動詞②? 因而合理的解釋是,應當承認,先秦漢語中少量"極"的語義已發生變化,由"極盡"義,引申出"最"義,初步虛化爲程度副詞③。

西漢時期,"極"出現在動詞或形容詞之後,如:

    (13) 尉佗知中國勞<u>極</u>,止王不來,使人上書,求女無夫家者三萬人,以爲士卒衣補。(《史記·淮南列傳》)

    (14) 漸臺五重,黄金白玉,琅玕龍疏,蕶蕶珠璣,莫落連飾,萬民罷<u>極</u>,此二殆也。(《新序·雜事》)

上述兩例中出現於動詞或形容詞之後的"極",據楊榮祥(2004),都是形容詞作謂語,楊文所示文例爲"作者精思已極"(《論衡·書解》)、"二人歡極"(《世説新語·雅量》)④。例(13)、例(14)中"極"顯然是形容詞,

---

① 《從先秦到西漢程度副詞的發展》,頁 61—68。

② 吕雅賢(1992)認爲:"極,在先秦主要作名詞和動詞用。《史記》中出現副詞用法,在句中作狀語。"

③ 儘管先秦時期已有少量的"極"虛化爲副詞,但是如何看待具體的"極"在句中充任的句法功能仍須慎重。黄珊(2005)認爲《荀子》中"極"已可以作補語,如:創巨者其日久,痛甚者其愈遲,三年之喪,稱情而立文,所以爲至痛<u>極</u>也。(《荀子·禮論》上例中"極"作"痛"的補語。(《〈荀子〉虚詞研究》,河南大學出版社,頁 24)案,此説恐謬,此處"極"當用如動詞,上述引例下句爲:齊衰,苴杖,居廬,食粥,席薪,枕塊,所以爲至痛<u>飾</u>也。由"飾"可推斷"極"當是動詞用法。"飾"的意義鄭玄已發,《禮記·三年問》:"斬衰,苴杖,居倚廬,食粥,寢苫,枕塊,所以爲至痛<u>飾</u>也。"鄭玄注:"飾,情之章表也。"孔穎達疏:"'三年者,稱情而立文,所以爲至痛<u>極</u>也'者,既痛甚差遲,故稱其痛情,而立三年之文,以表是至痛極者也。"

④ 《從歷史演變看"VP+甚/極"的句法語義結構關係及"甚/極"的形容詞詞性》,頁 42—49。

《廣雅》卷一："疲,極也。"因而例(14)中"罷極"爲同義並列連用,例(13)"勞極"意同"罷極",上述兩例中"極"還是形容詞用法。不過,並非所有出現在動詞或形容詞之後的"極"都只能看成是形容詞,即如楊榮祥所舉的"二人歡極",我們認爲此例中"極"是副詞充任補語,理由如下:

第一,"二人歡極"這樣的句型只能分析爲簡單主謂結構,"歡極"作爲謂語陳述主語"二人",而不能分析爲主謂謂語句。如果認爲"極"是形容詞,陳述"歡",那麽"二人歡極"就是一個小主語爲VP(動詞性詞語)的主謂謂語句,如作是析,根據吳中偉(1995)對小主語爲VP的主謂謂語句的語義結構的分析,當大主語("二人")與小主語("歡")沒有直接語義關係時(大主語一般是小主語的施事或受事),小謂語與小主語之間的語義關係有三種①,"二人歡極"屬於其中的第二種——小謂語説明小主語(具體到這句話,就是"極"説明"歡")。這就產生了一個問題:既然小謂語是説明小主語的,那麽從語法結構上講,小謂語是不能省略的,如果省略,或者句子不成立,或者完全改變語意的表達②,但是在"二人歡極"中即使省略"極","二人歡"這樣的組合完全成立,《世説新語》中有下例:

(15)群胡同笑,四坐並歡。(《政事》)

"四坐並歡"與"二人歡極"的區別僅在於前者没有表述"歡"的程度而已。從上述分析可以看出,"二人歡極"不能看成主謂謂語句,只是普通的主謂句,"極"並非是陳述"歡"的性質,而是補充説明"歡"的程度。

第二,楊榮祥(2004)認爲中古時期不可能出現程度補語,因爲此期結果補語才剛萌芽,所以"二人歡極"中的"歡極"應該分析爲主謂關係,

---

① 吳中偉《主謂謂語句 NP-(VP-AP)語義結構分析》,《語言研究》1996 年第 1 期,頁 139—141。

② 吳中偉(1996)舉現代漢語中相同語義類型的小主語爲 VP 的主謂謂語句,如:1.它們相處融洽,(相依爲命,這一羊一鵝在山區傳爲美談。)2.只是蜘蛛飼養不容易,(它要吃昆蟲,而且胃口又很好,吃得又精細。)3.松鼠跑跳輕快極了,(總是小跳着前進,有時也連蹦帶跳。)觀察上述引例,可以發現,這種語義類型的主謂謂語句中的小謂語絶不能省略。

不能看成述補結構①。這又涉及補語的判定標準問題，這個課題牽涉面實在太廣，而目前學界在補語的判定標準、產生時代等問題上仍歧見紛起。在這個問題上，汪維輝（2007）的意見是較爲允當的：“據此推論，動補結構最初應該是在某一個或幾個具體的詞語上先發生的，後來這種格式逐漸擴散開來，成爲漢語的一個新的句法格式……要之，我認爲漢語動補結構的起源可能很早。”②如果我們在確定動補結構的判定標準時不是堅持過嚴的原則，那麼楊榮祥所稱“二人歡極”中“歡極”不能看成述補結構的理由就值得進一步商榷。

綜上，中古時期用例並不在少數的“VP(A)＋極”中的“極”析爲程度副詞充當補語並非毫無道理，直至現代漢語，“極”仍可以充當補語。

三 “VP(A)＋非常”

“非常”發展爲副詞的時代也有爭論，楊榮祥（2005）認爲“非常”演變爲副詞大約是在唐代，所舉最早的用例是《游仙窟》中的材料③：

（16）下官起謝曰：“仰與夫人娘子，先不相識，暫緣公使，邂逅相遇，玉饌珍奇，<u>非常</u>厚重，粉身灰骨，不能酬謝。”

並認爲，“桓謂遠來投己，喜悅<u>非常</u>”（《世說新語·假譎》）中的“非常”不能看作程度副詞，當視爲一個詞組，保持了“非常”最早作爲詞組時的意義；同時，楊榮祥堅持謂詞性成分之後的“非常”均不是程度副詞，直至現代漢語也是如此。張亞軍（2002）細緻考察了程度副詞“非常”的虛化過程，亦將例（16）看作“非常”“虛化爲副詞的早期表現”④，不過，張亞軍又提出，直至宋《太平廣記》中的“形容詞＋非常”組合中的“非常”意義仍然比較實在，仍當視爲用作形容詞⑤。與上述看法相反，武振玉

① 《從歷史演變看“VP＋甚/極”的句法語義結構關係及“甚/極”的形容詞詞性》，頁42—49。

② 汪維輝《〈齊民要術〉詞彙語法研究》，上海教育出版社，2007年，頁149。

③ 楊榮祥《近代漢語副詞研究》，商務印書館，2005年，頁306。

④ 張亞軍《副詞與限定描狀功能》，安徽教育出版社，2002年，頁180。

⑤ 《副詞與限定描狀功能》，頁181。

(2004)的看法是程度副詞"非常"的産生時間要早一些,將《世説新語》中"喜悦非常"看作中古時期"非常"已發展出程度副詞的例證①。

綜觀上述兩種看法,"非常"發展出程度副詞的時代分歧不是很大,畢竟中古之前的"非常"必定是一個短語,絶無看作副詞的可能,即使在中古漢語中,如《世説》中的已經虚化爲副詞的"非常"也是極少見的,因而對於"非常"發展出程度副詞的時代問題可以暫且放在一邊,先來解決"非常"産生程度副詞用法的過程,目前在這個問題上争論的焦點還是集中在形容詞之後的"非常"的性質。如果形容詞之後的"非常"可以分析爲程度副詞,那麽就産生了第二個問題,"非常"由短語虚化爲副詞,爲何(能否)最先用作補語?

首先看第一個問題——如何看待動詞(形容詞)之後的"非常"的語法屬性?"形容詞＋非常"先秦即偶見:

(17) 適人爲變,築垣聚土非常者,若彭有水濁非常者,此穴土也。(《墨子·備穴》)

當然,先秦時期的這種用例極罕見,西漢語料中也很難發現處在形容詞之後的"非常",東漢時期逐漸增多,《論衡》中有一例②:

(18) 或曰:"鳳皇騏驎,太平之瑞也。太平之際,見來至也。然亦有未太平而來至也。鳥獸奇骨異毛,卓絶非常,則是矣,何爲不可知?"(《講瑞篇》)

另外,東漢佛經中較爲常見:

(19) 中夜覺天地大動,觀見光明暉赫非常。(《修行本起經》)

《漢書》中有一例"非常"比較特殊:

(20) 定陶王雖親,於禮當奉藩在國。今留侍京師,詭正非常,故天見戒。(《元后傳》)

---

① 武振玉《程度副詞"非常、異常"的産生與發展》,《古漢語研究》2004年第2期,頁67—71。

② 根據唐司馬貞《史記索隱》記載,東漢注中亦見"形容詞＋非常"之例:公孫詭多奇邪計。司馬貞《索隱》:"《周禮》'有奇衺之人',鄭玄云'奇衺,譎怪非常也。'"案,《索隱》中記載的這條材料未見於《周禮注疏》(《十三經注疏》本),姑録於此,存疑。

"詭",師古注:"違也。"由此可知,"詭正"爲動詞性短語,這是"非常"位於動詞性短語之後的又一用例。如果將"非常"理解爲詞組性質,那麼首先要有一個前提:"詭正"應當可以區分爲尋常性質的("常")與不尋常性質的("非常"),但是這在邏輯上似乎難以説得通——平常的"詭正"與不平常的"詭正"有明顯的界限嗎?如果作肯定的回答,難免有强解之嫌。反之,假如認爲"詭正"存在量級上的區分,即在多大程度上違背了正統,這句話的語意就更好理解一些,這應當是"非常"由詞組虚化爲副詞的語義基礎[1]。這種虚化痕迹在《墨子》中已見端倪:

　　(21)寇至吾城,急非常也,謹備穴。(《備穴》)

樸素、直觀地理解,"急"很難説有尋常與不尋常的區分,因而此例中之"非常"具備了重新分析的可能:"非常"可能改變了"超出正常""非同尋常"的含義,泛化爲表示程度高下的語義。當然,例(21)中的"非常"尚不能視爲程度副詞,因爲句末"也"字很清楚地説明了此例"非常"仍係詞組充當謂語。根據例(20),可以認爲東漢時期是"非常"發展出程度副詞充任補語的過渡期。

　　綜上,我們認爲,"非常"虚化的語義基礎是,其修飾的對象不具備尋常與不尋常的對立屬性,反映在句法功能上,"非常"不是作謂語去陳述對象怎麼樣,而是補充説明其修飾的對象達到的程度,此時"非常"在句法上就存在由謂語重新分析爲做補語的轉變的可能。

　　南北朝時期,"非常"詞化的程度進一步加强,開始出現了位於所修飾對象之前的"非常",如:

　　(22)便取作膾,報華本食之,非常味美。(《齊諧記》)[2]

如果將此例中的"非常"理解爲一個短語,即"常味"連讀,再接受"非"的修飾,不過如作此解,語意反不好理解。此例之"非常"反映了一個語言事實:"非常"開始出現在所修飾詞之前,充任狀語,這是"非常"演變爲程度副詞的關鍵一步。儘管此期出現在所修飾對象之前的"非常"極其罕見,但是這是"非常"句法功能發展演變的趨勢——根據武振玉

---

① 武振玉(2004)認爲此例"非常""已經很接近程度副詞了",我們贊成這種看法。
② 《齊諧記》,七卷,南朝宋東陽無疑撰。已散佚。此據魯迅輯《古小説鈎沉》本。

（2004），至唐代，"非常"位於修飾對象之前、之後的比例相差已不是很大，明清時期"非常＋修飾對象"的數量在比例上已超過"修飾對象＋非常"①。

四　結語

綜上對中古漢語中出現在動詞或形容詞之後的"甚、極、非常"的詞性的論述，這三個詞語發展出程度副詞並充當補語的時間差距較大，"甚"在先秦即萌發出這種用法，"極"次之，大約在西漢時期，"非常"最晚，爲東漢時期。雖然它們的産生時間、形成機制並不完全相同，但是至少有一點是肯定的：中古漢語中確有少量表示"極度、甚度"的程度副詞可以出現在謂語中心詞之後，其充當的句法成分應當視爲程度補語。

---

① 《程度副詞"非常、異常"的産生與發展》，頁 67—71。

試論"何者"及其相關的"底"字[*]

陳文傑　南京大學

引　言

漢語史上有兩個不同性質的複合虛詞"何者":一個表示設問,單獨成句,我們稱之爲"何者₁";另一個表示疑問,既可問事物,也可問人,我們稱之爲"何者₂"。"何者₁"很早就得到了學者的關注。東漢何休《公羊傳·桓公二年》"然則爲取可以爲其有乎? 曰:否。何者? 若楚王之妻媦,無時焉可也"注:"何者,將設事類之辭。"元代盧以緯《助語辭》論及"何者"時說:"此皆文中自問之辭,所以引起下文來。'何則''何者',俗語'如何聲'之意,'則'聲微緊於'者'字。"清代劉淇《助字辨略》在引用《史記·項羽本紀》和《儒林傳》中的例子後說:"何則,何者,並先設問,後陳其事也。"

據筆者所見,最早關注"何者₂"的是柳士鎮(1992:178/2019:217)。他說:"漢代以後,'何者'又可以詢問什麼人、什麼事物……'何者'的這後一種用法此期有所增多,主要充任主語。"另外,他還區分了兩個"者"字的性質,以爲"何者₁"中"者"字是一個語氣助詞,"何者₂"中的"者"字是一個具有指代作用的結構助詞。劉開驊(2008)窮盡調查了一些中古語料,對"何者"的語法意義從人物詢問、事物詢問、原因詢問三個方面進行了較爲詳細的描寫。

---

[*]　本文曾收入朱慶之、董秀芳編《佛典與中古漢語代詞研究》(中西書局,2020年);董秀芳教授提出過修改意見,謹此致謝。這次重新發表,略加修正。

　　王海棻等編《古漢語虛詞詞典》(1996)，中國社會科學院語言研究所古代漢語研究室編《古代漢語虛詞詞典》(1999)是兩部優秀的虛詞詞典，兩書雖名爲"古漢語"或"古代漢語"，但事實上都既進行共時描寫，又揭示歷時變化，且引例非常豐富。這兩本詞典對"何者"的用法和功能都進行了詳細描寫。不過，對於"何者"的内部結構，他們的看法並不完全相同（詳見下文第二部分）。

　　我們的研究在以上研究的基礎上展開。大型語料庫的建立爲虛詞意義和用法的描寫提供了更加方便的條件，本文即利用語料庫結合世俗文獻和佛道宗教文獻更加詳細地描寫兩種"何者"的歷史發展和語法功能。考察發現：(1)兩種"何者"均萌芽於上古漢語，雖然用例並不多；(2)就句法位置來說，"何者₂"主要處在主語位置，這是事實；但它也可以處在其他位置，特別是在佛典語料中。

　　我們有一個猜想："何者₂"與中古另一個疑問代詞"底"有淵源關係。呂叔湘(1985/1992：179)早就懷疑"底"是"者"字的另一形式："若"字兼有指別和疑問的用法，"者"字有指別用法，因此可能會有疑問的用法。呂先生給了我們啓發。我們同意"底"是"者"的另一形式，不過，我們認爲它獲得疑問用法的原因跟複音結構"何者₂"有關，"底"應該是"何者₂"中"者"字的"變體"，承擔了"何者₂"的詞彙意義。這樣來解釋"底"的來源，或許更符合中古疑問新形式產生的普遍規律。這種語言演化應該首先是在南方方言完成的。隋唐以後，"底"出現在了北方文人的筆下，這跟此時祖國南北統一，南方語言憑藉文化的優勢影響到了北方語言有關。

一　"何者₁"的早期用例及其内部形式的再分析

　　根據《國學寶典》，我們調查了西漢以前的文獻，發現了幾個較早的"何者₁"。

　　(1)尉繚子對曰："刑以伐之，德以守之，非所謂天官時日陰陽向背也。黄帝者，人事而已矣。何者？今有城，東西攻不能取，南北攻不能取，四方豈無順時乘之者邪？然不能取者，城高池深，兵

器備具，財穀多積，豪士一謀者也。若城下池淺守弱，則取之矣。由是觀之，天官時日，不若人事也。"（《尉繚子·天官》）

（2）德之盛，山無徑迹，澤無橋梁，不相往來，舟車不通。何者？其民猶赤子也，有知者不以相欺役也，有力者不以相臣主也，是以鳥鵲之巢可俯而窺也，麋鹿群居可從而係也。至世之衰，父子相圖，兄弟相疑。何者？其化薄而出於相以有爲也。（《鶡冠子·備知》）

（3）自直之箭、自圜之木，百世無有一，然而世皆乘車射禽者，何也？隱栝之道用也。雖有不恃隱栝而有自直之箭、自圜之木，良工弗貴也，何者？乘者非一人，射者非一發也。（《韓非子·顯學》）

（4）秦以刑罰爲巢，故有覆巢破卵之患，以李斯、趙高爲杖，故有頓僕跌傷之禍，何者？所任者非也。（漢陸賈《新書·輔政》）

（5）故堯、舜之民，可比屋而封，桀、紂之民，可比屋而誅，何者？化使其然也。（漢陸賈《新書·無爲》）

（6）冠雖敝，必加於首；履雖新，必關於足。何者？上下之分也。（《史記·儒林列傳》）

（7）然則爲取可以爲其有乎？曰：否。何者？若楚王之妻媦，無時焉可也。（《公羊傳·桓公二年》）

前述兩種虛詞詞典，首例引的均是西漢文獻，一引《公羊傳》和《史記·儒林列傳》爲例，一僅引了後者：顯然晚於我們考察的結果。《尉繚子》，銀雀山漢簡出了帛書本，其僞書之説不攻自破；如果其作者真是戰國魏惠王（前369—前335在位）時的尉繚，那麼"何者"在戰國中期就已出現了。《鶡冠子》也曾被柳宗元斥爲僞書，但1973年馬王堆出土的《老子》乙本前有跟《鶡冠子》相合的内容，這證明《鶡冠子》也不是僞書。韓非（約前280—前233①）"顯學"篇，雖然司馬遷在《韓非列傳》中没有提及，但容肇祖認爲這是"思想與韓非合而又有旁證足證爲韓非所作

---

① 除特别説明外，本文所述文獻作者的生卒年代和生長地域均據《辭海》（第六版彩圖本），上海辭書出版社，2009年。

者"①;梁啓雄也説"似是韓非本人的作品"②:這個例子應該是比較可靠的。陸賈早年追隨劉邦打天下,文帝時曾出使南越,比司馬遷(約前145 或前 135—?)要早上幾十年。

劉開驊(2008:82)統計了十部中古文獻,共得 12 例"何者₁"。我們擴大調查範圍,發現更爲反映當時口語的宗教文獻也有這種"何者"。如:

(8) 精神不進,志意不治,故病不可愈。今精壞神去,榮衛不可復收。何者? 嗜欲無窮,而憂患不止,精氣弛壞,營泣衛除,故神去之而病不愈也。(《素問》"湯液醪醴論篇第十四")

(9) 凡得時氣病,至五六日,而渴欲飲水,飲不能多,不當與也。何者? 以腹中熱尚少,不能消之,便更與人作病也。(《傷寒論》卷三)

(10) 夫納棄妻而論前婿之惡,買僕虜而毀故主之暴,凡人庸夫,猶不平之。何者? 重傷其類,自然情也。(《抱朴子内篇·良規》)

(11) 雖彼往昔過佛侍者爲最供養,不得逾汝;亦彼當來及現在佛之有侍者盡心供養不得逾汝。何者? 汝達於佛,而知宜適。(失譯附東晉録《般泥洹經》卷下,T01n0006_p0185a02)③

可見,"何者₁"至中古一直活躍在當時的口語和書面語之中。

"何者₁"的内部結構問題還需要再贅述幾句。問人問物的"何者₂"的結構比較清楚,它是由疑問代詞"何"與表示自指的"者"複合而成。表示設問的"何者₁"的結構就有些不易解釋了,它與問人問物的"何者₂"是否具有同一性呢? 中國社會科學院語言研究所古代漢語研究室編《古代漢語虛詞詞典》没有區分二者,説其"由疑問代詞'何'與助詞'者'複合而成",没有詳細説明兩個"者"字是否功能相同,或許它把問

① 《韓非子考證》,商務印書館,1936 年,頁 3—11。
② 《韓子淺解》前言頁 6,中華書局,1960 年。
③ 佛經例子均據日本《大正新修大藏經》,T 後的數位系該經所在《大正藏》的册數,n 後的數字是該經的序號,p 後的數字是頁碼,a、b、c 分别代表上、中、下欄,最後面的數字是該詞所在的行數。

人問物跟設問當成了同一詞的不同用法。從道理上説，"何"字單用可以問原因(如《公羊傳·隱公四年》："其稱人何？衆立之之辭也。")，再加上表自指的"者"而成"何者"來問原因，應該是順理成章的事兒。但奇怪的是，到目前爲止，我們還没有發現處於非設問句中間原因的"何者"。馬建忠的觀察非常準確，他説："何字合也、哉、者諸字爲助者，則以詰事理之故也。"(《馬氏文通》卷二)而"也""哉"均屬於語氣助詞。所以裴學海《古書虛字集釋》説："書傳中凡言'何者'者，皆即'何哉'。"

跟這種"何者"語法功能相同的還有一個"何則"，瞭解"則"字的性質會有助於我們對"者"的認識。《助字辨略》説"何則"："先設問，後陳其事也。"

> 三尺之岸，而虛車不能登也；百仞之山，任負車登焉。何則？
> 陵遲故也。(《荀子·宥坐》)

《馬氏文通》卷二分析説："若全文非讀而句意已全，今以'何'字呼起以求其故者，則用'何則'兩字……此'何'字亦表詞也。猶云'上言如是，是何也？''則'字以下申其故。經生家皆以'何則'二字連讀。愚謂'何則'二字，亦猶'然而'兩字，當析讀，則'則'字方有着落。且'則'所以直接上文，必置句讀之首，何獨於此而變其例哉？"他把"何則"看成由跨層結構發展而來的複音詞。表面看來，有一定的道理，但語言事實卻不支持這樣分析。《公羊傳》設問句較多，我們進行了調查，没有發現一個設問句的後面出現由"則"字引導的答語，"何則"成詞的基礎根本不存在。這個"則"字，恐怕只能解釋成跟"也""哉"同類的語氣助詞。

因此可知，兩類"何者"中"者"字的性質不同。柳士鎮(1992:178)最早區別了兩個"者"字的性質，他説：表示設問的"何者"中的"'者'是一個語氣助詞"，問人問物的"何者"中的"者"字是一個具有指代作用的結構助詞。王海棻等編《古漢語虛詞詞典》也説單獨成句用來設問的"何者"中的"'者'，語氣詞"。他們都將二者區別開來。這是很有見地的。

二 "何者₂"及其語法功能

"何者₂"既可問人，亦可問物。上古漢語兩種用法均有，只是不多見而已。先秦文獻"何者₂"問人,確切的例子僅有 1 個,疑似 1 個。

(12) 田無宇見晏子獨立於閨内,有婦人出於室者,髮班白,衣緇布之衣而無裏裘。田無宇譏之曰:"出於室爲何者也?"晏子曰:"嬰之家也。"(《晏子春秋・雜亂》)

《史記・管晏列傳》"越石父賢,在縲絏中"張守節正義引有以下故事:

《晏子春秋》云:"晏子之晉,至中牟,睹弊冠反裘負薪,息於途側。晏子問曰:'何者?'對曰:'我石父也。苟免饑凍,爲人臣僕。'晏子解左驂贖之,載與俱歸。"

但今本《晏子春秋》不同:

晏子之晉,至中牟,睹弊冠反裘負芻息于塗側者,以爲君子也,使人問焉,曰:"子何爲者也?"對曰:"我越石父也。"晏子曰:"何爲至此?"曰:"吾爲人臣僕于中牟,見使將歸。"

從回答之語"我越石父也"反過來審視問話,今本"子何爲者也"顯然不辭,此句當爲"子爲何者也"或"子何者也"之訛。如果此推理不誤,那麼《晏子春秋・雜亂》中的"何者"也非孤例了。

問事物的"何者"上古漢語有 2 例。

(13) 桓公曰:"然則五家之數,籍何者爲善也?"管子對曰:"燒山林,破增藪,焚沛澤,猛獸衆也。童山竭澤者,君智不足也。燒增藪,焚沛澤,不益民利。逃械器,閉智能者,輔己者也。諸侯無牛馬之牢,不利其器者,遏淫器而壹民心者也。以人御人,逃戈刃,高仁義,乘天固,以安己者也。五家之數殊而用一也。"(《管子・國准》)

(14) 吳伐越,墮會稽,得骨專車,使使問孔子曰:"骨何者最大?"孔子曰:"禹致群臣會稽山,防風氏後至,禹殺而戮之,其骨節專車,此爲大矣。"(《説苑》卷十八)

但《説苑》中的例子值得商榷。我們知道,《説苑》是劉向根據古代史料編纂而成的,記述相關内容的《國語》是這樣説的:

吳子使來好聘,且問之仲尼,曰:"無以吾命!"賓發幣于大夫,及仲尼,仲尼爵之,既徹俎而宴,客執骨而問曰:"敢問骨何爲大?"仲尼曰:"丘聞之:昔禹致羣神於會稽之山,防風後至,禹殺而戮之,其骨節專車。此爲大矣。"(《國語・魯語下》)

跟《説苑》"何者"相對應的文字爲"何"。不知道是劉向根據當時的語言把"何"改爲了"何者",還是《説苑》本來爲"何",但在後來的傳抄中出現了訛誤,衍生出了"者"字,所以應該存疑。

中古漢語中"何者₂"得到了較大的發展,主要表現在兩個方面:用例增多,語法功能更加全面。

問人的"何者"在劉開驊(2008:70)調查的 10 部文獻中共出現了 3 例,都在《世説新語》中,轉引如下:

(15) 王大將軍下,庾公問:"聞卿有四友,<u>何者</u>是?"答曰:"君家中郎、我家太尉、阿平,胡毋彦國。阿平故當最劣。"庾曰:"似未肯劣。"庾又問:"<u>何者</u>居其右?"王曰:"自有人。"又問:"<u>何者</u>是?"王曰:"噫! 其自有公論。"左右躡公,公乃止。(《世説新語·容止》)

這也是兩種虛詞詞典引用的最早的問人用例。張永言主編的《世説新語辭典》以及張萬起編的《世説新語詞典》都沒有收録"何者",或許作者把它當成了由"何"和"者"兩個詞構成的片語,還沒有成詞。下面是更早些的問人的例子。

(16) 著作者爲文儒,説經者爲世儒。二儒在世,未知<u>何者</u>爲優?(《論衡·書解》)

(17) 行,真人來。天下<u>何者</u>稱富足,<u>何者</u>稱貧也?(《太平經》卷三十五)

(18) 真人前,凡爲人臣子民之屬,<u>何者</u>應爲上善之人也? 真人雖苦,宜加精爲吾善説之。(《太平經》卷四十七)

兩種《虛詞詞典》在"何者"下另分了"抉擇"一類,社科院編《古代漢語虛詞詞典》引了前述《説苑》例,以及《論衡》例、《太平經》卷三十五例。其實對人、物的抉擇,一定意義上也屬於問人或者問物。

問物的"何者"在劉開驊(2008:73)調查的 10 部典籍中共出現了 5 例,既有佛典也有中土文獻,其中最早的 1 例來自晉陳壽的《三國志》。我們找到了 3 個東漢的用例。

(19) "真人前,凡人之行,君王之治,<u>何者</u>最善哉?""廣哀不傷,如天之行最善。"(《太平經》卷四十)

(20) 願聞絶洞彌遠六極天地之間,<u>何者</u>最善? 三萬六千天地

之間,壽最爲善。(同上,卷六十四)

（21）所侵邑非一,欲求何者?(《公羊傳·莊公十三年》卷三
“管子曰:‘然則君將何求?’”何休注)

柳士鎮(1990:178)説:問人問物的“何者”“主要充任主語”。他舉
的 8 個例子都是用作主語的。王海棻等編《古代漢語虛詞詞典》中“何
者”也全作主語。社科院編《古代漢語虛詞詞典》“何者”在問人時有 2
例作謂語。

借助於《國學寶典》語料庫和 CBETA,擴大調查範圍,我們發現
“何者”的語法功能仍然以作主語者爲最多,跟柳士鎮(1992:178)的觀
察一致。但我們也有新的發現,即它還可作賓語和定語,雖然例子不是
太多。另外,有“何者”的判斷句,常常省略其他成分。這些是以前大家
没有留意到的。

1.“何者”可以作賓語。最早的例子即前面所引的《公羊傳》何休
注。其他的例子如:

（22）若復父亦是婆羅門種,母亦是婆羅門種,後生二兒:彼時
其中一兒,多諸技術,無事不覽;第二子者了無所知。是時父母爲
敬待何者? 爲當敬待有智者? 爲當敬待無所知者?(東晉僧伽提
婆譯《增壹阿含經》卷四六,T02n0125_p0798c16)

（23）佛告梵志:“若彼二子,一聰明者,便復興意作殺盜淫泆
十惡之法。彼一子不聰明者,守護身口意行,十善之法一無所犯。
彼父母應當敬待何者?”(《增壹阿含經》卷四六,T02n0125_
p0798c24)

（24）舊比丘問:“汝樂何者?”答言:“我樂十七群比丘所作新
屋。”(南朝宋佛陀什共竺道生等譯《五分律》卷六,T22n1421_
p0043b21)

（25）大王,今應須作方便,及年少時,增益世事,當觀太子著
于何者,漸漸更加,如是則彼自愛家居,不向山林修於苦行。(隋闍
那崛多《佛本行集經》卷十,T03n0190_p0700c14)

“何者”作“是”字賓語時,有的放在“是”字前面,這主要出現在姚秦
竺佛念譯的《出曜經》裏。如:

（26）第十三火山何者是？自身所造，渴愛者是也。（《出曜經》卷五，T04n0212_p0636b17）

（27）比丘當知，若有眾生墮畜生者，生冥長冥于冥無常。此等何者是？所謂入地蟄蟲是。（《出曜經》卷五，T04n0212_p0636b29）

（28）此等何者是？所謂雞狗猪豚驢野狐烏鳥等是也。（《出曜經》卷五，T04n0212_p0636c04,09）

（29）卑漏法者何者是？一切諸結，一切諸惡行，一切邪見，一切顛倒。（《出曜經》卷六，T04n0212_p0639a21）

（30）諸童子白佛言："如來智慧力者，何者是乎？"（東晉僧伽提婆譯《增壹阿含經》卷三十六，T02n0125_p0750a27）

"何者"還可在雙賓語結構中作近賓語，如：

（31）爾時，提婆達兜默然不應，時諸獄卒語目連曰："汝今爲喚何者提婆達兜？……汝今，比丘，正命何者提婆達兜。"（《增壹阿含經》卷四十七，T02n0125_p0805a10-14）

2."何者"也能作定語。如：

（32）阿難白世尊曰："此是何者香？亦逆風香？亦順風香？亦逆順風香？"（《增壹阿含經》卷十三，T02n0125_p0613b19）

（33）時諸人民聞此鼓音，怪未曾有，語諸人曰："何者音響？爲是誰聲，乃徹於斯？"王告之曰："此是死人皮之響。"（《增壹阿含經》卷四十三，T02n0125_p0785b14）

（34）爾時舍利弗……白世尊言："向者我於靜處坐，作是念：何者等正覺修梵行佛法久住？何者等正覺修梵行佛法不久住？願爲開示。"（姚秦佛陀耶舍共竺佛念譯《四分律》卷一，T22n1428_p0569a25）

（35）精有七種：青、黃、赤、白、黑、酪色、酪漿色。何者精青色轉輪聖王精也？何者精黃色轉輪聖王太子精也？何者精赤色犯女色多也？何者精白色負重人精也？何者精黑色轉輪聖王第一大臣精也？何者精酪色須陀洹精也？何者精酪漿色斯陀含人精也？（《四分律》卷二，T22n1428_p0579c04）

（36）世間復有<u>何者</u>牢？所謂五盛陰身是。（《出曜經》卷十九，T04n0212_p0711a25）

現在再説成分省略的問題。有省略判斷詞的，如：

（37）<u>何者</u>實夢？所謂如來爲菩薩時，見五種夢如實不異，是名實夢。（東晉佛陀跋陀羅共法顯譯《摩訶僧祇律》卷五，T22n1425_p0263b10）

（38）前日衆多大臣婆羅門居士長者集王殿上，作如是論："有言沙門釋子應畜金銀，有言不應畜。<u>何者</u>實語法語隨順法，於現法中不逆論？"（《摩訶僧祇律》卷十，T22n1425_p0310c11）

（39）於三種婦行不净行，波羅夷。<u>何者</u>三？人婦，非人婦，畜生婦。於此三處行不净行，犯波羅夷。（《四分律》卷一，T22n1428_p0571c14）

（39）與下（40）都問數，但有是否省略"爲"之别。

（40）爾時世尊復告阿難：有二種人共魔波旬極大戰諍。<u>何者</u>爲二？一者至心爲説，二者專心勤聽。（高齊那連提耶舍譯《大悲經》卷五，T12n0380_p0970b15）

（41）此中<u>何者</u>高才大德沙門婆羅門？我當以此偈問之。（《四分律》卷三二，T22n1428_p0791b05）

（42）<u>何者</u>佛塔？<u>何者</u>聲聞塔？<u>何者</u>是第一上座房？<u>何者</u>是第二、第三、第四上座房？（《四分律》卷四九，T22n1428_p0931b15）

也有不省略判斷詞"是"，卻省略後面實語的。我們前面所引《世説新語·品藻》中的例子就屬於這種情況。

三　"何者₂"與疑問代詞"底"

這裏我們提出一個假設："何者₂"跟疑問代詞"底"或許有淵源關係。

"底"是南北朝時期一個頗具特色的疑問代詞。張相（1953/1955：85）、王力（1980）、吕叔湘（1985：177）、柳士鎮（1992：187）、董志翹、蔡鏡浩(1994：74)、志村良治（1995：144）王海棻（2001/2015）、劉開驊（2008）、鄧軍(2008)等舉了不少的例子。

傳統以爲疑問代詞"底"來源於疑問代詞"等"。顏師古《匡謬正俗》卷六謂"何等物"省作"等物"，"等"字本音"都在反"，又轉音爲"丁兒反"，即恰與"底"字同音（或許在他看來，寫作"底"字是錯誤的，正字應是"等"字）。他的證據有二：一是左思《吳都賦》"軫畷無數，膏腴兼倍。原隰殊品，窳隆異等"中的"等"跟"倍"（海韻）押韻；二是當時"吳越人呼齊等皆爲'丁兒反'"。後者諸家韻書都没有這樣的説法，缺乏旁證，難以讓人信服。前者六臣注《文選》（日本足利學校本）注音："等，都改反。"折合今音爲 dǎi（頗疑此是"待"（《方言》作"臺"）的訓讀音。《方言》："臺，敵，匹也。東齊海岱之間曰臺，秦晉之間物力同者謂之臺。"），但跟"丁兒反"卻一點兒也不沾邊。章太炎《新方言》卷一説："等，何也……音轉如底，今常州謂何爲底，讀丁買切。"根據《江蘇語言資源資料彙編》第四册"常州卷"中的材料，當代常州話表示什麽用"嗲[tia45]"[1]，跟"底"並不同音[2]。常州下屬的溧陽表示"什麽"用"點個"[ti52kə?3]，其中的"點[ti52]"恐怕是個記音字，本字當爲"底"[ti52][3]。其實根據《漢語方言地圖》，太湖周圍以"底"表示疑問代詞的地方還很多，但這仍然無法説明它來自於"等"。所以王力(1958/1980：340)認爲這屬於"揣測的話，是靠不住的""'何'字是怎樣發展爲'底'字的呢？這還是尚待研究的問題。"吕叔湘《近代漢語指代詞》（《吕叔湘文集》第3卷178頁）引用了王力先生的話，他也不認同音變説[4]。

我們覺得二者最初出現的地域也能表明它們不同源。"等"字的早

---

[1] 《江蘇語言資源資料彙編》第四册"常州卷"常州城區將本字寫作"嗲"[tia45]（42頁）。金壇話"什麽"説成"嗲家"[tia45ko324]（頁89）。鳳凰出版社，2015年。

[2] 這是輾轉聽常州大學趙琴玉教授説的。她表示本字應寫作"掺"。謹此致謝。

[3] 《江蘇語言資源資料彙編》第四册"常州卷"溧陽話，頁137。

[4] 吕先生對於音變之説並不贊同，這從他的另一段文字也可以看出來："底是否之、者的音變，牽涉到古代的語音，難於論證。要是就之和者來比較，之和底韻母較近，者和底聲調相同，可能性的大小也差不多。"（《論底、地之辨及底字的由來》，《吕叔湘文集》第二卷，頁129）

期用例出現在北方方言區,而"底"字的早期用例都在南方方言區。

(43) 今當名天師所作道德字書爲等哉?(《太平經》卷四一)

(44) 其罪過不可名字也,真人乃言何一重者,等也?(《太平經》卷六七)

(45) 用等稱才學? 往往見歎譽。(三國魏應璩《百一詩》)

(46) 祖慚,乃呵之,衡更熟視之,曰:"死公! 云等道?"(《後漢書·禰衡傳》)

《太平經》出於後漢琅邪于吉之手,東漢琅邪在今山東臨沂。應璩(190—252),汝南(今河南項城)人,曹魏文學家①。禰衡(173—198),平原般(今山東樂陵西南)人,三國名士。范曄(398—445,順陽人,今河南淅川南)或當特意保留了這個北方特色詞。

柳士鎮(1992:187)認爲"底"字"新興於南方",志村良治(1995:144)也説它"反映的應是南方方言"。北朝文獻中的疑問代詞"底"大可商榷。隋唐之際的李百藥(565—648)寫的《北齊書》中的例子就很值得玩味。

(47) 德正徑造坐席,連索熊白。之才謂坐者曰:"個人諱底?"(《北齊書·徐之才傳》)

李百藥的父親李德林(530—590)在北齊時已開始編寫《齊史》,惜其未成,李百藥是在他父親著作的基礎上續成的。但這仍不意味着那時北方方言已有疑問代詞"底"字。因爲《北齊書》的傳主"徐之才"是從南朝抓來的俘虜。徐之才本人是南朝人,寄籍丹陽(今安徽省當塗縣小丹陽鎮),祖父、父親均爲當時名醫,他初仕南齊,後被北魏俘獲。《北齊書》僅此一例,李百藥(也有可能是源於其父李德林)故意如此行文,或許是爲了顯示徐之才的特殊身份。其實"個人諱底"中"個"表指示代詞"這",也顯示了他的特殊身份。劉知幾《史通》卷十七:"渠、伊、底、個,江左彼此之詞;乃、若、君、卿,中朝汝我之義。"此"個"字是吕叔湘先生所説的"唐以前僅見二例"之一(另一例是來自南方庾信的"真成個鏡特相宜")

---

① 《辭源》第三版,商務印書館,2015 年,頁 1553。

　　北方方言出現疑問代詞"底"字應該是在隋唐之後。王維(701？—761，河東蒲州人，今山西永濟蒲州鎮)、杜甫(712—770，鞏縣人，今河南鞏義西南)、韓愈(768—824，河南河陽人，今河南孟州南)、白居易(772—846，下邽人，今陝西渭南北)、元稹(779—831，河南人，今河南洛陽；居京兆萬年，今陝西西安)、李商隱(約813—約858，懷州河內人，今河南沁陽)等北方文人的筆下都出現了這種用法的"底"字；另外，它也出現在反映西北方言的敦煌變文《鷰子賦》(吳福祥1996：70)中。我們覺得，其所以能進入北方方言，或當是因爲隋唐南北統一，隨着南方强勢文化的北上，"底"字傳到了北方口語和書面語中。

　　吕叔湘《近代漢語指代詞》(《吕叔湘文集》第3卷178頁)對於"底"的來源還提出了一種新的觀點，即疑問代詞"底"源於"者"字説：

　　　　我們懷疑這個底字有無可能是者字的另一形式。我們知道跟者相對的若兼有指別和疑問兩用，那麽者字除指別外另有疑問的用法，也是可能的。至於者字轉變爲底，我曾經在别一篇文字裏討論過近代漢語助詞底(＞的)是從古代漢語助詞者變來的，可供參考。

其實吕先生在《論底、地之辨及底字的由來》一文中只是談了從功能上看，助詞"底"跟"者"有密切關係，卻没有談及疑問代詞"底"。他倒是在上面引文的注裏説明了原因，他是根據其他旁證材料類比推導出來的。文章説：

　　　　古漢語裏有些詞是指別和疑問兩用的，如：(a)台和以可訓"此"也可訓"何""於何"；(b)焉和安可訓"此""於此"，也可訓"何""於何"；(c)爰可訓"於此"也可訓"於何"(參看周法高《中國古代語法‧稱代編》)。六朝時期的指示代詞許訓"此"，如"團扇復團扇，持許自庶面"(樂府45.2)；到了唐宋時期，在爲許這個熟語裏，許字既有此義，又有何義，如"知君書記本翩翩，爲許從戎赴朔邊？"(杜審言《贈蘇綰書記》)皆是其類。

前三組材料均屬於上古漢語。衆所周知，中古漢語跟上古漢語有很多不同，上古漢語的規律在中古漢語能否繼續起作用，還未可知。太田辰夫(1987)對六朝新詞"許"字疑問義的獲得也有新的解釋(詳後)。

　　太田辰夫(1987)、朱慶之(1990)、俞理明(1992)等人的研究發現,中古漢語疑問範疇出現了一批新的特殊的單音節疑問形式,而且這些疑問形式的來源具有共同的特點。爲了方便説明,兹將朱慶之(1990)談到的詞語轉録如下表1:

表 1

新詞	詢問内容	新詞意義	例子	相關結構或詞語
爲	問原因	爲什麼	世人甚迷,捐棄甘饌,食此人爲?	何爲/爲何
所₁	問處所	哪裏	道士何來?今欲所之?	何所
所₂	問事物 "所由""所以"問原因	什麼 爲什麼	所因緣笑故? 所由有此諍競? 爾舍所以有此蓮華?	何所
如	問狀態 問數量 問原因 問處所 "久如"問時間	怎麼樣 多少 爲什麼 哪裏	不知其身大如? 王阿闍世所畢幾如? 餘有幾如? 所以然者如? 瞿曇如行? 得其法門,其已久如?	何如/如何 久如
緣	問原因	爲什麼	汝緣得乎?	何緣/緣何
等	問事物	什麼	用等稱才學,往往見歎譽?	何等
從	問原因	怎麼	太子好喜佛道,以周窮濟乏、慈育群生爲行之元首,從得禁止?	何從
若	問數量	多……	逸民家若遠?	若何
用	問原因	爲什麼	用縣邑求?	何用
故	問原因	爲什麼	故不令鳩那羅作其自業?	何故

　　朱先生認爲這些詞義的獲得方式是詞義沾染;俞理明(1993:145)則以傳統的"省略説"來解釋這種現象:"一些詞語中'何'脱落之後,由剩下的非代詞性成分表示疑問代詞的意義。"他們雖然解釋方法不同,但顯然都認識到這種單音疑問詞所獲得的新義跟相關的複合結構和詞

語有密切關係。據圖表我們可以得到如下推導式：

$$何\ A：表疑問 ＝＞A：表疑問$$

太田辰夫(1991：72)談到"許"字疑問義的來源時説：

> 中古時候，"所"還經常寫作"許"，因此，"許"有時用作"何"意，用於"奈許"（奈何）、"幾許"（幾何）、"持許"（用何）、"爲許"等固定結構（熟語）中。

"許"既然是"所"字寫法的變體，那麼"許"字疑問用法的來源也可以用上面的公式來解釋了。這樣解釋其發展，跟整個時代特色一致，似更有説服力。

表中"久如"問時間不合乎上述推導式，然而吴娟（2009）研究表明，疑問詞"久如"乃"久近如何"的雙音節縮略形式，其"如"仍表相似，既未受"何"詞義沾染，亦非後綴。因此"久如"可以排除在外。

在這樣的大背景之下，受類推作用的影響，我們覺得"何者"或許也會發生同樣性質的變化。

$$何\ A：A ＝＞何者：X$$

如果"何者"依同樣規則發生變化的話，X 應該等於"者"，即由一個"者"字來承擔"何者"的詞彙意義，但遺憾的是，我們在文獻中并沒有發現這樣的"者"字。再聯想到"底"字的疑問用法找不到比較有説服力的來源，我們不禁從這個角度把二者聯繫了起來。

——當然，與"吕説"一樣，這也是一個尚待進一步證實的假設。

參考文獻

楚永安《文言複式虛詞》，中國人民大學出版社，1986 年。

鄧軍《魏晉南北朝代詞研究》，上海人民出版社，2008 年。

董志翹、蔡鏡浩《中古虛詞語法例釋》，吉林教育出版社，1994 年。

劉開驊《中古漢語疑問句研究》，黑龍江人民出版社，2008 年。

柳士鎮《魏晉南北朝歷史語法》，南京大學出版社，1992 年。

柳士鎮《魏晉南北朝歷史語法（修訂本）》，商務印書館，2019 年。

吕叔湘《近代漢語指代詞》，載《漢語語法論文續集》，商務印書館，1985/

1992:1-406.

馬建忠《馬氏文通》,商務印書館,1898/2010 年。

(日)太田辰夫《漢語史通考(漢譯本)》,重慶出版社,1991 年。

王海棻等編《古代漢語虛詞詞典》,北京大學出版社,1996 年。

王力《漢語史稿》,中華書局,1958/1980 年。

吳娟《"久如"探源》,《漢語史學報》第 8 輯,上海教育出版社,2009:
226-233.

俞理明《佛經文獻語言》,巴蜀書社,1993 年。

(日)志村良治《中國中世語法史研究(漢譯本)》,中華書局,1995 年。

朱慶之《試論漢魏六朝佛典裏的特殊疑問詞》,《語言研究》1990 年第 1 期,
頁 75。

[附記]業師柳士鎮教授是中古漢語語法研究的大家。劉堅先生認爲其《魏晉南北朝歷史語法》"在一定程度上填補了歷史語法研究工作中的一個空白",筆者正是在學習其系列作品的基礎上進入到中古漢語研究領域的。業師爲文立意高遠,章法謹嚴,令人折服。弟子雖亦步亦趨,但天分有限,不能望其項背。拙作《試論"何者"及其相關的"底"字》是追隨老師學習的成果之一,今不揣淺薄,敬以此文爲先生八十壽。

語言演變中的"返祖"現象研究

車淑婭　南京師範大學

　　語言演變中有這樣一種有趣的現象,某個詞或者某個詞的某種意義,又或是某種語法現象,在語言發展的某個時期出現了,在經歷了或長或短的一段時期之後,這個詞或者這個詞的這種意義,又或是這種語法現象,沒有隨着語言發展的浪潮繼續前行,而是沉澱下來,在一定時期內,它們不再被使用,或者不再被廣泛使用。但是它們沒有永遠沉澱,在語言發展長河的另一階段,它們又浮出水面,重新被使用,或者重新被廣泛使用。我們借用生物學上的一個術語,把這種現象叫做語言演變中的"返祖"現象。這裏所説的"返祖"與嚴格意義上的生物學的"返祖"不完全重合,只是借用其"二次出現"的含義,來定義和描述語言演變過程中"出現—沉澱—再次出現"這一語言現象。語言演變中的返祖現象分布在語言系統中的各個方面,表現形式也是多種多樣,本文列舉三種表現形式,即詞的返祖、詞義的返祖、語法功能的返祖來對這種現象進行討論。

一　詞的返祖現象

　　詞的返祖是指該詞在演化過程中詞形和意義都沒有變化,但是在該詞出現以後,有一個時期不再被使用,或者不再被廣泛使用,該詞所表達的意義由另外的詞來承擔,但在另一個時期,承擔這一意義的詞不再表達這一含義,該詞又重新被用來表達這一意義。我們以"看望、探望"意義的"看"和"爭吵"意義的"爭口"爲例來説明這種現象。

(一)"看望、探望"義的"看"的沉浮

"看"的最早用例見於《韓非子》:

(1) 梁車爲鄴令,其姊往看之①。(《外儲説左下》)

該例中的"看"是"看望、探望"之義。不過先秦載籍中僅此一見,而且在此後的二百多年中未再見用例。其間"看望、探望"一義主要由"問"等詞來表達。"問"在先秦即有"看望、探望"之義,如《論語·雍也》:"伯牛有疾,子問之,自牖執其手。"又《泰伯》:"曾子有疾,孟敬子問之。"在《史記》中也有不少這樣的用例。如:

(2) 崔杼稱病不視事。乙亥,公問崔杼病,遂從崔杼妻。(《齊太公世家》)

(3) 閎且立爲王時,其母病,武帝自臨問之。(《三王世家》)

《韓詩外傳》中也有"看望、探望"意義的"問"。例如:

(4) 湯乃齋戒静處,夙興夜寐,吊死問疾,赦過賑窮。(卷三)

(5) 楚王之子圍聘于鄭,未出境。聞王疾,返,問疾。(卷四)

直到東漢"看"才又開始用來表示"看望、探望"之義。例如②:

(6) 我母今日何因緣故,不與我食,不來見看?(東漢失譯《大方便佛報恩經》③卷三,3/141a)

(7) 母情不然,複還看之。(《分別功德論》④卷五,25/48a)

此後"看望、探望"之義的"看"使用範圍逐漸擴大,最終沿用到現代漢語中。而"問"等詞則逐漸淡出這一領域,只在一些複音詞中還有保留,比如"慰問""問候"等。比如《世説新語》中"問"有 316 例,只有 1 例是"看望、探望"之義,而 53 例"看"中,就有 13 例是"看望、探望"之義。例如:

(8) 荀巨伯遠看友人疾,值胡賊攻郡。(《德行》)

(9) 丞相嘗夏月至石頭看庾公,庾公正料事。(《政事》)

---

① 關於該例的可靠性,見汪維輝(2000:407—408)。

② 例句引自汪維輝(2000:122—123)。

③ 關於《大方便佛報恩經》的時代問題,參方一新(2003:77—83)。

④ 關於《分別功德論》的時代問題,參方一新、高列過(2003:92—99)。

從戰國末期"看望、探望"義的"看"的初次出現,到東漢"看望、探望"義的"看"的再次出現,歷經二百多年。其間,"看望、探望"義的"看"經歷了一個"初次出現—沉澱—再次出現"的沉浮過程,反映了語言演變過程中詞的返祖現象。

(二)"爭吵"意義的"爭口"的沉浮

"爭吵"意義的"爭口"始見於南朝梁任昉的《奏彈劉整》(方一新、王雲路,1993:277)。這是一篇彈劾官吏的奏呈,此文載於《文選》卷四十。主要內容是記述了劉寅妻范氏以及幾個奴婢的陳訴、證詞,是法律文書實錄,不避俚俗,大概就是當時口語的直接記錄。其中的"爭口"是"爭吵、爭執"之義。

(10) 整語采音:"其道汝偷車校具,汝何不進裏罵之?"既進,爭口,舉手誤查範臂。(南朝梁任昉《奏彈劉整》)

但是,"爭口"一詞在六朝出現以後,並未一直沿用下來,在接下來的近七百年間一直處於沉澱狀態,直至元代以後才重新浮現出來。如:

(11) 尉遲恭爭口,打下我兩個門牙。(元楊梓《功臣宴敬德不伏老》第一折)

(12) 二人爭口不休,眾皆暗喜汪魏角勝,心中大快。(明張應俞《杜騙新書·謀財騙》)

(13) 彩神將李茂守琅琦,與汝霖奴子爭口。(清邵廷采《東南紀事》卷五)

近代出現的"爭口舌""爭口語"和現代漢語中的"爭嘴",也與"爭口"一樣有"爭吵、爭執"之義,只是沒有"爭口"的使用範圍廣。它們的用例如:

(14) 帝以大臣爭口語,無以示百官,乃俱罷。(《新唐書·鄭畋傳》)

(15) 大觀園流氓爭口舌　樂仁裏名士見秋娘(清張春帆《九尾龜》第一二三回)

(16) 她一五一十地述說着那單雲田如何和她爭嘴吵架的事兒,沒說完就委屈得哭起來。(王素萍《她還沒叫江青的時候·第

一次報復》)

"争口"一詞在六朝出現以後,經過近七百年的沉澱,直至元代以後才重新浮現出來,此後與"争口舌""争口語""争嘴"等同時活在口語中。"争口"的這一沉浮過程也反映了詞的演變過程中的"返祖"現象。

二　詞義的返祖現象

詞義的返祖是指該詞在演化過程中詞形沒有沉澱,只是該詞的某種含義在某個時期不再被使用,或者不再被廣泛使用,該詞在該時期表達的是另外的意義。但在另一個時期,沉澱下去的含義又重新浮現出來。前後兩次出現的這一詞語,詞形相同,含義相同,其來源和出現的語言環境也相同。我們以指稱"地位卑微女子"的"小姐"和"處置、教訓"義的"修理"爲例來説明這種現象。

(一)"小姐"指稱"地位卑微女子"含義的沉浮

在宋代,"小姐"有一種普遍的用法,就是指稱社會地位低微的女性,有時指宫婢,有時指姬妾,有時指妓女,或者指女藝人,對於應用客體的婚姻狀況也不做具體的限定。蘇東坡《成伯席上贈妓人楊小姐》中的"小姐"就是指一位姓楊的妓女。清人趙翼《陔餘叢考》卷三十八"小姐"條目也説:"今南方搢紳家女多稱小姐,在宋時則閨閣女稱小娘子,而小姐乃賤者之稱耳。"例如:

(17) 傅九者好狎游,常爲倡家營辦生業,遂與散樂林小姐綢繆。(宋洪邁《夷堅三志己》卷四)

(18) 吏部侍郎陳彦修,有侍姬曰小姐,氣羸多病。(宋馬純《陶朱新録》)

(19) 恭有妾曰小姐,躬蹙織勞。(宋岳珂《桯史》卷六《汪革謡讖》)

(20) 榮王宫火起……勘得掌茶酒宫人韓小姐……放火。(宋錢惟演《玉堂逢辰録·榮王宫火》)

但宋代"小姐"表稱社會地位低賤的宫女、婢女、妓女和妾的用法此期以後沒有得以沿用。入元以後,"小姐"反而成爲一種表示尊敬的稱謂,用來指稱富貴、官宦等有地位、身份人家的女兒,既可指官僚富家未嫁少女,也可指已婚女子,還可在"小姐"前冠以"千金"二字,有時也可省稱爲"千金"。例如:

(21) 小姐、夫人去逝,僕年七十有二。(《全遼文》卷九《馬直溫妻張館墓志銘》)

(22) 你乃是官宦人家的千金小姐,請自穩便。(元張國賓《薛仁貴》第四折)

(23) 怨不得他,真真是侯門千金,而且又小,那裏知道這個。(《紅樓夢》第五十七回)

以上是對官宦富家未嫁女子的尊敬稱呼語。

(24) (梅香云:)小姐,老相公知道,則怕不中麼?(元無名氏《孟德耀舉案齊眉》第二折)

(25) (正旦云:)小姐,我説你休説波。(元鄭光祖《牛梅香騙翰林風月》第四折)

以上是母家的人對已經出嫁的女子稱呼爲"小姐"。

(26) (正末云:)小姐,門首有甚麼人叫你哩!(正旦云:)秀才,我試看去咱。(元無名氏《孟德耀舉案齊眉》第三折)

(27) (正末扮金安壽同旦兒童氏、家僮梅香上,云:)俺小姐夾谷人氏,童家女兒,小字嬌蘭,取爲妻室,十年光景,甚是綢繆。(元賈仲明《鐵拐李度金童玉女》第一折)

以上是官宦人家的男性對妻子稱呼爲"小姐"(劉曉玲,2002:158)。

"小姐"表示對官宦富家女子尊稱的含義自宋代以後一直被穩定地保留到解放前。新中國建立後,一切剝削階級連同和他們有着血緣關係的"小姐"都成爲被打倒被批判的對象,因此"小姐"這個詞在解放後至改革開放初的很長一段時間裏銷聲匿迹而廢棄不用。這段時間不分男女的"同志""師傅"通行全國,在彼此較熟悉的場合,老人對年輕女性稱"閨女""姑娘""妹子";平輩稱年輕女性爲"同志";少兒稱其爲"大姐姐",甚或是"阿姨"。

"小姐"表示對官僚富家女子尊稱的含義雖然消亡了,但是指稱社會地位低賤女子的含義,特別是指稱妓女的用法又浮現出來,清末平步青在《霞外捃屑》中說"今滬上勾欄,率呼妓爲小姐",在清末蘇滬一帶就稱妓女爲"小姐"。例如:

（28）小姐兒,搭胭抹粉把風流賣,專等俏郎來。（清華廣生《白雪遺音·馬頭調·小姐兒》）

（29）寶貴人家的女子,便叫千金小姐;這上海的妓女也叫小姐,雖比不到千金,也該叫百金⋯⋯（清吳趼人《二十年目睹之怪現狀》第三十五回）

但清代的這次浮現,使用範圍不大,時間不長,沒有得到廣泛使用,此後"小姐"指稱妓女的用法又一次沉澱下來。直到 20 世紀後半期這種含義又一次浮現,在 60 年代的香港小說中,可以看到女招待或從事色情服務的女子稱"小姐",漸漸地"小姐"就經常被用來稱呼那些操不正當職業的女性。例如:

（30）坐臺小姐扭過來,要麼倚在他的身邊,要麼坐在他的大腿上。（池莉《小姐,你早·女人的頓悟來自心痛時刻》）

（31）這年頭,婊子才叫小姐呢。（談歌《大廠》,《人民文學》1996 年第 1 期）

指稱社會地位卑微女子含義的"小姐"一詞在宋代初次出現,在元、明兩代沉澱,清代短期、小範圍的浮現又再次沉澱,至 20 世紀後期重新浮現,並逐步得到普遍的使用。其間經歷了一個"初次出現—沉澱—再次出現—再次沉澱—重新浮現並廣泛使用"的沉浮過程,反映了語言演變過程中詞義的返祖現象。

(二)"修理"表示"處置、教訓"含義的沉浮

大約在唐代,"修理"産生了"處置、教訓"的含義。例如:

（32）緣人命致重,如何但修理他? 有計但知說來,一任與娘子鞭耻。（《敦煌變文·舜子變》）

"修理"的"處置、教訓"義大約是從"修理"的"整治、修復"義引申而來,即把損壞的東西恢復原來的形狀、結構或功能等,這一意義在東漢即已産生。例如:

（33）延乃爲置水官吏,修理溝渠,皆蒙其利益。(《東觀漢記·任延傳》)

"處置、教訓"義的"修理"是指教訓那些有了別人認爲是錯誤行爲的人,警示其以後不要再做出同樣的行爲,就像把損壞的東西恢復原來的樣子一樣。其出現的語言環境是,在某人有了別人認爲是錯誤的行爲時,爲了警示他,使其以後不再做出同樣的行爲,就說要"修理"他,一般要帶"修理"的物件,也可承前省略"修理"的對象。比如上文所舉《敦煌變文·舜子變》中的用例就是說,舜子的繼母總是看舜子不順眼,想方設法和舜子過不去,想出種種辦法攛掇舜子的父親懲治、折磨舜子,直至致舜子於死地(蔣禮鴻,1997:245)。

但是唐代産生的"修理"的"處置、教訓"義,此期以後並未得到廣泛使用,這種用法長期沉澱下來了,"修理"的"整治、修復"之義得以繼續沿用。例如:

（34）十月,說與百姓每:橋梁道路,都要依時修理。(明沈榜《宛署雜記》卷一)

（35）上次修理房子的工錢,你扣下了麽?(曹禺《日出》第二幕)

到了二十世紀,"處置、教訓"義的"修理"又開始使用,它的含義還是指教訓那些有了別人認爲是錯誤行爲的人,警示其以後不要再做出同樣的行爲。它的來源還應該是從"修理"的"整治、修復"義引申而來。它所出現的語言環境依然是在某人想警告、教訓他認爲有錯誤行爲的人的時候,"修理"後一般也要帶"修理"的物件,也可承前省略"修理"的對象。所以,這時"處置、教訓"義的"修理"與唐時"處置、教訓"義的"修理",應該是同一個詞的同一含義的二次出現。例如:

（36）當初調她來,分明有修理一下的意思。她還說,我準會被修理到半死。(王小波《黃金時代》四)

（37）對方早就處心積慮尋找時機修理他了……(梁曉聲《激殺》)

"修理"的"處置、教訓"義在唐代初次出現,此後經過一千多年的沉澱,直至20世紀才又重新浮現,並逐步得到普遍的使用。其間經歷了一個"初次出現—長期沉澱—再次出現並廣泛使用"的沉浮過程,反映了語言演變過程中詞義的返祖現象。

三　語法功能的返祖現象

語法功能的返祖是指某些具備某種語法功能的詞,在語言演變的過程中,有一個時期沒有或者未發現又或者很少發現它們具備這種語法功能的用例;或者説在這一時期,它們似乎不再具備這種語法功能,但是在後來的某個時期,它們的這種語法功能又浮現出來,而且使用廣泛。我們以句尾語氣詞"那"和人稱代詞、名詞複數詞尾"們"爲例來説明這種現象。

(一) 句尾語氣詞"那"的沉浮

"那"是六朝新興的句尾語氣詞,應用於"對面陳説"的場合,有兩種語法功能:一是表示疑問或反問語氣,在表示反問時,帶有一些誇張的意味(柳士鎮,1992:263),相當於"嗎"。一般是無疑而問,是以疑問的形式印證自己的識斷或推測,用"那"表疑問時,不再兼用句中語氣詞(蔣宗許,1996:69)。二是表示肯定或驚歎的語氣(方一新、王雲路,1994:16),相當於"啊"。例如:

(38) 時有女子從康買藥,康守價不移。女子怒曰:"公是韓伯休那? 乃不二價乎?"(《後漢書·韓康傳》)

(39) 疲倦向之久,甫問君極那? (晉程曉《嘲熱客》)

(40) 休仁由來自營府國興生文書,二月中,史承祖齋文書呈之,忽語承祖云:"我得成許那? 何煩將來!"(《宋書·始安王休仁傳》)

但是,句尾語氣詞"那"在六朝產生以後,没有繼續沿用,在六朝至隋唐(尤其是唐)的中土文獻包括口語化程度較高的作品裏用例極少①,在漢文佛典中用例稍多但仍無法與句尾語氣詞"耶"的使用情況

---

① 《晉書·潘懷太子傳》中有 1 例:"太子至許,遺妃書曰:'……不孝那! 天與汝酒飲,不肯飲,中有惡物邪?'"《敦煌變文集·維摩詰經講經文》中有 1 例:"其醫人忽爾抬頭,見此中官,更言曰:'阿娦道底是那。'"參方一新、王雲路(1994:16)。

相比(方一新、王雲路,1994:16)。也就是說,在六朝以後直至唐末近三百年間,句尾語氣詞"那"處於沉澱時期,此期句尾語氣詞"那"的語法功能主要由另一個句尾語氣詞"耶"承擔,在唐散文、唐傳奇、唐小說、敦煌文獻抄本以及唐代書法家之字帖中都大量使用句尾語氣詞"耶"。據統計,《唐文英華》所輯錄的唐人文章中,"耶"有 23 個,《唐宋傳奇選》中"耶"有 15 個(吳欣春、張瑞英,2003:47)。例如:

(41) 皆暮去朝至者,寧有顧惜心耶?(唐孫樵《書褒城驛壁》)

到了唐五代時期,句尾語氣詞"那"又開始浮現出來,出現了少數用例。如:

(42) 一人云:"齋去日晚。"一人云:"近那! 動步便到。"(《祖堂集》卷五)

(43) 有一僧吃粥了便辭師。師問:"汝去什麽處?"僧云:"禮拜大潙。"師云:"近那! 吃飯了去也。"(《祖堂集》卷十九)

而到了宋代,句尾語氣詞"那"用例開始增多,據統計,宋代普濟《五燈會元》中表示疑問語氣的"那"有 15 例,表示肯定、驚歎語氣的"那"有 18 例(蔣宗許,1996:68)。如:

(44) 師問曰:"汝得他心通那?"對曰:"不敢。"(卷二)

(45) 後有省曰:"元來恁麽地近那!"(卷十九)

在金元戲曲中句尾語氣詞"那"得到了普遍的使用,《董解元西厢記》中有 15 例(蔣宗許,1996:68),如:

(46) 這妮子慌忙則甚那? 管是媽媽使來吵?(卷一)

(47) 紅娘:"又來也那,你又來也!"(卷五)

元曲中的用例如:

(48) 婆婆,你為什麽煩惱啼哭那?(元關漢卿《竇娥冤》第一折)

(49) 程嬰,你鏟的打我那!(元紀君祥《趙氏孤兒》第三折)

句尾語氣詞"那"在魏晉南北朝時期產生,越過隋唐,到晚唐五代再次出現,其間經歷近三百年。句尾語氣詞"那"完成了一個"初次出現—沉澱—再次出現"的沉浮過程,反映了語言演變過程中詞的語法功能的返祖現象。

(二) 人稱代詞、名詞複數詞尾"們"的沉浮①

人稱代詞、名詞複數詞尾"們"始見於宋代。如：

(50) 郎君們意思，不肯將平州畫斷作燕京地分。(宋徐夢莘《三朝北盟會編》卷四)

(51) 進曰："我嘗見措大們愛掉書袋，我亦掉一兩句。"(宋文瑩《玉壺清話》卷八)

(52) 師師聞道，唬得魂不著體，急離坐位，説與他娘道："咱家裏有諜語訛言的，怎奈何娘，你可急忙告報官司去，恐帶累咱們！"(宋佚名《大宋宣和遺事•亨集》)

(53) 若論他甚樣資質孝行，這幾個如何及得他！他們平日自恣慣了，只見修飭廉隅不與己合者，即深詆之，有何高見！(宋朱熹《朱子語類•本朝四》)

我們抽取部分宋人筆記、小説進行統計如下表1所示。從統計結果看，人稱代詞、名詞複數詞尾"們"在宋代的使用較爲廣泛。

表1　宋人筆記、小説中人稱代詞、名詞複數詞尾"們"的使用情況

文獻	朱子語類	玉壺清話	大宋宣和遺事	辯誣筆録	中興戰功録	癸辛雜識	齊東野語	黑韃事略
們	66	1	1	1	1	1	1	1

但是人稱代詞、名詞複數詞尾"們"從元代開始沉澱直至明初，在元代、明初文獻裏人稱代詞、名詞複數詞尾基本上不用"們"，而是用"每"。例如：

(54) 枉惹的街坊每耻笑，著親鄰每議。(元無名氏《神奴兒大鬧開封府》第一折)

(55) 我每奏討物件，也不肯與我每。(《正統臨戎録》二)

明朝中葉以後"們"又逐漸浮現，從表2可以看出明人筆記中"們"的使用已明顯增多。

---

① 本條主要參考吕叔湘、江藍生(1985：54—58)。

表 2　明代筆記、教科書中人稱代詞、名詞複數詞尾"們"的使用情況

文獻	四友齋叢説	病榻遺言	東江始末	先拔志始	烈皇小識	萬曆野獲編	閒情偶寄	大同紀事	老乞大	朴通事
們	8	2	5	7	6	4	3	5	179	116

此後人稱代詞、名詞複數詞尾"們"的用法就固定下來了，並且一直沿用到現代漢語中。

人稱代詞、名詞複數詞尾"們"這同一個詞在宋、元、明之間經歷了一個"們→每→們"的反復變化，也是詞的語法功能"返祖"現象的反映。

四　語言演變中的返祖現象成因分析

語言演變過程中各個系統所表現出來的返祖現象並非偶然，它可以從一個側面説明詞彙語義系統富有彈性，也就是説，詞彙語義系統爲了適應交際的需要能够做出有效的調整和變動，當然這種調整和變動有一定的語言學成因。其語言學成因，總的來説，是語言自身性質的制約，容許形成返祖現象，另外還有經濟原則以及社會文化心理的作用。

第一，語言自身性質的制約，容許形成返祖。"語言本身不是一個自足的同質系統。在一個操同樣語言的社團裏，每個人都存在這樣和那樣的變異，即使一個人在不同的地點、時間、環境説話都有一定程度的變異行爲。社會語言學家認爲變異就像其他結構成分一樣，是一個語言不可或缺的成分，是語言的本質；没有變異，語言的交際功能就會失去。更爲重要的是，社會語言學家發現變異的發生、發生的範圍、發生的頻率、變異演變的方向等跟使用這種語言的人的社會因素有密切的聯繫。一旦把看似雜亂無章的變異跟使用這種語言的人的社會因素，諸如年齡、性别、社會地位、職業等聯繫起來，就會看出這些語言變異在這群人中的趨向性，所以變異是有序的，也就是説，語言是一個有序的異質系統。""一旦一種變異跟某種社會因素，諸如社會地位、經濟能力、職業、年齡、性别等掛起鈎來，這種變異就有可能被其他社團所采用，然後此變異也就可能在整個言語社團中擴散開去而完成變異的整

個過程"(陳忠敏,2007:F3—F4)。語言演變中的返祖現象也是語言變異的一種,返祖現象的出現是語言的"有序的異質系統"的體現,是語言這種自身性質制約的結果。

第二,是經濟原則的作用。語言以完成交際爲存在的客觀目的,語言自身極強的自組織性決定了,它演變的結果必然是越來越方便於交際。而方便交際的一個重要渠道是語言要簡潔明瞭,因此經濟作用在語言的演變中有着不可忽視的重要作用。語言的返祖現象就其本質來說,屬於舊詞新用,即舊的詞語在必要的時期重新得到使用。因爲漢語中一種事物或現象用許多詞語來表達是一種普遍現象,這種一義多詞現象一方面是語言詞彙繁榮的表現,另一方面也給人們的交際帶來不便。所以在詞義發展過程中,有些時期,表達一個含義的多個詞語中有些詞語就會消失或沉澱。但是當表達該含義的詞語意義轉移之後,還需要有一個詞語來表達這一含義時,原來沉澱的詞就有可能重新浮現並得到廣泛使用。比如在先秦,"看"和"問"都有"看望、探望"的意義,但在戰國末期至東漢這二百多年間,只用"問"表示"看望、探望"的意義,"看望、探望"意義的"看"沉澱了。但是當"問"主要用來表示"詢問"意義,不再表示"看望"意義時,就需要一個詞語來表示"看望"之義,這時"看望、探望"意義的"看"就重新浮現出來並最終得到廣泛使用。當然,語言的演變也允許新產生一個詞語來表達"看望"之義,但是相對於起用舊詞來說,新造詞語不符合經濟原則,從而可能增加言語交際者及語言學習者的負擔,所以,在語言自然選擇的結果中,起用舊有詞語的可能性,要大於重新創造新詞語的可能性。

第三,可能還有社會文化心理的作用。"漢語的精神,從本質上講,不是西方語言那種執着於知性理性的精神,而是充滿感受和體驗精神"(陳建民,1990:22—26)。所以,在漢語語言的演變發展中,社會文化心理的作用也不可忽視。崇尚時尚是一種社會文化心理,懷舊也是一種社會文化心理。在語言發展過程中,往往會有新的語彙出現,在崇尚時尚心理的作用下,新語彙的使用頻率可能顯著提高,也就使得一些舊語彙的使用頻率降低,乃至沉澱或消失。但是心理實驗表明,人們在面臨選擇的時候,也有人可能選擇那些自己不熟悉的、冒險係數較大的選項,但更多的人則會選擇那些自己最熟悉和瞭解、把握最大的選項。比如遇到困難需要找人幫忙解決時,大多數人都首先會想到自己最熟悉、最親近的家人和朋友,而不是相反。這種社會文化心理反映在語言演變過程中的一種表現就是,在懷舊心理的作用下,沉澱或消失了的舊的語彙,在語用環境適宜、語用條件成熟的情況下,又自然得到語言發展規律的選擇,重新浮現出來並得以廣泛使用,形成了語言演變中的返祖現象。當然,某種語言現象的二次出現,也可能是古今人語言使用心理的暗合,比如唐代寒山有詩:"我見被人瞞,一似園中韭。日日被刀傷,天生還自有。"其中的喻義就與當前流行的"割韭菜"暗合,也可以説,現在的"割韭菜"也是一種詞語返祖現象。所以説,雖然"語彙在語言中出現的頻率,一般地説是相對穩定的,但是當社會生活發生急劇變化時,某些語彙的出現頻率會大大增加"(陳原,1983:259)。當然,社會生活發生急劇變化時,某些語彙的出現頻率也會大大減少,甚至沉澱或消亡。語言文字是社會文化的結晶,這個社會過去的文化靠着它來流傳,未來的文化也仗着它來推進。所以社會文化心理必定影響着語言的演變發展,語言演變過程中返祖現象的一個重要成因就是社會文化心理的影響。

(注:我注意到語言演變中的"返祖"現象,是在南京大學中文系跟從柳士鎮師從事博士後研究的時候。柳師給予的指導、鼓勵與幫助,我永記於心! 謹以此文向老師問學請益。)

參考文獻

陳建民《現代漢語稱謂的缺環與泛化問題》,《漢語學習》1990 年第 1 期,頁 22—26。

陳原《社會語言學》,學林出版社,1983 年,頁 259。

陳忠敏《〈語言變化原理——内部因素〉導讀》,(美)威廉·拉波夫《語言變化原理——内部因素》,北京大學出版社,2007 年,頁 F3—F4。

方一新、高列過《〈分別功德論〉翻譯年代初探》,《浙江大學學報(人文社科版)》2003 年第 5 期,頁 92—99。

方一新、王雲路《讀佛典與中古漢語詞彙研究》,《古漢語研究》1994 年第 1

期,頁 16。

方一新、王雲路《中古漢語讀本》,吉林教育出版社,1993 年,頁 277。

方一新《翻譯佛經語料年代的語言學考察——以〈大方便佛報恩經〉爲例》,《古漢語研究》2003 年第 3 期,頁 77—83。

蔣禮鴻《敦煌變文字義通釋(增補定本)》,上海古籍出版社,1997 年,頁 245。

蔣宗許《語氣詞"那"考索》,《古漢語研究》1996 年第 1 期,頁 68。

劉曉玲《淺論稱呼語"先生""小姐"的歷史發展》,《語言研究》2002 年特刊,頁 158。

柳士鎮《魏晉南北朝歷史語法》,南京大學出版社,1992 年,頁 263。

吕叔湘、江藍生《近代漢語指代詞》,學林出版社,1985 年,頁 54—58。

汪維輝《東漢—隋常用詞演變研究》,南京大學出版社,2000 年,頁 407—408。

吴欣春、張瑞英《語氣詞"邪"與"耶"使用情況調查》,《古漢語研究》2003 年第 2 期,頁 47。

〔本文的部分内容曾載於拙作《古代漢語語義語法發展專題研究》及《南京師大學報(社會科學版)》2009 年第 5 期〕

轶

事

師門軼事

開門弟子

我們倆是柳老師的博士開門弟子，但都是應屆生，沒有工作經驗，爲人處事幼稚中有時又顯"蠻橫"。聽說師母做飯手藝特別好，就有意無意地在柳老師面前說羨慕老師有口福。柳老師時任社科處處長，工作特別繁忙，但經不住我們念叨，老師在百忙中還是帶我們去家裏品嘗了師母的手藝。可能是年輕，也可能是在那個時代，大部分人的肚子都缺油水，師母做的各種美味尤其是肉類，很快就被我們三個女生（高育花、蕭紅、張全真）一掃而光了。師母做的紅燒肉，成爲我們在南大三年最暖胃的回憶。

博士在讀期間，柳老師要求我們每周二去他上班的社科處彙報學習情況。剛開始不習慣，周一晚上總是焦慮不安，擔心自己讓老師失望。雖然大部分的彙報都很不成熟，但每次老師總能"沙裏淘金"，發現閃光點，也總能給予我們最大的安慰與鼓勵。99年春天，面臨論文和就業的雙重壓力，我們倆又開始害怕見老師了。於是，幾乎每周二早上7點半左右，南園八舍樓下都會傳來一個洪亮的男中音："育花、蕭紅在不在？""上午9點來辦公室找我。"自此，"育花""蕭紅"兩個名字被那個時期的很多女研究生所熟知。在那個電話、網路都還不發達甚至沒有的時代，老師的呼叫而且還是"大帥哥老師的呼叫"（同級現當代文學博士同學語）不知羨煞了多少同學，這也成了我們如今給自己學生顯擺的資本。

那個時候娛樂活動不多，打牌似乎成了大家消遣休息的最佳方式。何亞南師兄（雖然柳老師説按入門先後，我們應該是師姐，但我們還是習慣叫師姐）是“升級”高手，有時牌癮上來了，又找不到合適的玩家，就叫上我們倆。我們牌藝特別爛，經常邊打邊問：“這一局主是什麼？”但在打的過程中，我們絶對屬於無知者無畏型，所以每次剛開始的幾局，都會因爲我的不按常理出牌，攪亂了對家精心算計的出牌策略，也總還能贏一兩個回合。但一般一刻鐘一過，我們這一方就潰不成軍，經常被剃光頭。雖説牌藝差的上不了臺面，但並没有影響到打牌結束後，何亞南師兄做東的聚餐。可能就是因爲何師兄的寬宏大量，讓我們打牌時能心無陰影，至今還保持着一貫的“亂打”牌風！（1996級　高育花　蕭紅）

師門瑣憶

1996年秋，柳先生開始招收博士研究生，高育花和蕭紅師姐比我們早半年成爲老師帶的首屆博士生。我也趕忙提前半年完成了碩士論文答辯進入了博士階段的學習，跟段業輝師兄成爲了97年春的同學，何亞南師兄97年秋入學，我們三個都是中文系97級的，先生前後十二屆的認定是把我們三個人歸爲一級的。關於我提前半年進入博士階段，當時是受到了同宿舍理科同學的影響，至今想來不免有些後悔，其實當時先生不太贊同，先生覺得漢語史專業重積累，還是讀完三年較好。跟幾位師兄師姐比起來，我也是最不用功的，99年夏天論文卡在了那裏，被先生叫到南師大高考閱卷現場質詢，先生嚴厲的話語還未落下，我的眼淚就掉下來。當時在場的何亞南師兄見證了我的讀博至暗時刻，後來常拿這件事跟我開玩笑，説我有對付先生的策略，我一哭，先生都不好批評我了。後來先生給我定了dead line，每兩周必須交一部分，前後幫我改了三稿，論文終得以按時完成。我跟老段2000年1月20日都順利通過了答辯，這多虧了先生的鼓勵督促和有效的指導管理方法。要是放在今天，我一定會主動申請推遲半年或更長時間畢業，不給導師添麻煩。

"老段"是對段業輝師兄的稱呼，剛入學時師兄還在南師大中文系副系主任的任上，柳先生堅持讓他從行政崗位上退下來，專心讀書，還讓我喊他"老段"，現在想來大概其中也有深意。段師兄待人厚道、講義氣、熱情又親切，我常說我們倆放在一個經費本上的研究經費大概除了共同的答辯費，都被我用來買書了。我們每周都要去社科處小樓跟先生彙報最近一周的學研情況，師兄們都非常認真，我也從他們那裏學到不少東西。至於育花和蕭紅師姐，我們都住在西八舍，經常往她們宿舍跑，由於都是女生，八卦的範圍也更廣些。段、何兩位師兄當時都已經開始在南師大指導碩士生了，記得當年我去參加學術會議時，遇到他們的學生，就無限榮光地以"師姑"自居，育花和蕭紅師姐告訴我她們也這麼幹過。後來老師發明了"隔代同門"的概念，後六屆的師弟師妹都非常尊敬地稱師兄們爲"老師"了。

先生宣導師門的團結友愛。有了先生的教導，我初入師門就和當時已經畢業的劉開驊師兄建立了聯繫，在校的潘建珊師兄也對我非常好，他們都在很多細節上對我進行提點。這種傳統一直延續到畢業後。無論是高育花、蕭紅、段業輝、何亞南等師兄師姐，還是王建軍、張延成、崔達送、吳波、黎平等前後屆的同門兄弟姐妹，都給過我很多幫助。由於我一直在南大工作，還跟很多年輕的師弟師妹成爲了朋友，包括常以關門弟子自居的八零後王軍小師妹。

先生重師承。當年先生約我在大鐘亭門口會合，引薦我去拜訪太老師鮑明煒先生的情景還歷歷在目，記得先生給鮑先生帶了一本掛曆，鮑先生非常高興，說"有新的了"。喝完茶，先生就帶着我收拾套在杯托上的一次性杯子。先生常對我們說，洪誠先生是治三禮的，每次給留學生講《禮記》時，總會想起這些師承的細節，以及先生常常掛在嘴邊的"鮑先生待我很好"。

這麼多年來，先生一直對我包容大度。一是包容我在學業上按照自己的興趣走。碩士論文我沒有選先生的語法史領域，而是對郭璞《方言》和《爾雅》注釋感興趣，可先生並未干預，反而跟我講郭璞，讓我去玄武湖看郭璞的衣冠塚。先生一直深耕中古語法，而我對近代漢語頗感興趣,先生說你是北方人,對近代漢語語感好,就幫我把博士論文研究範圍進行了延伸。二是包容我對職業道路的選擇,博士畢業時我想從事留學生教學工作,曾問段業輝師兄能不能去南師大。先生得知後,立馬抓起電話打給李開先生,把我留在了南京大學海外教育學院。我那時常對先生說一些"人生是豐富多彩的",來粉飾自己的不用功,先生也總是寬容地笑笑,說:剛開始工作,精力應該多放在教學上,教學上要立得住。後來在我糾結研究方向該怎麼走時,先生鼓勵我向開驊師兄學習,可以做一些對外漢語領域的研究。

先生八十華誕,我入師門也已整整三十年,從碩士到博士再到留在南大工作,跟着先生學習做人做事,在先生的關照和包容下成長。在處理很多事情的時候,我往往會第一時間想起先生傳授的方法經略,每逢我們這些學生請益,先生總是馬上幫助做判斷,開方子。比起其他同門,能留在先生身邊工作是幸福的。先生動人以行亦以言,應天以實亦以文,這永遠都是我們學習的楷模。很多東西跟先生學習了,還要去真實地修行。(1997 春　張全真)

師恩如山　同門情深

高帽子

1997 年 9 月,我的讀博生涯開始了,每周二是固定的與柳老師見面的日子。在最早的幾周見面時,老師總是要誇獎我讀書用功。老師的誇獎讓我很是受用了一陣子,但退而自省,又感覺自己所爲與老師所誇名實難副。這不免讓我心生疑惑:我不住校,平時南師大尚有教學工作,家中還要照顧孩子上學,確實難以抽出很多時間讀書。老師誇我"讀書用功",或許另有深意?

讀博那年我已經 38 歲,面對小我 10 歲左右的同門,"老學生"都有一個致命弱點,就是好面子。老師都這麼誇你了,你總得有點樣子吧!想明白了,就只剩下把"讀書用功"付諸行動了。於是橫下一條心,接着就有 3 年勤奮讀書的激情歲月。20 多年過去,想起那段歲月仍能心潮激蕩,豪情千丈!

今生能有如此刻骨銘心的美好記憶，歸根結底當感謝老師的指導！不管老師有意還是無意，激勵指導法對我而言確實管用！這種指導法我稱之爲"戴高帽子"法。

空膠捲

1999 年 6 月，師姐蕭紅、高育花博士畢業了！她倆三年寒窗苦讀，居然連棲霞山都沒去過。作爲地主的我，熱情邀約她倆在離寧前游一次棲霞。

出游的前一天，我準備好了心愛的海鷗牌照相機，仔細地上好了膠捲。6 月的南京悶熱難耐，卻也抵不過我歡送兩位師姐的好心情！我們一路歡聲笑語，輕鬆洋溢在臉上。棲霞寺的鐘聲至今還在耳邊迴響，六朝的殘塔記錄着歷史的滄桑……

穿過棲霞寺便是上山的小道，我們邊走邊看邊聊天，我還不時舉起心愛的相機爲她倆留下倩影。那時的我對自己的照相技術充滿着自信，相信一定能爲兩位師姐留下人生中十分滿意的大片！

幾天後當我去冲印店取膠捲時卻讓我如墜冰窖！我不敢相信膠捲是空的！居然是空的！空得是那麼徹底，空得一無所有！我的心也空了，空得我無法面對兩位師姐！浪費了兩位師姐多少表情，大片沒有了！怎一個"愧疚"了得？感謝兩位師姐的大度，沒有了大片也沒有責備，反倒寬慰起我來，説今後有的是機會。20 多年過去了，總想找機會彌補，但總也沒機會。

如今我已退休，閑餘時間很多，常常想起"空膠捲"，一併聯想起與兩位師姐的棲霞之游。沒有空膠捲，那時的情景也許記得沒有那麼清晰。如此，有時又不免感謝起空膠捲來。但不管如何，我還是希望兩位師姐一起來寧，再游棲霞，最好是秋天，讓我把空膠捲填滿！（1997 級何亞南）

最憶柳蔭情滿蹊

一路走來，憶起老師辛勤培養我們的一幕幕，溫暖而感奮。我是1998 年暑期入學的，同級同門師兄有王建軍。當初冒然聯繫導師，鼓足勇氣打電話表達報考志願,老師熱情地解釋報考程式並表示歡迎我報考,這使我立生拼搏一試之心。按王師兄回憶報考心情的話是"開弓沒有回頭箭"。電話那頭的聲音低沉渾厚而有懾服力,讓我莫名地親近嚮往,同時也夾帶一絲畏懼惶恐。

老師不怒自威,對我們學業要求嚴格。當時南大要求博士生畢業須發3篇重要期刊論文,這如同達摩克利斯之劍日夜懸在我們頭頂。我雖然是碩士畢業,但寫論文仍没"上套"。記得交過一篇論文,老師很不滿意,不僅批評我,連同碩士階段導師也直接電話抱怨一通,這令我非常羞愧,悚然有所自立。後來,聽聞很多老師培養的策略和風格,方知這種批評是對我們學生的一種棒喝和一劑猛藥,是大愛之下的"憤啓"之術。老師對我們平時的論文很上心。三年間我交給老師10多篇論文,每次過幾天老師就有批閱回饋,從立意、謀篇到文字標點,字裏行間丹鉛燦然。我一開始交論文時,也没指望老師會這麼修改。後來"習以爲常",以爲導師就應該這樣修改。再後來,有了各專業同學的橫向比較以及自己成了博導後的縱向對比,才知道這種精細修改是很少有博導能做到的。我跟很多不同專業的博導就批改學生論文交流過,他們通常只會細改學生一篇文章。我這種先天不足的學生在讀博期間能發表12篇論文,拿到光華一等獎學金,與老師的辛勤培育是分不開的。寫論文方面,王師兄比我強多了,他當時已經是副教授,第一學年末就有論文發表,這讓我羨慕不已。即便這樣,老師對他仍有更高要求,記得有一次親眼見到老師把他"罵"得眼淚直滴。我們通常一起去找老師,老師經常叮囑王師兄不要亂跑,不要没事回家,還囑我監督彙報。王師兄也深感老師的期許,老老實實地待在學校苦讀。由於王師兄出論文又快又多,品質也高,這讓我頗感壓力。於是,一年後,我找到一個平衡的由頭來調侃他。進校時,老師就給我們開一個長長的書單,我第一年就老老實實地把書單讀完了,後來才知道老師對此也吃驚,他說一般都讀不完的。王師兄肯定讀不到三分之一。遇到聚會時,我就"告狀"、爆他這個黑料,他也不以爲忤。

老師舐犢情深是師門學子的共同感受,這也是師門凝聚力超強的緣由之一。記得段師兄多次用其老家話把老師關愛之舉概括爲"護犢子"。我小時候放過牛,知道老牛護犢子的行爲是可怕的。如果你不注意招惹了小牛,雖然不是出於惡意,但老牛會迅速冲頂過來,那情形至今讓我畏懼。段師兄説的"護犢子"是要表達老師出於真情和本能地關愛我們,這種關愛是濃烈的,來得果斷而直接,很多時候你都察覺不到。畢業時,老師爲我寫去北京某大學做博後的推薦信,非常慎重,專門走進書房琢磨書寫,並鄭重地蓋上自己的印章。後來得知,那邊的學科負責人説柳老師對他們有過幫助,專門聯繫學校職能部門爲我爭取到名額。後來雖然換了學校,有愧于師恩,但老師"護犢"之情卻難以忘卻。老師也善於鼓勵獎掖學生。我當時通過武大的求職面試,學校擬讓我教語言學課程,我向老師表達了一些擔心,老師輕輕來一句:"這你怕什麽?"言下之意是説我水準不錯。老師的肯定給我很大的自信和勇氣。蘇州聚會時,我送書給老師,老師回信説:"回來翻看大著,較之學位論文,水準有了很大提高。我很喜歡你不汲汲於名利,十幾年後出版,影響要大許多。"老師的話很鼓舞我,激勵我潛心於學術。

我們難以忘卻的還有老師的字,那是一種風格穩健的行書。老師上課的板書整齊周詳,雖然是粉筆,但行筆有如快劍斫陣,筆鋒明粲,字列森然。老師行書的用筆、結體和審美都很高妙。尤其是結體,點劃避讓轉承,"穩不俗、險不怪"。後來有機會看到老師中學時期的書法,儼然已成此風。王師兄説:"你注意没,老師的字從高中到現在幾乎没變過?"對比我自己,我知道這是一種高級的讚揚。我自幼練過書法,自認爲鑒賞力不俗,但與老師的書法相比,我自歎弗如遠甚。我雖然練過不少體,但一直没風格,而老師竟然在高中階段都有自己的"體"了。這種持恒勁拔的書風是人格穩健高尚的一絲外顯而已,是我終身要學習的。我還把老師給我手寫的書單、寫過論文評審和工作推薦信等文字拍照放在電子筆記中,心摹手追,以期上進。(1998 級　張延成)

遇　見

倘若把往事比作塵封在記憶中的夢,那麽在南大求學的歲月便是夢中的一束光,每當遭遇人生困境,這束光總能賦予我無窮的勇氣與力量。

1999 年春暖花開的時節，我從貴陽踏上昆明至上海的綠皮火車，長途跋涉 50 多個小時，來到南京參加博士研究生招生考試。

從小學到碩士畢業留校，我一直都在老家。在此之前，我從未見過柳先生，以致面試環節，誤把高老師當成了柳先生。高老師整個過程都不苟言笑，我便以爲先生對我的表現不滿，肯定沒戲了。這樣一想，身心鬆弛，反而發揮自如——時不時瞪高老師一眼除外。事後，做記錄的王師兄告訴我面試成績不錯。有天晚上，高師姐專門來通知説老師讓明早去他辦公室。第二天，我一進門便承認錯誤，老師哈哈大笑："我知道你把我認錯了。"老師給了我一張書單，叮囑我回去好好閱讀。

承蒙先生不棄，我這個來自西南山區的少數民族考生竟得以入門，從此開啓了與柳門之間"天不老，情難絕，心似雙絲網，中有千千結"的情誼。

三年的讀書生活無疑成了我人生中最寶貴的經歷。我這個對中古漢語語法"不知有漢，無論魏晉"的淺陋之人，"忽逢桃花林"，在先生的引領下一步步努力往前，一路欣賞着沿途的鮮美芳草、繽紛落英。

先生的諄諄教誨產生了潛移默化的影響，我們不僅學到了專業知識，更懂得了做人的道理。在這個大家庭裏，但凡遇到困難，家人都會想方設法施以援手；在這個大家庭裏，人人秉承師教，與人爲善，勤勤懇懇做事，踏踏實實做人；在這個大家庭裏，時刻都洋溢着奮發向上的青春活力。三年下來，我對"桃李不言，下自成蹊"這句話有了更加切身的感受。

有句話這樣説的："教育就是一棵樹搖動另一棵樹，一朵雲推動另一朵雲，一個靈魂喚醒另一個靈魂。"我認爲用它來詮釋柳門精神，再合適不過了。得益於老師的言傳身教，如今，我們每一個學子都成長爲那一棵棵樹，一朵朵雲，在全國各大院校喚醒無數的靈魂。

時光荏苒，寒窗的日子雖早已遠揚，回想起來卻那麼的親切，有的直教人忍俊不禁。記憶中，老師時不時打電話到宿舍——這似乎是南大導師的"專利"，室友的導師也時不時查崗。我倆迅速達成共識：若本人不在，接電話一方一律回答"她到圖書館查資料去了"；記憶中，黎平老是睡眼朦朧冷不丁出現，嚇人一跳；王師兄跟張師兄這對歡喜冤家總會"互掐"，逗得我們前俯後仰；而達送兄只要用胳膊叩擊兩下墻壁，和忠兄便從隔壁飛奔過來……

據說前世的五百次回眸，才換來今生的一次相遇。能在最好的時光與美麗的南大相遇，與景仰的恩師相遇，與親愛的同門相遇，何其有幸！此刻，只想輕輕地問一句：爬滿常青藤的北大樓啊，你还好嗎？

（1999 級　吳波）

師門印象

2003 年從南京畢業到現在，整整二十年了。二十年的沉澱，有些大家都記得的事，我卻忘得一乾二净。比如：吳波師姐在閒聊中描述她面試時的情况是栩栩如生，我聽了卻是汗顏無比。因爲我腦海裏只有筆試時的情景，而對面試卻一點印象都没有。後來，吳波師姐告訴我，柳先生後面去問她，説我面試時狀况很不好，是怎麼回事。吳師姐幫我一通解釋。怎麼解釋的，吳師姐也没細説，反正就是幫我各種開脱。其實當時的情况是，筆試之後，我自感英語很糟糕，心灰意冷，所以面試的時候大腦一片茫然。

而我能記得的，也只是些印象。

印象一：歲月年輪

我印象中第一次見先生，是在先生的辦公室。當時，先生還兼任南大社科處處長。我離門還有幾步遠，就聽一聲"黎平來了？！"，聲如洪鐘，嚇我一跳。本能想跑，硬着頭皮往裏走，也忘記回話，只在心裏嘀咕："天！老師能聽出我的脚步聲？啥時見過我？"其實面試就見過了，只是我忘了。第一眼，讓我有點驚訝！先生一頭烏黑的頭髮、面容不怒自威，完全出乎我的想像。直到先生語重心長地交待了幾句後，我的心才放下。這次見面，基本固化了我後來面見先生的心情波動曲綫。路上：忐忑；敲門：緊張；一聽先生説話：放鬆；出門："哈哈，又過了一關。"

就這樣：選課、選題、……

一關又一關,時間悄悄地流動着。

一次見先生回來後,忽然有一種異樣的感覺,卻又說不出具體是什麼。直到一位同門過來笑咪咪地問:"老師變了沒?""嗯……老師的頭髮白了些許、目光加了些柔和。""呵呵,老師做了爺爺,這就是歲月的年輪。"我這才若有所思、似有所悟。

若干年後,一位學生對我說:"老師,你沒以前凶了。""是嗎? 我以前凶嗎?"我很是詫異。"你以前可凶了。"我瞅着繈褓中的兒子,又看看學生,若有所思、似有所悟。

我天資愚鈍,先生的學問沒學到;而歲月的年輪卻悄然地輪回着……

印象二:輕鬆和諧、傳承師訓。

當時經常交往的同門有張延成師兄、吳波師姐、陳文傑師兄、崔達送兄;段師兄、何師兄、張師姐等已經畢業工作;王建軍師兄、劉大師兄、伍和忠兄等都是已工作的,在校時間不多;剛進校的師弟師妹們,尚處一年級,課程多。所以我和他們交往相對要少些。雖或多或少,整體氛圍都是輕鬆和諧,主旋律都是傳承師訓。

輕鬆和諧的經典節目有王、張二位師兄繪聲繪色說着彼此戲謔的開心事,有崔達送兄和伍和忠兄酒後微醺的安慶黃梅戲和廣西民歌,不一而足。那時我最開心的事是大家去陳文傑師兄那喝啤酒、吃西瓜。陳師兄那時是博士後,住的是公寓。那比我們博士宿舍是闊氣多了。陳師兄山東人,說話直爽、笑容坦誠,我們也樂於常去他那聚聚。答辯時,先生滿臉笑容地給李開先生遞煙,"李兄、李兄,來根!""好! 好!"此刻,我腦海立馬浮現出:陳師兄滿臉笑容地舉着酒杯,"師弟、師弟,來、來,喝深點。""好! 好!"

有關師訓,說兩條。一條叫:獨立自主。剛來時,師兄師姐們就提醒我,找老師時要自己先想好、有自己的主見,再請老師把關,而不是像碩士階段那樣,老師給題目給材料自己做就是了。這條是我當時就現學現用了的。記得選課時,我拿着填好的表遞給先生說:"先生,我們開始要選課了。"先生臉一沉:"嗯! 你這是怎麼回事?"我立馬腰一挺,中氣十足地說:"我認真考查了可選課程,已經全部選好。這是請您把關!"先生先是一愣,立馬笑着説:"對對對,博士階段就應該這樣。好好好,我看看。"一口南京口音,先生語速快時,南京口音就重。此時,我心裏在一個勁地感謝師兄師姐們。

還有一條叫:多栽花,少種刺。這條意思:一是,常識性問題没必要去與人爭高下,這個對學術本身没用;二是,有與自己觀點繞不開的不同觀點需要與之辯論時,也不能回避但語氣要謙和。這條我是因爲做得不好經常碰壁後,才記起的。教訓深刻才曉悟:師兄師姐們所傳承的這條師訓有多重要。記此,亡羊補牢。

我有嚴重的拖延症,張師姐老早就説了寫回憶師門的事。我一直拖着。其實拖着的原因還有:我記憶力不好,很多記憶只是些殘片;我的書面表達能力在同門中算弱的。這次張師姐説,大家都寫了,就缺你了。我才逼着自己泡起圖書館,把一些記憶中的殘片連綴連綴。

所記之事少,所用之言碎,然卻勾起我無盡的思緒。

此刻,我非常想念先生!非常想念同門各位兄弟姐妹們!(2000級 黎平)

陳崔劉伍四人行

柳門 2001 級博士生四人,由少及長,綫性序列爲:陳祥明—崔達送—劉開驊—伍和忠。祥明本碩博不間斷,碩博皆師從先生。達送、開驊、和忠工作數年後方報考,入學前皆已獲副高職稱,正朝着不惑之年邁進。開驊還是柳門開山弟子,1990 年即爲先生碩士研究生;達送、和忠先前跟隨先生訪學一年,係正宗"博士前"。

四兄弟經歷不同,脾性各異,有緣共聚柳門,便"臭味相投""沆瀣一氣"。每日散步必入書店,進入書店必淘書;食堂用餐常同行,相約同行則擊墙爲號。間或聚集飲酒、誦詩、K 歌。酒酣耳熱及酒後休整,定現三大畫面:以中特英語鬥嘴(祥明發起)、以昂揚朗誦助興(達送頗爲投入也很自得)、以瘋狂飆歌收隊(開驊係流行歌曲大麥霸,和忠爲傳統戲曲男高音)。有時,祥明還領着三位兄長雙手合十,口念"阿彌",繞着餐桌轉圈誦經。

四人學術雖各有所好,但讀書窮理,每有疑問,偶獲心得,皆及時聚商切磋、分享,樂在其中。學位論文撰寫亦依各人興趣。祥明愛靜,潛心於佛典研習,屬意其中中語法事實,終成《〈經律異相〉語法專題研究》正果;以相關内容形成若干單篇論文發表,至今仍保持較高引用率。達送好動,在幾個選題中游移,最終選定《中古漢語位移動詞入句功能研究》;論文出版後,孫錫信在其論著中設專節評述,認爲“選題新穎,視角獨特,頗具參考、借鑒、研究之價值”。開驊善疑,即以《中古漢語疑問句研究》爲題作斷代專題探討;此乃全面系統研究中古漢語疑問句之首部專著,正式出版後榮獲江蘇省第十一屆哲學社會科學優秀成果獎。和忠長於觀察,聚焦於動作行爲變化,選擇“體”範疇中“嘗試”“經驗”兩種次範疇,作《漢語表“嘗試”與“經驗”手段的歷時研究》;論文中部分内容單獨成篇,被遴選爲第四屆研究生語言學學術會議(香港大學)大會報告論文。四人論文打印成册,彼此交換,發明處共賞,疑義處相析,各指瑕謬,互美其美。

答辯之前,四人“瞻前顧後”,多方準備,力求成竹在胸。粉墨登場時,答問有條不紊、流暢自然,頗得與會大咖認可嘉許。李開師稱:“老柳的學生,個個出色!”

本屆答辯會,先生因赴韓國講學而未能出席。答辯後十許日,先生、師母由首爾返寧,和忠至禄口機場接機。先生囑師母坐副駕位,招呼和忠同坐後排交流。和忠就四人學習生活諸方面動態、心得向先生作簡要彙報。和忠記起李開師答辯會所言,便向先生復述一過。先生面向窗外,眺望遠方,微笑未應。(2001 級　凌依恬)

師門記學

進安師大讀研的第三年,碩導詹老師讓我考博。安師大離南京很近,而且那時詹老師的好友達送老師正在南大跟柳老師讀博,詹老師說:就考柳老師吧。我覺得自己考碩士都吭哧吭哧的,考南大博士恐怕得祖墳山起火了。但師命難違,硬着頭皮也得考。

考博再次吭哧吭哧上綫,多虧了達送師兄借給我他考博時做的筆記。面試那天，一個活潑靈動的女生坐我邊上，手裏拿着一叠讀研期間發表的論文，後來知道，那是同門劉曉梅。輪到我，柳老師看着我的報名材料説：字寫得不錯。見我只對着他一個方向説話，又説：你對着老師們説。

進了柳門以後，才知道老師不苟言笑，説話擲地有聲。老師當時在社科處任職，經常會叫我去彙報學習情況。每次去見老師，我都感覺像朝聖一般，又擔心又興奮，走到辦公室門口則加肅静焉，然後深吸一口氣進門。

讀博最開心的事莫過於跟那麼多同學一起去上課。老師上《魏晉南北朝歷史語法》，當然要十二分地用心。課很有趣，老師經常把《世説新語》掛在嘴上，我還清晰記得老師説到中古的量詞"枚"，張嘴就來"乃命左右悉取珊瑚樹，有三尺四尺，條幹絶世，光彩溢目者六七枚"，時不時漏出的南京腔特別是堅定的入聲讓人回味雋永。你無法拒絶一個身材魁梧、高大帥氣，夾着泛黃筆記本的大叔，透着一丁點諧謔的口吻説"姑娘好看現在叫天使面孔、魔鬼身材"，我已經不記得老師怎麼説到這兒的，但想起來總會忍不住笑。

讀博最鬧心的事是寫畢業論文，選題就鬧心。要開題了，跟師兄們一起去找老師定選題。祥明師兄給我提示了個題目，老師覺得好，就這麼定了。回頭我弄了一個多月卻没啥進展，再找老師説換題的時候，我能感覺老師的失望和焦急，只能躲着老師的目光。後來我自己定了一個没有多少新意的題目，但殊不知越老生常談的題目越要出新，畢業論文稿老師改了又改。當然，我也有小心眼，我會偷偷把老師給的我不會修改的批復意見删了，然後那些地方原封不動地交稿。這種地方老師大多會忽略過去，然後給我找哪兒可以出點新意，哪兒有新的增長點，但也有生氣質問的時候：你怎麼把上次的修改意見删了？

離開師門已近二十載，讀書不精，學問不進，是爲憂；老師已棲身八秩，身强體健，思維活躍，時見佳作，是爲喜。（2002級　黄增壽）

綠野堂開占物華

2003 年 9 月，和張延俊師兄、盛海軍師兄相約一起去見柳先生。很早就聽聞柳先生的不苟與嚴格，流傳着師兄師姐因讀書不力多次被訓到淚水長流的故事。接過柳先生遞過來的長長的書單，心中十分惴惴。

然而只有和顏悅色、語重心長。聊到我的姓名和經歷，柳先生呵呵一樂，説"何生亮"。

有一次我蹬着自行車在行人中穿行，忽然聽到有人喊我，迎聲尋去，看到柳先生在路邊向我招手，尷尬地走過去，柳先生滿臉嚴肅地問：沒課嗎？不看書，騎車到處亂跑什麼？叮囑要認真學習，又叮囑注意安全。

張延俊師兄是柳先生最後一屆碩士生，碩士畢業時考取了柳先生的博士，同時又跟南京信息職業技術學院簽了工作合同，柳先生知道情況後説："把工作退了，好好讀博吧。"反映了柳先生對延俊師兄學習和研究的重視。柳先生非常關心學生就業，延俊師兄畢業時柳先生就專門給他寫過工作介紹信；當柳先生瞭解到南京教育學院有招聘名額時，主動給教院領導打電話予以推薦。

南大文學院每年都有"五二〇"論文報告會。有一年我提交了一篇論文，後來擬投到某刊物，拿去請柳先生修改。因爲聽了很多柳先生如何嚴格的傳聞，其實非常惶恐。改天去見柳先生，柳先生把論文給我，上面密密麻麻，紅紅的一片。那天柳先生和我聊了很久，爲人處世，學術研究，生活感悟。柳先生鼓勵我向優秀的師兄師姐學習。有一些話我銘記至今，後來也是我跟我的每屆研究生每年必然重複的話語。一個是文章寫完後，要放幾天，要讀出聲來，才能發現哪些句子不通，哪些地方不順；另一個是，如果非得要寫商榷性的文字，一定要充分尊重充分肯定原作者，措辭一定要客觀平和，切記不可帶有攻擊性，要就事論事。

白居易《奉和令公綠野堂種花》詩云："綠野堂開占物華，路人指道令公家。令公桃李滿天下，何用堂前更種花。""憶昨經過處，離今二十

年",感謝柳先生的蔭庇,二十年來,得到很多師友的幫助。我們時時感恩於心。(2003級　何亮)

南園追憶

我1971年出生在安徽歙縣的一個農村家庭。面對父母的艱辛,我1995年大四時主動放棄了考研,去到位於歙縣斗山街的安徽省徽州師範學校教書。我以爲可以偷偷看點書,想考研時也可以試一試,哪知學校壓根不給考研(不開"介紹信")。上個世紀末,安徽省的"函授研究生課程"開始了,我是第二批次獲允的。"文字學"詹緒左教授説他全班只給了兩個"優",其一就是我,這極大地鼓舞了我。我又見到了本科時的古代漢語老師儲泰松教授——他的出現與鼓勵,直接促成了我日後考博。我其實提前一年跟着比我高一級的學員去聽儲老師講"音韻學"了。一到課間,我就抓住機會向儲老師請教,聊到我的困境和理想,儲老師點撥我:"你可以先拿下碩士學位,再直接考博試試。"我於是充分利用我的英語優勢,順利拿下了"同等學力碩士學位"。

我的碩導是李先華教授,他也完全知曉我在原單位的處境,因此全力支持我考博,並專門電話事先告知我柳士鎮老師將到安徽師大來主持黃增壽師兄的答辯。我全程旁聽了黃師兄的答辯,第一次見到了柳老師。

其時我是不敢將自己和南京大學聯繫起來的,畢竟單位不給開介紹信,巧的是當年南京大學的研究生院網頁上出現醒目的滾動的提示話語,大意是"考生無須提交政審表"!報名環節,得益於崔達送老師的幫忙。報名材料中需要有兩個推薦人,李老師和儲老師又鼎力相助。考試時間是2004年3月,柳老師在韓國"客座教授",面試是汪維輝教授主持的。汪老師的面試我記憶猶新。我居然被錄取了,4月公示出來了,6月初收到了錄取通知書。

暑假裏接到柳老師電話,叫我去趟南京,説有話跟我説。我再次見到了威嚴的柳老師。他説:"你從拿到錄取通知書的那刻起,就要倒計時了。""我只管這個產品合不合格,至於它的代價我是不管的。"他給了我手寫的讀書目錄三大張,要我開學後複印一份給陳明富同學,我才知道我有個同門。柳老師的"直言不諱"給我留下深刻印象。

2005 年元旦後,見到了歸國的柳老師。柳老師讓人通知我們分別何時(精確到幾點幾分)到他辦公室去見他——我們"柳門"見老師基本是一個一個單獨見的。輪到我時,老師可能累了吧,問了一下情況,寒暄了幾句,就結束了。柳老師身兼數職,除了上課外,見面的機會屈指可數。與柳老師的交流要借助電子郵件,這據說多虧陳文傑師兄教會了柳老師使用電子郵箱。黃師兄 2005 年答辯的時候,他引用"不言而信,不怒而威,師之謂也",說這講的就是"柳師"啊。在場的師生或微笑或點頭,好像有的還笑出了聲。不知柳老師在現場的話,黃師兄還敢不敢說呢?

博二的時候,我與柳老師商量論文選題。柳老師說:"你選了我當導師,就要寫中古漢語而且是語法,要寫別的,除非換導師。"

轉眼到了博三。我投了求職簡歷,受邀於 2006 年 12 月到泉州華僑大學來面試了,且面試順利,文學院和人事處都表示接收我。我已經簽約了,但我不敢告訴柳老師。2007 年 3 月 29 日,我終於將博士論文的初稿打印出來,專門送去柳老師家。一個星期後,柳老師讓我去取他批注過的論文。站在他身邊,聽他指着密密麻麻的紅筆批注,我斗膽跟柳老師說了我要去華僑大學"面試"(不敢說已經簽約)的事情,沒想到柳老師的臉色瞬間多雲轉晴,還說他曾經到廈門大學檢查工作,路上走漏了風聲,受邀進華僑大學校園轉了轉,是石板路……不知情的柳老師還主動給我手寫了一封推薦信,感動不?

離開南京的日子臨近,柳老師和師母請我和陳明富吃飯,說爲我倆餞行。那是第一次和柳老師吃飯,席間得知他獨子也是 1971 年出生的,我就想,對與他們獨子同齡的我,柳老師和師母是不是會另眼相待呢?

2007 年畢業之後,我再也沒有回過南京。"天地君親師",現在柳老師即將 80 大壽,真希望屆時能够到南京去看望敬愛的柳老師,擁抱親愛的師母!(2004 級 胡萍)

良師如斯

讀博期間，老師給我們印象最深的，還是對博士論文的修改。正如幾位師兄開玩笑所言，每次修改，稿紙上都"滄海橫流"，到處都是"朱批"。最開始嚇了一大跳，後來逐漸適應了。正是這種密密麻麻的"朱批"，還有老師對論文總體高屋建瓴的指導，我們這些愚鈍的弟子才得以"撥雲見日"，最終獲得知識的真諦，這種批改又何嘗不是一種言傳身教和耳提面命呢。良師如斯，夫復何求？

另外要説的，就是老師的書法了。老師的字，飄逸而灑脱，清新而俊朗；有時似行雲流水，有時又如蒼松斜倚。論文每次批改下來，首先要先欣賞一會書法，再遨游"滄海"。如食珍饈，如飲甘醇。美哉！快哉！（2004 級　陳明富）

嚴而有愛

時光飛逝，我們畢業已經十五六年了。在這段歲月裏，柳先生和母校一直是我們成長的源泉和動力，我們時常回憶起先生的教誨和那段讀書的時光。

讀書是幸福的。我們的求學之路有些曲折，從中等師範學校畢業工作幾年後，通過自學考試，再到省教育學院脱產進修，然後考取了中西部偏遠地區的碩士研究生（寧夏大學、廣西師範大學）。南大是全國著名學府，柳先生在歷史語法研究領域有着卓越的成就。在入讀研究生之前，我們對學術一無所知，後雖讀了三年碩士，但仍在學術門口徘徊；最後能夠投身柳師門下，實屬人生幸事！在先生的淬煉和南大學風的薰陶下，我們比較圓滿地完成學業，得以順利畢業。

先生是嚴格的。他對我們的學業抓得很緊，要求我們保證讀書的時間，按時返校、離校。記得 2006 年春節後那次返校，學校定的報到日是元宵節這天，榮華在家過完了元宵節才到南京，結果被柳先生嚴屬地批評了一頓。從此之後，我們誰也不敢早離校晚返校了。入學之初，先生就給我們列出了一份長長的閱讀清單,包括重要的歷史文獻和經典的語法著作,並約定時間見面檢查指導,督促我們認真閱讀以打好基礎。先生雖然很忙,但對我們的教育從不放鬆,經常教導我們寫文章要"洗盡鉛華",要"注重材料"。我們的論文,先生總是能夠及時修改,每當拿回先生朱批滿滿的論文,敬重與慚愧的心情難以言表。

先生是包容的。先生以中古漢語研究名家,師兄師姐也大都以爲此作爲畢業論文的選題。鑒於我們的興趣和學養,先生充分尊重我們的意見,讓我們自主確定畢業題目。最後,我們分別以"主觀量"和"程度副詞"作爲論題,作漢語史的通史研究,且研究範圍也都沒有限定在中古的界域之內。

先生是有愛的。我們臨近畢業的時候,先生非常關心我們的工作單位落實情況,積極幫我們張羅合適的單位,或給相關高校的熟人打電話,或給我們寫推薦信、相關證明等。先生經常對我們噓寒問暖。記得有一次,家合衣衫單薄地去操場跑步,當時天氣已經比較冷了,卻在操場外遇到先生,他關切地問冷不冷,現在回想起來還感到溫暖。

我們正是受到了先生、同學和朋友的關愛和幫助,才走到了今天,才領悟到了一些人生的要義。無論何時何地,每每想起柳先生,想起南大,總是倍感親切,彌足珍貴。(2005 級 羅榮華 張家合)

"嚴"而有度 愛而有方

2006 年 9 月,我有幸邁進了南京大學的校門,和白雁南、張艷一起成爲在中文系攻讀博士學位的新柳門弟子。

柳老師的"嚴"是南京大學中文系出了名的,所以我一開始幾乎每天都在惶恐中度過。張艷和白雁南都非常優秀,她們的入學成績都遠好於我。張艷在攻讀碩士學位期間就已經在《中國語文》上發表了文章,而白雁南則是有工作單位的,這無形中給了我很大的壓力。那時的我感受最深的就是自卑了。

第一次給柳老師打電話預約登門拜訪,是在白雁南和張艷的極力"慫恿"下進行的。説實話,我那時真的是沒有膽量主動給柳老師打電話的。在白雁南和張艷的鼓勵下，我似乎有了一種敢於擔當的精神，毅然撥通了柳老師的電話：

"喂，柳老師嗎？您好！"

"哪一位？"

……

我剛説明意圖，電話另一端立即傳來柳老師那句堅定而不容置疑的回復："你們不要來！"就在我想要再堅持一下的時候，柳老師又强調道："叫你們不要來！"然後，電話就掛斷了。那一刻，我感覺無地自容。最終，我們帶着失落和忐忑，如泄了氣的皮球般各行其是去了。

柳老師在新雜志咖啡廳請我們吃飯的事，是埋藏在我們三人讀博期間共同的美好回憶。如今重溫起來，依然有種受寵若驚的感覺。2007 年 4 月底的一天，當時柳老師給我們上完了最後一節"漢語語法史"課，因爲要去北京組織當年全國高考語文試卷的命題工作，而且工作期間有着特殊的管理，不便於我們聯繫，所以柳老師就在出發前把我們三人叫在一起，詢問了一些我們學習和生活上的問題，交代了很多事情。白雁南和張艷跟柳老師一路聊得很開心，我則因爲一句"就看你們兩個了，你們努力啊"而被柳老師告誡："你也要努力啊！"最後，柳老師帶我們到了漢口路上的新雜志咖啡廳，請我們享用了一頓意義非凡的午餐。那天我一邊小心翼翼地用餐，一邊認真地聆聽着柳老師的教誨，心中五味雜陳。那是柳老師第一次和我們三人一起吃飯，不曾想後來卻讓羅榮華和張家合二位師兄羨慕了好久。

一天上午，臨近中午放學時，柳老師正在給我們上課，忽然教室裏傳來一陣女生打電話的聲音。電話聲有點兒尖鋭，給我們的課堂帶來了嚴重的幹擾。正當我們不知所措時，柳老師快步走下講臺，迅速拉開了教室門，對着打電話的女孩兒吼道："上一邊兒打去！"瞬間，電話聲消失了，教室裏也一片寧静，就在我們以爲柳老師會滿臉怒容走回講臺時，柳老師卻笑了，而他那句"太投入了"的解説更是給教室裏帶來了一片笑聲。

……

南大三年，很多人談到柳老師時都有共同的感受——嚴。但我們明白,柳老師的"嚴"並非外人理解的那麼膚淺,這是一種嚴而有度、愛而有方的"嚴",是一種催人奮進、充滿關心和愛護的"嚴"。

行文至此,頗多感慨,姑賦一詩以煞尾:

忝列柳門知淺薄,三年把卷欲求多。嚴師策我無偷惰,莫待悔時雙鬢皤。(2006級 程亞恒)

關門弟子

畢業13個年頭了,每每回憶起在柳老師門下讀書的時光,内心深處總是充滿温馨、感動。我是2007年考進柳老師門下的,與貴州大學畢業的王軍同學一同成爲老師的關門弟子。我的碩士導師何亞南教授博士學位也是跟隨柳老師讀的,説起來我是"隔輩"拜入老師門下,故而念書期間,對老師始終敬服有加,不敢有絲毫失禮。

老師在教導我們讀書之餘,也從生活細處惦記、關心我們。入學時我已成家育女,每次老師指導我學習後,總是要詢問我的父母身體、家屬工作、孩子上學等情況。正因如此,我在學習上不敢懈怠,三年裏竭盡全力,如期畢業。

老師真心實意爲學生考慮。臨近畢業,我没有選擇高校教職,而是入伍到西南邊疆,惴惴不安地向老師報告了自己的意願,老師没有絲毫遲疑地支持我的選擇,説:"只要工作合適,生活稱心,做什麼工作都是爲社會做貢獻。"並以師兄劉開驊教授在南京政治學院不做語言學研究,一樣做出很好的學問勉勵我堅持讀書、思考。

老師極重個人修養,從言談舉止到儀容儀表,真正是儒雅君子。每次向老師請益,如沐春風。印象尤其深刻的是,偶爾與我們談論起人情世事,老師總是點到爲止,從不非議他人。這些都深深影響了我,提醒我時刻心存善念、寬以待人。

我經常想,能有今天的生活,全是當年老師給的機會。唯有正直做人、努力工作,方得以回報老師教誨之萬一。(2007級 吳茂剛)

活水軒

　　某次群内討論"活水軒"，很多師兄師姐都説不記得了。我説我記得，在鼓樓校區文學院樓六樓電梯的左手旁，一個小型會議室。我之所以印象深刻，是因爲和師父的頭兩次見面都在那裏。第一次是初試的面試，當時的緊張忐忑是必然的。一大早我第一個走進會議室，師父坐在沙發上，没有一點嚴肅，他説："你稍等一下，我吃一點東西我們再開始。"我説："好的老師，您先吃飯。"老師竟然邊吃便和我聊了一些家常。面試的緊張感竟然全然没有了，隨後老師問了我幾個問題，我也竭盡所能做出了回答。師父的平易近人讓我終生難忘。

　　第二次和師父見面依然是在活水軒，他依然坐在沙發上，這次還有師兄茂剛一起。這次師父要嚴肅一些，因爲我雖被録取，但是成績不高，或許没有達到師父的要求。師父坦誠地告訴我，之所以録取我是因爲我年齡小，可塑性强，這三年一定要好好學習。隨後師父拿出兩張電話卡，告訴我是去遼寧大學檢查時對方送的，想到我和我的家人應該能用上。進入師門竟得到師父給的 200 元錢，真是受寵若驚。師父的叮囑與希望是支持我順利完成學業的動力。（2007 級　王軍）

編後記

編輯出版學術論文集是學者壽辰志慶方式之一。值此柳士鎮先生八秩壽辰到來之際，柳門弟子最適宜的慶賀方式莫過於將問學請益的論文結集出版，以感念師恩。爲成就此次"問學"活動，柳先生門下在國內工作的 12 屆 26 名博士和 2 名博士後聲求氣應，各呈其作，匯成此集。

限於文集篇幅等客觀原因，柳先生指導過的海外博士、訪問學者、碩士及多位學界師友大作未能編入集中；"述評"部分，段業輝、何亞南、黄增壽等同門對柳先生中古語法研究的述評只能割愛；"軼事"部分從徵稿之初，就提出每屆限定一篇或千字的苛刻要求，使作者不能暢叙其情。在此，一併表達歉意。

論文集得以付梓出版，鳳凰出版社吴葆勤社長、鳳凰出版社文史學術編輯室郭馨馨主任和孫州老師給予了大力支持，謹致謝忱。

編者
2024 年 6 月